UBERIZAÇÃO, TRABALHO DIGITAL E INDÚSTRIA 4.0

UBERIZAÇÃO, TRABALHO DIGITAL E INDÚSTRIA 4.0

organização
Ricardo Antunes

Arnaldo Mazzei Nogueira • Cílson César Fagiani • Clarissa Ribeiro Schinestsck • Claudia Mazzei Nogueira • Fabiane Santana Previtali • Geraldo Augusto Pinto • Isabel Roque • Iuri Tonelo • Jamie Woodcock • Luci Praun • Ludmila Costhek Abílio • Marco Gonsales • Mark Graham • Mohammad Amir Anwar • Patrícia Rocha Lemos • Rafael Grohmann • Ricardo Antunes • Ricardo Festi • Sávio Cavalcante • Thiago Trindade de Aguiar • Vitor Filgueiras

© Boitempo, 2020

Direção-geral Ivana Jinkings
Edição Carolina Mercês
Coordenação de produção Livia Campos
Assistência editorial Pedro Davoglio
Revisão Sílvia Balderama Nara
Capa e diagramação Antonio Kehl
sobre fotografia de Rafael Vilela

Equipe de apoio: Artur Renzo, Camila Nakazone, Débora Rodrigues, Dharla Soares, Elaine Ramos, Frederico Indiani, Heleni Andrade, Higor Alves, Isabella Marcatti, Ivam Oliveira, Kim Doria, Luciana Capelli, Marina Valeriano, Marissol Robles, Marlene Baptista, Maurício Barbosa, Raí Alves, Thais Rimkus, Tulio Candiotto

---

CIP-BRASIL. CATALOGAÇÃO NA PUBLICAÇÃO
SINDICATO NACIONAL DOS EDITORES DE LIVROS, RJ

U14

Uberização, trabalho digital e Indústria 4.0 / Arnaldo Mazzei Nogueira ... [et al.] ; organização Ricardo Antunes ; [tradução Murillo van der Laan, Marco Gonsales]. - 1. ed. - São Paulo : Boitempo, 2020.
(Mundo do trabalho)

Inclui bibliografia
ISBN 978-65-5717-011-3

1. Sociologia do trabalho. 2. Tecnologia da informação. 3. Indústrias. 4. Prestação de serviços. I. Nogueira, Arnaldo Mazzei. II. Antunes, Ricardo. III. Van der Laan, Murillo. IV. Gonsales, Marco. V. Série.

20-66206
CDD: 306.36
CDU: 316.334.22

Camila Donis Hartmann - Bibliotecária - CRB-7/6472

Esta publicação contou com apoio a partir da reversão de recursos provenientes de descumprimento de termos de ajustamento de conduta (TAC) por empresas, realizado pelo MPT-15ª Região.

É vedada a reprodução de qualquer parte deste livro sem a expressa autorização da editora.

1ª edição: setembro de 2020;
1ª reimpressão: dezembro de 2020; 2ª reimpressão: junho de 2021;
3ª reimpressão: outubro de 2022; 4ª reimpressão: abril de 2024

BOITEMPO
Jinkings Editores Associados Ltda.
Rua Pereira Leite, 373
05442-000 São Paulo SP
Tel.: (11) 3875-7250 / 3875-7285
editor@boitempoeditorial.com.br
boitempoeditorial.com.br | blogdaboitempo.com.br
facebook.com/boitempo | twitter.com/editoraboitempo
youtube.com/tvboitempo | instagram.com/boitempo

São os icebergs à deriva que, acomodando-se a qualquer corrente, em qualquer lugar, afundam os navios.
Charles Dickens, *Tempos difíceis*

SUMÁRIO

Apresentação 9

1. Trabalho intermitente e uberização do trabalho no limiar da Indústria 4.0 – **Ricardo Antunes** 11
2. O panóptico algorítmico da Deliveroo: mensuração, precariedade e a ilusão do controle – **Jamie Woodcock** 23
3. Trabalho digital – **Mark Graham e Mohammad Amir Anwar** 47
4. Plataformas digitais, uberização do trabalho e regulação no capitalismo contemporâneo – **Vitor Filgueiras e Ricardo Antunes** 59
5. As condições de trabalho em plataformas digitais sob o prisma do direito ambiental do trabalho – **Clarissa Ribeiro Schinestsck**............79
6. Plataformização do trabalho: características e alternativas – **Rafael Grohmann** 93
7. Uberização: gerenciamento e controle do trabalhador *just-in-time* – **Ludmila Costhek Abílio** 111
8. Indústria 4.0: empresas plataformas, consentimento e resistência – **Marco Gonsales**..125
9. Uma nova reestruturação produtiva pós-crise de 2008? – **Iuri Tonelo**....139
10. Contribuições críticas da sociologia do trabalho sobre a automação – **Ricardo Festi** 149
11. Um novo adeus à classe trabalhadora? – **Vitor Filgueiras e Sávio Cavalcante** 159
12. A demolição dos direitos do trabalho na era do capitalismo informacional-digital – **Luci Praun e Ricardo Antunes**...................179
13. A Indústria 4.0 na cadeia automotiva: a Mercedes-Benz em São Bernardo do Campo – **Geraldo Augusto Pinto** 193
14. Trabalho digital e educação no Brasil – **Fabiane Santana Previtali e Cílson César Fagiani** 217
15. Trabalho digital nos bancos – **Arnaldo Mazzei Nogueira**................237

16. A saúde das trabalhadoras do telemarketing e o trabalho on-line – **Claudia Mazzei Nogueira** 249
17. Walmartização do trabalho: a face cruel das tecnologias utilizadas nos hipermercados – **Patrícia Rocha Lemos** 259
18. A greve na Vale: transnacionalização e exploração do trabalho no Canadá – **Thiago Trindade de Aguiar** 267
19. Ciberativismo e sindicalismo em call-centers portugueses – **Isabel Roque** 281

Bibliografia geral 299
Sobre os autores 331

Apresentação

O livro *Uberização, trabalho digital e Indústria 4.0* é o primeiro auspicioso resultado desenvolvido no âmbito do projeto *Trabalho, tecnologia e impactos sociais: o advento da Indústria 4.0*. Iniciado em maio de 2019, o projeto tem como principal objetivo oferecer uma intelecção crítica e aprofundada dos impactos sociais decorrentes da expansão do universo maquínico-informacional-digital em nosso mundo produtivo e laborativo.

A Indústria 4.0 é, como sabemos, um fenômeno relativamente recente, de amplitude global e que, por consequência, vem alterando significativamente tanto as *formas de produção* quanto as *relações de trabalho* existentes no interior da *indústria*, da *agricultura* e dos *serviços,* bem como em suas interconexões, de que são exemplos a *agroindústria, a indústria de serviços e os serviços industriais*. Compreender melhor sua processualidade, seus movimentos, seus múltiplos e complexos significados, assim como seus principais impactos e consequências no mundo do trabalho no Brasil, é parte dos objetivos deste projeto. O livro é resultado direto desse esforço coletivo de pesquisa e análise.

O projeto, que nasceu como principal desdobramento do Convênio de Cooperação celebrado entre o Ministério Público do Trabalho (PRT-15ª Região) e a Universidade Estadual de Campinas (Unicamp), é coordenado pelas procuradoras do Trabalho Clarissa Ribeiro Schinestsck e Fabíola Junges Zani, pelo procurador do Trabalho Mario Antonio Gomes, vinculados ao MPT da 15ª Região, e pelo professor Ricardo Antunes, do Departamento de Sociologia do Instituto de Filosofia e Ciências Humanas da Unicamp (IFCH/Unicamp), coordenador do Grupo de Pesquisa Mundo do Trabalho e suas Metamorfoses (GPMT/Unicamp), contando também com a colaboração direta da professora Luci Praun, da Universidade Federal do Acre e pesquisadora do GPMT/Unicamp. Por sua temática comum, este projeto se insere e se integra diretamente à nossa pesquisa de Bolsa-Produtividade (BP) em curso junto ao CNPq, que tem como título *Trabalho intermitente e Indústria 4.0: complexificando a nova morfologia do trabalho.*

Além de oferecer resultados de pesquisas que estão sendo desenvolvidas no âmbito do projeto (incorporando o diálogo com pesquisadores nacionais e internacionais), este livro apresenta repercussões sociais já visíveis a partir da introdução e intenso desenvolvimento das tecnologias de informação e comunicação (TIC) no universo laborativo, de que são exemplos as "plataformas digitais" e aplicativos; os serviços em geral (telemarketing e call-center, educação, bancos, hipermercados e atividades de fast-food); a indústria (com destaque para a automobilística) e a agroindústria (extração mineral). Tratando-se de um projeto em curso, este livro terá desdobramentos futuros, com a incorporação de novos ramos e setores que serão objeto de pesquisa e investigação social.

Por fim, devo lembrar que a realização deste livro só foi possível, em primeiro lugar, graças ao apoio financeiro – concedido a partir da reversão de recursos provenientes de descumprimento de termos de ajustamento de conduta (TAC) por empresas, realizado pelo MPT-15ª Região – que possibilitou a concessão de duas bolsas de pesquisa, bem como o apoio financeiro imprescindível para viabilizar a sua publicação. Em segundo lugar, pela pronta acolhida que a proposta recebeu junto à reconhecida e destacada editora Boitempo, a partir da figura de sua diretora editorial, Ivana Jinkings. Em terceiro, graças ao denodo e empenho de Clarissa Ribeiro Schinestsck e Fabíola Junges e o integral apoio de Marcelo Knobel, reitor da Unicamp. Em quarto lugar, pela participação ativa e intensa, em todas as etapas da pesquisa, de Luci Praun e pela integral dedicação dos pesquisadores Marco Antonio Gonsales de Oliveira (pós-doutorado) e Murilo van der Laan (doutorado), que trabalharam intensamente em todas as atividades deste projeto e em particular na pesquisa, preparação dos originais e tradução de artigos de autores internacionais que constam no livro. Por fim, um agradecimento muito especial a todos os coautores e todas as coautoras.

Ricardo Antunes

1
Trabalho intermitente e uberização do trabalho no limiar da Indústria 4.0

Ricardo Antunes

INTERMITÊNCIA E UBERIZAÇÃO

A uberização é um processo no qual as relações de trabalho são crescentemente individualizadas e invisibilizadas, assumindo, assim, a aparência de "prestação de serviços" e obliterando as relações de assalariamento e de exploração do trabalho.

Como pude desenvolver na obra *O privilégio da servidão: o novo proletariado de serviços na era digital*[1], contra a rigidez taylorista e fordista vigente nas fábricas da "era do automóvel" durante o longo século XX, nas últimas décadas, as empresas "liofilizadas e flexíveis", impulsionadas pela expansão informacional-digital e sob comando dos capitais, em particular o financeiro, vêm impondo sua trípode destrutiva sobre o trabalho.

A terceirização, a informalidade e a flexibilidade se tornaram, então, partes inseparáveis do léxico e da pragmática da empresa corporativa global[2]. E, com elas, a intermitência vem se tornando um dos elementos mais corrosivos da proteção do trabalho, que foi resultado de lutas históricas e seculares da classe trabalhadora em tantas partes do mundo.

Vejamos alguns exemplos do tipo de trabalho que mais se expande sob o capitalismo de nosso tempo. Um deles, o *zero hour contract* [contrato de zero hora],

---

[1] Ricardo Antunes, *O privilégio da servidão: o novo proletariado de serviços na era digital* (São Paulo, Boitempo, 2018, coleção Mundo do Trabalho).

[2] Idem, *Adeus ao trabalho? Ensaio sobre as metamorfoses e a centralidade do mundo do trabalho* (São Paulo, Cortez, 1995); Sadi Dal Rosso, *Mais trabalho! A intensificação do labor na sociedade contemporânea* (São Paulo, Boitempo, 2008, coleção Mundo do Trabalho); idem, *O ardil da flexibilidade: os trabalhadores e a teoria do valor* (São Paulo, Boitempo, 2017, coleção Mundo do Trabalho); Danièle Linhart, *A desmedida do capital* (trad. Wanda Nogueira Caldeira Brant, São Paulo, Boitempo, 2007, coleção Mundo do Trabalho); Graça Druck e Tânia Franco, "Terceirização e precarização: o binômio antissocial em indústrias", em Graça Druck e Tânia Franco (orgs.), *A perda da razão social do trabalho: terceirização e precarização* (São Paulo, Boitempo, 2007, coleção Mundo do Trabalho).

por exemplo, nasceu no Reino Unido e se esparrama pelo mundo ao permitir a contratação de trabalhadores e trabalhadoras das mais diversas atividades, que ficam à disposição de uma "plataforma".

Eles e elas ficam *à espera de* uma chamada por smartphone e, quando a recebem, ganham estritamente pelo que fizeram, nada recebendo pelo tempo que ficaram esperando. Essa modalidade de trabalho abrange um universo imenso de trabalhadores e trabalhadoras, de que são exemplos médicos, enfermeiros, trabalhadoras do *care* (cuidadoras de idosos, crianças, doentes, portadores de necessidades especiais etc.), motoristas, eletricistas, advogados, serviços de limpeza, consertos domésticos, entre tantos outros. Tudo isso facilitado pela expansão do trabalho on-line e pela expansão dos "aplicativos", que invisibilizam ao mesmo tempo que ampliam exponencialmente uma parte expressiva da classe trabalhadora, em especial, mas não só no setor de serviços.

Outro exemplo encontramos na Uber: trabalhadores e trabalhadoras com seus automóveis arcam com as despesas de seguros, gastos de manutenção de seus carros, alimentação, limpeza etc., enquanto o "aplicativo" se apropria do mais-valor gerado pelo sobretrabalho dos motoristas, sem nenhuma regulação social do trabalho. A principal diferença entre o *zero hour contract* e o sistema Uber é que, neste último, os/as motoristas, ao recusarem as solicitações, correm o risco de serem demitidos. A relação de trabalho é, então, ainda mais evidente. Dos carros para as motos, destas para as bicicletas, patinetes etc. A engenhosidade dos capitais é, de fato, espantosa.

Vimos mais um exemplo recentemente na Itália, onde se desenvolveu, até o início de 2017, uma nova modalidade de trabalho ocasional, o trabalho pago a *voucher*. Essa modalidade de trabalho é assim denominada porque os assalariados recebiam *vouchers* pelas horas de trabalho realizadas e podiam trocá-los pelo equivalente monetário, segundo o salário mínimo legal pago por hora trabalhada.

Se não bastasse esse vilipêndio (que, em Portugal, denomina-se trabalho pago por "recibos verdes"), os trabalhos excedentes muitas vezes são oferecidos "por fora" do pagamento oficial por *vouchers*, isto é, pagando-se ainda menos do que o salário mínimo oficial, o que significa uma precarização ainda maior do trabalho ocasional e intermitente. É como se existisse uma precarização "legal" e outra "ilegal"[3].

Por tal sentido de exploração intensificada em seus ritmos, tempos e movimentos, essas formas precarizadas de trabalho[4] devem ser intensamente combatidas pelos trabalhadores e trabalhadoras (dada a importante divisão sociossexual, racial e étnica do trabalho), tanto por seus movimentos de resistência nos locais de

---

[3] Ricardo Antunes, *O privilégio da servidão*, cit.
[4] Pietro Basso, *Tempos modernos, jornadas antigas: vidas de trabalho no início do século XXI* (trad. Patrícia Villen, Campinas, Editora da Unicamp, 2018); Judy Wajcman, *Esclavos del tiempo: vidas aceleradas en la era del capitalismo digital* (Barcelona, Paidós, 2017).

trabalho quanto pelas ações do sindicalismo de perfil mais crítico. A tentativa de greve mundial dos motoristas da Uber em maio de 2019 demonstrou que aquilo que parecia o paraíso do trabalho precarizado começou a desvanecer, de modo que os caminhos da confrontação tendem a se ampliar nos próximos anos.

É importante acentuar também que essas tendências em curso, implementadas por corporações globais nesta era agudamente destrutiva do capital[5], não encontram precedente em nenhuma fase recente do capitalismo pós-Segunda Guerra.

Assim, se esse *modus operandi* não for confrontado, ele se consolidará como um elemento cada vez mais central do sistema de metabolismo antissocial do capital, em escala global, particularmente no setor de serviços, mas com potencial de expansão para parcelas ampliadas do mundo industrial e do *agrobusiness*, bem como na interconexão entre eles.

Indústria 4.0: rumo à "escravidão digital"?

As tecnologias de informação e comunicação configuram-se, então, como um elemento central entre os distintos mecanismos de acumulação criados pelo capitalismo financeiro de nosso tempo.

Ao contrário do que ditava a equivocada "previsão" do fim do trabalho, da classe trabalhadora e da vigência da teoria do valor, o que temos, de fato, é uma ampliação do trabalho precário, que atinge (ainda que de modo diferenciado) desde os trabalhadores e trabalhadoras da indústria de software até os de call-center e telemarketing – o infoproletariado ou cibertariado[6] –, alcançando de modo progressivo os setores industriais, da agroindústria, dos bancos, do comércio, do fast-food, do turismo e hotelaria etc., e incorporando até mesmo trabalhadores imigrantes, cujos números se expandem em todas as partes do mundo. É quase impossível, hoje, encontrar qualquer trabalho que não tenha alguma forma de dependência do aparelho celular.

Tal cenário crítico se acentuará com a expansão da chamada Indústria 4.0. Essa proposta nasceu na Alemanha, em 2011, concebida para gerar um novo e profundo salto tecnológico no mundo produtivo (em sentido amplo), estruturado a partir das novas tecnologias da informação e comunicação (TIC), que se desenvolvem de modo célere. Sua expansão significará a ampliação dos processos produtivos

---

[5] István Mészáros, *Para além do capital: rumo a uma teoria da transição* (trad. Paulo Cezar Castanheira e Sérgio Lessa, São Paulo, Boitempo, 2002, coleção Mundo do Trabalho).

[6] Ricardo Antunes e Ruy Braga (orgs.), *Infoproletários: degradação real do trabalho virtual* (São Paulo, Boitempo, 2009, coleção Mundo do Trabalho); Ursula Huws, *The Making of a Cybertariat: Virtual Work in a Real World* (Nova York/Londres, Monthly Review Press/Merlin, 2003); idem, *Labor in the Global Digital Economy: The Cybertariat Comes of Age* (Nova York, Monthly Review Press, 2014).

ainda mais automatizados e robotizados em toda a cadeia de valor, de modo que a logística empresarial será toda controlada digitalmente.

A principal consequência da Indústria 4.0 para o mundo do trabalho será a ampliação do trabalho morto, para recordar Marx[7], tendo o maquinário digital – a "internet das coisas", a inteligência artificial, a impressora 3D, o *big data* etc. – como dominante e condutor de todo o processo produtivo, com a consequente redução do trabalho vivo, viabilizada pela substituição de atividades tradicionais e mais manuais por ferramentas automatizadas e robotizadas, sob o comando informacional-digital.

Assim, cada vez mais, a força de trabalho de perfil mais manual, ou que exerce atividades em processo de desaparição, tornará o trabalho vivo mais "residual" nas plantas tecnológicas e digitalmente mais avançadas. Sabemos que essa processualidade não levará à extinção da atividade humana, pois, além das enormes diferenciações, por exemplo, entre Norte e Sul e entre ramos e setores de atividade cujo trabalho manual é insubstituível, há outro elemento ontológico fundamental: sem alguma forma de trabalho humano, o capital não se reproduz, visto que as máquinas não criam valor, mas o potencializam[8].

Isso, porém, não elide o fato de que a produção, em ramos e setores de tecnologia de ponta, tende a ser cada vez mais invadida por robôs e máquinas digitais, encontrando no mundo digital, na inteligência artificial, nos algoritmos etc., o suporte maquínico dessa nova fase de subsunção real do trabalho ao capital. Isso porque, para que ocorra tal avanço tecnodigital, um conjunto expressivo de trabalhos manuais deve se expandir globalmente e, em particular, no hemisfério Sul.

Como consequência dessa nova empresa flexível, liofilizada e digital, os intermitentes globais tendem a se ampliar ainda mais, uma vez que o processo tecnológico-organizacional-informacional eliminará de forma crescente uma quantidade incalculável da força de trabalho, a qual se tornará supérflua e sobrante, sem empregos, sem seguridade social, sofrendo riscos crescentes de acidentes e mortes no trabalho[9], sem nenhuma perspectiva de futuro.

---

[7] Karl Marx, *O capital: crítica da economia política*, Livro I: *O processo de produção do capital* (trad. Rubens Enderle, São Paulo, Boitempo, 2013, coleção Marx-Engels).

[8] Ricardo Antunes, *Os sentidos do trabalho: ensaio sobre a afirmação e a negação do trabalho* (São Paulo, Boitempo, 1999, coleção Mundo do Trabalho); Nick Dyer-Witheford, *Cyber-Proletariat: Global Labour in the Digital Vortex* (Londres, Pluto, 2015); Ursula Huws, *The Making of a Cybertariat*, cit.; idem, *Labor in the Global Digital Economy*, cit.; Guglielmo Carchedi, "High--Tech Hype: Promises and Realities of Technology in the Twenty-First Century", em Jim Davis, Thomas Hirschl e Michael Stack (orgs.), *Cutting Edge: Technology, Information, Capitalism and Social Revolution* (Londres/NovaYork, Verso, 1997); George Caffentzis, "Why Machines Cannot Create Value: Or Marx's Theory of Machines", em Jim Davis, Thomas Hirschl e Michael Stack (orgs.), *Cutting Edge*, cit.

[9] Luci Praun, *Reestruturação produtiva, saúde e degradação do trabalho* (Campinas, Papel Social, 2016).

É certo que uma parcela de "novos trabalhos" será criada entre aqueles com mais "aptidões", mais "inteligência", mais "capacitações" (para recordar o ideário empresarial), amplificando o caráter de segregação societal existente. Contudo, é impossível não deixar de alertar, com todas as letras, que as precarizações, as "subutilizações", o subemprego e o desemprego tenderão a aumentar celeremente.

Sem tergiversações: com a Indústria 4.0 teremos uma nova fase da hegemonia informacional-digital, sob comando do capital financeiro, na qual celulares, tablets, smartphones e assemelhados cada vez mais se converterão em importantes instrumentos de controle, supervisão e comando nesta nova etapa da ciberindústria do século XXI.

Tudo isso, também é imperioso dizer, acontece por conta da necessidade de autovalorização das corporações globais, sem nenhum compromisso humano-societal. Ou será que a guerra entre a Huawei e a Apple tem como objetivo a melhoria das condições de vida da humanidade? Um breve olhar para as condições de trabalho da terceirizada global Foxconn em suas unidades na China, onde produz a marca Apple, nos ofereceu dezessete tentativas de suicídio em 2010, das quais treze lamentavelmente se concretizaram. Podemos lembrar também as rebeliões contra o denominado "sistema 9-9-6", praticado pela Huawei (e tantas outras empresas chinesas do ramo digital, como a Alibaba), que significa: trabalhar das 9 horas da manhã às 9 horas da noite, 6 dias por semana.

Que melhorias humano-societais teremos com as práticas desenvolvidas pela Amazon e pela Uber, ambas com um leque de operações-padrão que vai desde a exploração e espoliação ilimitadas da força de trabalho até a extinção completa do trabalho humano, a exemplo dos carros sem motoristas presentes no projeto da "Uber do futuro", ou ainda nas lojas da Amazon, já existentes nos Estados Unidos, que funcionam sem trabalhadores e trabalhadoras?

O que essas plataformas digitais globais têm a oferecer estando crescentemente robotizadas, automatizadas, e cada vez com menos trabalho vivo? Se esse padrão vier a ser totalmente implementado, o que acrescentam de positivo para a humanidade?

É necessário acentuar que esse vilipêndio em relação ao trabalho não é uma "possível remissão ao futuro" porque, no presente, a monumental expansão do trabalho digital, on-line, vem demolindo a separação entre o tempo de vida no trabalho e o tempo de vida fora dele, uma vez que vem apresentando, como resultado perverso, o advento daquilo que denominamos escravidão digital[10].

Assim, se essa tendência destrutiva em relação ao trabalho não for fortemente confrontada, recusada e obstada, sob todas as formas possíveis, teremos, além da ampliação exponencial da informalidade no mundo digital, a expansão dos trabalhos "autônomos", dos "empreendedorismos" etc., configurando-se cada vez mais como uma forma oculta de assalariamento do trabalho, a qual introduz

---

[10] Ricardo Antunes, *O privilégio da servidão*, cit.

o véu ideológico para obliterar um mundo incapaz de oferecer vida digna para a humanidade. Isso ocorre porque, ao tentar sobreviver, o "empreendedor" se imagina como proprietário de si mesmo, um quase-burguês, mas frequentemente se converte em um proletário de si próprio, que autoexplora seu trabalho.

Esse conjunto de mudanças vem ocorrendo desde os anos 1970, quando os serviços passaram a ser crescentemente invadidos pela lógica do capital imbricado com o mundo informacional e comando financeiro[11], que se intensificou enormemente neste início de século, com a explosão das tecnologias informacionais e digitais.

A esse movimento atual do capital somou-se a terceirização, que também se tornou um instrumento fundamental para o aumento dos lucros, nos setores de telemarketing, call-center, hotelaria, fast-food, hipermercados etc., ao ampliar o proletariado gerador de lucro e, frequentemente, de mais-valor[12].

Há outra consequência a tirar dessa derrelição, porém: como tudo que interessa aos capitais vem sendo privatizado (hospitais, previdência, educação e tantas outras atividades que, no passado, prestavam um serviço público e se transformaram em empresas lucrativas com a avalanche neoliberal), a consequência mais importante, no plano das lutas sociais, é o advento de um novo proletariado de serviços.

Como fazer a confrontação?

É contra esse conjunto heterogêneo e polimorfo de pragmáticas precarizantes de trabalho no capitalismo atual que estão nascendo novas formas de representação. Em Milão, na Itália, essa mobilização foi uma das pioneiras, gerando uma forma de representação autônoma, de que é exemplo o San Precario, que luta pelas conquistas dos direitos do precariado, incluindo, naturalmente, os imigrantes.

No mesmo país teve vigência, durante alguns anos, o movimento denominado Clash City Workers, da juventude precarizada e desprovida de direitos. Segundo sua própria definição,

> Clash City Workers é um coletivo de trabalhadores e trabalhadoras, desocupados e desocupadas, denominados "jovens precários". A tradução de nosso nome significa algo como "trabalhadores da cidade em luta". Nascido na metade de 2009, o movimento é ativo particularmente em Nápoles, Roma, Florença, Pádua, Milão e Bérgamo, e procuramos seguir e sustentar as lutas que estão em curso na Itália.[13]

---

[11] François Chesnais, *A mundialização do capital* (trad. Silvana Finzi Foá, São Paulo, Xamã, 1996); Jean Lojkine, *A revolução informacional* (trad. José Paulo Netto, São Paulo, Cortez, 1995).
[12] Ursula Huws, *The Making of a Cybertariat*, cit.; idem, *Labor in the Global Digital Economy*, cit.; Ricardo Antunes, *O privilégio da servidão*, cit.; Nick Dyer-Witheford, *Cyber-Proletariat*, cit.
[13] Tradução nossa. No original, "*Clash City Workers è un collettivo fatto di lavoratrici e lavoratori, disoccupate e disoccupati, e di quelle e quelli che vengono comunemente chiamati 'giovani precari'. La traduzione del nostro nome suona un po' come 'lavoratori della metropoli in lotta'. Siamo nati alla metà del 2009 e siamo attivi in particolare a Napoli, Roma, Firenze, Padova, Milano e Bergamo ma*

Foi esse processo de intensa precarização do proletariado italiano que originou, anteriormente, a criação de novas formas de representação sindical, como é o caso da Confederazione Unitaria di Base (CUB), criada há vários anos como uma proposta alternativa ao sindicalismo mais tradicional. Outro exemplo encontramos no SI-Cobas, organismo de trabalhadores auto-organizados, pela base, que procura representar esse amplo segmento de assalariados e operários por fora da estrutura sindical oficial, incluindo os trabalhadores imigrantes. Vimos mais recentemente a ampliação da ação do movimento Nuove Identitá di Lavoro (NIdiL), vinculado à Confederazione Generale Italiana del Lavoro (CGIL) e voltado a representar os trabalhadores que fazem parte do denominado precariado[14].

Precariado, juventude sem trabalho, imigrantes-trabalhadores/as, foi esse mesmo contingente que organizou, também em Portugal, o movimento de trabalhadores/as precarizados denominado Precári@s Inflexíveis. Elucidativo em seu modo de ser, conforme consta em seu "Manifesto", esse movimento afirma:

> Somos precári@s no emprego e na vida. Trabalhamos sem contrato ou com contratos de prazos muito curtos. Trabalho temporário, incerto e sem garantias. Somos operadores de call-centers, estagiários, desempregados, trabalhadores a recibos verdes, imigrantes, intermitentes, estudantes-trabalhadores [...].[15]

Um dos primeiros desafios dos sindicatos e dos movimentos sociais de classe é compreender a nova morfologia do trabalho, com sua maior complexificação e fragmentação: uma classe trabalhadora que se reduz em vários segmentos e se amplia em outros simultaneamente; que é muito mais segmentada, heterogênea, com clivagens de gênero, raça e etnia, acarretando fortes consequências em sua ação concreta, em suas formas de representação e organização sindical.

Outro exemplo dessa nova realidade presente no mundo do trabalho encontramos na cidade de São Paulo, onde vem se organizando o movimento Infoproletários, que assim se apresenta:

> Somos um movimento social composto por trabalhadores e trabalhadoras da área de informática reunidos com o objetivo de denunciar e combater a exploração e os abusos que sofremos em nossa categoria e no conjunto da classe trabalhadora.[16]

---

cerchiamo di seguire e sostenere tutte le lotte che sono in corso in Italia". Ver "Chi siamo", *Portal do Clash City Workers*, s.d.; disponível em: <http://clashcityworkers.org/chi-siamo.html>; acesso em: 11 jun. 2018.

[14] Ricardo Antunes, *O privilégio da servidão*, cit.; Ruy Braga, *A rebeldia do precariado: trabalho e neoliberalismo no Sul global* (São Paulo, Boitempo, 2017, coleção Mundo do Trabalho).

[15] Ver "Manifesto Precário", *Associação de Combate à Precariedade*, 18 jul. 2007; disponível em: <http://www.precarios.net/manifesto-precario/>; acesso em: 16 ago. 2020.

[16] Ver "Somos os Infoproletários", *Portal dos Infoproletários*, s.d.; disponível em: <https://infoproletarios.org/>; acesso em: 25 jul. 2018.

E acrescentam:

São muitas as promessas que os patrões e a mídia nos fizeram sobre o mundo do trabalho, sobretudo em nossa área. "Bem-vindos à sociedade da informação", nos disseram. E, como num conto de fadas, todos seríamos iguais, livres e fraternos, teríamos autonomia e liberdade de criação; não haveria mais distinção entre patrões e empregados, todos seriam "donos do negócio". A realidade, no entanto, é bem diferente.[17]

Transparece, desde logo, seu traço de proletarização e precarização:

Enfrentamos baixos salários. Enfrentamos longas jornadas, assédio moral e sexual. Na hora do batente, todo o encanto se acaba e reina a exploração. É claro, não poderia ser de outra forma. Não vivemos em uma sociedade da informação. Vivemos em uma sociedade da exploração. Por isso não devemos esperar nada dos patrões e dos empresários. A eles não interessa nada senão o lucro.[18]

O reconhecimento da necessidade de organização aflora:

É para fazer frente a isso que nos reunimos. Acreditamos que apenas os Infoproletários, trabalhadores de TI unidos, é que podem apresentar alternativas para os próprios problemas e defender seus interesses políticos e econômicos. Juntos, estamos nos organizando para reivindicar nossos direitos e lutar por melhores condições de trabalho e vida.[19]

Não são poucos, portanto, os desafios: como mobilizar esse novo proletariado (que, na Europa, vem se autodenominando precariado)? Como organizar sindicalmente essas amplas parcelas jovens da classe trabalhadora, que ingressam no mundo digital, às vésperas da Indústria 4.0, com relações de trabalho em franco processo de corrosão e enorme retrocesso[20]?

Como os sindicatos conseguirão ressoldar esses laços de pertencimento de classe? Como poderão se contrapor, de modo solidário, orgânico e como classe, à uberização, à individualização, ao falso "empresariamento", às falácias do empreendedorismo e à impulsão para a intermitência, a qual, esta sim, se mostra como o futuro mais próximo da classe-que-vive-do-trabalho?

---

[17] Idem.
[18] Idem.
[19] Idem.
[20] Ricardo Antunes, *O privilégio da servidão*, cit.

Uma nota adicional necessária (e três hipóteses)

Este livro já se encontrava em processo avançado de edição quando eclodiu a pandemia global da covid-19. O que se apresentava como um cenário social dilacerado redesenhou-se como também pautado pela letalidade. Assim, na impossibilidade de fazer ampliações neste livro – que ficarão para um próximo volume –, faço aqui uma indicação preliminar do que podemos vivenciar no período pós-pandêmico, particularmente no que concerne ao trabalho.

Vimos que o mundo principiou, neste ano de 2020, de modo diferente. Se não bastasse a recessão econômica global e em curso acentuado no Brasil, já visualizávamos sinais de expressivo aumento dos índices de informalidade, precarização e desemprego, quer pela proliferação de uma miríade de trabalhos intermitentes, ocasionais, flexíveis etc., quer pelas formas abertas e ocultas de desemprego, subocupação e subutilização, todos contribuindo para a ampliação dos níveis já abissais de desigualdade e miserabilidade social.

Em paralelo a esse quadro social crítico, o discurso empresarial que se expandia no universo informacional-digital estampava muita euforia: *platform economy*, *crowdsourcing*, *gig economy*, *home office*, *home work*, *sharing economy*, *on-demand economy*, entre tantas outras denominações.

Essa nova gramática do capital somou-se àquela já consolidada, que operava metamorfoses nos reais significados etimológicos das palavras: manter sempre a "resiliência", atuar com muita "sinergia", converter-se em autêntico "colaborador" e em verdadeiro "parceiro", vangloriar-se da nova condição de "empreendedor", entre tantos outros usos da linguagem, agora com "novas significações".

Mas a pandemia parece ter comprometido essa nomenclatura: "colaboradores" estão sendo demitidos aos milhares e os "parceiros" podem "optar" entre reduzir os salários ou conhecer o desemprego. É bom recordar que, mesmo antes da pandemia, a realidade do labor já vinha expressando, conforme indicamos anteriormente, um inteiramente outro: pejotização, trabalho intermitente, infoproletariado, cibertariado, professor delivery, frilas fixos, precári@s inflexíveis etc., terminologia essa que florescia no próprio universo laborativo. E foi assim que o trabalho uberizado adquiriu o mesmo traço pejorativo que a walmartização do trabalho ostentou quando se falava das condições laborais presentes nos hipermercados dos Estados Unidos.

Alguns dados em nosso país estampam essa realidade. Na mensuração referente ao primeiro trimestre de 2020, o Instituto Brasileiro de Geografia e Estatística (IBGE) apresentou uma intensificação das condições de vida desumanas da classe trabalhadora: atingimos o contingente de 12,9 milhões de desempregados, sendo que a informalidade atingiu 40%, com aproximadamente 40 milhões de trabalhadores e trabalhadoras à margem da legislação social protetora do trabalho.

E vale ressaltar que esses dados não refletem o que vem se passando nos meses seguintes à pesquisa, com o avanço da pandemia no Brasil, mas tão somente o que era visível nos primeiros dias de março, visto que o desemprego (tanto o aberto quanto aquele por desalento) estava parcialmente invisibilizado pela paralisação de amplos setores da economia, permitindo tão somente uma aproximação da realidade. Se a esses dados somamos os subocupados (que trabalham menos de quarenta horas) e ainda os subutilizados (que, segundo o IBGE, englobam tanto os subocupados como os desocupados e a força de trabalho potencial), tem-se uma ideia mais precisa do tamanho da tragédia social que não para de se amplificar no país.

Foi nessa contextualidade, caracterizada pela simultaneidade da crise econômica, social e política, que a pandemia nos atingiu. E as corporações globais sabem melhor do que ninguém que a força de trabalho é uma mercadoria especial, uma vez que é a única capaz de desencadear e impulsionar o complexo produtivo presente nas cadeias produtivas globais que hoje comandam o processo de criação de valor e de riqueza social; mas sabemos também que os capitais aprenderam a lidar com (e contra) o trabalho.

Assim, sua engenharia social está cada vez mais focada em reduzir ao máximo o trabalho humano necessário à produção, substituindo-o pelo uso crescente das tecnologias de informação e comunicação (TIC), "internet das coisas", impressão 3D, *big data*, inteligência artificial etc. Se assim caminhava o mundo do trabalho antes da explosão da covid-19, quais são, então, algumas das experimentações do trabalho que estão sendo gestadas nos laboratórios do capital, em plena pandemia do capital, para serem intensificadas e amplificadas no mundo pós-pandêmico?

Nossa primeira hipótese é que a principal forma experimental se encontra no trabalho uberizado ou naquele vigente nas plataformas digitais. Utilizando-se cada vez mais da informalidade, flexibilidade e precarização, traços que particularizam o capitalismo no Sul (mas que se expandem também no Norte), coube às grandes plataformas digitais e aplicativos como Amazon (e Amazon Mechanical Turk), Uber (e Uber Eats), Google, Facebook, Airbnb, Cabify, 99, Lyft, iFood, Glovo, Loggi, Deliveroo, Rappi etc. dar um grande salto pela adição das tecnologias informacionais.

Utilizando-se largamente dos algoritmos, da inteligência artificial e de todo arsenal digital, canalizado para fins estritamente lucrativos, tudo isso vem possibilitando a criação de novas modalidades de trabalho que, como já indicamos, passam ao largo das relações contratuais vigentes. Os trabalhos assalariados transfiguram-se, então, em "prestações de serviços", o que acaba por resultar na sua exclusão da legislação social protetora do trabalho.

Realizando jornadas de trabalho frequentemente superiores a oito, dez, doze ou mais horas por dia, muitas vezes sem folga semanal; percebendo salários baixos; vivenciando demissões sem qualquer justificativa; arcando com os custos de manutenção de veículos, motos, bicicletas, celulares, equipamentos etc. – parece que começam a se desenvolver, nos laboratórios do capital, múltiplos experimentos que podem ser generalizados, depois da pandemia, para um amplo leque de trabalhos, nas mais distintas atividades, intensificando o processo de escravidão digital.

Assim, se esse instrumental do capital continuar se ampliando exponencialmente, teremos mais informalização com informatização, o que será "justificado" pela necessidade de "recuperação" da economia pós-pandemia. E a existência de uma monumental força sobrante de trabalho, que não para de se ampliar, intensificando essa tendência destrutiva em relação ao trabalho.

Foi por constatar essa tendência destrutiva em relação ao trabalho que venho desenvolvendo uma segunda hipótese: em plena era do capitalismo de plataforma, plasmado por relações sociais presentes no sistema de metabolismo antissocial do capital, ampliam-se globalmente formas pretéritas de exploração do trabalho, que remetem aos primórdios da Revolução Industrial. O que significa dizer que, em pleno século XXI, estamos vivenciando a recuperação de sistemáticas do trabalho que foram utilizadas durante o que podemos denominar protoforma do capitalismo, isto é, os primórdios do capitalismo.

Podemos indicar, como expressão do que estamos argumentando, as jornadas diárias frequentemente superiores a oito, dez, doze, catorze horas; remuneração salarial rebaixada, em contraposição ao aumento e intensificação do trabalho (traço que vem se agudizando na pandemia); crescimento de um contingente sem acesso a qualquer direito social e do trabalho; entre tantos outros elementos que remetem aos inícios do capitalismo, à sua fase de acumulação primitiva.

Há ainda outros exemplos ilustrativos das experimentações do capital em curso nas décadas e anos mais recentes. A simbiose entre trabalho informal e mundo digital vem permitindo que os gestores possam também sonhar com trabalhos ainda mais individualizados e invisibilizados. Ao perceber que o isolamento social realizado sob a pandemia vem fragmentando ainda mais a classe trabalhadora, assim dificultando as ações coletivas e a resistência sindical, procuram avançar também na ampliação do *home office* e do teletrabalho. Desse modo, além da redução de custos, abrem novas portas para maior corrosão dos direitos do trabalho, acentuando a desigual divisão sociossexual, racial e étnica do trabalho e embaralhando de vez o tempo de trabalho e de vida da classe trabalhadora.

Os bancos, que exercitam uma pragmática de enorme enxugamento há décadas, utilizando-se intensamente do arsenal digital, já estão escolhendo as "melhores formas" de implantação do *home office*.

Outro exemplo emblemático encontramos no ensino à distância (EAD), prática que se intensificou durante a pandemia (tanto no ensino privado quanto no público), especialmente nas faculdades privadas, com o objetivo de reduzir custos e aumentar os lucros. Recentemente, como noticiou amplamente a imprensa, houve demissão em massa de professores, chegando-se até mesmo à utilização de robôs para fazer a correção de trabalhos, sem que os alunos tivessem conhecimento.

Esses elementos nos permitem, então, apresentar nossa terceira hipótese: estamos ingressando em uma nova fase de desantropomorfização do trabalho, agora caracterizada pela intensificação da subsunção real do trabalho à nova máquina-

-ferramenta-informacional, processualidade que é, objetiva e subjetivamente, ainda mais complexa quando comparada àquela vivenciada pela introdução da maquinaria durante a primeira fase da Revolução Industrial.

Com a expansão global da chamada Indústria 4.0, em curso ainda mais acentuado durante a pandemia, se não forem criadas barreiras e confrontações sociais fortes, teremos uma ampliação exponencial de trabalho morto, por meio do crescimento do maquinário informacional-digital. Tais alterações trarão, além da redução quantitativa do trabalho vivo, profundas transformações qualitativas, uma vez que o trabalho morto, ao ampliar seu domínio sobre o trabalho vivo, aprofundará ainda mais a subsunção real do trabalho ao capital, nessa nova fase digital, algorítmica e financeira que pauta o mundo corporativo de nosso tempo.

Assim, por meio desses e de outros mecanismos, novas modalidades de trabalho vêm ganhando forte impulsão, uma vez que está em curso um laboratório de experimentações do trabalho uberizado, que tende a ser intensamente ampliado no período pós-pandemia para as mais diversas atividades econômicas, tanto nas empresas privadas quanto nas públicas.

Entretanto, é importante destacar, como já pude indicar anteriormente, que a nova morfologia do trabalho possibilita também o florescimento de uma nova morfologia das lutas sociais, de auto-organização e de novas formas de representação. O "Breque dos Apps", como sugestivamente foram denominadas as duas primeiras greves dos trabalhadores e trabalhadoras de aplicativos no Brasil, em julho de 2020, sinaliza o início de uma nova fase de lutas sociais desencadeadas pelo novo proletariado de serviços da era digital.

2
O panóptico algorítmico da Deliveroo: mensuração, precariedade e a ilusão do controle*

Jamie Woodcock

INTRODUÇÃO

A Deliveroo é uma plataforma de entrega de alimentos que usa o modelo da Uber, o qual se tornou o arquétipo desse tipo de organização. As plataformas cresceram rapidamente nos anos recentes, algo capturado nas típicas caracterizações de que novas companhias serão a "Uber de X"[1]. Como a Uber, a Deliveroo é designada como uma plataforma que conecta clientes com comida e com os condutores que a entregam. A Deliveroo pode, portanto, ser considerada a "Uber da entrega de comida", a despeito do fato de que ela também compete com a oferta da Uber Eats, plataforma da própria Uber. A Deliveroo se tornou uma grande parte da chamada "*gig economy*" de Londres, na qual o trabalho tem se tornado cada vez mais fragmentado entre diferentes *gigs*, ou arranjos precários de trabalho. A empresa está "rompendo" (*disrupting*) o setor de entrega de alimentos, para usar o linguajar dessas companhias. Em suas próprias palavras[2], ela conecta "centenas de cadeias de restaurantes e muitos dos melhores restaurantes independentes para entregar as comidas feitas por eles" com um "fantástico time de condutores". O aspecto de plataforma está relacionado ao fato de que a Deliveroo classifica os condutores como "contratantes independentes autônomos" (*self-employed independent contractors*), afirmando que ela reúne restaurantes e condutores em vez de empregar alguém diretamente. Isso é similar à afirmação da Uber de que ela é uma companhia de táxi que não emprega condutores e que não possui nenhum carro.

O objetivo deste capítulo é intervir nos debates em torno do uso de algoritmos nas plataformas do trabalho. Há um número crescente de pesquisas sobre

---

* Tradução de Murillo van der Laan e Marco Gonsales. (N. E.)
[1] Nick Srnicek, *Platform Capitalism* (Cambridge/Malden, Polity, 2016), p. 37.
[2] Ver "Frequently Asked Questions", disponível em: <https://deliveroo.co.uk/faq#howdoesitwork>; acesso em: 10 dez. 2018.

algoritmos[3], mas há um foco menor em como eles são utilizados, na prática, como formas de "gestão algorítmica"[4]. Na Deliveroo, os algoritmos são usados para medir e supervisionar o trabalho. Entretanto, como se sabe pouco, comparativamente, a respeito de como eles funcionam na prática, há o risco de exagerar o poder e a sofisticação dessas técnicas. Este capítulo irá abordar o uso dos algoritmos na Deliveroo por meio de uma versão atualizada da metáfora do panóptico. Para fazer isso, traçaremos o desenvolvimento de diferentes formas de mensuração e supervisão na fábrica e no call-center. Esses dois exemplos ressaltam como as técnicas se desenvolveram em termos de novos métodos, mas também oferecem elementos para explorar o que a perda de um supervisor humano – que caminha no chão de fábrica ou que escuta no call-center – significa para a gestão na Deliveroo.

A contribuição deste capítulo é apresentar uma intervenção nos debates sobre o trabalho de plataforma e o papel da mensuração, vigilância e controle. A intenção é ressaltar como o algoritmo opera na Deliveroo partindo da perspectiva do trabalhador da plataforma. Para tanto, o artigo usa a enquete operária como abordagem metodológica, apoiando-se em observação, entrevistas e elementos de copesquisa. Os resultados revelam como a gestão algorítmica é vivenciada pelos trabalhadores, ao lado de uma expressão dupla da precariedade na Deliveroo – tanto para os trabalhadores como para a plataforma. Isso é discutido em termos da necessidade da Deliveroo de manter uma ilusão de controle gerencial, ainda que apoiada em supervisão detalhada e atos disciplinares ocasionais. A aparência de um método onipresente e automático de supervisão e disciplinamento dos trabalhadores é a de um método de controle com ótimo custo-benefício, mas como os participantes mostram neste capítulo, essa aparência está longe de ser absoluta.

Mensuração do trabalho
I. A fábrica

A mensuração do trabalho é uma preocupação central da gestão, claramente identificável no regime fabril. O gerenciamento do trabalho envolve a compra do tempo

---

[3] Bruce Schneier, *Data and Goliath: The Hidden Battles to Collect your Data and Control your World* (Nova York, W. W. Norton & Company, 2015); John Cheney-Lippold, *We Are Data: Algorithms and the Making of our Digital Selves* (Nova York, NYU Press, 2017); Cathy O'Neil, *Weapons of Math Destruction: How Big Data Increases Inequality and Threatens Democracy* (Londres, Penguin, 2017); Joseph Turow, *The Aisles Have Eyes: How Retailers Track your Shopping, Strip your Privacy, and Define your Power* (New Haven, Yale University Press, 2017); Virginia Eubanks, *Automating Inequality: How High-Tech Tools Profile, Police and Punish the Poor* (Nova York, Picador, 2018).

[4] Min Kyung Lee et al., "Working with Machines: The Impact of Algorithmic and Data-Driven Management on Human Workers", em Bo Begole et al. (orgs.), *CHI '15: Proceedings of the 33rd Annual ACM SIGCHI Conference* (Nova York, Association for Computing Machinery Press, 2015); Alex Rosenblat e Luke Stark, "Algorithmic Labor and Information Asymmetries: A Case Study of Uber's Drivers", *International Journal of Communication*, v. 10, 2016, p. 3.758-84.

das pessoas e, então, seu uso efetivo. A relação de trabalho capitalista tem como premissa a existência do que Marx[5] ironizou como uma liberdade dos trabalhadores em um "duplo sentido": os trabalhadores são livres para escolher a quem eles irão vender seu tempo, mas também estão libertos de qualquer outra forma de ganhar a vida. O problema aqui, que preocupa há muito tempo os gestores (assim como, por sua vez, os teóricos do processo de trabalho), é a contradição entre o interesse dos vendedores da força de trabalho (trabalhadores) e os compradores (capitalistas). No capítulo 10 de *O capital*, Marx[6] explora isso por meio das tensões sobre a extensão da jornada de trabalho. No contexto da fábrica, os capitalistas procuram aumentar seus lucros mediante o incremento da extração de mais-valor dos trabalhadores. Marx explora como o aumento da jornada de trabalho consegue realizar esse objetivo, aumentando o mais-valor absoluto que é produzido. No entanto, esse método resulta em ganhos marginais, uma vez que exaure o trabalhador no processo de extensão dos turnos. Em vez de tornar o período de trabalho absoluto maior, o mais-valor relativo pode ser aumentado fazendo com que os trabalhadores produzam mais durante o mesmo período. Ambas são tentativas de resolver a indeterminação da força de trabalho (como obter o máximo possível da compra da força de trabalho), mas o aumento do mais-valor relativo tem sido o mais efetivo. Contudo, conseguir isso é uma prática complicada, porque implica exercer controle sobre os trabalhadores. Como Richard Edwards[7] argumentou, "o controle torna-se problemático porque, diferentemente de outras mercadorias envolvidas na produção, a força de trabalho está sempre incorporada nas pessoas, que têm seus próprios interesses e necessidades e que retêm o poder de resistir a serem tratadas como uma mercadoria".

Na fábrica, a mensuração da performance do trabalhador, portanto, se torna um ponto de partida importante para aumentar os lucros. A mensuração sistemática do processo de trabalho se tornou uma obsessão para Frederick Taylor[8], que argumentou que os "gerentes assumem" o "fardo de reunir todo o conhecimento tradicional que era detido pelos trabalhadores no passado e classificá-lo, tabulá-lo e reduzi-lo a regras, leis e fórmulas". Ao estudar o trabalho na companhia Midvale Steel, Taylor desenvolveu um conhecimento acurado da produção, desmembrando e medindo cada aspecto. A gerência científica (ou taylorismo, como ficou conhecida) desenvolveu-se em um método com três princípios. Primeiro, "compilação e desenvolvimento de conhecimentos sobre o processo de trabalho", que implica uma

---

[5] Karl Marx, *Capital: A Critique of Political Economy*, v. 1 (Londres, Penguin/New Left Review, 1976), p. 272 [ed. bras.: *O capital: crítica da economia política*, Livro I: *O processo de produção do capital*, trad. Rubens Enderle, São Paulo, Boitempo, 2013, coleção Marx-Engels, p. 786].
[6] Idem.
[7] Richard Edwards, *Contested Terrain: The Transformation of the Workplace in the Twentieth Century* (Nova York, Basic Books, 1979), p. 12.
[8] Frederick Winslow Taylor, *The Principles of Scientific Management* (Nova York, Norton, 1967), p. 36.

mensuração detalhada do trabalho. Segundo, "a concentração desse conhecimento como competência exclusiva da gerência". Terceiro, o "uso desse monopólio sobre o conhecimento para controlar cada passo do processo de trabalho e seu modo de execução"[9]. Esses três princípios, junto à prevalência dos estudos sobre tempo e movimento, foram além de apenas uma mensuração para se tornarem o que Harry Braverman[10] argumenta ser "uma teoria que é nada menos que a verbalização explícita do modo capitalista de produção".

A mensuração é, assim, parte essencial da gestão do processo de trabalho. Ela fornece a base para os gestores abordarem a indeterminação da força de trabalho, garantindo que a compra desta tenha um uso eficaz. Na fábrica, isso requer supervisores que caminhem "por todo o corredor central da fábrica", executando a "supervisão, que é tanto geral quanto individual"[11]. Esse processo tornou a fábrica um local de trabalho vigiado, mensurando o trabalho mediante a supervisão direta para garantir que os trabalhadores façam o máximo de esforço. Entretanto, o aspecto geral da supervisão é também aquele da ameaça, uma vez que o supervisor não pode observar todos os trabalhadores ao mesmo tempo. Esse aspecto da supervisão é discutido com frequência por meio da metáfora do panóptico, que era o modelo arquitetônico de uma prisão na qual um único observador, a partir de um ponto central, poderia vigiar simultaneamente todos os prisioneiros. O panóptico tinha a intenção de internalizar a função supervisória, já que um prisioneiro individual não poderia saber quando o observador o estaria vigiando, assumindo, portanto, que isso poderia acontecer a qualquer momento. A despeito de Jeremy Bentham[12] ter discutido a utilidade disso nas prisões, ele também argumentou que "qualquer que seja a indústria, a utilidade do princípio é óbvia e incontestável em todos os casos em que os trabalhadores são pagos por seu tempo". Ele previu como o panóptico poderia ser também uma ferramenta para superar a indeterminação da força de trabalho. Entretanto, Bentham continuou a argumentar que, nos cenários em que os trabalhadores eram "pagos por peça", o "interesse que [o trabalhador] tem no valor de [seu] trabalho supera o uso da coerção e de qualquer expediente calculado para dar força a ele". Assim, a subordinação dos trabalhadores fez uso, cada vez mais, do pagamento por peça na produção concomitantemente à supervisão. Ambos envolvem tentativas de fazer com que os trabalhadores internalizem os objetivos dos gestores.

O pagamento por peça é uma ferramenta poderosa para os gestores encorajarem uma maior produtividade. Se, por um lado, a gerência se torna obcecada por

---

[9] Harry Braverman, *Labor and Monopoly Capital: The Degradation of Work in the Twentieth Century* (Nova York, Monthly Review Press, 1999), p. 82.
[10] Ibidem, p. 60.
[11] Michel Foucault, *Discipline and Punish: The Birth of the Prison* (Londres, Penguin, 1991), p. 145 [ed. bras.: *Vigiar e punir: nascimento da prisão*, trad. Raquel Ramalhete, São Paulo, Vozes, 2014].
[12] Jeremy Bentham, *The Panopticon Writings* (Londres/Nova York, Verso, 1995), p. 80 [ed. bras.: *O panóptico*, org. e trad. Tomaz Tadeu, Belo Horizonte, Autêntica, 2019].

encontrar maneiras de aumentar a produtividade, Michael Burawoy[13] investigou o porquê dos trabalhadores, por outro lado, trabalharem tão intensamente como o fizeram. Em seu estudo, ele encontrou práticas semelhantes a jogos para "completar" e ultrapassar as metas de trabalho esperadas. A abordagem do pagamento por peça se tornou bem-sucedida e, como Tony Cliff[14] argumentou, antes de 1970, no Reino Unido, em torno de dois quintos da classe trabalhadora atuavam em sistemas de pagamento por peça. Entretanto, tal sistema – junto a fortes redes de representantes sindicais – forneceu múltiplos caminhos para os trabalhadores resistirem efetivamente à gerência. Em resposta à militância da classe trabalhadora, os sistemas de pagamento por peça foram progressivamente substituídos por "acordos de produtividade", em que os trabalhadores concordam com trabalhar por salários maiores e não restringir as medidas de produtividade. Isso significou, novamente, o desenvolvimento de novas formas de controle dos trabalhadores, não dependendo mais de um incentivo financeiro direto.

II. O CALL-CENTER

O próximo desenvolvimento de controle gerencial veio depois do declínio da indústria no Reino Unido. No Norte global, essa reestruturação significou que a maioria das pessoas passou a trabalhar no setor de serviços. O que diferencia o serviço do trabalho fabril são quatro características principais: intangibilidade, variabilidade, perecibilidade da produção e simultaneidade de consumo e produção[15]. Isso cria novos desafios para os gestores porque "os serviços são mais intangíveis, qualidade e produtividade são difíceis de mensurar", o que significa que "é difícil estabelecer objetivos específicos para os empregados e avaliar sua performance com base nesses objetivos"[16]. Uma maneira de superar tal empecilho tem sido aplicar novos tipos de tecnologia ao processo de trabalho em serviços. A despeito de afirmações contrárias, isso levou a um tipo de trabalho pós-industrial que Enda Brophy[17] descreveu como sendo "não o sonho de Daniel Bell, mas o pesadelo de Harry Braverman".

O call-center tornou-se o símbolo de muitas dessas mudanças, assim como o foco de muitos debates sobre mensuração, vigilância e controle. Como Miriam

---

[13] Michael Burawoy, *Manufacturing Consent: Changes in the Labor Process under Monopoly Capitalism* (Chicago, University of Chicago Press, 1979).
[14] Tony Cliff, *The Employers' Offensive: Productivity Deals and how to Fight Them* (Londres, Pluto, 1970).
[15] Christopher H. Lovelock, "Classifying Services to Gain Strategic Marketing Insights", *Journal of Marketing*, v. 47, n. 3, 1983, p. 9-20.
[16] Rosemary Batt, "Service Strategies: Marketing, Operations, and Human Resource Practices", em Peter Boxall, John Purcell e Patrick Wright (orgs.), *The Oxford Handbook of Human Resource Management* (Oxford, Oxford University Press, 2008), p. 434.
[17] Enda Brophy, "The Subterranean Stream: Communicative Capitalism and Call Centre Labour", *Ephemera*, v. 10, n. 3-4, 2010, p. 474.

Glucksmann[18] sumarizou, os call-centers são uma "das mais pesquisadas" formas de trabalho contemporâneo, fornecendo "material para debates sobre 'vigilância *versus* resistência', degradação do trabalho e relevância de uma analogia eletrônica com o panóptico". Isso ressaltou como o "trabalho emocional"[19] estava sendo organizado nos call-centers[20]. Esse aspecto qualitativo do processo de trabalho é difícil de quantificar e de mensurar, devido a suas características subjetivas e efêmeras. Phil Taylor e Peter Bain[21], assim, conceitualizaram a demanda para que os trabalhadores de call-center "sorrissem pelo telefone", dentro de um local de trabalho marcado por "níveis extremos de vigilância, monitoramento e aceleração"[22].

Facilitado pela tecnologia digital, o call-center tornou-se um lugar no qual a mensuração do processo de trabalho poderia ser cronometrada por segundo[23]. Nesse contexto, o uso da metáfora do panóptico por Michel Foucault foi desenvolvido por Sue Fernie e David Metcalf[24] para afirmar que os trabalhadores de call-centers estavam organizados em um "panóptico eletrônico". Eles argumentaram que as "possibilidades para monitorar o comportamento e a mensuração dos resultados são surpreendentes" e que "a 'tirania da linha de montagem' é apenas um piquenique escolar de domingo quando comparada ao controle que os gestores podem exercer com a telefonia computadorizada". O uso dessa metáfora enfrentou críticas como as de Alan McKinlay e Phil Taylor[25], que argumentaram que "a fábrica e o escritório não são nem uma prisão nem um sanatório, suas arquiteturas sociais não são aquelas da instituição total". De maneira similar, Taylor e Bain indicaram que essa comparação "pode repudiar as possibilidades de organização e resistência coletiva"[26],

---

[18] Miriam Glucksmann, "Call Configurations: Varieties of Call Centre and Divisions of Labour", *Work, Employment & Society*, v. 18, n. 4, 2004, p. 795.

[19] Arlie Russell Hochschild, *The Managed Heart: Commercialization of Human Feeling* (Berkeley, University of California Press, 2012).

[20] Kate Mulholland, "Gender, Emotional Labour and Teamworking in a Call-Centre", *Personnel Review*, v. 31, n. 3, 2002, p. 283-303; Maeve Houlihan, "Tensions and Varieties in Call Centre Management Strategies", *Human Resource Management Journal*, v. 12, n. 4, 2002, p. 67-85; Kolinko, *Hotlines: Call-Centre, Inquiry, Communism* (Oberhausen, s.n., 2002); Phil Taylor e Peter Bain, "'An Assembly Line in the Head': Work and Employee Relations in the Call Centre", *Industrial Relations Journal*, v. 30, n. 2, 1999.

[21] Phil Taylor e Peter Bain, "'An Assembly Line in the Head'", cit., p. 103.

[22] Ibidem, p. 108.

[23] Jamie Woodcock, *Working the Phones: Control and Resistance in Call Centres* (Londres, Pluto Press, 2017).

[24] Sue Fernie e David Metcalf, *(Not) Hanging on the Telephone: Payment Systems in the New Sweatshops* (Londres, London School of Economics and Political Science/Centre for Economic Performance, 1997), p. 3.

[25] Alan McKinlay e Phil Taylor, "Through the Looking Glass: Foucault and the Politics of Production", em Alan McKinlay e Ken Starkey (orgs.), *Foucault, Management and Organization Theory: From Panoptic on to Technologies of Self* (Londres, Sage, 1998), p. 175.

[26] Phil Taylor e Peter Bain, "'An Assembly Line in the Head'", cit., p. 103.

e que, nos call-centers, a gestão "depende de uma combinação de mensurações tecnologicamente dirigidas e supervisores humanos"[27]. No final das contas, esse local de trabalho envolve contradições entre quantidade e qualidade das ligações telefônicas no processo de trabalho[28] e, necessariamente, implica o "processo dinâmico de acumulação de capital"[29]. Ainda assim, é possível usar a metáfora do panóptico para ilustrar as novas dinâmicas de supervisão e, ao mesmo tempo, chamar atenção para a resistência que ocorre no chão do call-center[30].

III. A PLATAFORMA

Esses debates anteriores sobre o trabalho fabril e os call-centers fornecem um caminho importante para a compreensão do papel da mensuração no trabalho de plataforma. A mesma preocupação sobre a indeterminação do trabalho na fábrica e no call-center permanece, mas agora as plataformas estão comprando lascas do tempo do trabalhador, espalhados em uma extensão geográfica que é potencialmente global. Como Guy Standing[31] previu, até 2025 um terço das transações do trabalho acontecerão em plataformas digitais. A "integração" de telefones e computadores nos call-centers, que facilitou a intensificação da mensuração[32], é agora reconfigurada, incluindo a expectativa de que os trabalhadores paguem por seus próprios smartphones equipados com GPS para uma coleta mais granular de dados.

O crescimento de plataformas como a Deliveroo e a Uber tem sido analisado por Nick Srnicek[33], que identifica a "economia da plataforma enxuta" (*lean platform economy*) como proveniente de um contexto no qual ela "aparece, em última instância, como um escoamento de excedente de capital em uma era de taxas ultrabaixas de juros e de difíceis oportunidades de investimento, não como a vanguarda que está destinada a reviver o capitalismo". Trebor Scholz[34] também tem levado a cabo uma crítica contínua das plataformas, argumentando que elas têm sido "um instrumento no processo de dissolução do emprego direto, criando, dessa forma, um futuro de baixos salários para milhões de pessoas". Scholz[35] argumenta que plataformas como a Deliveroo são, de fato, "uma empresa de trabalho, não simplesmente uma *startup* tecnológica, o que significa que elas dependem da

---

[27] Ibidem, p. 108.
[28] Peter Bain et al., "Taylorism, Targets and the Pursuit of Quantity and Quality by Call Centre Management", *New Technology, Work and Employment*, v. 17, n. 3, 2002, p. 3.
[29] Phil Taylor e Peter Bain, "'An Assembly Line in the Head'", cit., p. 108.
[30] Jamie Woodcock, *Working the Phones*, cit.
[31] Guy Standing, *The Corruption of Capitalism: Why Rentiers Thrive and Work Does Not Pay* (Londres, Biteback, 2016).
[32] Phil Taylor e Peter Bain, "'An Assembly Line in the Head'", cit., p. 102.
[33] Nick Srnicek, *Platform Capitalism*, cit., p. 91.
[34] Trebor Scholz, *Uberworked and Underpaid: How Workers Are Disrupting the Digital Economy* (Cambridge/Malden, Polity, 2016), p. 13.
[35] Ibidem, p. 42.

disponibilidade e abundância de trabalho barato e de um ambiente regulatório permissivo". Enquanto há uma gama de diferentes variedades de plataformas, as de entrega são do tipo de trabalho "geograficamente aderente" (*geographically sticky*)[36], que requer que os trabalhadores estejam em um local particular para completar o trabalho. Isso é distinguível das formas de trabalho "de nuvem", em que os trabalhadores podem completar, de qualquer lugar, com um computador e uma conexão à internet, tanto tarefas curtas, como as de "*crowdwork*", como as longas tarefas das atividades "*freelance*". A Deliveroo é, portanto, um tipo de "trabalho de plataforma local-específico" (*location-specific labour platform*)[37].

A maneira fundamental com que plataformas como a Deliveroo procuraram gerenciar o trabalho é por meio do uso de algoritmos. Estes envolvem "conjuntos definidos de passos estruturados para processar instruções/dados visando produzir resultados"[38], automatizando, com frequência, formas anteriores de fazer as coisas. Os processos envolvidos são amiúde obscuros, como se eles operassem enquanto "caixas-pretas"[39], o que complexifica a pesquisa. Rob Kitchin[40] sugeriu seis formas diferentes para pesquisar algoritmos. As quatro primeiras envolvem engajar-se diretamente com o algoritmo, seja 1) por meio de um "pseudo-código/código--fonte"; 2) "produzindo reflexivamente o código"; 3) mediante "engenharia reversa"; ou 4) "entrevistando aqueles que o produziram ou conduzindo uma etnografia do time de programadores". Entretanto, segundo Kitchin, ao posicionar a gestão algorítmica como um desenvolvimento de técnicas passadas de gerência na fábrica e nos call-centers, as plataformas também podem ser investigadas de duas outras maneiras: 5) "desmontando todo o agenciamento (*assemblage*) sociotécnico dos algoritmos" – apesar de isso ser, obviamente, muito difícil de fazer em um único e curto estudo de caso; ou 6) "examinando como os algoritmos funcionam no mundo"[41]. Desse modo, observar o trabalhador e o algoritmo no que Marx descreveu como o "terreno oculto da produção"[42] fornece uma maneira de explorar isso na prática. Deve-se começar com uma compreensão do local de trabalho como um lugar de conflito, no qual os algoritmos são concebidos e implementados pelos gestores. O algoritmo e, é claro, a mensuração necessária para que ele seja eficaz, são, portanto, parte de uma longa história de gestão do trabalho, um processo

---

[36] Mark Graham e Jamie Woodcock, "Towards a Fairer Platform Economy: Introducing the Fairwork Foundation", *Alternate Routes*, v. 29, 2018, p. 245.
[37] Idem.
[38] Rob Kitchin, "Thinking Critically about and Researching Algorithms", *Information, Communication & Society*, v. 20, n. 1, 2017, p. 14.
[39] Frank Pasquale, *The Black Box Society: The Secret Algorithms that Control Money and Information* (Cambridge, Harvard University Press, 2015).
[40] Rob Kitchin, "Thinking Critically about and Researching Algorithms", cit., p. 22-5.
[41] Ibidem, p. 25.
[42] Karl Marx, *Capital*, cit., p. 280.

que envolve, impreterivelmente, tentativas de supervisionar, controlar, motivar e disciplinar os trabalhadores.

Métodos de pesquisa

Há desafios significantes para pesquisar o trabalho na Deliveroo, dado que ele é mediado por uma plataforma digital. A organização do trabalho resulta em limites às oportunidades de acessar os trabalhadores, uma vez que não há nada análogo aos portões de fábricas. Não há um ponto físico fora do local de trabalho no começo ou no fim do turno para falar com os trabalhadores. Como em outras formas de trabalho precário, há problemas estruturais de acesso, e a própria companhia não está aberta à pesquisa. Para enfrentar esses obstáculos, o capítulo se apoia em um projeto de pesquisa em andamento, que tem experimentado diferentes métodos de superar essas barreiras. Ele começou em junho de 2016, em Londres, antes da primeira greve dos entregadores da Deliveroo, em agosto do mesmo ano[43]. Esse projeto é uma tentativa de aplicar os métodos da enquete operária[44], tratada em edições passadas das revistas *Ephemera*[45] e *Viewpoint*[46]. Começou com contatos contingentes com motoristas da Deliveroo, somados à percepção de um rápido crescimento do número de trabalhadores nas ruas de Londres. Em termos operaístas, a despeito do contato inicial com um motorista da Deliveroo, o projeto começou como uma "investigação vinda de cima"[47], buscando ter acesso ao local de trabalho. Isso envolveu métodos "participantes", observações etnográficas e conversas com os trabalhadores[48], que foram documentadas em anotações de campo completas (*full field-notes*) ao longo do projeto[49]. Dez entrevistas semiestruturadas, que foram gravadas e transcritas, suplementaram o que foi colocado acima. A identidade do pesquisador e os objetivos do projeto foram expostos tanto para os participantes das entrevistas quanto para os trabalhadores com quem se

---

[43] Ver Jamie Woodcock, "Slaveroo: Deliveroo Drivers Organising in the 'Gig Economy'", *Novara Media*, 12 ago. 2016; disponível em: <https://novaramedia.com/2016/08/12/slaveroo-deliveroo-drivers-organising-in-the-gig-economy/>; acesso em: 12. ago. 2016.
[44] Karl Marx, "A Workers' Inquiry", *New International*, v. 4, n. 12, 1938 [1880], p. 379-81.
[45] Jamie Woodcock, "The Workers' Inquiry from Trotskyism to Operaismo: A Political Methodology for Investigating the Workplace", *Ephemera*, v. 14, n. 3, 2014, p. 493-513.
[46] Idem, "Smile Down the Phone: An Attempt at a Workers' Inquiry in a Call-Center", *Viewpoint Magazine*, v. 3, 25 set. 2013.
[47] "Interview with Vittorio Rieser", 3 out. 2001, citado em *Generation Online*, out. 2006, p. 4; disponível em: <http://www.generation-online.org/t/vittorio.htm>; acesso em: 18 mar. 2017.
[48] Gabriella Alberti, "Mobility Strategies, 'Mobility Differentials' and 'Transnational Exit': The Experiences of Precarious Migrants in London's Hospitality Jobs", *Work, Employment & Society*, v. 28, n. 6, 2014, p. 865-81.
[49] John Lofland e Lyn Lofland, *Analyzing Social Settings: A Guide to Qualitative Observation and Analysis* (Belmont, Wadsworth, 1995).

mantiveram conversas informais. Todas as entrevistas foram tornadas anônimas, fazendo uso de pseudônimos para proteger a identidade dos participantes. Isso é particularmente importante, uma vez que a Deliveroo retaliou trabalhadores que falaram publicamente sobre a companhia[50].

A extensão do contato com os trabalhadores da Deliveroo permitiu a utilização do método bola de neve para entrevistas semiestruturadas, que Jacqueline Hagan, Nichola Lowe e Christian Quingla[51] notaram como uma "estratégia comumente utilizada para localizar uma população sensível ou difícil de encontrar". Essa foi uma abordagem deliberada, visando procurar mais contatos a partir daqueles encontrados durante a observação. As próprias entrevistas foram difíceis de organizar, a despeito do interesse inicial dos potenciais entrevistados. Devido aos padrões de turnos de trabalho, revelou-se difícil agendá-las de maneira confiável. Quando as entrevistas foram marcadas, elas ocorreram em diferentes locais de Londres. Cada uma foi gravada, e o consentimento – informado sobre a pesquisa – foi dado por cada participante. No total, houve dez entrevistas formais, que foram transcritas e se somaram às notas de campo de outras conversas e às atividades participantes. Oito das entrevistas foram com condutores de bicicleta, enquanto as outras duas foram com condutores de ciclomotor/motocicleta. Metade dos entrevistados era composta por trabalhadores migrantes, principalmente de países da União Europeia. A faixa etária era relativamente estreita, com participantes entre vinte e trinta anos. Todos os participantes eram homens.

Para suplementar esses métodos, o projeto tentou uma forma colaborativa de copesquisa[52], o que envolveu duas atividades principais. Primeiro, a coescrita de um artigo com um condutor da Deliveroo, que usou o pseudônimo Facility Waters[53]. Esse processo foi levado a cabo em seis meses. Envolveu Waters autorrastrear suas rotas em Londres, coletando informações detalhadas e fotos de cada passo do processo de trabalho e analisando em profundidade sua própria experiência. Começou como uma forma de coescrita chamada "método da caneta-tinteiro cheia" (*full fountain pen method*)[54], mas o texto final foi quase inteiramente escrito por Waters, enquanto eu atuei como editor. Os resultados desse texto foram utilizados aqui tanto diretamente (com algumas citações do artigo de Waters) como

---

[50] Ben Geraghty, "Deliveroo and Victimisation in the Gig Economy (updated)", *Financial Times Alphaville*, 13 dez. 2016.

[51] Jacqueline Hagan, Nichola Lowe e Christian Quingla, "Skills on the Move: Re-Thinking the Relationship between Human Capital and Immigrant Economic Mobility", *Work and Occupations*, v. 38, n. 2, 2011, p. 157.

[52] "Interview with Vittorio Rieser", cit., p. 1.

[53] Facility Waters e Jamie Woodcock, "Far from Seamless: A Workers' Inquiry at Deliveroo", *Viewpoint Magazine*, 20 set. 2017, disponível em: <https://www.viewpointmag.com/2017/09/20/far-seamless-workers-inquiry-deliveroo/>; acesso em: 21 nov. 2017.

[54] Kent Worcester, *C.L.R. James: A Political Biography* (Albany, State University of New York Press, 1995), p. 125.

indiretamente. A segunda parte foi uma colaboração com o Independent Workers Union of Great Britain (IWGB) [Sindicato dos Trabalhadores Independentes do Reino Unido]. Os trabalhadores envolvidos na greve abordaram o IWGB e começaram a se organizar com ele posteriormente. Eu observei essas primeiras reuniões e ofereci apoio voluntário de diversas formas para facilitar o acesso.

Conversas informais foram realizadas com trabalhadores durante a campanha de organização posterior em Londres. Muitas dessas conversas foram conduzidas com os motoristas que se organizavam na região Norte de Londres, o que envolvia falar com as pessoas daquela região, mas também com ativistas de outras áreas que se deslocavam até lá para as campanhas de sindicalização. Devido à natureza do trabalho, houve uma explosão de atividade quando os trabalhadores estavam em horários de pico, seguidos de relativa calmaria, que fornecia bastante tempo para conversar. Dadas as condições nas quais ocorriam essas conversas – ao lado da rua, frequentemente interrompidas e parcialmente sob chuva –, elas não puderam ser gravadas, apesar de que, após catorze delas, foram feitas anotações de campo o mais cedo possível. A despeito dessas restrições, foi possível discutir com os trabalhadores os problemas da gestão algorítmica e a resistência, adicionando dados às entrevistas formais.

Essa colaboração foi aberta desde o começo, com a posição do pesquisador tornada explícita ao longo da conversa. Envolveu principalmente observação e entrevistas informais, mas também me voluntariei para ajudar os ativistas sindicais com a criação, disseminação e análise de um *survey* sobre as condições de trabalho na *gig economy*. Isso envolveu uma combinação de questões fechadas sobre características do trabalho e questões abertas que solicitavam o depoimento dos trabalhadores. O *survey* foi conduzido on-line e distribuído por meio de redes de WhatsApp dos condutores, as quais já existiam, e por meio de campanhas de organização em Londres, resultando em 158 respostas. Mais detalhes podem ser encontrados na proposta para formação de um comitê parlamentar especial[55]. Como retorno pelo auxílio com a pesquisa, foi acordado que as estatísticas poderiam ser usadas para este capítulo e que os resultados iniciais dos dados seriam utilizados aqui para uma visão geral das condições nesse tipo de trabalho. A conexão entre a produção de conhecimento e a organização tem sido sempre um componente crucial da enquete operária como método, distinguindo-a de métodos mais tradicionais. Como Burawoy[56] argumentou, o engajamento e a intervenção podem, de fato, ser uma parte válida do processo de pesquisa. O projeto, portanto, buscou criar uma "comunidade participativa de investigação", colaborando com os trabalhadores

---

[55] IWGB Couriers & Logistics Branch, "Written Evidence from IWGB Couriers & Logistics Branch (WOW 99)", *The Future World of Work*, fev. 2017; disponível em: <http://data.parliament.uk/writtenevidence/committeeevidence.svc/evidencedocument/ business-energy-and-industrial-strategy-committee/future-world-of- work/written/47112.pdf>; acesso em: 11 dez. 2017.

[56] Michael Burawoy, "The Extended Case Method", *Sociological Theory*, v. 16, n. 1, 1998, p. 4-33.

da Deliveroo em uma forma de copesquisa[57] para se deslocar de uma investigação "vinda de cima" para uma "vinda de baixo"[58].

Trabalhando para a Deliveroo
I. Como a Deliveroo trabalha

Trabalhar para a Deliveroo começa com um curto processo de "embarque". Por exemplo, como o condutor Alejandro explicou: "Eu me candidato pela internet e é isso, eles me mandam uma mensagem perguntando 'você pode vir amanhã para uma rápida entrevista?', fazem mais algumas perguntas, um teste com a bicicleta, vinte minutos pedalando, e é isso". A velocidade do processo é muito maior do que para se candidatar a outros tipos de trabalho de serviços. Não obstante, como observou Fred, é comparável a ir trabalhar em um call-center, outra indústria marcada por grande demanda por trabalhadores. O processo de "embarque" ocorreu em um local físico compartilhado com o call-center da empresa. Uma vez completada a avaliação inicial, um representante da companhia pega o telefone do futuro trabalhador e baixa o aplicativo. O trabalhador, então, entra na fila para coletar as roupas e a mochila com o logo da empresa. Esse contato com a Deliveroo é a primeira e única interação física, e os representantes da companhia estão também sob contratos precários (como também estão os trabalhadores do call-center que os condutores encontram nesse momento).

A força de trabalho de entregas da Deliveroo está dividida em duas partes. A primeira são os condutores de ciclomotores ou motocicletas, que trabalham ao longo do dia e durante a noite. Como Mostafa explicou, os condutores tendem a trabalhar "seis dias ou mais, e é comum trabalharem em torno de onze horas por dia". Isso significa que a Deliveroo seria sua principal fonte de renda. Esses trabalhadores são primariamente migrantes, com uma grande parcela oriunda do Brasil, do subcontinente indiano e do Leste europeu. A segunda parte são os ciclistas, que trabalham em turnos mais curtos, durante o almoço ou à noite, ajudando a atender a demanda em períodos de pico, que ocorrem nos horários de refeição. Para muitos ciclistas, esse serviço frequentemente encaixava-se com outros tipos de trabalho, como para Tim, que trabalhava "à noite, depois do meu trabalho" e Fred, que também era empregado de uma livraria. Há similaridades aqui com outros tipos de trabalho de plataformas, com a renda sendo usada para suplementar outras formas de trabalho de baixa remuneração, especialmente dado o alto custo de vida em Londres.

A primeira diferença crucial com outros tipos de trabalho na indústria dos serviços é que não há contrato formal de emprego para os condutores. A Deliveroo,

---

[57] Peter Reason e Hillary Bradbury, "Introduction", em Peter Reason e Hillary Bradbury (orgs.), *Sage Handbook of Action Research: Participative Inquiry and Practice* (Londres, Sage, 2008), p. 1.
[58] "Interview with Vittorio Rieser", cit., p. 4.

como a Uber, usa a controversa categoria de "contratante independente autônomo" (em vez do *status* de empregado ou trabalhador), que vem sendo contestada[59]. O *survey* realizado pelos condutores da Deliveroo e IWGB ilustra alguns dos problemas que esse *status* de contratante independente cria. Notavelmente, 87,1% dos que responderam ao questionário não pensavam que o *status* refletia precisamente a natureza de seu trabalho, com 47,6% acreditando que eles deveriam ser categorizados como "empregados" e 43,5%, como "trabalhadores". Além desse desacordo com o *status* da ocupação, a esmagadora maioria, 97,8%, queria um incremento dos direitos trabalhistas – incluindo "acesso à aposentadoria, licença parental, pagamento de férias e auxílio-doença". Particularmente, 95,7% dos que responderam pensavam que a empresa deveria ser responsável pelo fornecimento de medidas específicas de segurança no trabalho, abarcando o pagamento de seguros e o fornecimento de treinamento adequado. Esses números demonstram as sérias questões na Deliveroo. O exemplo mais claro disso é que 92% sentiam que sua classificação como "autônomos" resultava de "serem tratados de maneira injusta quando comparados a um empregado" e que os "empregadores abusavam deliberadamente da categoria 'autônomo' para se aproveitar de seus trabalhadores". Os resultados do *survey* destacaram que esses trabalhadores não estavam contentes com o atual *status* em seus contratos.

A categoria "contratante independente autônomo" faz parte da experiência de trabalhar na Deliveroo. Como Conor observou, isso significa que "tecnicamente, posso colocar qualquer um para fazer meu turno; mas eu teria de dar meu telefone para outra pessoa receber os pedidos, e eu não vou fazer isso! Quem daria seu telefone para outra pessoa?!". Em vez de aproveitar essa opção – que foi incluída possivelmente apenas para sustentar o *status* de "autônomos" –, os participantes sentiam profundamente a falta de segurança no emprego. Como Steve explicou, "não é nem que você será mandado embora trabalhando aqui, você é apenas 'desativado', é apenas uma mensagem, uma notificação". À luz disso, Kendrick explicou que ele "preferiria ter algo com mais segurança" e que estava "ativamente procurando por alguma outra coisa".

Essa experiência é uma forma de precariedade no trabalho – tanto no sentido das condições de trabalho quanto no da experiência subjetiva de insegurança. Precariedade, "como um conceito", é "mais complicado e indeterminado do que a maioria dos outros". Como Angela Mitropoulos[60] argumenta, se algo pode ser dito "com certeza sobre a precariedade, é que ela se movimenta de maneira inconstante", o que indica "algumas das tensões que obscurecem muito da discussão

---

[59] Brishen Rogers, "Employment Rights in the Platform Economy: Getting Back to Basics", *Harvard Law and Policy Review*, v. 10, n. 2, 2016, p. 479-520; Antonio Aloisi, "Commoditized Workers: Case Study Research on Labor Law Issues Arising from a Set of 'On-Demand/Gig Economy' Platforms", *Comparative Labor Law and Policy Journal*, v. 37, n. 3, 2016, p. 620-53.
[60] Angela Mitropoulos, "Precari-Us?", *Mute: Precarious Reader*, v. 2, 2005, p. 12.

sobre o trabalho precário". Pierre Bourdieu forneceu uma profícua definição de "precariedade" como um "novo modo de dominação da vida pública [...] baseada na criação de um estado generalizado e permanente de insegurança com o objetivo de forçar os trabalhadores à submissão, à aceitação da exploração"[61]. Essa experiência de precariedade está presente na Deliveroo, combinada à falta de contato físico com outros trabalhadores e com a gerência. Fred, por exemplo, falou sobre a diferença entre trabalhar na Deliveroo e em um call-center, "um local de trabalho onde você pode ver a quantidade de pessoas que dentro de, tipo, uma semana já teriam ido embora, mas com a Deliveroo é muito mais difícil dizer. [...] Você não tem qualquer contato físico na Deliveroo". Novamente, isso é semelhante ao que acontece na Uber: depois do "embarque", não há razão de contato físico com supervisores ou representantes da companhia. Entretanto, diferentemente da Uber, os trabalhadores da Deliveroo se encontram nos "centros da zona" e podem formar conexões offline com outros trabalhadores[62]. Como Leonardo explicou, "a Deliveroo nos diz onde esperar enquanto não recebemos pedidos; assim, sabe, nós nos encontramos, foi assim também que entrei no grupo de WhatsApp". Para Steve, os pontos de encontro desempenharam um papel importante, uma vez que "você consegue bater um papo, conversar sobre o que está acontecendo e encontrar outras pessoas fazendo a mesma coisa". Não obstante esses momentos coletivos entre as entregas, Alejandro ressaltou: "Me sinto sozinho com a companhia, você sente que é autônomo porque você não tem chefes, mas, ao mesmo tempo, a Deliveroo é seu chefe, você não vê ninguém, mas você trabalha para a companhia". A precariedade e o risco levaram Alejandro a pontuar que ele se sente "assustado, algumas vezes. [...] Se eu me acidentar, é problema meu, a companhia se preocupa apenas se você entrega ou não o pedido, e é isso. Eu me sinto, com toda certeza, menos seguro". Os riscos de acidente enquanto se faz as entregas foram um tema surpreendentemente comum. Há diversas histórias de condutores que se acidentaram durante o turno, sem receber qualquer assistência da Deliveroo, para além da suspensão de sua conta enquanto eles não podiam trabalhar. Mumit teve um acidente com sua motocicleta e não recebeu ajuda. De modo semelhante, após esse acidente, deixou sua motocicleta por "três minutos, [...] uma entrega padrão, voltei e a moto não estava mais lá". Depois do roubo, ele também não recebeu qualquer apoio.

> A Deliveroo não se importa, não tem nada a ver com eles, porque você é um contratante independente, então você tem de lidar com as próprias coisas, eles não se importam, eles irão te suspender do seu turno até que você possa voltar, eles irão dizer para entrar em contato com eles e tudo isso também é pelo call-center, não por meio de uma pessoa que [...] pelo menos finge não estar pouco se fodendo [risos].

---

[61] Pierre Bourdieu, *Contre Feux* (Paris, Raisons d'Agir, 1998), p. 95-9.
[62] Facility Waters e Jamie Woodcock, "Far from Seamless", cit.

Pelo que Mumit estima, "por toda a cidade de Londres, todos os dias, pelo menos uma motocicleta trabalhando para a Deliveroo é roubada, se não duas ou três, e eu imagino que o número de bicicletas é bem maior". Isso representa um custo extra significativo para os condutores, seja o de uma nova bicicleta ou de "milhares de libras para conseguir uma nova moto". O processo de terceirização contratual (pelo *status* de contratante independente autônomo) libera a Deliveroo dos riscos de parte do trabalho, o que significa que eles não precisam sequer mensurar a extensão dessas perdas. Para os trabalhadores, isso compõe o sentido da precariedade, não apenas pela relação instável com a Deliveroo, mas também pelos riscos adicionais de pedalar e dirigir pela cidade.

II. As mensurações na Deliveroo

A mensuração do trabalho na Deliveroo tem início quando o motorista entra em sua "zona". Londres é dividida em várias zonas que conformam a cidade. Assim que o trabalhador entra na zona – depois da corrida não remunerada de sua casa até lá –, ele pode ativar o aplicativo (app) do smartphone e realizar o login. No app, ele encontrará um "centro da zona". Esse é um ponto de encontro determinado por algoritmos e projetado como uma área de espera, com as rotas mais curtas possíveis para entregas. Essa é uma diferença importante em relação à Uber, cujos motoristas não recebem direcionamentos entre as corridas além de alertas sobre o aumento de preços. Capturas de tela com exemplos de cada passo do processo de trabalho podem ser encontradas no artigo coescrito por Waters e Woodcock[63].

A assimetria de informações entre a plataforma e o trabalhador é particularmente notável na Deliveroo. A plataforma possui um conhecimento em tempo real de cada trabalhador, mensurando o posicionamento e os horários por GPS, enquanto ao trabalhador são fornecidas apenas informações suficientes para que a próxima parte da tarefa seja concluída.

Assim que uma solicitação é feita, ela é enviada a um trabalhador pelo aplicativo, mediante um processo determinado por algoritmos. O trabalhador individual escolhido pelo algoritmo possui somente a opção de aceitar a entrega – embora ela possa ser pulada se o condutor a ignorar. Acredita-se que isso afeta de forma negativa a classificação dos trabalhadores, porém, conforme explicado por Facility: "Raramente recebemos esclarecimentos oficiais e dependemos, em grande medida, do compartilhamento de informações e experiências entre os trabalhadores"[64]. Embora afirme-se que esses trabalhadores são autônomos, eles recebem apenas a informação suficiente para cada passo. A primeira instrução é em qual restaurante a comida precisa ser retirada, sem informações sobre o restante da corrida. Isso significa que os trabalhadores não podem pular uma entrega com uma rota longa

---

[63] Idem.
[64] Idem.

ou complicada para, em seu lugar, realizar corridas mais curtas e maximizar seu pagamento. A tela do aplicativo exibe a localização do restaurante e, em seguida, passa para uma rota guiada por GPS. Quando chega ao restaurante, o trabalhador confirma essa ação pelo aplicativo e recebe instruções que envolvem entrar no restaurante por uma porta dos fundos para coletar a comida. Depois, espera-se que ele verifique o que está coletando, mas o foco, nesse momento, é a troca do número do pedido. Em alguns casos, o trabalhador pode ser informado que ele está coletando um "pedido empilhado", ou seja, mais de um pedido de um mesmo restaurante. Mais uma vez, não há a escolha de recusar essa opção no aplicativo.

Assim que o pedido é recebido no restaurante, a próxima tela do aplicativo fornece ao trabalhador o endereço do cliente, trocando a interface para a rota via GPS. Após uma corrida – que pode apresentar grandes diferenças de extensão ao longo da zona –, o trabalhador chega ao endereço do cliente, entrega a comida e confirma a entrega no aplicativo. A interação com o cliente é limitada a entregar a comida, talvez com alguns breves cumprimentos e formalidades. Diferentemente da Uber, o cliente não classifica a qualidade da interação. O cliente possui a opção de dar uma gorjeta pelo aplicativo, embora isso apenas possa ser adicionado quando o cliente pede a comida. O cliente não tem, portanto, a oportunidade de analisar o desempenho dos trabalhadores – seja em termos de velocidade da entrega ou da qualidade da interação no momento da entrega – antes de escolher se dará uma gorjeta ou qual será o seu valor. Conor explica que "você só descobre sobre as gorjetas depois que faz as entregas. Eu espero até o final do turno para abri-las como se fossem raspadinhas". Após uma entrega, os trabalhadores são redirecionados para o "centro da zona", a fim de aguardar a próxima entrega. Pelo aplicativo, eles recebem um passo a passo para cada tarefa. Repetindo Taylor[65], o aplicativo "especifica não apenas o que deve ser feito, mas como deve ser feito e o tempo exato permitido para que isso seja feito".

Aos trabalhadores, ao menos quando realizei as entrevistas, eram atribuídos turnos por login. No entanto, apesar de a Deliveroo saber exatamente quando um trabalhador inicia ou termina um turno, os entrevistados mencionaram que, frequentemente, eles começavam a trabalhar mais cedo e terminavam mais tarde. Por exemplo, Facility com frequência começava mais cedo o turno a ele atribuído porque

> eu tenho logado mais cedo e tenho recebido meu pagamento por hora, independentemente de se eu estava oficialmente disponível. Às vezes isso funciona, às vezes não. Embora eu tenha certeza de que há um critério específico para a folha de pagamento utilizada pela Deliveroo, eu não tenho certeza qual ele realmente é. Os outros motoristas e eu temos as nossas suspeitas, mas muito pouco conhecimento concreto.[66]

---

[65] Frederick Winslow Taylor, *The Principles of Scientific Management*, cit., p. 3.
[66] Facility Waters e Jamie Woodcock, "Far from Seamless", cit.

Da mesma forma, os turnos são frequentemente estendidos se o trabalhador aceitar uma entrega e não conseguir conclui-la dentro do horário de trabalho. Embora seja tecnicamente possível aos trabalhadores ligar para o *rider support* [serviço de atendimento ao motorista] para que essa tarefa, em específico, não lhes seja mais atribuída, "a linha está sempre ocupada às 21h30, porque muitas pessoas estão ligando, então ficar aguardando na linha demora tanto quanto entregar a comida. Além disso, se você entregar a comida, você receberá o pagamento, então não vale a dor de cabeça"[67]. No entanto, essa dinâmica começou a desaparecer, já que a Deliveroo trocou o método de pagamento, que antes era por hora adicional por entrega, e agora paga apenas o valor da entrega.

A transição do pagamento por hora ao pagamento por peça – ou melhor, a uma organização em que todo pagamento é por peça – é mais um método utilizado pela Deliveroo para transferir os riscos do modelo de negócio aos trabalhadores. Na falta de uma supervisão física, a Deliveroo desenvolveu métodos para incentivar os trabalhadores a realizar entregas de forma pontual. O pagamento por peça significa que os trabalhadores podem calcular a relação entre o próprio desempenho e o que recebem: quanto mais entregas forem feitas em um turno, mais dinheiro eles ganham. No entanto, isso também depende de uma demanda suficiente dos clientes – o que acontece principalmente nos horários das refeições, em vez de ser uniformemente espalhada ao longo do dia. Além do número de entregas feitas, os trabalhadores também recebem um e-mail (no momento das entrevistas, isso ocorria a cada duas semanas) com as estatísticas de desempenho do trabalho. Conforme explicado por Kendall: "Então, eu recebo esse e-mail que me diz [...] o tempo gasto até o restaurante, o tempo até chegar ao cliente e depois, o tempo gasto no local do cliente". Entretanto, ele continua,

> eu não recebo sequer os próprios números. Eu recebo a minha distância da média e se cumpri ou não os critérios deles. E aí, eu recebo esse e-mail, que é tipo: "bom trabalho, você cumpriu todos os critérios e você foi cinco minutos mais rápido do que a média". No primeiro mês eu não cumpri o critério de tempo no cliente, o que achei estranho, mas nada aconteceu. Se você não foi multado, beleza, você não precisa dizer nada, não há multa. Tipo, eles te enviam um e-mail com mensagens motivadoras, sei lá, eles chamam isso de Avaliação das Normas do Serviço de Entregas (Anse) (*Service Delivery Standards Assessment – SDSA*), então, aqui tem um monte de informações, mudanças na minha Anse, então eles me deram minha média, o tempo até o restaurante. E a diferença na média foi de 2,8, mas eles não me deram, de fato, meu tempo verdadeiro. Viagem até o cliente: -3,4, tempo no cliente, eles não me dizem, eles dizem apenas que calcularam isso.

---

[67] Idem.

As novas possibilidades oferecidas por esse nível de vigilância são impressionantes. É possível compará-lo aos métodos desenvolvidos em call-centers, nos quais (conforme observado anteriormente) tornou-se "viável obter um conhecimento total, em 'tempo real', de como o tempo de cada trabalhador estava sendo utilizado, por meio da utilização de equipamento de monitoramento eletrônico"[68].

Essa possibilidade agora se estende à Deliveroo por meio do uso de smartphones, tecnologia de GPS e do aumento significativo do acesso à banda larga. A dinâmica funciona da mesma forma que em fábricas e call-centers, combinada a um sistema de pagamento por peça.

Esse aspecto da Deliveroo é particularmente importante para a compreensão de como a gestão do trabalho é realizada. Diferentemente de muitos outros tipos de trabalho em Londres, quase não há contato com a empresa ou os gestores. Conor explicou a diferença dessa forma: "Não há um supervisor no seu ombro, ninguém te vigiando e vindo conversar com você, isso é mesmo diferente". Para compreender como um local de trabalho – nesse caso, disperso por diversas zonas de Londres – pode ser organizado e gerido com sucesso, é preciso considerar como os trabalhadores da Deliveroo vivenciam a tecnologia e as técnicas. A organização do processo de trabalho com base no aplicativo permite que a Deliveroo colete dados refinados sobre o desempenho dos trabalhadores. Quando eles estão logados no aplicativo, são rastreados por GPS, e cada etapa do pedido é cronometrada e registrada. Conforme argumenta Facility, a tecnologia fornece uma "'visão privilegiada de cima', em tempo real, dos trabalhadores que estão logados naquele momento" e está envolvida em uma perspectiva de "observar a cidade diretamente de cima, visualizando as 'unidades' abstratas conforme elas se movimentam pelo local e exibindo ao vivo fluxos de dados dos mais diversos tipos"[69]. As informações criadas pela tecnologia não são compartilhadas com os trabalhadores, o que resulta em uma assimetria de informações – algo que vem se tornando uma característica comum das plataformas de trabalho[70]. Foi isso que levou Facility a realizar um automonitoramento e tentar superar essa assimetria[71].

A ilusão de controle na Deliveroo

O processo de trabalho na Deliveroo é evidentemente cronometrado e mensurado de forma precisa. Embora esses tipos de métodos tenham sido desenvolvidos

---

[68] Peter Bain et al., "Taylorism, Targets and the Pursuit of Quantity and Quality by Call Centre Management", cit., p. 3.
[69] Facility Waters e Jamie Woodcock, "Far from Seamless", cit.
[70] Richard Heeks, "Decent Work and the Digital Gig Economy: A Developing Country Perspective on Employment Impacts and Standards in Online Outsourcing, Crowdwork, etc.", *Development Informatics Working Paper Series*, n. 71, 2017, p. 17.
[71] Facility Waters e Jamie Woodcock, "Far from Seamless", cit.

exaustivamente em call-centers, na Deliveroo isso ocorre fora de um espaço de trabalho físico. Cada ação que o trabalhador realiza é meticulosamente registrada e comparada por meio da plataforma de software, outro exemplo do que Carl Cederström e Peter Fleming chamaram de "capitalismo de exposição", no qual "tudo sobre nós é repentinamente exposto – para ser observado e julgado"[72]. Algoritmos têm sido utilizados em outros contextos para "seduzir, coagir, disciplinar, regular e controlar: para orientar e remoldar o modo como pessoas, animais e objetos interagem entre si e passam por diversos sistemas"[73]. Esse também é o caso da Deliveroo. Conforme explicado por Mumit, na Deliveroo, "o algoritmo que é o chefe", automaticamente coletando e comparando dados por toda a empresa. Mumit continua: "O algoritmo possui regras e nós somos aqueles que, sabendo que os caras no escritório são guiados por dados, criamos os dados".

Para o trabalhador, as informações são repassadas apenas como "um relatório de progresso, que fornece a você uma lista discriminando quanto tempo você gasta para fazer cada uma das suas coisas". Fred explica que isso inclui o tempo até aceitar o pedido, o tempo gasto até o restaurante, o tempo para coletar a comida, o tempo para entregá-la ao cliente e o tempo gasto no local do cliente, entre outras informações. Fred também observa que

> a coisa que é realmente interessante é que eles não te dizem a média que eles buscam, eles apenas dizem "você está alcançando" ou "você não está alcançando", mas eles não te dizem a média; eles não falam "você está abaixo dos treze minutos", eles dizem "o seu tempo foi de doze minutos e meio, que, você sabe, é um tempo acima da meta", mas eles não vão te dizer qual é essa meta. É apenas "você está fazendo rápido o suficiente" ou "você não está", mas, definitivamente, a obscuridade é parte da coisa da motivação; tipo, se você realmente não sabe, então você tem apenas que continuar indo mais rápido.

Esse é um recurso importante da plataforma da Deliveroo. Entretanto, conforme explicado por Sam, "quando você falha, o aplicativo apenas diz como 'você não atendeu às expectativas', mas não há uma consequência, não há nada".

Cada um dos entrevistados percebeu que há muito poucas – se é que há alguma – medidas disciplinares diretas relacionadas ao desempenho. Em um determinado ponto, Ben foi informado de que havia uma "regra de três advertências", embora em seu caso, isso nunca tenha sido aplicado. Havia uma confusão generalizada entre os participantes sobre como o processo funcionava, e Sam também explicou que "esse tipo de coisa vive mudando, assim como a estrutura de pagamento, e tenho certeza de que em breve vai mudar novamente". Entretanto, houve posteriormente

---

[72] Carl Cederström e Peter Fleming, *Dead Man Working* (Winchester/Washington, Zero Books, 2012).
[73] Rob Kitchin, "Thinking Critically about and Researching Algorithms", cit., p. 19.

uma onda de "desativações" por parte da Deliveroo, na qual pessoas foram dispensadas por estarem nas categorias mais baixas de desempenho, segundo o que os trabalhadores presumiram.

Para que isso faça sentido, é útil retornar à metáfora de Fernie e Metcalf: o "panóptico eletrônico"[74]. A diferença crucial na Deliveroo é que não há uma presença física de supervisores ou gestores para tomar decisões com base nos dados. No lugar disso, a Deliveroo automatiza a maior parte da gestão do processo de trabalho, enviando e-mails aos motoristas em vez de chamá-los para reuniões. Isso cria algo que pode ser conceitualizado como um panóptico algorítmico[75] na Deliveroo[76]. O panóptico algorítmico é, como o modelo arquitetônico, "sustentado por outra aparência, que não é efeito da realidade, mas que é, ela mesma, uma ficção"[77]. A Deliveroo não se limitou apenas a terceirizar os trabalhadores, mas a própria supervisão e a gestão do processo de trabalho são automatizadas. A terceirização desses processos não ocorre da mesma maneira que na plataforma, mas envolve supervisores que não são mais contratados do mesmo modo. A eficácia dessa abordagem depende do poder social dos algoritmos: há provas de supervisão detalhada nos e-mails aos trabalhadores, e a disciplina é imposta por meio de "desativações" ocasionais.

Para que haja uma ilusão de controle na Deliveroo, o processo de mensuração é combinado com o sistema de pagamento por peça. Essa ilusão é uma tentativa de inculcar nos trabalhadores os imperativos da gestão. Diferentemente de uma fábrica ou call-center, o supervisor não está mais presente, o que remove o aspecto físico. O controle vai além da supervisão dos trabalhadores para garantir que estejam trabalhando de forma efetiva. O controle está relacionado à superação da resistência do trabalhador. Ainda assim, as greves na Deliveroo têm mostrado que o panóptico algorítmico não é efetivo para lidar com "greves selvagens". A ideia de um panóptico algorítmico não "rejeita as possibilidades de organização e resistência coletivas"[78], que foram um tema durante os debates sobre os call-centers. Isso pode ser visto de maneira evidente na greve dos trabalhadores da Deliveroo, em 2016. Como resposta à mudança dos termos de pagamento, um protesto foi organizado fora da sede da Deliveroo, no centro de Londres. Depois disso, os condutores fizeram greve durante alguns dias, desconectando-se do aplicativo. A precariedade de suas próprias condições de trabalho permitiu que a "greve selvagem" se espalhasse de forma incrivelmente rápida, sem necessidade

---

[74] Sue Fernie e David Metcalf, *(Not) Hanging on the Telephone*, cit., p. 3.
[75] Matteo Pasquinelli, "Anomaly Detection: The Mathematization of the Abnormal in the Metadata Society", *Transmediale*, Berlim, fev.-abr. 2015.
[76] Facility Waters e Jamie Woodcock, "Far from Seamless", cit.
[77] Miran Božovič, "Introduction: An Utterly Dark Spot", em Jeremy Bentham, *The Panopticon Writings*, cit., p. 8.
[78] Phil Taylor e Peter Bain, "'An Assembly Line in the Head'", cit., p. 103.

de adesão à legislação que restringe a atuação sindical no Reino Unido. Como um sinal de sua própria precariedade, a Deliveroo desistiu de seus planos originais, que despertaram a greve, e optou, em vez disso, por experimentar a nova forma de pagamento em uma zona particular. Em fábricas ou em call-centers, os supervisores estariam a postos para lidar com a greve. Sem qualquer aparato disciplinar efetivo, a Deliveroo quase não teve ferramentas para manejar a situação. Isso também mostra a possibilidade de que haja mais resistência acontecendo por baixo da superfície observada tanto pelo pesquisador quanto pelos gestores.

À parte a greve, a ilusão mantém a Deliveroo como uma empresa eficaz. Funciona bem o suficiente para permitir que a plataforma continue operando. Entretanto, os pontos de ruptura ressaltam que a Deliveroo, como outras plataformas, está envolvida em uma dupla precariedade: ela força os trabalhadores à precariedade, enquanto opera precariamente como uma plataforma enxuta. Tal ilusão de controle pode ser parcialmente explicada pela ênfase na coleta de dados por parte das plataformas, mas também devido ao modelo enxuto, com pressão sobre os custos[79].

Os dados coletados na Deliveroo não são utilizados apenas para enviar e-mails automáticos sobre desempenho. Conforme Philip E. Agre[80] pontuou, a privacidade pode ser considerada em termos de vigilância (como frequentemente é) ou como em termos de captura. O modelo de captura "possui raízes profundas na aplicação prática de sistemas computadorizados" e vai além da observação para adquirir e dissecar dados sobre indivíduos. Ele também pode ser encontrado em mais formas de trabalho, uma vez que a coleta e a mensuração de dados estão se tornando cada vez mais utilizadas[81]. Na Deliveroo, isso se estende à instalação de softwares próprios da empresa nos smartphones dos condutores, o que permite que uma enorme quantidade de dados seja coletada. O panóptico algorítmico da Deliveroo também pode ser concebido como operando em um mais amplo "agenciamento vigilante" (*surveillance assemblage*)[82], tanto para o trabalhador, quanto para o cliente. Esses dados têm como finalidade o desenvolvimento de futuros modelos de negócios da Deliveroo, que vão desde as *dark kitchens* (locais nos quais a comida é preparada apenas para entregas)[83] à entrega automatizada de comida e à previsão e modelagem de padrões de consumo de alimentos[84].

---

[79] Nick Srnicek, *Platform Capitalism*, cit.
[80] Philip E. Agre, "Surveillance and Capture: Two Models of Privacy", *The Information Society*, v. 10, n. 2, 1994, p. 107.
[81] Jaime Woodcock, "Digital Labour in the University: Understanding the Transformations of Academic Work in the UK", *TripleC*, v. 16, n. 1, 2018.
[82] Kevin D. Haggerty e Richard V. Ericson, "The Surveillant Assemblage", *British Journal of Sociology*, v. 51, n. 4, 2000, p. 611.
[83] Ver Facility Waters e Jamie Woodcock, "Far from Seamless", cit.
[84] Soheb Panja, "Deliveroo Plans to Make its Own Food and Replace Chefs and Riders with Robots", *Eater*, 29 mar. 2018; disponível em: <https://london.eater.com/2018/3/29/17175482/deliveroo-future-plans-robots-profits-investors>; acesso em: 1º abr. 2018.

O panóptico algorítmico não resolveu o problema da indeterminação da força de trabalho na Deliveroo. Os objetivos de longo prazo da empresa, da mesma forma que ocorre com a Uber, dependem da coleta de dados. Por enquanto, o modelo da Deliveroo exige duas ilusões inter-relacionadas. A primeira é a ilusão de controle discutida aqui. A segunda é uma ilusão de liberdade. Conforme explicado por Fred, trabalhar na Deliveroo é, "na verdade, como um emprego de merda razoável, porque a ilusão de liberdade é realmente forte, você se sente mesmo como seu próprio chefe porque nós todos podemos ficar por aí e falar merda sobre a Deliveroo o quanto quisermos" porque "você não tem aquele tipo de espetáculo da autoridade". A diferença do panóptico algorítmico da Deliveroo é a falta de ações disciplinares diretas. Nas fábricas, a supervisão é direta e está relacionada a riscos de ações disciplinares, enquanto em call-centers, os trabalhadores têm reuniões regulares com os supervisores para discutir seus desempenhos – e podem ser despedidos na hora, sem cerimônias[85].

O panóptico requer a "punição" como um "espetáculo", para sustentar a suposta onipresença do inspetor[86]. A Deliveroo, em vez disso, delega o convencimento dos trabalhadores aos e-mails automatizados de desempenho. Dentro desse processo, os trabalhadores encontram uma forma de liberdade; entretanto, é uma "ilusão de liberdade", conforme Fred observa, visto que, no fim, os trabalhadores não têm controle. Por exemplo, não há uma forma de reivindicar uma "desativação" já realizada ou contestar dados coletados.

Conclusão

Este capítulo teve como objetivo compreender a Deliveroo a partir da perspectiva dos trabalhadores. O uso dos métodos da enquete operária permitiu um olhar experimental sobre como a gestão por meio de algoritmos, conceitualizada aqui como um panóptico algorítmico, é realizada na prática. Em vez de focar as atenções no algoritmo em si, o foco é no desenvolvimento de diferentes formas de mensuração e controle do trabalho. Essa orientação histórica é um importante corretivo para a possibilidade de que algoritmos complexos sejam superestimados, tanto na prática quanto na teoria, e sejam então visualizados como uma ferramenta de supervisão perfeita, tal qual o observador no panóptico. Para que isso seja corrigido, é preciso retornar à perspectiva dos trabalhadores.

Ao longo do capítulo, investigou-se o papel da mensuração. Primeiro, por meio de uma análise das fábricas e do panóptico clássico, do call-center e do panóptico eletrônico, e, por fim, da Deliveroo e do panóptico algorítmico. Cada um desses casos tem formas diferentes de colocar em prática a vigilância e a mensuração

---

[85] Jaime Woodcock, *Working the Phones*, cit., p. 43.
[86] Miran Božovič, "Introduction", cit., p. 4.

do trabalho – pagamento por peça, disciplinamento e outros métodos para tentar superar a indeterminação do processo de trabalho. Entretanto, somente a mensuração nunca é suficiente no contexto contraditório do local de trabalho. Na Deliveroo, o panóptico algorítmico vai além da mensuração, mas sem a supervisão física, ele depende das ilusões de controle e de liberdade. Da mesma forma que na fábrica e no call-center, porém, a prática desse tipo de gestão não está isenta de problemas. Os trabalhadores descobrem isso ao se engajar no processo de trabalho. As condições precárias de trabalho também representam uma potencial redução das barreiras à resistência e à luta, como visto nas "greves selvagens" na Deliveroo, em 2016. A precariedade, portanto, é dupla na companhia: condições precárias de trabalho para os trabalhadores e operação precária da plataforma.

A aparência de uma onipresença, bem como o método automático de supervisão e disciplinamento dos trabalhadores, faz parte de um recurso de controle com ótimo custo-benefício, porém, conforme informado pelos participantes, essa aparência está longe de ser absoluta. Também é importante observar que os participantes expressaram uma experiência positiva de ilusão de liberdade, criada pelo panóptico algorítmico, além da capacidade de trabalhar fora de um local de trabalho formal, seja de bicicleta ou de ciclomotor/motocicleta. A ilusão de liberdade forneceu um importante fator de mobilização para a campanha de organização implementada posteriormente. O modelo de negócios da Deliveroo, assim como o da Uber, tem provado, até agora, que é efetivo da forma em que é aplicado – seja parcial ou completamente –, em uma gama cada vez maior de setores. O sucesso inicial que os trabalhadores da Deliveroo tiveram para se organizar, somado ao suporte do IWGB, é um exemplo importante de como os trabalhadores podem resistir nesses novos contextos. Mais pesquisas são necessárias para compreender os fatores que resultaram na greve e traçar as linhas de luta que vêm emergindo na *gig economy*. As greves mostram que o poder do panóptico algorítmico não é totalizante. Em vez disso, ele é uma das partes do que Foucault[87] teria chamado de um "arquipélago de diferentes poderes". Dessa forma, as ruas de Londres, assim como o chão de fábrica e os call-centers antes disso, continuam sendo um "terreno contestado"[88], no qual trabalhadores continuam entrando em conflito com seus empregadores – seja por meio de um algoritmo ou não.

---

[87] Michel Foucault, "The Mesh of Power", *Viewpoint Magazine*, 12 set. 2012; disponível em: <https://viewpointmag.com/2012/09/12/the-mesh-of-power/>; acesso em: 10 nov. 2018.
[88] Richard Edwards, *Contested Terrain*, cit., p. 15.

3
Trabalho digital*

Mark Graham e Mohammad Amir Anwar

Introdução

É bem conhecida a afirmação, feita certa vez por David Harvey, de que o trabalho é inerentemente baseado em um local (*place-based*), porque, em contraste com o capital, "a força de trabalho tem de ir para casa todas as noites"[1]. O trabalho tem sido tradicionalmente ligado a um local: um fazendeiro lavrando um campo; um caçador caçando uma presa; um trabalhador fabril operando uma máquina; uma trabalhadora doméstica cozinhando e limpando uma casa. Todas essas atividades requereram que os trabalhadores estivessem fisicamente próximos ao objeto ou ao resultado de seu trabalho.

Essa relação entre trabalhadores e local de trabalho torna-se mais complicada quando as matérias-primas com as quais as pessoas trabalham são a informação – algo que pode ser manipulado remotamente. A ferramenta, nesse caso, não seria mais uma pá, um arado ou uma máquina em uma fábrica, mas sim dispositivos que podem armazenar e transmitir informação de maneira instantânea. Um trabalhador sempre desempenha trabalho no tempo e no local em que habita, mas, de repente, seu trabalho também é feito simultaneamente em outro lugar.

Isso significa que foi cortada uma ligação importante entre os trabalhadores e o objeto de seu trabalho. Se os trabalhadores podem fazer um trabalho baseado em informação (*information-based*), que pode ser rapidamente transmitido ao redor do mundo, então esse trabalho pode, em teoria, ser feito de qualquer lugar e por qualquer pessoa que tenha acesso às máquinas e conectividade adequadas. Quando você registra uma queixa porque o trem atrasou ou liga para uma companhia aérea para pedir uma refeição especial em seu voo, os trabalhadores que

---

* Tradução de Murillo van der Laan e Marco Gonsales. (N. E.)
[1] David Harvey, *The Condition of Postmodernity: An Enquiry into the Origins of Cultural Change* (Oxford, Blackwell, 1991) [ed. bras.: *Condição pós-moderna: uma pesquisa sobre as origens da mudança cultural*, trad. Adail Ubirajara Sobral e Maria Stela Gonçalves, São Paulo, Loyola, 1992].

lidam com suas demandas podem estar tanto no final da rua quanto no outro lado do planeta. Nós temos uma migração em massa do trabalho sem uma migração dos trabalhadores[2].

Isso significa que a geografia não importa mais para o trabalho digital? Não exatamente. Este capítulo apoia-se em nossas pesquisas empíricas anteriores sobre o trabalho digital para delinear como a geografia importa e para quem importa em um mundo crescentemente digital. A geografia contemporânea do trabalho digital pode ser usada para explorar os trabalhadores, mas, conforme também argumentamos, ela pode abrir distintas possibilidades para os trabalhadores digitais recriarem seus próprios mundos do trabalho.

Contextualização histórica: novas e velhas rotas da seda

No meio acadêmico contemporâneo, o termo "trabalho digital" tem sido usado para descrever uma grande variedade de atividades: trabalho de clique (*clickwork*), feito na casa das pessoas, trabalho de call-center em grandes escritórios, a edição de um artigo da Wikipédia e mesmo a postagem de uma foto em uma rede social, feita em um telefone[3]. Este capítulo ocupa-se do tipo de trabalho digital que gera renda e que é digitalmente intensivo (em vez de ser apenas entregue por meio de redes digitais)[4]. Para discutir adequadamente a natureza do trabalho digital, é profícuo delinear primeiro o que é e o que não é novo no trabalho digital.

Desde o advento das trocas, existiram longas e complicadas redes de produção global, com trabalhadores em um lado do planeta trabalhando para fazer coisas que seriam vendidas e usadas em outra parte, sem ter contato com seus consumidores. Por exemplo: há 2 mil anos, a Rota da Seda permitiu que artigos de vidro romanos fossem vendidos na China e que a seda chinesa fosse vendida no Império Romano. Depois de 2 mil anos, o advento das tecnologias contemporâneas mudou a temporalidade de tais relações: uma produtora de rosas queniana, que colhe e embala flores em uma segunda-feira, nas margens do lago Naivasha, pode ter seus produtos comprados e expostos em uma casa em Roma no fim da semana.

---

[2] Guy Standing, *The Corruption of Capitalism: Why Rentiers Thrive and Work Does Not Pay* (Londres, Biteback, 2016).

[3] Christian Fuchs, "Theorising and Analysing Digital Labour: From Global Value Chains to Modes of Production", *The Political Economy of Communication*, v. 1, n. 2, 2013; Mark Graham, "The Knowledge Based Economy and Digital Divisions of Labour", *Companion to Development Studies*, n. 3, jan. 2014, p. 189-95; Trebor Scholz (org.), *Digital Labor: The Internet as Playground and Factory* (Nova York, Routledge, 2012).

[4] Especificamente, focamos no trabalho que é: 1) sobretudo digitalmente-baseado (*digitally-based*) – isto é, baseado na manipulação de dados digitais de alguma forma; 2) digitalmente intensivo – o valor é criado primariamente por meio da manipulação de dados digitais; 3) potencialmente não próximo geograficamente – isto é, trabalho que pode ser feito, em teoria, de qualquer lugar; e 4) gerador de renda – não semelhante ao ato, digamos, de atualizar um perfil em uma rede social.

Em ambos os momentos e modos de produção – e entrementes –, há uma divisão espacial do trabalho atuando[5]. Em outras palavras, há uma divisão do trabalho funcional entre diferentes partes do mundo. Com exceções, devidas às altamente desiguais geografias das tecnologias de transporte, quanto mais longe um local de produção estiver de seus consumidores finais em uma rede de produção global, mais tempo se leva para entregar os produtos. Isso significa que alguns bens não perecíveis podem ser produzidos a grandes distâncias dos locais de consumo (por exemplo, carvão ou carros), enquanto bens mais perecíveis são produzidos mais próximos de casa (produção de laticínios etc.). Sem dúvida, muitos outros fatores estão presentes (como ambientes regulatórios, especializações regionais, bens mercadorizáveis etc.), mas permanece a questão de que tem sido tradicionalmente importante a relação entre aquilo que foi produzido e onde é produzido e consumido.

Em ambos os casos, vale também notar que, enquanto locais de produção (e de trabalho associado) puderam se espalhar pelo planeta, alguns tipos de trabalho de serviços permaneceram relativamente ligados geograficamente aos locais onde eram usados ou consumidos. Enquanto a tecelã chinesa ou a produtora de rosas podem desempenhar seu trabalho a milhares de quilômetros de um consumidor romano, ainda é necessário um lojista romano (com loja em Roma) para que esses bens sejam vendidos. Colocado de maneira diferente, alguns trabalhos carregaram consigo uma inerente aderência geográfica.

A ascensão do trabalho digital tem marcado a mudança desses dois quadros usuais. Em primeiro lugar, para o trabalho digital, a ligação entre tempo e distância foi quase inteiramente rompida. A proximidade agora entre empregadores, trabalhadores e clientes quase não tem impacto sobre quão rápido um produto ou serviço digital pode ser entregue. Em segundo, para muitos tipos de trabalho de serviços, a geografia tornou-se menos aderente. A modularização, mercadorização e padronização das tarefas de um trabalho[6], a criação de mercados para o trabalho digital e os avanços na automação apresentam maneiras de cortar os vínculos entre o trabalho de serviços e um local determinado.

Essas duas mudanças tornaram-se aparentes nos dois momentos mais significativos da história do trabalho digital. A primeira onda de trabalho digital emergiu nos anos 1980. As companhias ocidentais começaram a terceirizar funções que não eram as principais em seus negócios para locais de baixos salários[7]. Nos anos 1990, países como a Índia e as Filipinas eram a casa de milhões de trabalhadores que realizavam trabalhos de serviços para clientes

---

[5] Doreen B. Massey, *Spatial Divisions of Labor: Social Structures and the Geography of Production* (2. ed., Nova York, Routledge, 1995).
[6] Allen J. Scott, "Capitalism, Cities, and the Production of Symbolic Forms", *Transactions of the Institute of British Geographers*, v. 26, n. 1, 2001, p. 11-23.
[7] Phil Taylor e Peter Bain, "United by a Common Language? Trade Union Responses in the UK and India to Call Centre Offshoring", *Antipode*, v. 40, n. 1, 2008, p. 131-54.

predominantemente ocidentais. Esses trabalhadores, no entanto, quase sempre eram empregados no mercado de trabalho local por uma companhia terceirizada, que tinha uma presença física.

Uma segunda onda de trabalho digital apareceu muito mais recentemente na forma de "trabalho de nuvem" (*cloud work*). Computadores e conectividades baratas reduziram drasticamente os custos de alguns meios de produção, criando um enorme potencial de mão de obra. Diferentemente da primeira onda, que envolveu a terceirização entre diferentes companhias e organizações, as plataformas de trabalho digital (tais como a Upwork.com e a Freelancer.com) podem agora conectar diretamente grandes empresas, pequenos negócios e clientes individuais com trabalhadores e pequenos empreendimentos em qualquer lugar. Um pequeno negócio em Londres, por exemplo, pode agora contratar diretamente um trabalhador no Quênia para que ele faça seu website. O trabalho sempre é feito, inerentemente, na localidade física do trabalhador, mas ele pode ser realizado ou entregue ao mesmo tempo a qualquer outra parte conectada do globo, permitindo aos trabalhadores escapar de algumas restrições do mercado de trabalho local. Diferentemente de um fazendeiro ou de um trabalhador fabril, os trabalhadores digitais têm muito menos necessidade de estar fisicamente próximos do objeto de seu trabalho.

Trabalho digital

Hoje, há aproximadamente 50 milhões de pessoas registradas em plataformas de trabalho digital, em um mercado que ultrapassou 4 bilhões de dólares em transações[8]. Todos esses trabalhadores em potencial devem, é claro, ir para casa todas as noites. Eles ainda têm de interagir com uma máquina física, que eles – em algum momento – conectam em uma parede em algum lugar. Entretanto, a capacidade de rapidamente transmitir, mediar ou correalizar trabalho em outros locais significa que algo mudou. A despeito de estarem ligados aos locais onde vivem, os trabalhadores podem agora fazer trabalho digital, que se origina de qualquer lugar.

Se, por um lado, isso levou a milhões de empregos que talvez não estivessem disponíveis em seus mercados de trabalho locais, por outro, algumas de nossas pesquisas anteriores destacaram problemas significativos que emergem para os trabalhadores nesse cenário (pouco ou nenhum poder de barganha, discriminação, precariedade e pouco desenvolvimento de qualificação)[9]. Muitos dos problemas identificados estão relacionados à superoferta de força de trabalho. Mark Graham,

---

[8] Siou Chew Kuek et al., *The Global Opportunity in Online Outsourcing* (Washington, The World Bank, 2015).

[9] Mark Graham et al., *The Risks and Rewards of Online Gig Work at the Global Margins* (Oxford, Oxford Internet Institute, 2017).

Isis Hjorth e Vili Lehdonvirta[10] mostram que, em uma grande plataforma, frequentemente há dez vezes mais candidatos on-line do que há trabalhadores bem-sucedidos em conseguir um emprego (em alguns países africanos, esse número é ainda maior). Essa superoferta de trabalho tem o efeito de empurrar para baixo os custos do trabalho e restringir a capacidade dos trabalhadores de barganhar melhores condições. Mais ainda, dada a maneira como as plataformas são desenhadas, é incentivada a competição e não a colaboração entre os trabalhadores. Os trabalhadores são classificados como independentes, em vez de empregados, e são impelidos a se sentir como empreendedores relativamente atomizados competindo por trabalhos temporários em um mercado global, mais do que empregados ou trabalhadores com interesses cruciais em comum, que possuem direitos enquanto empregados e que talvez se beneficiem de organização e negociação coletivas. Os trabalhadores com frequência reconhecem que são competidores relativamente atomizados no mercado global, estando cientes de que, se não fizerem um trabalho nas cotações e condições que a eles são oferecidas, alguma outra pessoa o fará[11].

Com mais pessoas de países de baixa renda tendo acesso à internet, o cenário é preocupante[12]. Clientes localizados sobretudo em países de alta renda podem forçar trabalhadores de todo o mundo (de países ricos ou pobres) a competir uns com os outros, em um mercado de trabalho gigantesco. A menos que a oferta de empregos nas plataformas digitais supere a oferta de força de trabalho, novos trabalhadores se encontrarão presos a um ciclo cada vez mais difícil de competição. Em outras palavras, a configuração espacial de trabalho digital e de trabalhadores digitais pode, em última instância, levar a um nivelamento por baixo.

A PRODUÇÃO DO ESPAÇO

Uma maneira de pensar a atual configuração do trabalho digital é como uma construção deliberada do capital contemporâneo. O capitalismo é inerentemente assolado por crises e, para superar as crises e sobreviver, o capital cria um terreno físico[13] ou produz espaço à sua imagem[14]. David Harvey referiu-se a tais processos

---

[10] Mark Graham, Isis Hjorth e Vili Lehdonvirta, "Digital Labour and Development: Impacts of Global Digital Labour Platforms and the Gig Economy on Worker Livelihoods", *Transfer: European Review of Labour and Research*, v. 23, n. 2, 2017, p. 135-62.
[11] Mark Graham et al., *The Risks and Rewards of Online Gig Work at the Global Margins*, cit.
[12] No momento em que escrevemos, há 3,5 bilhões de pessoas na internet, e 2017 será o primeiro ano em que mais da metade da população mundial estará conectada à rede global. Devido à saturação nos países de alto rendimento, a maior parte do crescimento de usuários da internet virá de países com baixo ou médio rendimento.
[13] David Harvey, "The Urban Process Under Capitalism: A Framework for Analysis", *International Journal of Urban and Regional Research*, v. 2, n. 1-3, 1978, p. 101-31.
[14] Henri Lefebvre, *The Production of Space* (Oxford, Blackwell, 1991); Neil Smith, *Uneven Development: Nature, Capital and the Production of Space* (Oxford, Blackwell, 1984).

como "*spatio-temporal fixes*" [ordenações espaço-temporais][15]. Há dois significados para "*fix*" aqui: primeiro, um significado literal, a fixação do capital em um local em forma física (fábricas ou infraestrutura para transporte); segundo, um significado metafórico, uma solução para as crises no capitalismo por meio da reorganização espacial do capital e de estratégias específicas para abordar tais crises. Em outras palavras, "*fixes*" representa a capacidade do capitalismo de criar uma paisagem (apenas para destruí-la em um ponto subsequente no tempo) para a efetivação dos lucros, ainda que temporários. As ordenações levam a novas contradições e, portanto, à introdução de novas rodadas de ordenações espaço-temporais. Assim, elas podem ser entendidas como uma busca sem fim para a transformação tanto interna quanto externa do capitalismo, por meio da "expansão e reestruturação geográficas"[16].

Especificamente, os excedentes de capital ou trabalho são exportados e movimentados para lidar com tais crises. Uma empresa nos Estados Unidos procurando custos mais baixos de trabalho pode, por exemplo, instalar uma fábrica em um local com baixos salários, como o México. Muitos desses ajustes permitiram que o espaço fosse produzido de maneiras bem particulares: colocando trabalhadores de todo o mundo em competição. Isso resultou em pouco poder de barganha por melhores condições de trabalho para os trabalhadores relativamente imóveis nas localidades originárias.

O trabalho digital certamente apresenta um novo tipo de ordenação, que gera um exército de reserva de trabalho (com frequência a partir de espaços que anteriormente estavam além do controle do capital internacional, como aqueles compostos por estudantes, aposentados, donas de casa e desempregados em países de baixo e médio rendimento). Seria essa, contudo, uma ordenação fundamentalmente diferente, em natureza, das anteriores, em uma economia mundial interconectada?

Conectar o mundo em rede depende de forças de produção fixas (por exemplo, as redes globais de cabos de fibra óptica submarinos). Uma vez instaladas essas infraestruturas, uma ordenação em uma escala anteriormente impossível foi trazida à tona. Se o capital produz espaço à sua imagem, construindo-o sobre ondas sucessivas de ordenações, esse espaço pode continuar sendo refeito em um mundo de conectividade total? Diferentemente de ordenações anteriores, talvez a natureza global desse novo momento signifique que expansões geográficas não são mais possíveis; talvez nós tenhamos alcançado, por fim, um ponto em que tudo e todos estão conectados.

Essa pode ser a ordenação final para o trabalho: um sistema em que os trabalhadores estão conectados e atomizados, sendo colocados uns contra os outros

---

[15] David Harvey, *The New Imperialism* (Oxford, Oxford University Press, 2003).
[16] Idem, "Globalization and the Spatial Fix", *Geographische Revue*, v. 2, 2001, p. 23-30.

em um mercado gigante[17], no qual seu trabalho é comprado e vendido como uma mercadoria; um sistema em que as empresas que terceirizam trabalho têm a possibilidade de extrair de uma reserva infinita de trabalhadores conectados[18]. Uma ordenação virtual, na qual o capital não precisa mais estar congelado em um local[19], e na qual os excedentes de trabalho podem ser exportados sem exportar os trabalhadores, concedendo-lhes, assim, pouca voz e pouco poder. Como evitamos isso? Como construir, no lugar, um mundo cocriado pelos trabalhadores?

ESPAÇO DIGITAL: DE QUEM É O ESPAÇO DIGITAL?

É oportuno que tenhamos como base a obra *Labor Geographies*, de Andrew Herod[20], na qual ele faz uma distinção entre *geography of labor* (ou seja, a distribuição do trabalho; algo que tende a exibir trabalhadores de forma passiva) e *labor geographies* (um conceito que mostra trabalhadores como agentes ativos, capazes de criar e manipular o espaço para benefício próprio). Herod observa que, no processo de simplesmente garantir que as ordenações espaciais necessárias para que os trabalhadores se reproduzam sejam colocadas em prática, eles também moldam a geografia do capitalismo. Dessa forma, ele não concorda com descrições como a da última seção, que retiram a agência dos trabalhadores. Embora seja verdade que o capital pode produzir espaço, o trabalho também pode.

Herod mostrou, por exemplo, como um sindicato de trabalhadores do ramo de vestuários da cidade de Nova York moldou, com sucesso, as leis de planejamento da cidade para proteger empregos, e como um sindicato de estivadores da América do Norte resistiu à realocação da indústria de movimentação de carga da costa sindicalizada para locais mais baratos no interior[21]. Ambas as estratégias foram mais do que simples histórias do capital global criando um mundo à sua imagem, envolvendo, em vez disso, grandes alianças de trabalhadores organizados moldando o ambiente construído de forma conjunta, para produzir geografias econômicas que melhor servem a seus interesses.

Porém, se capital e trabalho devem produzir novos espaços econômicos, e esses espaços, por sua vez, limitam e definem o que é e o que não é possível, devemos nos esforçar mais para compreender os espaços digitais de trabalho que estão emergindo.

---

[17] Vale notar que quase todas as plataformas de trabalho digital bem-sucedidas são de propriedade de e geridas por companhias em busca de lucro (geralmente patrocinadas por *venture capital*).

[18] A despeito dos custos de alguns meios de produção terem sido reduzidos drasticamente, apenas algumas empresas reforçaram seu domínio sobre os meios de distribuição (reconhecidos como parte integrante dos meios de produção), uma situação que lhes deu um grande poder.

[19] Daniel Marcus Greene e Daniel Joseph, "The Digital Spatial Fix", *TripleC*, v. 13, n. 2, 2015, p. 223-47.

[20] Andrew Herod, *Labor Geographies: Workers and the Landscapes of Capitalism* (Nova York, Guilford, 2001).

[21] Idem.

A rede global de trabalho digital contemporânea é um projeto inerentemente geográfico. Seguindo as indicações de Herod, precisamos, portanto, compreender não apenas como as atuais geografias digitais são criadas, mas também como os trabalhadores podem de fato produzir, eles mesmos, novos tipos de geografias de trabalho digitais, para que possam visualizar novas formas de recriar tais geografias.

O espaço digital pode, portanto, ser conceitualizado de duas formas. Em primeiro lugar, há a visão de que as tecnologias digitais possam, de fato, trazer um espaço ôntico totalmente novo: um "mundo que está ao mesmo tempo em todos os lugares e em nenhum lugar, mas não é onde corpos habitam"[22]. Em outras palavras, ferramentas e tecnologias digitais criam um novo plano de existência. Um espaço digitalmente distinto (*digitally distinct space*), que é "fixo em um local digital distinto e, ao mesmo tempo, acessível de qualquer lugar"[23].

Uma segunda maneira de visualizar o espaço digital é considerá-lo algo que aumenta as relações espaciais já existentes. Aqui, espaço digitalmente aumentado (*digitally augmented space*) não é preexistente; em vez disso, é "indeterminado, instável, dependente do contexto e de múltiplas realidades criadas por meio de encontros subjetivos, no tempo e no espaço, da experiência material com a virtual"[24]. Em vez de criar qualquer tipo de espaço ontologicamente distinto, as ferramentas digitais aumentam nossas experiências. Esses aumentos às vezes envolvem a reconfiguração de posicionalidades (*positionalities*) relativas por meio da mudança de atritos espaciais e temporais, mas nunca transcendendo totalmente o mundo material.

Repensando os espaços de trabalho digital

Em vez de argumentar que uma dessas abordagens pode ser mais útil que a outra, desejamos mostrar como elas podem ser úteis de formas diferentes. As próprias ordenações digitais do trabalho podem ser criadas sob ambas as visões de mundo.

Se pensamos em espaço digital como digitalmente distinto, primeiro precisamos descobrir qual é a natureza desse espaço. Os mercados que as plataformas criam são espaços digitais, e esses espaços não são apenas inerentemente não públicos, mas são também criados por agentes que não necessariamente levam em consideração os interesses dos trabalhadores. Diferentemente da visão de Herod,

---

[22] John Perry Barlow, "A Declaration of the Independence of Cyberspace", *Electronic Frontier Foundation*, Davos, 8 fev. 1996; disponível em: <https://www.eff.org/cyberspace-independence>; acesso em: 12 dez. 2018.

[23] Mark Graham, "Contradictory Connectivity: Spatial Imaginaries and Technomediated Positionalities in Kenya's Outsourcing Sector", *Environment and Planning A: Economy and Space*, v. 47, n. 4, 2015, p. 870.

[24] Mark Graham, Matthew Zook e Andrew Boulton, "Augmented Reality in Urban Places: Contested Content and the Duplicity of Code", *Transactions of the Institute of British Geographers*, v. 38, n. 3, 2014, p. 465.

na qual há uma "ordenação espacial do trabalho", cada faceta desses espaços é projetada de cima para baixo pelo capital. Não há, literalmente, espaço para que os trabalhadores criem um espaço.

Ainda assim, mesmo aqui, há formas de o trabalhador criar suas próprias ordenações. Uma delas consiste em observar a história dos piquetes. Um piquete geralmente é um protesto fora do local de trabalho com o objetivo de impedir que as pessoas entrem ali. É um modo de fechar os meios de produção. No contexto do trabalho digital, pode-se argumentar que a maior parte dos trabalhadores, na verdade, controla os meios de produção (seus computadores). Porém, aparentemente, eles não possuem controle sobre os meios de distribuição e os locais de consumo. Podemos, dessa forma, observar as práticas de piquete para refletir como os locais de distribuição e consumo podem ser bloqueados. Em vez de fisicamente bloquear uma loja ou um escritório, podemos utilizar abordagens táticas de mídia para formar um piquete em torno da presença digital de uma empresa[25]. Pensemos, por exemplo, em como ativistas políticos utilizam o "*Google bombing*": manipulando ferramentas de busca para exibir as informações desejadas para determinadas consultas. O exemplo mais famoso foram os resultados relacionados ao presidente dos Estados Unidos, George W. Bush, que retornavam como resposta à consulta "*miserable failure*" [fracasso miserável].

Se uma empresa digital é a sua presença digital, então, independentemente de como são controlados os espaços digitais, as abordagens táticas de mídia oferecem sugestões sobre como bloquear, colocar barricadas e reordenar o espaço. Essas abordagens não conseguirão fechar uma empresa, mas poderão resultar em uma quantidade suficiente de interrupções para tornar menos viável a tática cliente/empresa de extrair o máximo possível de trabalho pelo menor custo possível.

Uma visão de um espaço digitalmente distinto também oferece oportunidades para ultrapassar a ideia de que trabalhadores digitais são concorrentes atomizados alienados. Se os trabalhadores digitais podem convergir para um espaço digital, isso resultará em oportunidades de colaboração horizontal, não apenas concorrência entre trabalhadores. Trabalhadores digitais já colaboram entre si para encontrar trabalhos, para apoiar uns aos outros e para compartilhar estratégias para lidar com clientes e administradores. Os trabalhadores podem estar geograficamente isolados, mas utilizam ferramentas digitais para se convocar mutuamente e se reunir. Qualquer resistência efetiva futura por parte dos trabalhadores provavelmente terá como base essa capacidade. Muitos trabalhadores não se esquecem de suas geografias materiais dispersas: em vez de estarem imersos em um espaço de copresença com outros colegas trabalhadores, grandes distâncias os separam, e eles estão determinados (e são capazes) de diminuí-las.

Portanto, é útil ir além da visão digitalmente distinta e adotar a perspectiva de que o trabalho digital é algo que acontece em espaços digitalmente aumentados.

---

[25] Geert Lovink, *Dark Fiber* (Cambridge, MIT Press, 2002).

O trabalho digital acontece não em algum espaço abstrato, mas em uma grande diversidade de casas, escritórios e espaços públicos e privados, nos quais o trabalho é realizado. Quais oportunidades uma visão aumentada do trabalho digital oferece aos trabalhadores que desejam criar suas próprias geografias de trabalho?

Observar o mundo como digitalmente aumentado ajuda, inicialmente, a realizar a distinção entre trabalho geograficamente aderente (como dirigir) e trabalho geograficamente não aderente (como inserir dados). Trabalhadores que realizam trabalhos geograficamente aderentes possuem vantagens intrínsecas quando se trata de construir ações coletivas – no Reino Unido, por exemplo, trabalhadores de serviços de entrega que estavam em greve utilizaram aplicativos para pedir comida para contatar outros trabalhadores.

Trabalhadores que realizam trabalhos geograficamente não aderentes não possuem as mesmas vantagens. Conforme mencionado neste capítulo, alguns trabalhadores digitais acreditam que não possuem poder de barganha. No entanto, o estudo de Mark Graham e coautores[26] mostra que o fato de o trabalho digital ter a capacidade de ser realizado de qualquer lugar não significa, necessariamente, que isso ocorrerá. Diferentes tipos de trabalho digital estão concentrados em locais determinados. Compreender as topologias e as geografias econômicas de paisagens digitalmente aumentadas que trabalhadores e clientes criam permite que gargalos e pontos fracos sejam identificados. Se, digamos, assistentes pessoais on-line sabem que um terço do trabalho do mundo acontece nas Filipinas, eles possuem, então, as mesmas vantagens que existem no contexto do trabalho aderente. Tal raciocínio não desconsidera o frágil poder estrutural e econômico desses trabalhadores, mas apresenta oportunidades colaborativas que não existiriam se esses trabalhadores estivessem, de fato, espalhados pelo planeta. Embora seja verdade que há uma grande oferta de reserva de trabalho global, também continua certo que a maior parte dos tipos de trabalho não é tão mercadorizada quanto muitos de seus compradores esperariam que fosse; ademais, opera em uma temporalidade *"just-in-time"*, o que dificulta a mudança rápida de grandes partes das cadeias de valor globais de uma parte do mundo para a outra[27].

Perceber os potenciais de alianças locais de trabalhadores é um modo de destacar os gargalos e pontos de obstrução nas paisagens econômicas. Isso abre possibilidades para alianças de trabalhadores ameaçarem interromper seu trabalho e limita a capacidade dos clientes de mudar espacialmente o trabalho.

Compreender as geografias materiais do trabalho digital também pode ajudar a planejar modos para que ele seja mais bem regulamentado. Devido talvez a sua natureza transnacional, muito do trabalho digital de hoje não está vinculado

---

[26] Mark Graham et al., *The Risks and Rewards of Online Gig Work at the Global Margins*, cit.
[27] Ver um argumento semelhante em Beverly J. Silver, *Forces of Labor: Workers' Movements and Globalization since 1870* (Cambridge, Cambridge University Press, 2003).

a nenhuma regulamentação. Os clientes raramente se atentam às regras oficiais dos países de origem dos trabalhadores. Embora alguns trabalhadores prosperem nesse ambiente, ele pode ser prejudicial aos mais vulneráveis, que são justamente aqueles que precisam ser protegidos por regulamentações.

Se o trabalho digital é visto como ocorrendo em um mercado digital global, algumas pessoas poderiam argumentar que o motivo pelo qual a maior parte dele não é regulamentada seria pelo fato de que ele é irregulamentável. Como oposição a essa ideia, podemos reconhecer que o trabalho digital não é global, e sim internacional. Ele possui concentrações evidentes e sempre/inerentemente fica sob a jurisdição de pelo menos um local. Isso abre oportunidades para que trabalhadores e seus aliados atuem em jurisdições específicas que acabem remodelando as geografias econômicas do trabalho digital.

Conclusões

O processo de conectar o mundo em rede não tornou a geografia irrelevante – muito pelo contrário. Os clientes agora possuem acesso a grupos de trabalhadores espalhados pelo globo, conectados de seus lares – porque a força de trabalho ainda precisa voltar para casa toda noite. Esse panorama apresenta uma situação preocupante e precária para trabalhadores digitais. Neste capítulo, argumentamos que uma divisão espacial do trabalho tem sido construída, na qual o trabalho digital é vendido como uma mercadoria em escala global, que coloca trabalhadores para competir entre si, de forma que seu poder seja diminuído.

No entanto, as paisagens geográficas do trabalho digital não são um desfecho inevitável da propagação das tecnologias digitais por todos os cantos do mundo. Este capítulo também argumentou que há possibilidades para o que Herod[28] chama de "*labor geographies*": ordenações espaciais criadas por e para trabalhadores, que desafiam a ideia de que a competição atomizada é uma fatalidade. Duas ontologias muito diferentes – "espaço digitalmente distinto" e "espaço digitalmente aumentado" – podem ser utilizadas para construir essas estratégias.

Esse não é um argumento sobre semântica apenas. Trabalhadores, sindicatos e reguladores estão todos utilizando conceitos datados para tentar compreender e atuar no mundo do trabalho contemporâneo. Se vamos construir um mundo do trabalho mais justo, precisaremos de uma nova linguagem e de novos conceitos para redes, processos e organizações do trabalho digital, para greves, piquetes, alianças e colaborações entre trabalhadores. Tais conceitos irão moldar como compreendemos o trabalho digital e como vislumbraremos os "caminhos ao possível".

Utilizar essas ontologias espaciais de forma estratégica pode revelar locais nos quais a práxis geográfica proativa dos trabalhadores é capaz de remodelar as

---

[28] Andrew Herod, *Labor Geographies*, cit.

geografias do trabalho. Trabalhadores não precisam, necessariamente, de campanhas globais para combater o alcance global das plataformas e dos clientes – em vez disso, eles precisam compreender os nós nos quais o que é local pode influenciar o que não é local. Trabalhadores têm poder para descartar a ideia de que o trabalho digital representa uma ordenação espacial hegemônica definitiva, na qual eles não possuem agência devido à atomização e à mercadorização do trabalho. Reconceitualizar as *geographies of labor* e as *labor geographies* digitais revela que há possibilidades para ações coletivas, para as próprias ordenações espaciais do trabalho e para uma remodelação dos espaços do trabalho digital.

4
Plataformas digitais, uberização do trabalho e regulação no capitalismo contemporâneo

Vitor Filgueiras e *Ricardo Antunes*

INTRODUÇÃO

Nesta segunda década do século XXI, têm sido crescentes as alusões e análises sobre grandes transformações na organização e na natureza das relações de trabalho associadas à utilização de novas tecnologias, particularmente da informação e comunicação, que se acentuam ainda mais com as propostas e os avanços da chamada Indústria 4.0 (e o consequente aumento da automação e da inteligência artificial).

Não é a primeira vez que são reivindicadas grandes mudanças no mundo do trabalho em escala global. É recorrente a tese de que determinadas transformações levariam até mesmo à perda da centralidade do trabalho em nossa sociedade. Esse chamado "adeus ao trabalho", todavia, não se confirmou[1]. E, mais recentemente, uma retórica em alguma medida semelhante vem propugnando a tese de que as supostas novas formas de trabalho estariam substituindo o assalariamento como modo predominante de organização do trabalho, engendrando uma espécie de novo adeus à classe trabalhadora[2].

Na conjuntura atual, parte desse movimento se expressa em um leque de palavras presentes nas plataformas digitais que, a despeito de não designarem exatamente os mesmos processos, aproximam-se deles por estarem relacionados ao uso de ferramentas digitais e da internet para gerir a produção e o trabalho, como nas chamadas plataformas digitais e nos aplicativos. Uma miríade de atividades pode ser efetuada presencialmente (entregas, transporte, limpeza etc.) ou eletronicamente (por meio do próprio computador, como serviços de engenharia, tradução etc.). Seu

---

[1] Ricardo Antunes, *Adeus ao trabalho? Ensaio sobre as metamorfoses e a centralidade do mundo do trabalho* (São Paulo, Cortez, 1995); idem, *Os sentidos do trabalho: ensaio sobre a afirmação e a negação do trabalho* (São Paulo, Boitempo, 1999, coleção Mundo do Trabalho).

[2] Vitor Filgueiras e Sávio Cavalcante, "What Has Changed: A New Farewell to the Working Class?", *Revista Brasileira de Ciências Sociais*, v. 35, n. 102, 2020, p. 1-22.

crescimento e sua natureza, entretanto, merecem uma avaliação crítica, ao mesmo tempo cautelosa e rigorosa, de modo a evitar conclusões superficiais ou precipitadas.

Desde logo, é necessário contrapor-se ao léxico e à retórica empresarial desses chamados "novos negócios" ou "novas formas de organização", especialmente porque a narrativa do capital é um elemento central para, ao escamotear sua natureza, alcançar com maior eficiência seus objetivos. Mascarar e, assim, negar o que efetivamente significam têm sido um ingrediente central para o dito sucesso das plataformas e dos aplicativos.

Desse modo, o objetivo deste capítulo é analisar algumas características das mudanças que o mundo do trabalho vem experimentando, particularmente no que concerne à utilização das novas tecnologias e em relação à natureza e à processualidade dessas mudanças no controle, organização e regulação do trabalho por aplicativos e plataformas.

Principais argumentos desenvolvidos

1) As supostas novas formas de organização do trabalho associadas ao uso das novas tecnologias de informação e comunicação (TIC) e às empresas que se apresentam como plataformas ou aplicativos são, na verdade, estratégias de contratação e gestão do trabalho que mascaram o assalariamento presente nas relações que estabelecem. A negação do assalariamento é elemento central da estratégia empresarial, pois, sob a aparência de maior autonomia (eufemismo para burlar o assalariamento e efetivar a transferência dos riscos), o capital busca, de fato, ampliar o controle sobre o trabalho para recrudescer a exploração e a sujeição.

2) A recusa da condição de empregador como estratégia de gestão e controle do trabalho é um fenômeno praticado há décadas; porém, a utilização das TIC por plataformas e aplicativos vem potencializando e aprofundando exponencialmente esse processo. Isso ocorre tanto quando o discurso empresarial propaga a narrativa de que os trabalhadores/as seriam seus clientes (desprovidos, portanto, de relações de trabalho efetivas) quando utiliza essas novas ferramentas de processamento e transmissão de dados para subordinar e sujeitar os trabalhadores, ampliando os níveis de exploração da força de trabalho.

3) Vivemos um momento de contradição quase irônica do capitalismo contemporâneo. Do ponto de vista técnico, a utilização das TIC na gestão do trabalho torna a identificação e a efetivação de direitos aos/às trabalhadores/as mais fácil do que em qualquer outro período da história. Contudo, o discurso de que estamos diante de novas formas de trabalho, não sujeitas à regulação protetiva (ou o de que não seria possível existir tal regulação), tem desempenhado papel fundamental para legitimar, incentivar, cristalizar e acentuar a falta de limites à exploração do trabalho e à precarização de suas condições. A mesma tecnologia que torna a regulação tecnicamente mais fácil é apresentada pelas empresas como fator que

inviabilizaria a proteção dos trabalhadores. E esse contraditório e complexo movimento, típico da razão instrumental e de suas engrenagens de dominação, tem impactado fortemente as legislações e as instituições públicas, além de constituir um elemento a mais para dificultar e obliterar a criação de laços de solidariedade e de organização da classe trabalhadora.

Nossos argumentos estão alicerçados em uma série de dados e informações de bases primárias e secundárias, além da revisão crítica de parte da bibliografia disponível. Em relação às fontes primárias, este capítulo apresenta os resultados de uma pesquisa que teve como base 26 entrevistas com trabalhadores/as de quatro empresas de entrega, entre 20 de maio de 2019 e 17 de outubro do mesmo ano, na cidade de Salvador (Bahia). Desses, dezesseis eram motoboys e dez, bike-entregadores, abordados em efetivo labor em sete bairros da cidade. Além da aplicação de questionário semiestruturado, a pesquisa adotou a estratégia metodológica de captura das telas (ou *prints*) de celulares (quando autorizada pelos trabalhadores), de modo que as informações coletadas são incontroversas quanto às jornadas, aos pagamentos e a outras características da relação entre trabalhadores e aplicativos[3].

Tecnologias digitais e novas relações de trabalho?

Na produção acadêmica, nas instituições, nos veículos de comunicação e nos meios empresariais, há uma profusão de termos para definir transformações nos negócios do capital e no mundo do trabalho que estariam associadas ao uso das novas TIC. "*Gig economy*", "*platform economy*", "*sharing economy*", "*crowdsourcing*", "*on-demand economy*", "*crowdwork*", uberização, trabalho digital, entre outros, sobre os quais há mais dissenso do que consenso.

Valerio De Stefano[4], por exemplo, apresenta uma definição que pode englobar "*platform economy*", "*gig economy*" e "*collaborative economy*". Para o autor, nessas atividades o trabalho seria contratado ou realizado por meio das TIC, podendo ser efetuado digitalmente ("*crowdwork*") ou presencialmente ("*on-demand*").

Nesse contexto, ganham destaque as empresas que se identificam como aplicativos ou plataformas digitais. É frequente a ideia de que o objetivo desses empreendimentos seria conectar a demanda de clientes por serviços específicos

---

[3] Dados extraídos do projeto *Caminhos do trabalho* (UFBA/PRT-5ª Região), coordenado por Vitor Filgueiras; as fontes secundárias foram consultadas nas bases da Relação Anual de Informações Sociais (Rais), do Cadastro Geral de Empregados e Desempregados (Caged) e da Pesquisa Nacional por Amostra de Domicílios (Pnad). Parte da pesquisa qualitativa é resultado também dos projetos *Trabalho, tecnologia e impactos sociais: o advento da Indústria 4.0* (Unicamp/PRT-15ª Região), coordenado por Ricardo Antunes, e *Trabalho intermitente e Indústria 4.0: complexificando a nova morfologia do trabalho*, de Ricardo Antunes (Bolsa-Produtividade/CNPq).

[4] Valerio De Stefano, "Labour Is Not a Technology: Reasserting the Declaration of Philadelphia in Times of Platform-Work and Gig-Economy", *IUSLabor*, n. 2, 2017; disponível em: <https://core.ac.uk/download/pdf/155003521.pdf>; acesso em: 10 nov. 2019.

ofertados por trabalhadores/as provedores[5]. Nessa mesma direção, outra definição mais ampla de "*platform economy*" como "intermediação" contempla tanto serviços quanto bens e ativos a serem vendidos[6].

A análise também pode ser feita de uma perspectiva que relaciona transformações na estrutura empresarial e do trabalho. Nesse caso, as plataformas digitais significariam uma mudança fundamental no processo de "*outsourcing*", que permitiria que trabalhadores/as superassem as barreiras dos mercados de trabalho locais para potencialmente realizar tarefas de qualquer lugar do mundo para outro[7].

"*Crowdwork*", "*work on-demand*" e "*digital labour*" também podem aparecer como sinônimos. É o caso do artigo de Olga Chesalina[8], que defende que a "*platform economy*" estaria acompanhada da ascensão de novas formas de emprego, não mais caracterizadas pela transferência de atividades de uma empresa para agentes específicos, mas para um grande número de indivíduos ou organizações indefinidas.

Nosso objetivo aqui não é esgotar nem delimitar precisamente cada um dos termos, mas tão somente identificar características comuns nessas expressões e ocorrências que têm impacto relevante na natureza das relações de trabalho. Assim procedendo, parece-nos que essa terminologia pretende identificar fenômenos que possuem as seguintes identidades típicas das TIC: 1) contatos on-line entre produtores e consumidores, trabalhadores e empresas; 2) uso de aplicativos ou plataformas para acesso em computador ou instrumentos móveis de comunicação; 3) uso abrangente de dados digitais para a organização e gestão dessas atividades; 4) relações estabelecidas por "demanda" (ou seja, que resultam de arranjos a cada produto, desprovidos de segurança jurídica capaz de garantir sua continuidade).

A posição de perfil mais acrítico, a qual parece predominar, é aquela que preconiza que essas transformações têm sido benéficas para quem trabalha, entre outras razões, porque permitiriam que restrições de oferta de serviços especializados por questões geográficas fossem reduzidas, facilitando também a busca por

---

[5] The Hamilton Project, "A Proposal for Modernizing Labor Laws for Twenty-First-Century Work: The 'Independent Worker'", *Discussion Paper 2015-10*, dez. 2015; disponível em: <https://www.hamiltonproject.org/assets/files/modernizing_labor_laws_for_twenty_first_century_work_krueger_harris.pdf>; acesso em: 20 nov. 2018.

[6] Diana Farrell e Fiona Greig, "Paychecks, Paydays, and the Online Platform Economy: Big Data on Income Volatility", *JPMorgan Chase & Co. Institute*, fev. 2016; disponível em: <https://papers.ssrn.com/sol3/papers.cfm?abstract_id=2911293>; acesso em: 26 maio 2020. Neste capítulo, priorizamos as plataformas e os aplicativos em que trabalhadores/as oferecem sua força de trabalho, deixando de lado aqueles em que são ofertados bens, que merecem uma análise específica.

[7] Mark Graham, Isis Hjorth e Vili Lehdonvirta, "Digital Labour and Development: Impacts of Global Digital Labour Platforms and the Gig Economy on Worker Livelihoods", *Transfer: European Review of Labour and Research*, v. 23, n. 2, 2017.

[8] Olga Chesalina, "Access to Social Security for Digital Platform Workers in Germany and in Russia: A Comparative Study", *Spanish Labour Law and Employment Relations Journal*, v. 7, n. 1-2, 2018, p. 17-28; disponível em: <https://e-revistas.uc3m.es/index.php/SLLERJ/article/view/4433>; acesso em: 20 ago. 2019.

oportunidades de renda para trabalhadores/as, independentemente de sua localização espacial[9]. Ou, ainda, que as plataformas e os aplicativos tornariam a conexão e a comunicação entre provedores de serviços e consumidores mais fáceis e dinâmicas, constituindo mercados on-line que facilitariam os negócios para ambos[10].

Um dos elementos centrais das análises e das disputas nesse cenário (muitas vezes reproduzido acriticamente) é o fato de que as organizações se apresentam como empresas de tecnologia, "intermediárias" entre "consumidores e produtores", constituindo um mercado de "dois lados", com externalidades cruzadas por redes[11]. Dada a inexistência de um compromisso formal de continuidade na contratação de serviços, essas empresas apresentam o argumento de que trabalhadores/as realizam as atividades apenas quando querem e onde querem.

Afirma-se também que plataformas e aplicativos criam ambientes de trabalho mais atrativos para quem tem diferentes estilos de vida, sem a rigidez dos empregos tradicionais, facilitando, assim, a manutenção de mais de um emprego. Também é comum a alegação de que esses trabalhos são apenas um meio de obter uma renda extra ou um modo divertido de conseguir dinheiro no tempo livre[12].

A ideia de expansão das oportunidades para pequenos negócios, desenvolvida com a ampliação das TIC, é também bastante difundida pelo Banco Mundial[13] e instituições congêneres e apresentada como uma variante de neoempreendedorismo. Isso acarretaria uma democratização dos meios de produção (bastaria ter um computador/celular, carro ou mesmo bicicleta para a produção autônoma de renda, seja como criador, seja como parceiro de uma *startup*). E o léxico corporativo, com sua alta dose de mistificação, acrescenta: "Mais do que nunca, seu sucesso só depende de você". Essa tendência se intensifica quando as empresas alegam disponibilizar aplicativos ou plataformas digitais para pessoas que querem ofertar e melhorar seus negócios, engendrando a ideia de que os/as trabalhadores/as seriam clientes dessas empresas. Por exemplo, a Uber afirma que os/as motoristas não são empregados nem prestam serviços à empresa, mas

---

[9] Aniket Kittur et al., "The Future of Crowd Work", *CSCW '13: Proceedings of the 2013 Conference on Computer Supported Cooperative Work*, fev. 2013; disponível em: <https://hci.stanford.edu/publications/2013/CrowdWork/futureofcrowdwork-cscw2013.pdf>; acesso em: 25 mar. 2018.

[10] James Manyka et al., "Independent Work: Choice, Necessity and the Gig Economy. *Mckinsey Global Institute*, out. 2016; disponível em: <https://www.mckinsey.com/featured-insights/employment-and-growth/independent-work-choice-necessity-and-the-gig-economy>; acesso em: 19 mar. 2018.

[11] Gérard Valenduc, "New Forms of Work and Employment in the Digital Economy", em Amparo Serrano-Pascual e Maria Jepsen (orgs.), *The Deconstruction of Employment as a Political Question* (Cham, Palgrave Macmillan, 2019).

[12] Valerio De Stefano, "Labour Is Not a Technology", cit.

[13] World Bank Group, *The Changing Nature of Work* (Washington, International Bank for Reconstruction and Development/The World Bank, 2019); disponível em: <http://pubdocs.worldbank.org/en/816281518818814423/2019-WDR-Draft-Report.pdf>; acesso em: 15 nov. 2019.

sim aos consumidores, de modo que são os/as trabalhadores/as – considerados independentes – que contratam os serviços do aplicativo, não o contrário. Na mesma direção, também é comum identificar, nos estudos sobre essa temática, a responsabilização dos/as trabalhadores/as pelo sucesso ou fracasso em aproveitar as "oportunidades" oferecidas pelas plataformas[14].

É preciso reconhecer, entretanto, que há posições críticas sobre essas transformações vinculadas às TIC. Alguns autores indicam que defender e mesmo justificar a instabilidade e intermitência em nome da flexibilidade não é uma estratégia recente para invisibilizar a figura do empregador e assim dificultar a regulação protetiva do trabalho[15]. Outros argumentam que o trabalho em plataforma deve ser entendido no contexto mais geral de precarização do trabalho[16].

Os assim chamados aplicativos (ou apps) e plataformas digitais impõem aos/às trabalhadores/as, quase sempre, o rótulo de autônomos/as, sendo que são remunerados por tarefa ou lapsos temporais mínimos (como horas), sem qualquer garantia de jornada e de remuneração, o que acarreta implicações importantes na dinâmica da gestão e controle da força de trabalho (dada a ausência de compromisso explícito de continuidade).

Enfeixa-se o ciclo da lógica da exploração nas grandes plataformas digitais, pois as corporações alegam que: 1) são empresas de tecnologias digitais; 2) fazem a intermediação de atividades nas quais trabalhadores/as oferecem serviços de forma autônoma; 3) convertem a força de trabalho em clientes; 4) eliminam a subordinação, alegando liberdade para trabalhar quando, onde e como quiserem.

Mesmo entre autores críticos, muitas vezes não se percebe ou não se explicita o caráter assalariado dessas relações, ou se supõe que sua regulação é impossível[17]. Em linhas gerais, prevalece a ideia de que houve ou haverá grandes mudanças na natureza da organização do trabalho e que esse fenômeno está produzindo alterações estruturais nos mercados de trabalho.

Em nosso entendimento, entretanto, a chamada uberização do trabalho somente pode ser compreendida e utilizada como uma expressão dos *modos de ser* do trabalho que se expandem nas plataformas digitais, em que as relações de

---

[14] James Manyka et al., "Independent Work", cit.
[15] Ruth Berins Collier, V. B. Dubal e Christopher Carter, "Labor Platforms and Gig Work: The Failure to Regulate", *Irle Working Paper*, n. 106-17, set. 2017; disponível em: <http://irle.berkeley.edu/files/2017/Labor-Platforms-and-Gig-Work.pdf>; acesso em: 23 abr. 2018.
[16] Ursula Huws, *Labor in the Global Digital Economy: The Cybertariat Comes of Age* (Nova York, Monthly Review Press, 2014); idem, *The Making of a Cybertariat: Virtual Work in a Real World* (Nova York/Londres, Monthly Review Press/Merlin, 2003); Valerio De Stefano, "Labour Is Not a Technology", cit.; Ricardo Antunes, *O privilégio da servidão: o novo proletariado de serviços na era digital* (São Paulo, Boitempo, 2018, coleção Mundo do Trabalho).
[17] Guy Standing, "A Revolt Is Coming for Cloud Labor", *Huffpost*, 27 out. 2016; disponível em: <http://www.huffingtonpost.com/guy-standing/cloud-labor-revolt_b_8392452.html>; acesso em: 5 maio 2017.

trabalho são cada vez mais individualizadas (sempre que possível) e invisibilizadas, de modo a assumir a *aparência* de prestação de serviços. Porém, os traços constitutivos de sua concretude, como veremos a seguir, são expressão de formas diferenciadas de assalariamento, comportando obtenção de lucro, exploração do mais-valor e também espoliação do trabalho, ao transferir os custos para seus/suas trabalhadores/as, que passam a depender diretamente do financiamento de suas despesas, imprescindíveis para a realização de seu labor.

Diferentemente da planta produtiva taylorista e fordista dominante no século XX, na era do automóvel, as empresas liofilizadas e flexíveis dessa nova fase informacional-digital-financeira vêm impondo sua tríade destrutiva em relação ao trabalho, na qual flexibilidade, informalidade e intermitência se convertem em partes constitutivas do léxico, do ideário e da pragmática da empresa corporativa global. Ocorrem tanto a derrelição e corrosão da legislação protetora do trabalho quanto é imposta uma nova legislação que, na verdade, permite as formas mais arcaicas de exploração – como ocorreu com a legalização do trabalho intermitente na contrarreforma trabalhista realizada pelo governo de Michel Temer, em 2017[18].

Enquanto o conjunto amplo, compósito e heterogêneo da força de trabalho global nas plataformas digitais e nos aplicativos se torna responsável por suas despesas de seguridade, gastos de manutenção de veículos e demais instrumentos de produção (que os capitais, em um vilipêndio ideológico desmesurado, definem como despesas dos proprietários dos meios de produção), a plataforma digital se apropria do mais-valor gerado pelos trabalhos, burlando sistematicamente as formas de regulamentação do trabalho existentes.

Não é por outro motivo que, a partir da expansão das TIC, ampliaram-se os processos de precarização da força de trabalho em amplitude global, o que propiciou inclusive a universalização do termo "uberização do trabalho". Floresce, então, nas plataformas digitais e nos aplicativos, um mosaico de modalidades de trabalho, como se pode verificar na Amazon (e na Amazon Mechanical Turk) e nos aplicativos de transporte privado e delivery da Uber (e Uber Eats), Cabify, 99, iFood, Rappi, Glovo etc., criando um "novo proletariado de serviços" que padece das vicissitudes da chamada escravidão digital[19].

LIBERDADE E FLEXIBILIDADE OU MAIS SUBORDINAÇÃO E CONTROLE?

Como outros autores já indicaram, a tecnologia digital não é condição necessária para a adoção de modalidades contratuais de trabalho flexibilizadas e precarizadas[20]. Do mesmo modo, a estratégia de contratar trabalhadores/as negando sua condição

---

[18] Ricardo Antunes, *O privilégio da servidão*, cit.
[19] Idem.
[20] Valerio De Stefano, "Labour Is Not a Technology", cit.

de assalariamento vem se intensificando há algumas décadas[21]. Muito antes da existência das plataformas e dos aplicativos, já se falava na expansão de novas formas de trabalho. Entre outros exemplos, temos as cooperativas, o aluguel de cadeira, o trabalho integrado, os sócios, *freelancers*, o trabalho avulso etc. Nesses casos, negar a condição de assalariamento é uma estratégia-chave na gestão do trabalho, pois, ao precarizar-se o trabalho (negando direitos e garantias) e transferir os riscos aos/às trabalhadores/as, são geradas novas dificuldades para a organização e resistência às determinações do capital, acentuando, inclusive, sua subsunção[22].

Conjugando o rótulo do trabalho autônomo (ou a negação da própria relação de trabalho) com o contrato por tarefa[23], os/as trabalhadores/as, além de não terem salário, renda ou jornada garantida em seus contratos, não gozam de qualquer direito, mesmo quando conseguem um serviço. Assim, a grande novidade na organização do trabalho introduzida pelas novas TIC, além da possibilidade de potencializar exponencialmente as formas de obtenção de lucros e até mesmo de extração do mais-valor, é a capacidade de permitir que as empresas utilizem essas ferramentas como instrumental sofisticado de controle da força de trabalho, de que são exemplos o registro em tempo real da realização de cada tarefa e da velocidade, local e movimentos realizados, além da mensuração das avaliações, tudo sob o aparente comando dos algoritmos.

Esse novo aspecto do mundo tecnológico do capital permite, ao mesmo tempo, que se expanda o ideário fetichizado de que tudo está sob impulsão de uma tecnologia neutra, autônoma, quando é a engenharia informacional do capital que tem, de fato, o comando do algoritmo e, portanto, dos ritmos, dos tempos, da produtividade e da eficiência no universo microcósmico do trabalho individual – tendência que não para de se acentuar com a proposta da chamada Indústria 4.0, como se esta fosse um imperativo inexorável da tecnologia.

A ideia de liberdade e flexibilidade (trabalhar quando e onde quiser) propagada pelas empresas constitui, na verdade, a transferência deliberada de riscos para aumentar o controle sobre os/as trabalhadores/as, pois essa liberdade significa ausência de salário garantido e incremento de custos fixos, que se convertem em responsabilidade dos/as trabalhadores/as. Ademais, em contradição com o discurso da liberdade, as plataformas e aplicativos empregam ao menos onze medidas explícitas para controlar os/as trabalhadores/as, conforme apuramos nos termos de uso, autos de infração, processos judiciais, entrevistas realizadas e mensagens

---

[21] Vitor Filgueiras, "Regulação da terceirização e estratégias empresariais: o aprofundamento da lógica desse instrumento de gestão da força de trabalho", *Cadernos do Ceas*, n. 239, 2016, p. 742-70.

[22] Idem, "Novas/velhas formas de organização e exploração do trabalho: a produção 'integrada' na agroindústria", *Mediações*, v. 18, n. 2, 2013, p. 230-45.

[23] De modo que constituem, de fato, modalidades de contrato de zero hora (só que sem admissão do vínculo de emprego), como os tradicionais "chapas" nos portos secos.

de celulares analisadas. As plataformas e os aplicativos têm um claro receituário, que executam cotidianamente:

1) Determinam quem pode trabalhar. O fato de plataformas e aplicativos colocarem níveis variados de exigência na admissão não muda a realidade de que as decisões são tomadas segundo suas conveniências e seus interesses (estratégias). Os/as trabalhadores/as estão sempre sujeitos à aceitação do cadastro na plataforma para poder trabalhar.

2) Delimitam o que será feito: uma entrega, um deslocamento, uma tradução, uma limpeza etc. Os/as trabalhadores/as não podem prestar serviços não contemplados por plataformas e aplicativos.

3) Definem que trabalhador/a realizará cada serviço e não permitem a captação de clientes. Ou seja, as empresam contratam (ou não) os serviços segundo suas conveniências. As avaliações dos clientes são apenas um dos instrumentos para a decisão de alocação que a empresa realiza.

4) Delimitam como as atividades serão efetuadas. Isso ocorre nos mínimos detalhes, seja quanto ao trajeto e às condições dos veículos, seja quanto, até mesmo, ao comportamento dos/as trabalhadores/as diante dos clientes.

5) Determinam o prazo para a execução do serviço, tanto para entregas quanto para realização de traduções, projetos e demais atividades.

6) Estabelecem de modo unilateral os valores a serem recebidos. Essa é uma variável-chave, porque os pagamentos são manipulados para dirigir o comportamento dos/as trabalhadores/as. Aqui entram os algoritmos, que, conforme dissemos anteriormente, nada mais são do que programas, comandados pelas corporações globais para processar grande volume de informações (tempo, lugar, qualidade etc.), os quais permitem direcionar a força de trabalho segundo a demanda em todos os momentos.

Há uma espécie de leilão invertido que coloca os/as trabalhadores/as em concorrência permanente, na busca por um novo labor a ser executado. Criam-se mercados de trabalho no interior de cada empresa, visando ao enfraquecimento do poder de barganha da força de trabalho. Assim, um amplo contingente (recrutado em diversas profissões, em sua maioria desempregado) fica à disposição da plataforma para competir entre si, permitindo que haja sempre a possibilidade real de rebaixamento salarial.

Essa baixa remuneração converte-se em importante mecanismo para a imposição de longas jornadas, uma vez que, para sobreviver, os/as trabalhadores/as são obrigados a arcar com o conjunto dos custos de manutenção, comprando ou alugando carros e motos e, assim, contraindo dívidas que dependem dos salários percebidos para serem quitadas. De fato, quanto menor a tarifa paga, mais horas de trabalho serão necessárias para garantir a sobrevivência do indivíduo.

Não bastasse a instabilidade das tarifas, as empresas usam promoções para tornar os rendimentos ainda mais incertos. Nos casos dos/as entregadores/as entrevistados/as, constatamos que, frequentemente, mais de 50% dos pagamentos são provenientes das metas cumpridas ao longo das jornadas de trabalho e das gorjetas percebidas. As empresas muitas vezes chegam a determinar até o valor das gorjetas que os trabalhadores podem receber.

7) Determinam como os/as trabalhadores/as devem se comunicar com suas gerências. Por exemplo, é vedado a entregadores/as acessar o site *Reclame Aqui*, redes sociais ou quaisquer outros meios que não aqueles estipulados pelas empresas.

8) Pressionam os/as trabalhadores/as para serem assíduos e não negarem serviços demandados. No site da Uber, por exemplo, explica-se que o/a trabalhador/a poderá ser desativado se tiver uma taxa de aceitação de corridas menor do que a taxa de referência da cidade. Em nossas entrevistas, realizadas em Salvador, detectamos mensagens de uma empresa que interpelou um entregador que só aceitava pedidos acima de determinada quantia.

9) Pressionam os/as trabalhadores/as a ficar mais tempo à disposição, mediante o uso de incentivos. Como relatado por todos os entrevistados, são comuns as promoções, que atuam como metas com horários a ser cumpridos pelos entregadores/as para incitar que trabalhem por mais tempo.

10) Usam o bloqueio para ameaçar os/as trabalhadores/as, o que implica deixá-los/as sem poder exercer suas atividades por tempo determinado, por inúmeras razões arbitrárias, sempre determinadas pelas plataformas[24].

11) Utilizam a possibilidade de dispensa a qualquer momento e sem necessidade de justificativa, sem qualquer espécie de aviso prévio, como um importante mecanismo de coerção e disciplinamento da força de trabalho. Isso transparece de modo patente nas entrevistas e nos termos de uso de diversas empresas. Vários/as entregadores/as entrevistados relataram seus desligamentos arbitrários e, mesmo quando recorreram ao suporte da empresa, nenhuma justificativa objetiva lhes foi oferecida.

Todas essas medidas de controle mantêm os/as trabalhadores/as em completa instabilidade, convertendo o regramento acima descrito em poderoso instrumental de gestão e controle da força de trabalho. Ao procederem assim, as empresas utilizam-se dessa condição de vulnerabilidade, enormemente potencializada pelas TIC, as quais permitem uma infinidade de dados que podem ser usados contra a classe trabalhadora.

O controle e a subordinação são exacerbados pela transferência dos riscos aos/às assalariados/as, o que inclui a assunção de custos, como a aquisição de carros, celulares, computadores, bem como sua manutenção. As empresas conseguem, então, transformar instrumentos de trabalho em capital constante, sem nenhum risco e sem necessidade de terem sua propriedade formal.

---

[24] Conforme constatado nas entrevistas, há bloqueio quando há atrasos na entrega, mesmo que estes sejam decorrentes de falhas dos restaurantes e não dos entregadores. Em muitos casos, sequer uma resposta objetiva é oferecida sobre as razões dos bloqueios.

Desse modo, para as empresas há ampla flexibilidade[25], mas para os/as trabalhadores/as a flexibilidade (como escolher horários, periodicidade, locais e forma de trabalho) é apenas aparente, já que, na prática, são obrigados/as a trabalhar mais para garantir sua sobrevivência e manutenção de seus instrumentos de trabalho, exatamente como a empresa indica[26].

A despeito de não gozar da flexibilidade aludida pelas empresas, trabalhadores/as (e instituições) são fortemente influenciados por esse discurso, interiorizando-o em suas práticas e em suas subjetividades. E, mais uma vez, a "neutra" tecnologia digital emerge para aperfeiçoar o controle e mesmo a sujeição ao oferecer uma radiografia completa de como atuam os/as trabalhadores/as, com uma precisão inimaginável para o próprio Frederick Taylor. Assim, as TIC, com seus instrumentos de controle e exploração, ao exasperar a retórica das novas formas de trabalho, procuram legitimar e cristalizar a estratégia de gestão do capital. Forma-se, então, uma situação aparentemente contraditória: poucas vezes o trabalho foi tão estritamente controlado (agora pela via informacional-digital), enquanto o discurso apologético não para de propagandear as benesses do trabalho autônomo, livre, empreendedor etc. Não é difícil constatar que, na contrapartida de tais formulações apologéticas, estamos presenciando o advento de um novo proletariado de serviços em expansão na era digital[27].

Uma fenomenologia da exploração sem limites

Os rigorosos monitoramento e controle das empresas são normalmente acompanhados por labor intensivo e salários rebaixados. Nas atividades de entrega com bicicletas, por exemplo, uma pesquisa da Aliança Bike[28] sobre os ciclistas, realizada em junho de 2019 com 270 entregadores, indica que 57% trabalham todos os dias (de segunda a domingo) e 55% trabalham dez ou mais horas por dia (apenas 25% trabalham menos que oito horas diárias). São resultados muito parecidos com aqueles obtidos por nossa pesquisa em Salvador, em que a jornada média foi de 10 horas e 23 minutos por dia, seis dias na semana. Em ambos os casos, os limites legais de jornada e descanso são amplamente ignorados. Essas

---

[25] Sadi Dal Rosso, *O ardil da flexibilidade: os trabalhadores e a teoria do valor* (São Paulo, Boitempo, 2017, coleção Mundo do Trabalho).

[26] Nesse sentido, chega a ser risível esperar que as empresas controlem o ponto diretamente. Se o fizessem, estariam obrigadas a garantir alguma renda ou salário, exatamente o inverso de sua estratégia de controle e de exploração do trabalho.

[27] Ricardo Antunes, *O privilégio da servidão*, cit.; Ricardo Antunes e Ruy Braga (orgs.), *Infoproletários: degradação real do trabalho virtual* (São Paulo, Boitempo, 2009, coleção Mundo do Trabalho).

[28] Aliança Bike, "Perfil dos entregadores ciclistas de aplicativo", *Portal da Associação Brasileira do Setor de Bicicletas*, São Paulo, jul. 2019; disponível em: <http://aliancabike.org.br/pesquisa-de-perfil-dos-entregadores-ciclistas-de-aplicativo/>; acesso em: 10 set. 2019.

situações são também similares àquelas detectadas em relação aos entregadores no Reino Unido[29].

Em vários setores, é comum que os trabalhadores passem muito tempo on-line esperando por serviços. Por isso, conforme apurou uma pesquisa da Organização Internacional do Trabalho (OIT),

> 90% dos trabalhadores da pesquisa relataram que gostariam de trabalhar mais do que atualmente, citando trabalho insuficiente e baixos salários como os motivos para não fazê-lo. Apesar do desejo por mais horas, muitos já estavam trabalhando em demasia: 40% dos entrevistados relataram que trabalhavam regularmente sete dias por semana e 50% indicavam que haviam trabalhado por mais de dez horas durante pelo menos um dia no mês anterior. O baixo salário, combinado com a necessidade de trabalhar, resultou em trabalhadores gastando longas horas on-line.[30]

Não por acaso, indivíduos em "*zero hour contracts*" (em que se enquadram os/as trabalhadores/as digitais) no Reino Unido, por exemplo, laboram ora muito mais, ora muito menos do que a média, criando uma espécie de polarização das jornadas[31]. Algo muito semelhante pode ser verificado no Brasil após a reforma trabalhista de 2017[32]. Além disso, ao contrário do que é propalado pelas empresas, a maioria dos/as trabalhadores/as não têm vínculos apenas pontuais com essas empresas para uma renda extra[33]. Similarmente, em nossa pesquisa, 70% dos entregadores só possuíam essa ocupação. Assim, configura-se uma tendência à subsunção permanente do trabalho à dinâmica do capital (não apenas durante a jornada), já que trabalhadores/as passam a moldar sua vida inteira à demanda por seus serviços (ou à possibilidade de encontrá-la), podendo ficar ininterruptamente à disposição.

Como já indicamos, as baixas remunerações são condição essencial para a submissão dos trabalhadores a longas jornadas. Há várias evidências de que isso procede de maneira dramática, como ilustra o *print* da próxima página, em que o entregador trabalhou sete dias seguidos, ficou on-line por mais de 61 horas e recebeu

---

[29] Vitor Filgueiras e Sávio Cavalcante, "What Has Changed", cit.
[30] Citado em Valerio De Stefano, "Labour Is Not a Technology", cit. Tradução nossa. No original: "*Ninety percent of workers in the survey reported that they would like to be doing more work than they are currently doing, citing insufficient work and low pay as the reasons they were not. Despite the desire for more hours, many were already working a lot: 40% of respondents reported that they regularly worked seven days a week and 50% indicated that they had worked for more than 10 hours during at least one day in the past month. Low pay coupled with the need to work resulted in workers spending long hours online*".
[31] Vitor Filgueiras e Sávio Cavalcante, "What Has Changed", cit.
[32] José Dari Krein, Roberto Véras de Oliveira e Vitor Araújo Filgueiras (orgs.), *Reforma trabalhista no Brasil: promessas e realidade* (Campinas, Curt Nimuendajú, 2019).
[33] Valerio De Stefano, "Labour Is Not a Technology", cit.; Aliança Bike, "Perfil dos entregadores ciclistas de aplicativo", cit.

Fotografia 1 – Tela de celular de trabalhador de empresa de entrega

Fonte: Vitor Filgueiras e Ricardo Antunes, 2020.

apenas 212 reais. Em São Paulo, trabalhando 9 horas e 24 minutos por dia, os entregadores ganham 936 reais por mês[34]; se fosse uma jornada legal de 44 horas, eles receberiam 762 reais e 66 centavos por mês. Em Salvador, um/a entregador/a recebe, em média, 1.100 reais por mês; mas, quando se restringem a uma jornada de 44 horas, conseguem apenas 780 reais e 64 centavos mensais. Em ambos os casos, a renda média da jornada regular é muito inferior ao salário mínimo.

Na grande São Paulo, a pesquisa realizada por Rodrigo Bombanati de Souza Moraes, Marco Antonio Gonsales de Oliveira e André Accorsi[35] com cem motoristas de transporte particular por aplicativo oferece um quadro peculiar. Segundo os autores, os/as motoristas entrevistados/as, por um lado, se sentem como empreendedores/as e valorizam a flexibilidade da jornada de trabalho, mas, contraditoriamente, seguem em busca de um trabalho formal, reclamam da carga horária excessiva e da baixa remuneração percebida e entendem a falta de vínculo como um fator negativo na relação com empresas similares de transporte particular por aplicativo.

Na pesquisa, verificou-se a predominância do trabalho masculino (88%), com a faixa etária entre 26 e 45 anos (69%); escolaridade oscilando entre o ensino

---

[34] Aliança Bike, "Perfil dos entregadores ciclistas de aplicativo", cit.
[35] Rodrigo Bombanati de Souza Moraes, Marco Antonio Gonsales de Oliveira e André Accorsi, "Uberização do trabalho: a percepção dos motoristas de transporte particular por aplicativo", *Revista Brasileira de Estudos Organizacionais*, v. 6, n. 3, 2019, p. 647-81.

médio completo e o superior completo (90%); pouco tempo de trabalho com o aplicativo (89% até dois anos); jornada diária de trabalho entre seis e mais de oito horas (77%); dirigindo de cinco a sete dias por semana (73%); remuneração bruta[36] inferior a 2 mil reais por semana (90%), tendo no aplicativo de transporte sua fonte única de remuneração (57%)[37].

Entre os aspectos positivos, os/as trabalhadores/as citam as vantagens, como a "oportunidade de conhecer outras pessoas e certa liberdade para determinar o próprio horário de trabalho", mas não deixam de apontar as desvantagens, como a "necessidade de trabalhar muitas horas na semana e a ausência de liberdade total para definir a jornada de trabalho", a falta do vínculo empregatício e os rendimentos auferidos na atividade sendo "inferiores ao de um emprego tradicional"; afirmam também que "gostariam de ter carteira assinada" e "direitos trabalhistas"[38].

No Brasil, o rendimento médio do setor de transporte de passageiros/as (em que predomina o trabalho autônomo) na média móvel de setembro de 2019 (segundo a Pnad) foi de 1.876 reais, e tem caído justamente após a expansão da Uber (chegou a ultrapassar 2.050 reais em 2014). Motoristas com carteira assinada, em 2018, tiveram média salarial de 2.137 reais (sem contar demais direitos)[39].

Nos arranjos sem reconhecimento do vínculo de emprego, as longas jornadas, que remetem aos primórdios da Revolução Industrial[40], bem como a negação completa de direitos do trabalho, acentuam os riscos à própria vida dos/as trabalhadores/as, pois as plataformas e aplicativos não se consideram responsáveis pela saúde e segurança do trabalho. Em julho de 2019, em São Paulo, o trabalhador (motoboy) Thiago de Jesus Dias, no exercício de seu trabalho para a Rappi, sofreu um AVC e, sem receber atendimento imediato da empresa,

---

[36] É importante destacar que todas as despesas de manutenção são sempre pagas pelos trabalhadores/as, o que reduz significativamente esse montante.

[37] Rodrigo Bombanati de Souza Moraes, Marco Antonio Gonsales de Oliveira e André Accorsi, "Uberização do trabalho", cit., p. 667. Em Nova York, em 2017, 85% dos/as motoristas de transporte de passageiros/as ganhavam abaixo do mínimo por hora, sendo que 60% trabalhavam em tempo integral (17% mais de cinquenta horas por semana). Ver James A. Parrot e Michael Reich, *Report for the New York City Taxi and Limousine Commission* (Nova York, Center for New York City Affairs, 2018); disponível em: <https://static1.squarespace.com/static/53ee4f0be4b015b9c3690d84/t/5b3a3aaa0e2e72ca74079142/1530542764109/Parrott-Reich+NYC+App+Drivers+TLC+Jul+2018jul1.pdf>; acesso em: 15 nov. 2019.

[38] Rodrigo Bombanati de Souza Moraes, Marco Antonio Gonsales de Oliveira e André Accorsi, "Uberização do trabalho", cit., p. 674.

[39] Mesmo quando o modelo de contratação sem garantia de jornada é usado em empregos formais, verifica-se uma precarização acentuada. Os dados da Rais para os/as trabalhadores/as intermitentes em todos os setores, em dezembro de 2018, sugerem que ao menos 40% não tiveram remuneração e outros 25% receberam um salário mínimo ou menos.

[40] Pietro Basso, *Tempos modernos, jornadas antigas: vidas de trabalho no início do século XXI* (trad. Patrícia Villen, Campinas, Editora da Unicamp, 2018).

morreu alguns dias depois. O descaso, brutal e desumano, repercutiu fortemente na grande imprensa[41].

Sabemos que esse trágico acidente letal não é um caso isolado. Segundo o relatório da Companhia de Engenharia de Tráfego da cidade de São Paulo (CET), em 2018 os acidentes fatais com motociclistas aumentaram 18% (360, no total)[42], ultrapassando, pela primeira vez, aqueles envolvendo pedestres. Além dos acidentes de trânsito, os/as trabalhadores/as estão também expostos à violência que resulta em morte durante o labor. Segundo uma matéria publicada por Mike Isaac[43], dezesseis motoristas da Uber foram assassinados no Brasil até meados de 2019. Na grande São Paulo, apenas em setembro, ocorreram cinco assassinatos de motoristas[44].

Vale destacar que, quando adoecem, descansam, tiram férias ou têm seus instrumentos de trabalho fora do funcionamento, os rendimentos são zerados para os/as trabalhadores/as. É por isso que, para sobreviver, atenuar suas vicissitudes e manter seu vínculo de trabalho, são obrigados a trabalhar por longas horas, suprimir descansos, intensificar suas jornadas e ainda agir em estrito acordo com o que é determinado pela empresa.

Em suma: se as novas TIC trazem grandes mudanças para o mundo do trabalho, vale notar que seus elementos centrais estão canalizados para elevar a capacidade de controlar e comandar um enorme exército de força de trabalho sobrante, do que resulta um aumento exponencial tanto na exploração quanto na espoliação do trabalho, levando ao limite os interesses ditames do capital e de suas corporações. Desse modo, as TIC se configuram como um elemento vital entre os distintos mecanismos de acumulação criados pelo capitalismo de nosso tempo. Ao contrário da equivocada previsão sobre o fim do trabalho, da classe trabalhadora e da vigência da teoria do valor, o que temos, de fato, é uma ampliação do trabalho ainda mais precarizado, que se estende e abarca (ainda que de modo diferenciado) desde os/as trabalhadores/as da indústria de software aos de call-center (o infoproletariado ou cibertariado), atingindo progressivamente o trabalho nos bancos, no comércio, nos setores de fast-food e turismo, além da própria indústria e agroindústria etc.[45].

---

[41] Ricardo Antunes (org.), *Riqueza e miséria do trabalho no Brasil IV: trabalho digital, autogestão e expropriação da vida* (São Paulo, Boitempo, 2019, coleção Mundo do Trabalho), p. 548.
[42] Não por acaso, cresceu de 9% para 14% a participação de entregadores e motofretistas entre as mortes de motociclistas no trânsito em 2018 (dados da CET, 2019).
[43] Mike Isaac, "How Uber Got Lost", *The New York Times*, 23 ago. 2019; disponível em: <https://www.nytimes.com/2019/08/23/business/how-uber-got-lost.html>; acesso em: 10 nov. 2019.
[44] "Motorista de aplicativo é espancado no ABC; Grande SP registra 5 mortes em setembro", *G1*, 30 set. 2019; disponível em: <https://g1.globo.com/sp/sao-paulo/noticia/2019/09/30/motorista-de-aplicativo-e-espancado-no-abc-setembro-registra-5-mortes-na-grande-sp.ghtml>; acesso em: 10 nov. 2019.
[45] Ricardo Antunes e Ruy Braga (orgs.), *Infoproletários*, cit.; Ursula Huws, *The Making of a Cybertariat*, cit.; idem, *Labor in the Global Digital Economy*, cit.

É por isso que, atualmente, é difícil encontrar qualquer modalidade de trabalho que não tenha alguma forma de interação e dependência de celulares, computadores, smartphones e assemelhados, sendo que a gestão praticada nos moldes das plataformas tornou-se potencialmente expansível para um imenso conjunto de ramos e setores. São estabelecidas relações sem qualquer limite de jornada, renda, saúde, segurança. Nesse sentido, é necessário acentuar que esse vilipêndio em relação ao trabalho não é uma possível remissão ao futuro. No presente, a expansão do trabalho digital vem demolindo a separação entre o tempo de vida no trabalho e o tempo de vida fora dele[46].

Nesse cenário, algumas contradições emergem. Primeiro, com a individualização dos serviços e da remuneração, a exploração se torna mais explícita – sabe-se quanto cada trabalhador/a produz e qual percentual desse valor é apropriado pela empresa, o que está rigorosamente quantificado nas plataformas digitais, ao mesmo tempo em que se nega, de modo mais do que dissimulado, a natureza assalariada das relações de trabalho.

Ademais, o controle do capital se reforça e se reproduz com a ideia de que os/as trabalhadores/as estão se autogerindo. Contrariamente, porém, as plataformas digitais controlam todo o processo, determinam os formatos exatos dos contratos de trabalho, pagam, mobilizam, ameaçam e dispensam. Os/as trabalhadores/as são "induzidos" a adotar esses comportamentos e essas atitudes, não lhes cabendo alternativa, se quiserem permanecer exercendo seu labor. O fato de serem submetidos a tais condições, portanto, significa que a iniciativa, o controle e a autonomia das atividades não estão em suas mãos.

Contudo, tratando-se de um sutil mecanismo de sujeição, ao menos nas primeiras fases do trabalho, não é de surpreender que o consentimento seja maior em relação aos ditames empresariais. Não por acaso, esses/as trabalhadores/as externam com frequência a defesa de uma suposta liberdade, dada a aparente ausência do patrão, ou também veem como positiva a flexibilidade[47]. Tudo isso, entretanto, tende a desvanecer quando se vivencia um cotidiano pautado por vilipêndio, exploração e precarização, como procuramos demonstrar ao longo do capítulo.

Por fim, justamente quando é mais fácil proteger o trabalho do ponto de vista tecnológico, mais difícil se torna implementar essa regulação do ponto de vista político, por conta da assimetria de forças existente, em que a retórica joga com um papel muito importante, como veremos.

---

[46] Ricardo Antunes, *O privilégio da servidão*, cit.; Ricardo Antunes (org.), *Riqueza e miséria do trabalho no Brasil IV*, cit.
[47] Vitor Filgueiras e Sávio Cavalcante, "What Has Changed", cit.

É IMPOSSÍVEL CRIAR MECANISMOS DE PROTEÇÃO AO TRABALHO?

No capitalismo, dar efetividade aos direitos previstos para a classe trabalhadora é um desafio central, que constitui a própria história do movimento operário. Desde os primórdios das normas de proteção ao trabalho, a luta do capital para impossibilitar os direitos da classe operária é marcante, como seminalmente indicou Marx em *O capital*[48]. Com o advento das novas TIC e seu uso pelas empresas na gestão e no controle do trabalho, podemos, provocativamente, dizer que nunca foi tão fácil, do ponto de vista técnico, efetivar o direito do trabalho. As novas tecnologias (particularmente a internet e os dispositivos móveis) tornam muito mais rápido, preciso e incontroverso identificar os trabalhos realizados, seus tempos e movimentos, suas durações, seus pagamentos e demais ocorrências, assim como impor às empresas o cumprimento de normas.

A identificação de todos os aspectos de uma relação de emprego, antes dependente de testemunhas, papéis e inspeções *in loco*, agora se encontra minuciosa e detalhadamente disponível na rede e nas bases de dados das empresas, para cada trabalhador/a, individual ou coletivamente: jornadas de trabalho, descansos, pagamentos, tarefas etc. Para acessar essas informações, bastaria requisitá-las. Isso já foi feito, por exemplo, em Nova York, apurando-se que a grande maioria dos motoristas de aplicativos recebia menos do que o salário mínimo[49].

Também a efetivação das normas se tornou tecnicamente muito mais fácil. Até hoje, têm sido usados procedimentos presenciais como audiências, assinatura de termos de compromisso, eventual uso da polícia, procura por bens etc. Sob o mundo digital e suas plataformas, bastaria tão somente interpelar diretamente a empresa, sob ameaça, bloqueio ou intervenção direta em seu aplicativo ou conta. Desse modo, há uma facilidade técnica inédita para impor limites às horas trabalhadas, seu ritmo e sua intensidade, garantir descansos, férias, pagamentos mínimos, pagamentos de horas extras ou qualquer outro aspecto da relação de emprego.

Contraditoriamente, entretanto, talvez nunca tenha sido tão difícil impor normas de proteção ao trabalho para limitar a compulsão do capital. Vivemos uma conjuntura de grande ofensiva do capital sobre o trabalho, uma verdadeira contrarrevolução preventiva de amplitude global, sustentada por uma forte ideologia neoliberal em fase de crise estrutural do capital[50]. São esses condicionantes que permitem às empresas de aplicativos "impor" uma suposta inviabilidade de regulação protetiva.

---

[48] Karl Marx, *O capital: crítica da economia política*, Livro I: *O processo de produção do capital* (trad. Rubens Enderle, São Paulo, Boitempo, 2013).
[49] Carl Miller, "Uber's Paradox: Gig Work App Traps and Frees Its Drivers", *BBC*, 16 nov. 2019; disponível em: <https://www.bbc.com/news/technology-50418357>; acesso em: 16 nov. 2019.
[50] Ricardo Antunes, *O privilégio da servidão*, cit.

A ideia de que o direito do trabalho gera desemprego impregnou o discurso em geral, contaminando fortemente o debate sobre a regulação de aplicativos e plataformas, particularmente pela condição aparentemente flexível em que os trabalhadores/as dessas empresas se encontram. Além disso, o discurso sobre a própria natureza do trabalho nas plataformas e aplicativos tem papel importante no enfraquecimento do direito do trabalho. Ele é parte de uma espécie de novo "adeus à classe trabalhadora", uma narrativa que advoga a emergência de mudanças radicais nos mercados de trabalho em amplitude global, segundo a qual o assalariamento estaria sendo substituído por novas formas de trabalho[51].

Há pelo menos três diferentes perspectivas que se enquadram nesse novo adeus à classe trabalhadora, englobando distintos matizes teóricos e ideológicos. A primeira, mais "radical", pressupõe que o trabalho autônomo está substituindo o trabalho assalariado. A segunda afirma que novas formas de trabalho estão se expandindo, e por isso não se enquadrariam como assalariadas ou autônomas, constituindo o que tem sido chamado de zona cinzenta. Essas duas perspectivas são normalmente combinadas para enfatizar as mudanças nos mercados de trabalho. Elas aparecem, por exemplo, numa publicação da Organização Internacional do Trabalho, sugestivamente chamada de *The Changing Nature of Jobs*[52], ou "a natureza em transformação dos empregos".

Tais formulações costumam dar destaque ao papel das novas tecnologias na promoção dessas mudanças, as quais, somadas à nova maneira como as empresas organizariam a produção, seriam fatores-chave por trás das mudanças nas relações de trabalho e da disseminação de novas formas de trabalho[53].

A terceira perspectiva é apresentada por Guy Standing[54], sintetizada pelo que ele entende como precariado: uma nova classe social, diferente dos assalariados, que estaria crescendo ao redor do mundo. O tipo de trabalho que mais cresce é o "*crowdwork*", realizado pelos "*taskers*", que integram o precariado e estão em atividades desprovidas de direito, estabilidade e garantia de renda. Os "*taskers*" trabalhariam por meio dos *labour brokers* (como a Uber), considerados pelo autor como rentistas, pois não seriam proprietários dos meios de produção. Para o autor, esses novos contingentes sociais não seriam empregados, pois não sendo diretamente supervisionados e sendo proprietários dos principais meios de produção, teriam o controle sobre seu tempo de trabalho[55]. Por isso, para Standing, a regulação protetiva do trabalho não seria uma solução para essa parcela crescente da população. Para

---

[51] Vitor Filgueiras e Sávio Cavalcante, "What Has Changed", cit.
[52] International Labour Organization, *World Employment and Social Outlook 2015: The Changing Nature of Jobs* (Genebra, International Labour Office, 2015).
[53] Idem.
[54] Guy Standing, *The Precariat: The New Dangerous Class* (Londres, Bloomsbury Academic, 2011); idem, "A Revolt Is Coming for Cloud Labor", cit.
[55] Idem, "A Revolt Is Coming for Cloud Labor", cit.

o autor, estamos vivendo "uma revolução nas formas de trabalho" que inviabiliza a regulação anterior para proteger os trabalhadores.

Em síntese, em suas três versões, o novo adeus à classe trabalhadora presume (quando não apoia) que o direito do trabalho tende a ser anacrônico porque as novas formas de trabalho o tornariam inviável ou inaplicável. Trabalhadores/as tornar-se-iam progressivamente autônomos, empreendedores ou parte do precariado sem vínculos com um empregador específico que pudesse ser responsável por seus direitos[56].

Formulações como essas encontram eco e ganham amplas adesões inclusive junto a instituições públicas, além de se ampliarem socialmente entre parcelas de trabalhadores/as que, premidos pelo desemprego ou seu risco iminente, tendem a introjetar e assimilar esse ideário. Esse processo, então, se retroalimenta e se reitera pelas formas de contratação que, como enfatizamos, mascaram e negam a condição de assalariamento, convertendo-se em um "*leitmotiv*" das plataformas digitais, que são, de fato, grandes corporações do capital (como a Amazon, a Uber e tantas outras já mencionadas) e agenda de destaque na demolição e corrosão dos direitos do trabalho.

O "empreendedorismo" é exemplar: trata-se, frequentemente, de uma forma oculta de trabalho assalariado apresentada como "trabalho autônomo". Essa mistificação encontra uma base social, uma vez que o/a "empreendedor/a" se imagina, por um lado, como "proprietário/a de si mesmo", enquanto em sua concretude e efetividade, por outro, converte-se em "proletário/a de si próprio"[57].

UMA BREVE NOTA CONCLUSIVA

Esse amplo e multiforme processo de precarização do trabalho vem acarretando descontentamentos, revoltas e mobilizações, apesar das dificuldades, bem como vem esboçando novas formas de representação, todas procurando responder ao intenso processo de corrosão dos direitos sociais do trabalho que atinge o infoproletariado ou ciberproletariado[58]. Como a precarização não é algo estático, mas um *processo* que ora se amplia e ora se reduz, a capacidade de resistência, revolta e organização desse novo proletariado digital será um elemento decisivo para a conquista de formas protetivas de trabalho, capazes de obstar a escravidão digital.

Ora tendo um desenho mais espontâneo, ora esboçando elementos de organização, essas ações vêm ocorrendo nas ruas, praças, avenidas e demais espaços de trabalho, sendo que seu exemplo mais expressivo foi a tentativa de paralisação

---

[56] Vitor Filgueiras e Sávio Cavalcante, "What Has Changed", cit.
[57] Ricardo Antunes, *O privilégio da servidão*, cit.
[58] Ursula Huws, *The Making of a Cybertariat*, cit.; idem, *Labor in the Global Digital Economy*, cit.; Ricardo Antunes e Ruy Braga (orgs.), *Infoproletários*, cit.; Nick Dyer-Witheford, *Cyber-Proletariat: Global Labour in the Digital Vortex* (Londres, Pluto, 2015).

mundial dos/as trabalhadores/as da Uber, em 8 de maio de 2019. Mesmo tendo uma amplitude parcial e limitada, essa ação sinalizou o mal-estar que começa a transparecer no universo dos trabalhos que se proliferam em plataformas digitais e aplicativos.

Também no plano jurídico, a despeito das enormes pressões das pautas empresariais profundamente destrutivas em relação ao trabalho (como a recente decisão do Tribunal Superior do Trabalho, que considerou os motoristas da Uber como autônomos no Brasil), há precedentes de imposição de limites à exploração do trabalho por plataformas e aplicativos em vários países. No Reino Unido, em dezembro de 2018, a Court of Appeals (segundo tribunal mais importante do país) reconheceu vínculo empregatício dos motoristas da Uber. Na Argentina, um tribunal condenou a Rappi por ter bloqueado três entregadores que atuavam para organizar um sindicato para representá-los. Na Espanha, o Tribunal Superior de Justiça de Madri ratificou a condenação da Deliveroo após a Secretaria de Inspeção do Trabalho constatar que seus entregadores eram falsamente considerados como autônomos.

Outra importante vitória ocorreu no estado da Califórnia, em setembro de 2019, com a aprovação da Lei AB5, que considerou os/as trabalhadores/as da Uber e da Lyft como assalariados vinculados às empresas. Em seguida, a Uber e a Cabify pediram uma liminar para revogar a AB5, que, entretanto, foi negada em 10 de fevereiro de 2020.

Esses exemplos indicam, então, que, por meio de ações de resistência e confrontação, é possível combater a intensa precarização do trabalho que impera nas grandes plataformas digitais. Como a precarização é uma processualidade, que ora se amplia, ora se reduz, será por meio da capacidade de resistência e organização da classe trabalhadora (contemplando e incorporando esse enorme contingente de trabalhadores/as das plataformas digitais) que essa destrutividade poderá ser obstada.

5
As condições de trabalho em plataformas digitais sob o prisma do direito ambiental do trabalho[1]

Clarissa Ribeiro Schinestsck

INTRODUÇÃO

Os avanços tecnológicos experimentados nos últimos anos operaram mudanças estruturais na sociedade e viabilizaram o surgimento de novas formas de trabalho prestadas a partir das plataformas digitais. Tais alterações no mundo do trabalho impuseram à sociedade o desafio de compreender o cenário do momento atual e, ao direito, o desafio de responder às questões que daí emergem, especialmente a regulação desse novo tipo de trabalho.

A temática da regulação das condições de trabalho em plataformas digitais vem sendo objeto de intensas discussões no âmbito jurídico e tem sido considerada, essencialmente, sob a perspectiva do direito do trabalho e em torno da configuração (ou não) dos elementos caracterizadores da relação de emprego. No Brasil, muitos obstáculos têm sido impostos para o reconhecimento do vínculo empregatício entre os trabalhadores e as plataformas digitais, dificultando a concessão de direitos básicos a essa coletividade e viabilizando a realização de trabalho em condições totalmente desumanas.

A despeito da importância de que se reveste tal discussão, há outra perspectiva relevante por meio da qual é possível criar condições mínimas de trabalho em plataformas digitais e que, talvez, represente o primeiro passo na conquista de direitos para os trabalhadores que desempenham suas atividades por meio de aplicativos eletrônicos. Com efeito, a proposta do presente capítulo é analisar as possibilidades de criação de condições de trabalho em plataformas digitais sob o prisma do direito ambiental do trabalho. Registra-se, por oportuno, que não se pretende esgotar o tema, mas apenas suscitar algumas reflexões, notadamente diante da complexidade que o circunda e ante os limites deste capítulo.

---

[1] Este texto é uma retomada de ideias do artigo "Aspectos jurídicos do meio ambiente do trabalho e a Revolução Industrial 4.0", publicado na *Revista Arquivos do Instituto Brasileiro de Direito Social*, n. 43, 2019, p. 63-76.

O trabalho em plataformas digitais

Por volta de 2005, surgiu uma nova geração de sites que possibilitou a interação com pessoas e máquinas em tempo real. A partir da web 2.0, os sites passaram a não depender mais do comando humano para se atualizar. Essa nova capacidade de interação em tempo real entre usuários e máquinas foi o que viabilizou a emergência das redes sociais e das plataformas digitais[2].

As plataformas digitais[3] apresentam-se como detentoras de mecanismos tecnológicos aptos a conectar oferta e demanda de um bem ou serviço por meio de uma rede, alcançando um enorme contingente de pessoas[4]. Esse modelo de negócio está assentado em dois eixos fundamentais: os algoritmos[5] e os dados. As plataformas são alimentadas por dados e organizadas por meio de algoritmos[6]. Assim, as empresas gerenciam e controlam todo o trabalho executado a partir de dados dos consumidores e dos trabalhadores.

Nas plataformas digitais, identificam-se tipos de trabalho que se revestem de especificidades próprias, quais sejam o *crowdwork* e o trabalho "*on-demand*" ou por aplicativos. Impende anotar que não há uma uniformidade terminológica na doutrina no que tange a esses tipos de trabalho realizados via plataformas digitais. Há autores que fazem uma divisão entre o *crowdwork* e o trabalho "*on-demand*" por aplicativos[7] e outros[8] que denominam o trabalho realizado por meio de plataformas

---

[2] Christian Fuchs, "Digital Prosumption Labour on Social Media in the Context of the Capitalist Regime of Time", *Time and Society*, v. 23, n. 1, 2014, p. 97-123.
[3] Sobre o conceito de plataformização e diferentes correntes, ver Thomas Poell, David Nieborg e José Van Dijck, "Plataformização", trad. Rafael Grohmann, *Fronteiras – Estudos Midiáticos*, v. 22, n. 1, jan.-abr. 2020, p. 2-10.
[4] Ludmila Costhek Abílio, "Uberização: a era do trabalhador *just-in-time*?", *Estudos Avançados*, v. 34, n. 98, jan.-abr. 2020, p. 114.
[5] "Os algoritmos não são necessariamente softwares: em seu sentido mais amplo, são procedimentos codificados que, com base em cálculos específicos, transformam dados em resultados desejados. Os procedimentos dão nome tanto ao problema quanto aos passos pelos quais ele precisa passar para ser resolvido. Podemos considerar como algoritmos, por exemplo, instruções de navegação ou fórmulas matemáticas usadas para prever o movimento de um corpo celestial." Ver Tarleton Gillespie, "A relevância dos algoritmos", *Revista Parágrafo*, v. 6, n. 1, 2018, p. 97.
[6] Rafael Grohmann, "Plataformização do trabalho: entre a dataficação, a financeirização e a racionalidade neoliberal", *Revista Eptic*, v. 22, n. 1, jan.-abr. 2020.
[7] Andrew Stewart e Jim Stanford, "Regulating Work in the Gig Economy: What are the Options?", *The Economic and Labour Relations Review*, v. 28, n. 3, 2017, p. 3; Juliana Carreiro Corbal Oitaven, Rodrigo de Lacerda Carelli e Cássio Luís Casagrande, *Empresas de transporte, plataformas digitais e a relação de emprego: um estudo do trabalho subordinado sob aplicativos* (Brasília, Ministério Público do Trabalho, 2018), p. 11. Nesse sentido, ver também Organización Internacional del Trabajo, *Las plataformas digitales y el futuro del trabajo: cómo fomentar el trabajo decente en el mundo digital* (Genebra, Oficina Internacional del Trabajo, 2019); disponível em: <https://www.ilo.org/global/publications/books/WCMS_684183/lang--es/index.htm>; acesso em: 5 jun. 2020.
[8] Adrián Todolí Signes, "O mercado de trabalho no século XXI: *on-demand* economy, *crowdsourcing* e outras formas de descentralização produtiva que atomizam o mercado de trabalho", em Ana Carolina Paes Leme, Bruno Alves Rodrigues e José Eduardo de Resende Chaves Júnior (orgs.),

como *crowdwork* e, a partir daí, caracterizam as diferentes situações existentes. Para efeito deste capítulo, adotar-se-á a distinção entre *crowdwork* e trabalho sob demanda por aplicativos realizada por Valerio De Stefano[9].

O trabalho "*on-demand*" ocorre quando uma empresa oferece serviços tradicionais por meio de aplicativos na internet, mas os serviços são executados fisicamente em um local determinado[10]. Há uma zona geográfica de atuação específica e bem definida. São exemplos típicos[11] desse formato de trabalho em plataformas os serviços de transporte, delivery, limpeza, trabalho doméstico, trabalho administrativo, assistência jurídica, assistência médica, entre outros.

Nessa modalidade, há uma empresa que define os valores a serem cobrados e a maneira como o trabalho deve ser prestado, havendo controle sobre a forma de seleção e disciplina dos trabalhadores para que seja possível garantir um padrão de qualidade do serviço realizado. Geralmente, nesse tipo de sistema, a forma de pagamento é centralizada pela empresa[12]. Salienta-se que as empresas que oferecem serviços por meio de aplicativos exercem um controle bem mais intenso sobre os trabalhadores ao se preocupar com que o serviço seja bem executado para manter um padrão de qualidade.

No trabalho "*on-demand*", as normas protetivas de cada país incidirão na relação de trabalho estabelecida entre empresa e trabalhadores. Todavia, o que se tem visto é uma crescente eliminação de direitos, principalmente no que concerne a limitação da jornada de trabalho, o valor da remuneração e os riscos e custos do desempenho do trabalho[13].

Por sua vez, o *crowdwork* é uma forma de prestação de serviços por meio da qual uma plataforma on-line liga prestadores de serviços e usuários. Assim, uma prestação de serviços, tradicionalmente realizada por um trabalhador, é descentralizada ao máximo para envolver um grande número de pessoas em forma de chamada ou convocatória.

Quando o serviço pode ser realizado integralmente de forma digital[14], está-se diante do *crowdwork* on-line[15]. Nesse caso, o serviço pode ser executado por qual-

---

Tecnologias disruptivas e a exploração do trabalho humano: a intermediação de mão de obra a partir das plataformas eletrônicas e seus efeitos jurídicos e sociais (São Paulo, LTr, 2017), p. 31.

[9] Valerio De Stefano, "The Rise of the 'Just-in-Time Workforce': On-Demand Work, Crowdwork, and Labor Protection in the 'Gig-Economy'", *Comparative Labor Law & Policy Journal*, v. 37, n. 3, 2016, p. 471-504.

[10] Ibidem, p. 474.

[11] Ibidem, p. 474-5.

[12] Andrew Stewart e Jim Stanford, "Regulating Work in the Gig Economy", cit., p. 3.

[13] Ludmila Costhek Abílio, "Uberização", cit., p. 115.

[14] Alguns exemplos são o desenho gráfico e os testes feitos em software. No caso do último, o pagamento é feito por cada *bug* encontrado e reportado à empresa, que deixa de contratar consultores e oferece o trabalho à multidão de engenheiros de testes.

[15] Alek Felstiner, "Working the Crowd: Employment and Labor Law in the Crowdsourcing Industry", *Berkeley Journal of Employment and Labor Law*, v. 32, n. 1, 2011, p. 144; disponível em: <https://wtf.tw/ref/felstiner.pdf>; acesso em: 5 jun. 2020.

quer trabalhador a partir dos mais diversos lugares do mundo. A concorrência é global entre os trabalhadores, formando-se um verdadeiro leilão[16], em que somente aqueles que se dispuserem a realizar o serviço por um menor preço serão escolhidos.

No *crowdwork* on-line, as tarefas podem ser fragmentadas de tal forma a se tornarem simples e passíveis de realização por qualquer pessoa, ainda que não detenha grandes qualificações técnicas[17].

Outra importante distinção do *crowdwork* pode ser feita a partir do tipo de serviço oferecido pela plataforma: *crowdwork* genérico e *crowdwork* específico. O primeiro ocorre quando a plataforma disponibiliza os mais variados tipos de serviços, possuindo semelhanças com uma agência de colocação de trabalhadores para terceiros. Nessa modalidade de *crowdwork*, geralmente o serviço a ser prestado é uma tarefa que dura pouco tempo[18]. Ao solicitante cabe estabelecer o preço a ser pago pelo serviço, bem como dar uma nota pelo serviço prestado. Ao trabalhador, por sua vez, não é facultado dar nota aos solicitantes, que podem até mesmo recusar a tarefa feita e, com isso, o trabalhador nada recebe, além de poder ser unilateralmente desligado e ficar impossibilitado de trabalhar novamente por meio da plataforma[19]. E o pior é que a rejeição não precisa ser justificada. A avaliação é importante também porque ela é pública, e novas contratações irão se pautar na nota atribuída por outros solicitantes. Por sua vez, verifica-se o *crowdwork* específico quando, por meio da plataforma, é oferecido um serviço determinado.

Outra circunstância que se tem verificado no *crowdwork* é a ausência de pagamento, conquanto exista trabalho. Com as novas tecnologias, a possibilidade de prestar trabalho gratuito amplificou-se; as pessoas nem mesmo percebem que estão trabalhando. Nessa hipótese, estamos diante de *crowdwork* gratuito. Devemos notar que tal gratuidade na prestação do serviço também pode ocorrer quando há uma chamada global para a execução de um projeto[20], como no *crowdwork* voluntário.

---

[16] Valerio De Stefano, "The Rise of the 'Just-in-Time Workforce'", cit., p. 471.
[17] Um exemplo disso é feito pela empresa SpunWrite, cujo objetivo é criar cópias de artigos científicos. O texto é dividido em frases e oferecido na plataforma. Certamente, modificar um texto inteiro é tarefa para um especialista, mas apenas uma frase é algo simples, acessível a milhares de pessoas.
[18] Alek Felstiner, "Working the Crowd", cit., p.146.
[19] A Amazon se exime de qualquer responsabilidade, exigindo que os prestadores de serviços se declarem autônomos, e não faz mediações de eventuais conflitos que surjam entre solicitantes e prestadores de serviços. Há a proibição de os prestadores de serviços realizarem atividades fora da plataforma, restringindo a liberdade contratual.
[20] Por exemplo, a Wikipédia, que é um projeto de enciclopédia multilíngue de licença livre, baseado na web e escrito de maneira colaborativa. Para a elaboração de seus textos, utiliza-se o trabalho de voluntários. Uma multidão de pessoas, cada uma contribuindo um pouco, criou a Wikipédia e acabou com o mercado das enciclopédias. O sistema operacional Linux e o navegador Firefox também foram obtidos por meio da utilização do *crowdsourcing* voluntário e gratuito. Ver Adrián Todolí Signes, "O mercado de trabalho no século XXI", cit., p. 32.

A gratuidade também se verifica nos casos em que o solicitante do serviço rejeita seu resultado[21]. Essa alternativa está expressamente prevista pela Amazon Mechanical Turk. O que chama atenção é que não há necessidade de a recusa ao serviço ser justificada, bastando simplesmente que o solicitante não esteja de acordo com o que foi apresentado como resultado pelo trabalhador. Acrescente-se a isso que, na plataforma da Amazon Mechanical Turk, os prestadores de serviços têm de manifestar expressa anuência em face da possibilidade de nada receberem pelo trabalho executado quando os solicitantes o rejeitarem.

Por sua vez, quando o *crowdwork* é retribuído, o pagamento é feito por empreitada[22], desconsiderando-se totalmente o tempo despendido pelo trabalhador na execução do serviço e aquele em que fica conectado à plataforma aguardando a possibilidade de realizar algum trabalho.

Há, ainda, o *crowdwork* competitivo ou baseado em concursos. Nesse formato, há uma chamada pública para realizar certa tarefa em troca de um prêmio, sendo que somente o trabalhador que a finalizar em primeiro lugar receberá a contraprestação[23]. Esse tipo é geralmente utilizado para a resolução de equações matemáticas ou de aperfeiçoamento de algoritmos.

O "trabalho de multidão" permite, outrossim, a fragmentação de uma tarefa de tal maneira que até mesmo sua complexidade pode ser retirada. Atribui-se uma série de tarefas a uma gama de indivíduos, o que requer menor qualificação e remuneração a baixo custo.

Dividem-se ao máximo as tarefas, de modo que o trabalhador não tenha controle do produto final e que possam ser realizadas por indivíduos sem grandes qualificações. Destarte, o custo é bem mais baixo e paga-se apenas pela tarefa que foi desempenhada, não pelo tempo que se ficou à disposição para poder clicar e ser selecionado para realizá-la. Não se controla o processo produtivo, mas o resultado, o qual pode ser rejeitado, caso em que a pessoa que o realizou não recebe nada. Com base nas avaliações feitas pelos solicitantes, passa-se a ter também um controle prévio, sendo que apenas os trabalhadores que alcançarem boas avaliações terão a oportunidade de ser contratados no futuro para a execução de outras tarefas.

Essa fragmentação de tarefas e sua atribuição a indivíduos sem qualificação a um baixo custo pode ser capaz de reverter a tendência de atingirmos a era do conhecimento, em que serão criados empregos apenas para o topo da classe trabalhadora, quais sejam, empregos criativos.

Constatam-se, portanto, diferenças significativas entre o *crowdwork* e o chamado trabalho "*on-demand*" por aplicativos, restringindo-se este capítulo a tratar desta última modalidade.

---

[21] Alek Felstiner, "Working the Crowd", cit., p. 146.
[22] Idem.
[23] Adrián Todolí Signes, "O mercado de trabalho no século XXI", cit., p. 32.

A ORGANIZAÇÃO NO TRABALHO VIA APLICATIVOS

As plataformas digitais impuseram um novo modelo de organização do trabalho, chamado de modelo da cibernética ou da governança pelos números[24]. Nesse novo modelo, estabelece-se uma relação triangular[25], na qual estão presentes o trabalhador, o consumidor final e a plataforma, que é um intermediário entre aqueles e é responsável pela celebração de contratos com ambas as partes. As plataformas digitais utilizam a tecnologia para unir oferta e demanda e recebem uma porcentagem pelo serviço realizado.

Custos são eliminados e transferidos para os próprios trabalhadores, que devem promover a aquisição de todos os equipamentos necessários para o exercício do trabalho e gerenciar sua atividade em um espaço restrito de autonomia, de modo a alcançar os objetivos estipulados pela programação. A coordenação e a organização do trabalho são gerenciadas pelos algoritmos, impondo uma forte assimetria na relação estabelecida entre plataformas e trabalhadores[26].

Na organização do trabalho via aplicativos verificam-se os seguintes elementos[27]:

a) Controle por programação, comandos ou objetivos: o trabalhador precisa cumprir os objetivos traçados pelo sistema[28]. O trabalho se apresenta como passível de ser locado.

b) Sujeito objetivo: há o surgimento do sujeito objetivo, capaz de se adaptar às mudanças de ambiente em tempo real para alcançar os objetivos que a programação ou o algoritmo lhe impõe[29]. O dono do programa, do código-fonte, pode alterar os comandos a qualquer tempo, cabendo ao trabalhador adaptar-se às mudanças para alcançar os objetivos determinados pelo programa[30].

c) Liberdade programada: ao mesmo tempo que ao trabalhador é conferida certa liberdade para desempenhar suas atividades, tal liberdade é negada pela programação que vem estipulada pelo algoritmo[31]. Nesse modelo da cibernética, os trabalhadores deixam de seguir as ordens que lhes são dadas, passando a observar

---

[24] Alain Supiot, "E se refundarmos a legislação trabalhista?", *Le Monde Diplomatique*, 4 out. 2017; disponível em <https://diplomatique.org.br/reforma-trabalhista-na-franca-e-se-refundarmos-a-legislacao/>; acesso em: 3 jul. 2020.
[25] Andrew Stewart e Jim Stanford, "Regulating Work in the Gig Economy", cit., p. 474-5.
[26] Renan Bernardo Kalil, *Capitalismo de plataforma e direito do trabalho: crowdwork e trabalho sob demanda por meio de aplicativos* (tese de doutorado em direito, São Paulo, Faculdade de Direito da Universidade de São Paulo, 2019), p. 19.
[27] Os elementos da organização do trabalho presentes no modelo da cibernética foram extraídos da obra de Juliana Carreiro Corbal Oitaven, Rodrigo de Lacerda Carelli e Cássio Luís Casagrande, *Empresas de transporte, plataformas digitais e a relação de emprego*, cit., p. 32-43.
[28] Ibidem, p. 28.
[29] Idem.
[30] Idem.
[31] Ibidem, p. 30-2.

as regras impostas pela programação, as quais podem variar, com o fito de serem alcançados os objetivos pretendidos pela plataforma.

d) Gestão por números ou recompensas: para que seja possível controlar efetivamente os trabalhadores na busca pelos objetivos da empresa, impõe-se uma gestão baseada em punições ou recompensas[32]. O trabalhador que observa as regras do programa acaba recebendo premiações, ao passo que aquele que não segue à risca as regras impostas pelos comandos recebe punições. Essas punições ou recompensas são conferidas aos trabalhadores a partir das avaliações que lhes são dadas pelos consumidores, pelos solicitantes do trabalho ou por mecanismos engendrados pela própria programação. Criam-se, assim, processos de avaliação da performance do trabalhador[33]. Para conseguirem uma boa avaliação, os trabalhadores precisam se mobilizar totalmente.

e) Mobilização total dos trabalhadores: os trabalhadores devem estar disponíveis a todo momento para cumprir os objetivos estabelecidos pela programação[34]. A necessidade de alcançar os objetivos, aliada à insegurança do próprio trabalho, faz com que os trabalhadores se entreguem de forma total, no intuito de atingir os objetivos traçados pela programação. Note-se que os trabalhadores, nesse novo modelo, são gerenciados por algoritmos e controlados por sistemas de geolocalização instalados em seus aparelhos celulares, os quais invadem até mesmo sua privacidade, permitindo que o controle esteja presente em todos os momentos de sua vida[35].

Aqui surge uma questão importante relativa a esse novo sistema: a questão de gênero. Para as mulheres, que são, na grande maioria, as responsáveis pelos cuidados com a família, torna-se praticamente inviável ficar à disposição para concorrer em igualdade com os trabalhadores do sexo masculino.

Essa mobilização total dos trabalhadores para cumprir os comandos do sistema e atingir os objetivos traçados pela programação dá origem a uma nova forma de relação com a empresa: a relação de aliança, remontando, portanto, a uma refeudalização das relações de trabalho.

f) Relação de aliança entre trabalhador e empresa e refeudalização das relações de trabalho[36]: no modelo da governança pelos números, o trabalhador passa a se relacionar com a empresa em sistema de aliança, remontando à refeudalização das relações de trabalho. A suposta parceria ou colaboração entre empresa e trabalhador é exigida ao máximo deste último, de modo que se entregue totalmente ao cumprimento das

---

[32] Ibidem. p. 37-8.
[33] Ibidem, p. 34.
[34] Ibidem, p. 33.
[35] Teresa Alexandra Coelho Moreira, "A privacidade do trabalhador e as novas tecnologias de informação e comunicação", *Revista Arquivos do Instituto Brasileiro de Direito Social*, n. 43, 2019, p. 34.
[36] Juliana Carreiro Corbal Oitaven, Rodrigo de Lacerda Carelli e Cássio Luís Casagrande, *Empresas de transporte, plataformas digitais e a relação de emprego*, cit., p. 35.

metas estabelecidas pelos comandos. Como o preço pago pelo trabalho realizado é bem baixo, esse trabalhador terá, necessariamente, de trabalhar muitas horas para auferir um ganho mínimo. Adere-se à ficção do trabalhador livre, conquanto a natureza da relação seja a mesma: de um lado, aqueles que somente possuem seu trabalho de que dispor e, de outro, os organizadores dos meios de produção[37].

g) Atomização do mercado de trabalho: os laços solidários são rompidos, e os trabalhadores passam a estar sós e a concorrer uns com os outros em um verdadeiro leilão da força de trabalho. Não há mais um local comum em que os trabalhadores se enxerguem como pertencentes a um grupo.

Aspectos do meio ambiente do trabalho em plataformas digitais

O meio ambiente de trabalho equilibrado é um direito fundamental de todos os trabalhadores, consagrado pela Constituição Federal do Brasil[38].

Entende-se como meio ambiente laboral o resultado do conjunto de interações e influências presentes no desenvolvimento do trabalho[39]. Essa ideia integrativa acerca de meio ambiente laboral está alinhada com as perspectivas holística e humanista de meio ambiente contidas na Lei de Política Nacional de Educação Ambiental[40], em seu artigo 4º, inciso II, segundo o qual há de considerar-se a interdependência entre o meio natural, socioeconômico e o cultural à luz da sustentabilidade. A mesma legislação erigiu como um dos objetivos da Política Nacional de Educação Ambiental "o desenvolvimento de uma compreensão integrada do meio ambiente em suas múltiplas e complexas interações, envolvendo aspectos ecológicos, psicológicos, legais, políticos, sociais, econômicos, científicos, culturais e éticos".

Cuida-se do reconhecimento de que fenômenos ambientais, sociais, biológicos e psicológicos estão em permanente interação, influenciam-se mutuamente e que devem ser visualizados sob o enfoque da sustentabilidade[41]. Sustentabilidade não somente ecológica, como também social.

Considerando o meio ambiente em sua perspectiva humanista e holística, tem-se que o meio ambiente laboral em plataformas digitais é caracterizado pelos seguintes elementos:

a) Pressão pelo medo: o medo passa a ser um elemento presente no desenvolvimento do trabalho em plataformas digitais, pois os trabalhadores têm medo

---

[37] Ibidem, p. 38.
[38] Artigo 7º, inciso XXII; artigo 200, inciso VIII e artigo 225 da Constituição Federal (CF).
[39] Clarissa Schinestsck, *A importância da visão integrativa e humanista de meio ambiente do trabalho para a proteção da saúde dos trabalhadores* (dissertação de mestrado em direito das relações sociais, São Paulo, Faculdade de Direito da Pontifícia Universidade Católica de São Paulo, 2009), p. 145-6.
[40] Lei n. 9.795, de 1999.
[41] Consuelo Yoshida, *Tutela dos interesses coletivos e difusos* (São Paulo, Juarez de Oliveira, 2006).

de ser desconectados da fonte que viabiliza seu meio de subsistência, medo de não atingir uma nota boa nas avaliações, medo de não conseguir outro emprego. *Os controles por geolocalização* tornam os trabalhadores vulneráveis diante da empresa[42]. Os trabalhadores são monitorados pela empresa em todos os instantes de sua vida e nem mesmo podem se reunir para buscar seus direitos, como em greves, com medo de ser bloqueados das plataformas.

b) Jornadas extenuantes: para alcançar uma maior remuneração, já que o preço fixado para cada tarefa é baixo, impõem-se jornadas extenuantes. Cabe lembrar que, quando há um aumento da demanda, o valor da hora é reduzido, e é preciso trabalhar mais para ganhar mais. A jornada não é mais limitada a partir do tempo do trabalho, mas leva em consideração o valor da remuneração que precisa ser alcançada pelo trabalhador[43]. Exemplos claros da prática de jornadas extenuantes são os bikeboys, que chegam a pedalar no espaço urbano mais de cinquenta quilômetros por dia, sete vezes por semana, em torno de dez horas por dia, e dormem nas praças de São Paulo, aguardando a próxima entrega[44].

c) Captura da subjetividade do trabalhador: há um tratamento contraditório dispensado ao trabalhador como parceiro, iludindo-o de que é um microempresário com a utilização de marketing da economia compartilhada. O trabalhador seria um empresário de si mesmo, a quem incumbe providenciar todos os equipamentos necessários para o desenvolvimento do trabalho e arcar com os riscos daí decorrentes.

d) Total precarização do trabalho: ausência de direitos mínimos para aqueles que trabalham, fundamentada na ideia de que se está diante de trabalhadores autônomos ou de microempreendedores[45]. O trabalho sendo encarado como mercadoria.

Com efeito, a organização do trabalho em plataformas digitais, pautada em intenso controle e gerenciamento por algoritmos, ocasiona um meio ambiente laboral extremamente agressivo e com riscos exponenciais à saúde e à qualidade de vida dos trabalhadores, atingindo a sociedade como um todo. O direito não pode passar ao largo dessas novas questões, devendo regular as relações de trabalho estabelecidas por meio das plataformas digitais, de modo a garantir um meio ambiente de trabalho equilibrado.

---

[42] Teresa Alexandra Coelho Moreira, "O controlo dos trabalhadores através de sistemas de geolocalização", em Ana Carolina Paes Leme, Bruno Alves Rodrigues e José Eduardo de Resende Chaves Júnior (orgs.), *Tecnologias disruptivas e a exploração do trabalho humano*, cit., p. 63.
[43] Renan Bernardo Kalil, *Capitalismo de plataforma e direito do trabalho*, cit., p. 17.
[44] Ludmila Costhek Abílio, "Uberização", cit., p. 116.
[45] Ricardo Antunes, *O privilégio da servidão: o novo proletariado de serviços na era digital* (São Paulo, Boitempo, 2018, coleção Mundo do Trabalho).

A CRIAÇÃO DE CONDIÇÕES DE TRABALHO EM PLATAFORMAS DIGITAIS A PARTIR DO DIREITO AMBIENTAL DO TRABALHO

O direito ambiental do trabalho oferece alguns caminhos a serem percorridos para que os trabalhadores em plataformas digitais alcancem mínimas condições de trabalho. Com o advento da Constituição Federal de 1988, o meio ambiente, nele compreendido o do trabalho, foi erigido à categoria de direito fundamental de todos[46], e o direito ambiental passou a ser tratado como matéria constitucional[47].

Em razão da força atrativa do direito ambiental, ancorado constitucionalmente, houve um reposicionamento das questões concernentes à saúde e à vida dos trabalhadores, até então abordadas exclusivamente pelo direito do trabalho. Essa temática passou a ser objeto também do direito ambiental, ocasionando uma mudança de referencial. Para além do viés privado e celetista do direito do trabalho, a problemática da sadia qualidade de vida no trabalho passou a ser vislumbrada sob a perspectiva pública, coletiva e humanista[48], orientada pelo princípio da dignidade humana.

A reformulação de entendimentos sobre o assunto acarreta, necessariamente, o abandono das formas indenizatórias de tutela da saúde e da vida, em prol de uma nova postura, cujo parâmetro é a dignidade humana. Importa dizer, com isso, que a saúde e a vida de todos os trabalhadores têm relevância para a sociedade, não se fazendo imprescindível a relação de emprego para que sejam tuteladas.

O desenvolvimento sustentável e a precaução são as matrizes norteadoras do direito ambiental. Nessa linha, a Constituição Federal confere o direito de explorar atividades econômicas, desde que não sejam causadas lesões ou ameaças de lesões aos demais seres humanos, às gerações futuras e à natureza. O desenvolvimento econômico deve estar em harmonia com o meio ambiente, nele incluído o do trabalho.

Há uma estreita relação entre desenvolvimento econômico, meio ambiente e saúde. Assim, as medidas adotadas pelos empreendedores em face dos trabalhadores repercutem nos demais trabalhadores e na sociedade como um todo. Por essa razão, as questões de saúde do trabalho extrapolam a relação individual para tornarem-se problemas coletivos. Certo é que a sociedade necessita ser ambiental e socialmente equilibrada e, para tanto, é preciso garantir direitos mínimos aos trabalhadores, sob pena de a maioria da população ser marginalizada.

---

[46] Artigo 225, da CF: "Todos têm direito ao meio ambiente ecologicamente equilibrado, bem de uso comum do povo e essencial à sadia qualidade de vida, impondo-se ao poder público e à coletividade o dever de defendê-lo e preservá-lo para as presentes e futuras gerações".
[47] Antonio Herman Benjamin, "Direito constitucional ambiental, parte II", em José Joaquim Gomes Canotilho e José Rubens Morato Leite (orgs.), *Direito constitucional brasileiro* (São Paulo, Saraiva, 2007), p. 69.
[48] Clarissa Schinestsck, "A tutela da saúde do trabalhador e os novos rumos traçados pelo direito ambiental do trabalho", em Candy Florêncio Thome e Rodrigo Garcia Schwarz (orgs.), *Direito individual do trabalho* (Rio de Janeiro, Elsevier, 2011), p. 307-20.

Com efeito, o direito brasileiro contempla um amplo e avançado sistema de tutela ambiental, cujo epicentro situa-se na Constituição Federal[49]. Especificamente na esfera laboral, o artigo 7º, inciso XXII, da Carta Constitucional, enuncia entre os direitos fundamentais dos trabalhadores o direito à redução dos riscos inerentes ao trabalho, por meio de normas de saúde, higiene e segurança. Conjugando-se este dispositivo com os artigos 200, inciso VIII, e 225 da Constituição Federal, conclui-se que o meio ambiente do trabalho equilibrado é direito de todos os trabalhadores.

Logo, os trabalhadores que desenvolvem suas atividades por meio de plataformas digitais, a despeito da existência ou não de vínculo empregatício com a empresa e do rótulo utilizado para caracterizá-los (empresários, parceiros, microempreendedores etc.), têm direito a manter, no exercício de seu labor, relações saudáveis em seu sentido mais amplo. O simples fato de trabalhar garante a qualquer pessoa que seu meio ambiente seja adequado e saudável.

Nessa perspectiva, tem-se que devem ser aplicadas às relações mantidas entre as plataformas digitais e os trabalhadores todo o arcabouço protetivo do direito ambiental do trabalho, para que se garanta o exercício de atividades em um meio ambiente equilibrado, bem como a tutela dos direitos fundamentais conexos, como a saúde, a vida e a qualidade de vida.

Os princípios ambientais e a teoria geral do ambiente, ancorados na Constituição Federal, devem orientar a criação de regras atinentes às condições de trabalho, a atuação do Ministério Público do Trabalho e as decisões judiciais, com o fito de que sejam protegidas a vida, a saúde e a qualidade de vida dos trabalhadores em plataformas digitais, mantendo-se um meio ambiente do trabalho equilibrado e para que se alcance a sustentabilidade social[50].

O princípio da prevenção[51] preconiza a obrigação do empreendedor de proteger a vida e a saúde do trabalhador, reduzindo, ao máximo possível, os riscos existentes no ambiente laboral. Por sua vez, o princípio do poluidor pagador, que comporta uma feição jurídica e outra econômica, impõe ao empreendedor que sejam internalizados os custos resultantes da produção de danos ambientais.

---

[49] Guilherme José Purvin de Figueiredo, *Direito ambiental* (São Paulo, LTr, 2000), p. 59.

[50] Um exemplo dessa aplicação é a publicação da Portaria n. 112 do Centro de Vigilância Sanitária do Estado de São Paulo, publicada em 11 de junho de 2020, cujos objetos são medidas de prevenção da Sars-Cov-2 para os profissionais de entrega e coleta de mercadorias. Registra-se que a aludida portaria foi resultado do trabalho realizado pelo MPT-Campinas, nos autos do Promo n. 1.537/2009.

[51] O princípio da prevenção está albergado no direito brasileiro, tendo sido inicialmente objeto de regulamentação pela Lei da Política Nacional do Meio Ambiente (artigo 2º da Lei n. 6.938/1981), que estabeleceu, como um de seus objetivos, a preservação, melhoria e recuperação da qualidade ambiental propícia à vida. Em seguida, com a promulgação da Constituição Federal de 1988, o princípio da prevenção foi alçado à condição de princípio constitucional (225, caput da CF/1988), permeando todo o direito ambiental.

Tendo em vista que toda atividade econômica dá origem a externalidades positivas (benefícios) e negativas (prejuízos), o princípio do poluidor pagador almeja que sejam adotadas pelos empreendedores as tecnologias e mecanismos que causem menos agressões ao meio ambiente, considerado em sua totalidade. Sendo assim, se as externalidades negativas se tornarem insuportáveis para a sociedade, a atividade deve ser paralisada, pois não há interesse social em seu prosseguimento.

As externalidades negativas não podem, conforme prescrito pelo princípio do poluidor pagador, ser repassadas à sociedade como um todo. Não é dado ao empreendedor "privatizar os lucros e socializar as perdas". Articulando-se os princípios da prevenção e do poluidor pagador, tem-se alguns direitos que podem ser estendidos aos trabalhadores em plataformas. Há inúmeros estudos científicos atestando que o labor em jornadas extenuantes causa sérios danos à saúde dos trabalhadores e à sociedade, que terá de suportar um grande contingente de trabalhadores adoecidos.

Portanto, o princípio da prevenção encontra espaço para orientar a elaboração de regras que limitem a jornada de trabalho, levando-se em consideração não somente o tempo de realização efetiva do serviço, mas também o tempo em que o trabalhador se encontra ligado à plataforma aguardando a execução de uma tarefa. Para que se alcance efetividade na medida adotada, é preciso conjugá-la com um valor mínimo de pagamento pelo trabalho realizado, que seja com ela compatível. No trabalho "*on-demand*" há uma estreita relação entre tempo trabalhado e necessidade de auferir um determinando rendimento.

Em virtude de uma série de atividades realizadas via aplicativos gerarem riscos maiores aos trabalhadores, tem-se que, com base no princípio da prevenção, deve ser atribuída às empresas de plataforma a responsabilidade pelos custos na contratação de seguros contra acidentes e desenvolvimento de enfermidades. Esses riscos não podem ser suportados pela sociedade.

Por exemplo, o trabalho exercido pelos entregadores, seja por meio de bicicletas ou motocicletas, bem como o desenvolvido pelos motoristas de transporte via aplicativos, os expõe a um risco maior de acidentes e de desenvolvimento de doenças, porquanto o trânsito não oferece condições mínimas de segurança. Os resultados com esses trabalhadores no exercício de suas atividades têm sido repassados à sociedade, que acaba tendo de arcar com os custos daí decorrentes, seja por meio de seu sistema público, seja por meio de seu sistema de seguridade social.

Cabe às empresas que oferecem os serviços prestados por meio de aplicativos providenciarem tais seguros, de modo que aufiram lucros e igualmente se responsabilizem pelos riscos gerados e pelos prejuízos eventualmente causados por sua atividade.

Na mesma linha, de acordo com o princípio da informação ambiental[52], os trabalhadores ou prestadores de serviço têm direito à informação sobre as

---

[52] O direito brasileiro, por seu turno, conferiu ao princípio da informação ambiental assento constitucional. Conquanto o princípio da informação ambiental deflua do próprio Estado

condições do ambiente de trabalho e devem ser agentes ativos na busca pela implementação do meio ambiente de trabalho equilibrado. O direito à informação ambiental transcende a órbita individual, alcançando também o âmbito difuso, uma vez que é de interesse social o direito de acessar, receber ou transmitir informações sobre o ambiente laboral.

As plataformas digitais devem deixar claros, de forma específica e detalhada, no momento da celebração do contrato[53], os critérios empregados para estabelecer o algoritmo de determinação das tarefas, como é feito o cálculo do pagamento dos serviços prestados, os meios manejados para recolher e utilizar os dados dos trabalhadores, a forma de controle, o impacto que têm as avaliações dos contratantes do serviço, além de quaisquer mudanças realizadas pela empresa, especialmente quanto ao valor das tarifas e quanto ao aviso sobre o desligamento da plataforma. Enfim, qualquer circunstância relevante para o desenvolvimento do trabalho deve ser informada previamente aos trabalhadores[54].

Atualmente, os trabalhadores das plataformas não têm acesso às principais informações que permeiam a prestação dos serviços, e, não raras vezes, são surpreendidos pelo seu desligamento junto à plataforma, restando patente, também, a ofensa ao direito à informação, posto pelo Código Civil como dever anexo de conduta em qualquer contrato. Por meio do princípio da educação ambiental, as empresas devem oferecer treinamentos aos trabalhadores, de modo que executem com segurança as suas atividades. Esses caminhos estão em consonância com a declaração da Organização Internacional do Trabalho (OIT) de promoção do trabalho decente e de que o trabalho não pode ser encarado como simples mercadoria.

Conclusão

Os avanços tecnológicos operados recentemente alteraram os modos de viver, conviver e trabalhar. Surgiram novas formas de trabalho, mediadas por plataformas digitais ou por mecanismos de inteligência artificial, acompanhadas de intensa

---

democrático de direito (artigo 1º da CF/1988), foi objeto de normatização pela Constituição Federal, podendo ser extraído a partir do preconizado pelos incisos IV e VI, ambos do parágrafo 1º, do artigo 225, da Constituição Federal de 1988. A normativa constitucional preceitua que, para assegurar a efetividade do direito ao meio ambiente equilibrado, caberá ao Poder Público "exigir, na forma da lei, para instalação de obra ou atividade potencialmente causadora de significativa degradação do meio ambiente, estudo prévio de impacto ambiental, a que se dará publicidade" (artigo 225, parágrafo 1º, inciso IV), bem como "promover a educação ambiental em todos os níveis de ensino e a conscientização pública para a preservação do meio ambiente" (artigo 225, parágrafo 1º, inciso VI).

[53] Andrew Stewart e Jim Stanford, "Regulating Work in the Gig Economy", cit., p. 10.
[54] Nesse sentido, tem-se o projeto de lei sobre os direitos dos trabalhadores e trabalhadoras de plataformas digitais de serviços do Chile. Disponível em: https://web.mijefeesunaapp.cl/; acesso em: 5 jun. 2020.

precarização, impondo ao direito o desafio de responder com efetividade às novas demandas que se apresentam.

Há uma necessidade urgente de que essas novas relações de trabalho sejam reguladas para garantir direitos mínimos aos trabalhadores. Embora o direito do trabalho detenha regramentos capazes de enquadrar os trabalhadores que executam suas atividades por aplicativos eletrônicos, tem-se verificado grandes obstáculos para o reconhecimento do vínculo empregatício. Sob o argumento de que não há relação de emprego, os trabalhadores em plataformas digitais estão sendo alijados dos mais elementares direitos, evidenciando uma completa desumanização do trabalho.

No entanto, o enfoque da temática das condições de trabalho em plataformas digitais exclusivamente na perspectiva do direito do trabalho não é a única alternativa. O direito ambiental do trabalho, ancorado na Constituição Federal, oferece alguns caminhos a serem trilhados para criar condições de trabalho nas plataformas digitais.

Essa proposta está em consonância com a Declaração da Filadélfia[55], que reafirmou os objetivos da OIT, assentando que o trabalho não é uma mercadoria e como tal não pode ser tratado, bem como com a ideia de que os direitos humanos devem ocupar a centralidade das discussões, não estando a serviço da economia e das finanças.

A partir da valorização do trabalho e do respeito à dignidade humana, será possível proteger o meio ambiente dos trabalhadores que executam suas atividades em plataformas digitais, impedindo que a tecnologia seja utilizada para vilipendiar os mais elementares direitos do homem.

---

[55] Declaração da Filadélfia: "[...] A Conferência reafirma os princípios fundamentais sobre os quais repousa a Organização, principalmente os seguintes: a) o trabalho não é uma mercadoria; b) a liberdade de expressão e de associação é uma condição indispensável a um progresso ininterrupto; c) a penúria, seja onde for, constitui um perigo para a prosperidade geral; d) a luta contra a carência, em qualquer nação, deve ser conduzida com infatigável energia e por um esforço internacional contínuo e conjugado, no qual os representantes dos empregadores e dos empregados discutam, em igualdade, com os dos governos e tomem com eles decisões de caráter democrático, visando o bem comum".

6
Plataformização do trabalho: características e alternativas

Rafael Grohmann

Introdução

Tecnologia e trabalho são imbrincados historicamente. As tecnologias são fruto do trabalho humano, e o desenvolvimento tecnológico refere-se às forças produtivas e às relações de produção. Como afirma Marx, em nota de rodapé de *O capital*, "a tecnologia desvela a atitude ativa do homem [e da mulher] em relação à natureza, o processo imediato de produção de sua vida e, com isso, também de suas condições sociais de vida"[1]. As tecnologias são recheadas de "geleias de trabalho humano"[2] e, por isso, apresentam uma dimensão muito concreta e material. Como mostra Álvaro Vieira Pinto[3], não existe, por si, uma "era tecnológica" ou uma "explosão tecnológica", pois os seres humanos sempre desenvolveram tecnologias a partir de suas atividades de trabalho. Essa perspectiva nos ajuda a não desistoricizar a tecnologia, como se fosse algo "novo".

As tecnologias são práticas sociomateriais que comunicam modos de existência a partir dos valores contidos em suas arquiteturas e estão inseridas tanto nas interações cotidianas quanto no modo de produção capitalista. Em sentido marxiano, só há valor nas tecnologias como mercadorias por causa da materialização (ou objetivação) do trabalho humano abstrato em sua produção. Nos *Grundrisse*[4], Marx já concebia "maquinaria" como elemento tecnológico do processo de produção do capital, com ênfase no protagonismo do trabalho humano. David Harvey explica que a noção marxiana de tecnologia envolve não só máquinas e hardwares, mas "formas de organização [...] e o software de sistemas de controle, estudos de

---

[1] Karl Marx, *O capital: crítica da economia política*, Livro I: *O processo de produção do capital* (trad. Rubens Enderle, São Paulo, Boitempo, 2013), p. 446.
[2] Parafraseando Marx, em *O capital*, Livro I, cit., p. 127, que fala do valor das mercadorias.
[3] Álvaro Vieira Pinto, *O conceito de tecnologia* (Rio de Janeiro, Contraponto, 2005).
[4] Karl Marx, *Grundrisse. Manuscritos econômicos de 1857-1858: esboços da crítica da economia política* (trad. Nélio Schneider e Mario Duayer, São Paulo, Boitempo, 2011, coleção Marx-Engels).

tempo e movimento"[5]. Ou seja, as tecnologias atuam como organizadoras tanto da produção quanto de sua circulação, incluindo os sentidos, comunicando, pois, maneiras de viver em sociedade.

Na década de 2010, uma série de pesquisadores debatia as interfaces contemporâneas entre mundo do trabalho e tecnologia, as quais denominaram "trabalho digital". Isso é marcado, principalmente, pela publicação da coletânea *Digital Labor* por Trebor Scholz[6], resultado de um evento nos Estados Unidos. Podemos dizer que, entre 2012 e 2016, houve uma primeira fase dos estudos sobre trabalho digital, como os de Christian Fuchs[7] e Ursula Huws[8], com predomínio da discussão sobre trabalho gratuito/não pago (*free labor*) nas plataformas digitais e nos modos de sua extração de valor. A partir de 2016, com a ascensão de plataformas de trabalho como a Uber em todo o mundo, os debates se deslocam para a chamada "uberização do trabalho", envolvendo temas como capitalismo e cooperativismo de plataforma, trabalho humano e inteligência artificial, algoritmos e trabalho. Alguns exemplos são as pesquisas de Callum Cant, Antonio Casilli, Cristiano Codagnone, Athina Karatzogianni e Jacob Matthews, Mary Gray e Siddharth Suri, Sarah Roberts, Trebor Scholz e Jamie Woodcock[9].

Devido à multiplicidade de atividades de trabalho que podem se relacionar com as tecnologias digitais no momento atual do capitalismo[10], tratamos, neste capítulo, da plataformização do trabalho – algo, em nossa visão, mais heterogêneo e complexo do que a nomenclatura "uberização" –, enredada nas imbricações entre financeirização, dataficação e racionalidade neoliberal. Para tanto, discutimos:

---

[5] David Harvey, *A loucura da razão econômica: Marx e o capital no século XXI* (trad. Artur Renzo, São Paulo, Boitempo, 2018), p. 22.

[6] Trebor Scholz (org.), *Digital Labor: The Internet as Playground and Factory* (Nova York, Routledge, 2012).

[7] Christian Fuchs, *Digital Labour and Karl Marx* (Nova York, Routledge, 2014).

[8] Ursula Huws, *Labor in the Global Digital Economy: The Cybertariat Comes of Age* (Nova York, Monthly Review Press, 2014).

[9] Callum Cant, *Riding for Deliveroo: Resistance in the New Economy* (Cambridge/Malden, Polity, 2019); Antonio Casilli, *En Attendant les robots: enquête sur le travail du clic* (Paris, Seuil, 2019); Cristiano Codagnone, Athina Karatzogianni e Jacob Matthews, *Platform Economics: Rhetoric and Reality in the "Sharing Economy"* (Bingley, Emerald, 2019); Mary Gray e Siddharth Suri, *Ghost Work: How to Stop Silicon Valley from Building a New Global Underclass* (Boston, Houghton Mifflin Harcourt, 2019); Sarah Roberts, *Behind the Screen: Content Moderation in the Shadows of Social Media* (New Haven, Yale University Press, 2019); Trebor Scholz, *Uberworked and Underpaid: How Workers Are Disrupting the Digital Economy* (Cambridge/Malden, Polity, 2016); Jamie Woodcock, *Marx at the Arcade: Consoles, Controllers, and Class Struggle* (Chicago, Haymarket, 2019).

[10] Seja o nome que for – capitalismo de plataforma, de vigilância, de dados –, pois, como mostra Huws, em relação às diferentes nomenclaturas, "as discussões que ocorrem hoje têm precedentes em outros períodos de reestruturação [...]. A cada época, considera-se que os vocabulários existentes são inadequados para descrever as mudanças". Ver Ursula Huws et al., *The Platformisation of Work in Europe* (Bruxelas, Foundation for European Progressive Studies, 2019).

a) plataformas como meios de produção e comunicação; b) dados e algoritmos como elementos do trabalho digital; c) definição e tipologia da plataformização do trabalho; d) gestão algorítmica como elemento da plataformização que traz relações com dataficação e racionalidade neoliberal; e) movimentos em relação ao que tem ocorrido no cenário atual do trabalho de plataforma, como regulação do trabalho, organização dos trabalhadores e outras formas de organização do trabalho, como o cooperativismo de plataforma.

Plataformas como meios de produção e comunicação

O que são plataformas? Para Nick Srnicek, "são infraestruturas digitais que possibilitam a interação entre dois ou mais grupos", uma série de dispositivos que permite aos usuários a construção de seus próprios produtos e serviços, provendo uma infraestrutura básica para realizar a mediação entre diferentes grupos[11]. Não são neutras nem livres de valores, vindo com normas inscritas em suas arquiteturas. Um atributo central, como mostram José Van Dijck, Thomas Poell e Martijn De Waal, é que elas são "alimentadas por dados, automatizadas e organizadas por meio de algoritmos"[12]. Além disso, são formalizadas por relações de propriedade, guiadas por modelos de negócios e governadas por meio de termos de acordo dos usuários. Entre os mecanismos das plataformas estão a dataficação – com a captura e a circulação de dados –, a seleção e a personalização dos conteúdos, permeados por vigilância e controle.

As plataformas – em seus mais variados tipos – são, por um lado, a concretização da acumulação e extração de valor a partir dos mecanismos de dados e das mediações algorítmicas; por outro, significam sua face mais visível (ou interface amigável), infiltrando-se nas práticas sociais com a promessa de oferecer serviços personalizados e causando dependência de suas infraestruturas na web[13] e em diversos setores da sociedade.

Além disso, consideramos as plataformas como infraestruturas digitais que são, ao mesmo tempo, meios de produção e meios de comunicação[14], servindo tanto para trabalhar quanto para interagir, sendo um *locus* de atividades de comunicação e trabalho. As plataformas atuam como processos de produção em meio à circulação do capital e, como meio de comunicação, contribuem para a aceleração

---

[11] Nick Srnicek, *Platform Capitalism* (Cambridge/Malden, Polity, 2016), p. 43.
[12] José Van Dijck, Thomas Poell e Martijn De Waal, *The Platform Society* (Nova York, Oxford University Press, 2018), p. 9.
[13] Anne Helmond, "The Platformization of the Web: Making Web Data Platform Ready", *Social Media + Society*, v. 1, n. 2, 2015.
[14] Raymond Williams, *Cultura e materialismo* (trad. André Glaser, São Paulo, Editora da Unesp, 2011).

dessa circulação, diminuindo o tempo de rotação, reduzindo o tempo morto e acelerando produção e consumo[15].

A comunicação também tem um papel central enquanto organizadora e mobilizadora do trabalho digital, seja como acionadora de mediações algorítmicas, seja para a organização coletiva dos trabalhadores. Como afirma Muniz Sodré, "a comunicação, em sua prática, é a ideologia mobilizadora de um novo tipo de força de trabalho, correspondente à etapa presente de produção das mercadorias por comando global"[16]. As plataformas, então, também servem para produzir e fazer circular sentidos por meio de distintas linguagens – como uma gramática, ao mesmo tempo tecnológica e política, impactando, pois, as atividades de trabalho.

Parte das atividades de trabalho digital depende da combinação entre meios de transporte e de comunicação/plataformas, considerada essencial por Marx para acelerar a circulação do capital "no duplo sentido de que determina tanto o círculo daqueles que trocam entre si, dos que entram em contato, como a velocidade com que a matéria-prima chega aos produtores e o produto, aos consumidores"[17]. Aplicativos como Uber, iFood e Rappi, por exemplo, funcionam a partir de plataformas digitais – tecnologias de comunicação –, de onde extraem valor e reputação para as marcas, e com todo um circuito de meios de transporte, com trabalhadores atravessando as cidades, entregando mercadorias e transportando passageiros a partir de lógicas de gestão algorítmica do trabalho. Essas lógicas nos ajudam a entender que as plataformas não atuam sozinhas, mas dependem de uma imbricação de algoritmos e dados, ligados à financeirização e à racionalidade neoliberal.

Algoritmos e dados como elementos do trabalho digital

"Meu chefe é um aplicativo." "Você não tem um chefe na sua orelha, mas um celular na sua cabeça." Expressões como essas – retiradas, respectivamente, das pesquisas de Salvatore Poier[18] e Alex Rosenblat[19] – evidenciam como o trabalho digital obedece tanto a lógicas algorítmicas quanto a modos de acumulação de riqueza, e é parte de uma racionalidade que sustenta politicamente o capitalismo. Os algoritmos são, por um lado, componentes cruciais de novos mecanismos de gerenciamento e controle do trabalho, mas, por outro, não podem ser explicados apenas em volta

---

[15] David Harvey, *A loucura da razão econômica*, cit.
[16] Muniz Sodré, *A ciência do comum: notas para o método comunicacional* (Petrópolis, Vozes, 2014), p. 85.
[17] Karl Marx, *Grundrisse*, cit., p. 134.
[18] Salvatore Poier, "My Boss is an App: An Auto-Ethnography on App-Based Gig Economy", *Émulations*, n. 28, 2018.
[19] Alex Rosenblat, *Uberland: How Algorithms are Rewriting the Rules of Work* (Oakland, University of California Press, 2018).

de si mesmos, sem considerar a imbricação financeirização-dataficação em meio à totalização de uma racionalidade neoliberal empreendedora.

Um algoritmo é uma unidade básica da área de computação, voltado à resolução de problemas, um conjunto automatizado de instruções[20] que transforma "dados em resultados desejados"[21]. Embora a noção de algoritmo seja mais antiga que a de um computador, as lógicas algorítmicas passaram progressivamente, nos últimos trinta anos, a governar mais dimensões da vida social, a partir do que Tarleton Gillespie[22] chama de "algoritmos de relevância pública". Dessa forma, as relações com trânsito, alimentação, transporte, amor e trabalho passam também por mediações algorítmicas.

Os algoritmos são produzidos, como qualquer tecnologia, a partir de trabalho humano, por exemplo, em empresas de tecnologia, mas, ao mesmo tempo, também são resultado das interações das pessoas comuns com esses algoritmos. O uso acaba por alterar essas mediações algorítmicas programadas previamente. Entretanto, é uma falsa simetria pensar que ambas as atividades estão no mesmo patamar, pois os provedores de informações estão em "posição privilegiada para reescrever nosso entendimento"[23] sobre a vida cotidiana.

Pensar o contrário seria menosprezar o papel e a responsabilidade do "império da nuvem"[24] na classificação e automatização dos processos sociais, que são tomados, por sua vez, como um imperativo não só tecnológico, mas também financeiro e político. Como mostra Judy Wajcman[25], em pesquisa com engenheiros do Vale do Silício, há concepções de classe, gênero e raça na construção de artefatos tecnológicos, com suas temporalidades e espacialidades. Isso significa dizer que essas mediações algorítmicas não são construídas no vazio ou de maneira neutra – como um imaginário algorítmico de neutralidade e objetividade faz querer crer[26]. Há uma política dos algoritmos[27], que possui um papel nos processos de ordenamento social relacionado a contextos culturais, ideológicos e financeiros. Os algoritmos são produzidos socialmente a partir de determinados lugares e somente visibilizam algumas perspectivas em detrimento de outras. O

---

[20] José Van Dijck, Thomas Poell e Martijn De Waal, *The Platform Society*, cit.
[21] Tarleton Gillespie, "A relevância dos algoritmos", *Parágrafo*, v. 6, n. 1, jan.-abr. 2018, p. 97.
[22] Idem.
[23] Ibidem, p. 113.
[24] Nick Couldry e Ulises Mejias, *The Costs of Connection: How Data is Colonizing Human Life and Appropriating it for Capitalism* (Stanford, Stanford University Press, 2019).
[25] Judy Wajcman, "How Silicon Valley Sets Time", *New Media & Society*, v. 21, n. 6, 2019.
[26] Taina Bucher, "The Algorithmic Imaginary: Exploring the Ordinary Affects of Facebook Algorithms", *Information, Communication & Society*, v. 20, n. 1, 2017; Frank Pasquale, *The Black Box Society: The Secret Algorithms that Control Money and Information* (Harvard, Harvard University Press, 2015).
[27] David Beer, "The Social Power of Algorithms", *Information, Communication & Society*, v. 20, n. 1, 2017.

"desencaixapretamento" dos algoritmos revela seus vieses, com a possibilidade de automatizar desigualdades[28].

A automatização e a sistematização de processos por meio de algoritmos somente acontecem com o acúmulo e o abastecimento de dados. É a partir desse "trabalho invisível dos dados"[29] que os algoritmos funcionam. Dados e algoritmos são parte das infraestruturas da sociedade[30] em contexto de plataformas digitais. Há um mantra que vem sendo repetido no campo dos negócios: "Os dados são o novo petróleo". Do ponto de vista da importância financeira, nada mais verdadeiro. Contudo, os dados não são produtos naturais; eles precisam ser apropriados e construídos por meio do que Evgeny Morozov chama de extrativismo de dados[31]. Esses dados atuam, pois, no modo de produção capitalista em processos de documentação, filtragem e extração. E assim como os algoritmos, são tratados como "paradigma científico"[32], naturalizando o "olhar de dados"[33] como algo neutro, objetivo e inquestionável.

Os algoritmos e os dados fazem parte do que Nick Couldry e Andreas Hepp[34] chamam de dataficação da sociedade, envolvendo a crescente centralidade dos dados na vida cotidiana e, acrescentamos, no capitalismo, tanto em sua produção como em sua circulação, sendo, ao mesmo tempo, expressão de infraestruturas digitais, interações midiatizadas e capital financeirizado.

Podemos considerar, então, que a extração de dados não é mera coleta de informações, mas extração de valor e de recursos. Dessa forma, os algoritmos e os dados são uma antessala para o capitalismo de plataformas[35]. Como afirma Jathan Sadowski, "quando os dados são tratados como uma forma de capital, o imperativo de coletar muitos dados a partir de muitas fontes intensifica práticas existentes de acumulação e leva à criação de novas"[36]. A acumulação de dados é, além de financeira, uma expropriação de recursos de outrem quando "os dados são obtidos sem consentimento e compensação justa para produtores e fontes desses

---

[28] Virginia Eubanks, *Automating Inequality: How High-Tech Tools Profile, Police, and Punish the Poor* (Nova York, St. Martin's Press, 2018).

[29] Jérôme Denis, *Le Travail invisible des données: éléments pour une sociologie des infrastructures scripturales* (Paris, Presses des Mines, 2018).

[30] Graham Murdock, "Media Materialities: For a Moral Economy of Machines", *Journal of Communication*, v. 68, n. 2, abr. 2018.

[31] Evgeny Morozov, *Big tech: a ascensão dos dados e a morte da política* (trad. Claudio Marcondes, São Paulo, Ubu, 2018).

[32] José Van Dijck, "Datafication, Dataism and Dataveillance: Big Data between Scientific Paradigm and Ideology", *Surveillance & Society*, v. 12, n. 2, 2014.

[33] David Beer, *The Data Gaze: Capitalism, Power and Perception* (Thousand Oaks, Sage, 2019).

[34] Nick Couldry e Andreas Hepp, *The Mediated Construction of Reality* (Cambridge/Malden, Polity, 2017).

[35] Nick Srnicek, *Platform Capitalism*, cit.

[36] Jathan Sadowski, "When Data is Capital: Datafication, Accumulation and Extraction", *Big Data & Society*, v. 6, n. 1, 2019, p. 7.

dados"[37]. Shoshana Zuboff acrescenta o papel da vigilância de dados – dos mais variados tipos – no capitalismo, que ela chama de "mais-valor comportamental", considerado uma nova lógica de acumulação a partir de rastreamento, classificação e perfilamento[38].

Consideramos que não é possível conceber o processo de datafação sem o de financeirização, aqui entendida como "padrão sistêmico de riqueza"[39] a partir de um processo de criação de excedente não explicado pela força do trabalho humano, trazendo um novo padrão de acumulação e extração de valor no capitalismo, com uma crescente assimetria entre produção e circulação do capital, além de apropriação e reconfiguração de seus fluxos[40]. Isto é, para usar as expressões de Marx, o "mais puro e colossal sistema de jogo e fraude [para] limitar cada vez mais o número dos poucos indivíduos que exploram a riqueza social"[41]. Dessa forma, a financeirização é, ao mesmo tempo, componente estrutural do modo de produção capitalista quando atua como agente de circulação de sentidos para sedimentação e fixação da racionalidade neoliberal por todos os espaços.

Essa imbricação financeirização-datafação atualiza "o fato histórico de que o mercado financeiro e a tecnologia deram-se as mãos para erigir o seu *bios*, uma nova orientação existencial afim ao processo planetário de modernização do capital"[42], com uma articulação que acelera a circulação do capital. São alguns exemplos dessas conexões a "uberização do dinheiro"[43] – que conecta pares em uma rede sem a necessidade de mediação governamental, bancária ou financeira – e a apropriação das plataformas digitais em relação à técnica de derivativos[44]. Se dados e algoritmos são uma antessala para o capitalismo atual – sendo um de seus mecanismos –, a financeirização é seu próprio modo de acumulação de riquezas. É nessa teia que se encontra a plataformização do trabalho.

---

[37] Idem.
[38] Shoshana Zuboff, *The Age of Surveillance Capitalism: The Fight for the Future at the New Frontier of Power* (Londres, Profile, 2019).
[39] José Carlos de Souza Braga, "Financeirização global: o novo padrão sistêmico de riqueza do capitalismo contemporâneo", em Maria da Conceição Tavares e José Luís Fiori (orgs.), *Poder e dinheiro: economia política da globalização* (Petrópolis, Vozes, 1997, coleção Zero à Esquerda).
[40] Costas Lapavitsas, *Profiting without Producing: How Finance Exploits Us All* (Londres/Nova York, Verso, 2013).
[41] Karl Marx, *O capital: crítica da economia política*, Livro III: *O processo global da produção capitalista* (trad. Rubens Enderle, São Paulo, Boitempo, 2017), p. 500.
[42] Muniz Sodré, *A ciência do comum*, cit., p. 258.
[43] Jon Baldwin, "In Digital We Trust: Bitcoin Discourse, Digital Currencies and Decentralized Network Fetishism", *Palgrave Communications*, v. 4, 2018.
[44] Adam Arvidsson, "Facebook and Finance: On the Social Logic of the Derivative", *Theory, Culture & Society*, v. 33, n. 6, 2016; Leonardo De Marchi, "Como os algoritmos do YouTube calculam valor? Uma análise da produção de valor para vídeos digitais de música através da lógica social de derivativo", *MATRIZes*, v. 12, n. 2, 2018.

Plataformização do trabalho: definição e tipologia

David Nieborg e Thomas Poell[45] definem plataformização como "a penetração de extensões econômicas, governamentais e infraestruturais de plataformas digitais nos ecossistemas da web e de aplicativos". Esse processo estaria afetando setores como produção cultural, saúde pública, educação, jornalismo e transporte urbano[46].

Consideramos, então, que o mundo do trabalho também está sendo afetado por esse processo de plataformização[47]. A nosso ver, a expressão "plataformização do trabalho" descreveria melhor o atual cenário do trabalho digital do que "uberização", que tem circulado em diversas esferas como metáfora, mas que não recobre a multiplicidade de atividades de trabalho mediada por plataformas além da própria Uber, pois há uma variedade de lógicas de extração de valor e características de trabalho[48].

Essa plataformização do trabalho, então, envolve a dependência que trabalhadores e consumidores passam a ter das plataformas digitais – com suas lógicas algorítmicas, datificadas e financeirizadas – somada a mudanças que intensificam a flexibilização de relações e contratos de trabalho, bem como ao imperativo de uma racionalidade empreendedora[49] como vias de justificação dos modos de ser e aparecer do capital.

Niels Van Doorn[50] define o trabalho de plataforma como atividades de trabalho que são mediadas, organizadas e governadas por meio de plataformas digitais; portanto, ele apresenta uma definição mais restrita que a de Christian Fuchs e Marisol Sandoval[51], para quem todas as atividades de trabalho atualmente envolvem uma faceta digital. Se, por um lado, esta última definição nos permite ver como ocorrem as cadeias globais de produção, por outro, sua amplitude não nos deixa compreender as especificidades das atividades de trabalho. Casilli[52] segue na mesma direção de Van Doorn[53] ao conceber o

---

[45] David Nieborg e Thomas Poell, "The Platformization of Cultural Production: Theorizing the Contingent Cultural Commodity", *New Media & Society*, v. 20, n. 11, 2018, p. 4.276.

[46] José Van Dijck, Thomas Poell e Martijn De Waal, *The Platform Society*, cit.

[47] Antonio Casilli e Daniel Posada, "The Platformization of Labor and Society", em Mark Graham e William Dutton (orgs.), *Society and the Internet: How Networks of Information and Communication Are Changing our Lives* (Oxford, Oxford University Press, 2019), p. 293-306.

[48] Antonio Casilli, *En Attendant les robots*, cit.; Mark Graham e Jamie Woodcock, "Towards a Fairer Platform Economy: Introducing the Fairwork Foundation", *Alternate Routes*, v. 29, 2018.

[49] Pierre Dardot e Christian Laval, *A nova razão do mundo: ensaio sobre a sociedade neoliberal* (trad. Mariana Echalar, São Paulo, Boitempo, 2016, coleção Estado de Sítio).

[50] Niels Van Doorn, "Platform Labor: On the Gendered and Racialized Exploitation of Low-Income Service Work in the 'On-Demand' Economy", *Information, Communication & Society*, v. 20, n. 6, 2017.

[51] Christian Fuchs e Marisol Sandoval, "Digital Workers of the World Unite! A Framework for Critically Theorising and Analysing Digital Labour", *TripleC*, v. 12, n. 2, 2014.

[52] Antonio Casilli, *En Attendant les robots*, cit.

[53] Niels Van Doorn, "Platform Labor", cit.

trabalho digital[54] como tarefas realizadas por pessoas que produzem valor para as plataformas a partir de cumprimento de contratos – nem sempre vistos como tais. São atividades marcadas por parassubordinação tecnológica, submetidas à medição de rendimento.

Sob o guarda-chuva do trabalho digital, há muitos gradientes de atividades de trabalho, desde trabalho escravo, extraindo minérios para produzir celulares na China[55], até o trabalho feito por *freelancers* ou assalariados de alto escalão nas *big tech* do Vale do Silício, passando por aquele feito por entregadores de delivery, treinadores de dados para inteligência artificial e atividades de usuários em dispositivos de internet das coisas. São múltiplas situações, condições, relações e locais de trabalho, com diversas formas de expressão e exploração do trabalho. Afinal, a classe trabalhadora sempre foi heterogênea e complexa. Fuchs e Sandoval chegam a categorizar 1.728 formas de trabalho digital, em suas mais variadas dimensões. Para os autores, o que une todas essas pessoas é "o fato de seu trabalho estar relacionado à produção e ao uso das tecnologias digitais"[56].

O trabalho mediado por plataformas não acontece em um plano abstrato, mas a partir de diferentes formas de apropriação de valor, dependendo tanto das características das plataformas de trabalho quanto de clivagens de gênero, raça e território[57], como o trabalho migrante, por exemplo. As interseccionalidades do trabalho digital estão presentes nas condições de trabalho das diferentes pessoas, impactando de maneiras distintas suas vidas.

Isso nos ajuda a localizar espacial e socialmente as atividades de trabalho perante as cadeias globais de valor e a perceber como essas desigualdades conformam a plataformização do trabalho. Como ressalta Casilli[58], no Sul global, muitas vezes o trabalho mediado por plataformas se apresenta como única alternativa possível de "trabalho do futuro". Na Europa e nos Estados Unidos, o cenário atual do trabalho digital é inserido no contexto da *gig economy*, a "economia dos bicos", intensificada desde a crise econômica de 2008[59]. Contudo, na América Latina, especificamente no Brasil, o bico, a viração, o trabalho informal foram historicamente a norma, não a exceção[60], atuando como maneiras de gestão de sobrevivência da classe

---

[54] Entendido, para fins deste capítulo, como sinônimo de "trabalho mediado por plataformas" ou "trabalho de plataforma".
[55] Jack Qiu, *Goodbye iSlave: A Manifesto for Digital Abolition* (Urbana, University of Illinois Press, 2016).
[56] Christian Fuchs e Marisol Sandoval, "Digital Workers of the World Unite!", cit., p. 487.
[57] Alexandrea Ravenelle, *Hustle and Gig: Struggling and Surviving in the Sharing Economy* (Oakland, University of California Press, 2019); Niels Van Doorn, *Platform Labor*, cit.
[58] Antonio Casilli, *En Attendant les robots*, cit.
[59] Ursula Huws et al., *The Platformisation of Work in Europe*, cit.
[60] Cibele Rizek, "Viração e trabalho: algumas reflexões sobre dados de pesquisa", *Estudos de Sociologia*, v. 11, n. 21, 2006.

trabalhadora. Isto é: de certa forma, a plataformização do trabalho aprofunda o "privilégio da servidão" no "continente do labor"[61].

Há, dessa maneira, espacialidades e geografias do trabalho mediado por plataformas, com demanda concentrada e oferta dispersa geograficamente, em uma divisão internacional do trabalho digital. Como afirmam Mark Graham e Mohammad Anwar, as plataformas implantam um mercado de trabalho que tem a possibilidade de operar em escala planetária e ajudam as empresas

> a operar de forma ilimitada, e permitem que reconfigurem a geografia de suas redes de produção por um custo quase zero. [Já] os trabalhadores podem vender sua força de trabalho globalmente, mas ainda estão presos aos locais onde vão dormir todas as noites.[62]

Isto é, a circulação e a extração de valor do trabalho por meio de plataformas se dão de formas desiguais em diferentes países e regiões, obedecendo a lógicas de classe e parâmetros da financeirização-datafiação global. Permanecem, então, algumas perguntas: o que haveria de especificamente brasileiro no cenário do trabalho digital? Como as políticas de fluxo livre de dados reforçam lógicas econômico-políticas de países como Estados Unidos e China a partir do extrativismo de dados, como mostra Srnicek[63] quando trata da extração de valor da economia digital nos países em desenvolvimento?

Em suma, podemos definir algumas características do trabalho mediado por plataformas: a) é situado a partir de mediações de gênero, raça, território, entre outros marcadores sociais e interseccionais, com diferenças de apropriação de valor; b) não pode ser resumido ao trabalho na Uber. A partir daí, é possível pensar em tipologias de plataformas de trabalho.

A partir das classificações propostas por Antonio Casilli, Mark Graham e Jamie Woodcock, Florian A. Schmidt e Trebor Scholz[64], chegamos aos seguintes tipos de plataformas de trabalho: a) plataformas que requerem o trabalhador em uma localização específica (como iFood, Rappi, Uber, Deliveroo), as mais conhecidas do cenário do trabalho digital; b) plataformas de microtrabalho ou

---

[61] Ricardo Antunes, *O privilégio da servidão: o novo proletariado de serviços na era digital* (São Paulo, Boitempo, 2018, coleção Mundo do Trabalho).

[62] Mark Graham e Mohammad Anwar, "The Global Gig Economy: Towards a Planetary Labour Market?", *First Monday*, v. 24, n. 4, 2019.

[63] Nick Srnicek, *Platform Capitalism*, cit.

[64] Antonio Casilli, *En Attendant les robots*, cit.; Mark Graham e Jamie Woodcock, "Towards a Fairer Platform Economy", cit.; Florian Schmidt, *Digital Labour Markets in the Platform Economy: Mapping the Political Changes of Crowd Work and Gig Work* (Bonn, Friedrich-Ebert-Stiftung, 2017); Trebor Scholz, *Uberworked and Underpaid*, cit. Não utilizamos a classificação definida em Nick Srnicek, *Platform Capitalism*, cit., pois ela não foi pensada especificamente para plataformas de trabalho.

crowdwork (como Amazon Mechanical Turk, PiniOn, Microworkers), marcadas principalmente pelo trabalho de treinar dados para a chamada "inteligência artificial"; c) plataformas *freelance*, *cloudwork* ou macrotrabalho (como GetNinjas, We Do Logos, Freelancer.com, iPrestador, Fiverr, 99designs), que reúnem tarefas desde pintura e passeio com animais até design e programação.

Cada um desses tipos revela diferentes relações com o trabalho digital, com possibilidades de distintas condições de trabalho (e perfis de trabalhadores a partir de marcadores sociais), processos produtivos, apropriação de valor, gestão algorítmica do trabalho e formas de controle do trabalhador. Isso não quer dizer que, dentro da tipologia, haja uniformidade ou homogeneidade, pois, por exemplo, plataformas de trabalho doméstico (como TaskRabbit e Care.com) apresentam uma faceta majoritariamente feminina[65].

O microtrabalho, algo ainda pouco explorado por pesquisas brasileiras, envolve tarefas como reconhecimento de fotos, validação de banco de dados, escrita de metadados e descrição de produtos, transcrições de áudio e moderação de conteúdo nas mídias sociais, como mostra Sarah Roberts[66]. Empresas como Facebook e Amazon já admitiram que contrataram, respectivamente, trabalhadores para transcrever áudio dos usuários e para treinar dispositivos de "inteligência artificial" ligados a vigilância.

Autores como Antonio Casilli, Meredith Broussard e Nick Dyer-Witheford, Atle Kjøsen e James Steinhoff têm questionado o alcance e a potência da chamada "inteligência artificial geral", seja para cenários muito otimistas ou para aqueles catastróficos[67]. Como afirma Broussard, o que se chama de inteligência artificial tem alcances muito limitados perto do que se espera dela, dependendo de um arsenal de dados e de trabalho humano para automatizar decisões[68]. Na Alemanha, o Atlas da Automação[69] afirma ser preferível chamar isso de "tomada de decisões baseadas em algoritmos a partir de aprendizado de máquina". Isso à base de muito trabalho humano, inclusive no treinamento de dados para carros autônomos, como mostra Schmidt[70], com a maioria dos trabalhadores sendo da Venezuela.

---

[65] Ariane Hegewisch, Chandra Childers e Heidi Hartmann, *Women, Automation and the Future of Work* (Washington, Institute for Women's Policy Research, 2019).
[66] Sarah Roberts, *Behind the Screen*, cit.
[67] Antonio Casilli, *En Attendant les robots*, cit.; Meredith Broussard, *Artificial Unintelligence: How Computers Misunderstand the World* (Cambridge, MIT Press, 2018); Nick Dyer-Witheford, Atle Kjøsen e James Steinhoff, *Inhuman Power: Artificial Intelligence and the Future of Capitalism* (Londres, Pluto, 2019).
[68] Meredith Broussard, *Artificial Unintelligence*, cit.
[69] Lorenz Matzat (org.), *Atlas of Automation: Automated Decision-Making and Participation in Germany* (Berlim, AlgorithmWatch, 2019).
[70] Florian Schmidt, "Crowdsourced Production of AI Training Data: How Human Workers Teach Self-Driving Cars How to See", *Working Paper n. 155*, Düsseldorf, Hans-Böckler-Stiftung, 2019.

As dinâmicas de plataformização do trabalho normalmente envolvem, de acordo com o relatório de Ursula Huws e coautores, feito em treze países europeus, trabalho precário, redução da autonomia do trabalhador (em geral, não chamado de trabalhador, mas "contratado independente") e flexibilidade somente para o empregador[71]. Dessa forma, podemos considerar que, em suas diversas tipologias, a plataformização do trabalho combina duas dimensões essenciais: a) dataficação das atividades de trabalho e b) totalização da racionalidade neoliberal – como elementos interconectados de dataficação-financeirização, os quais abordaremos em seguida.

Gestão algorítmica do trabalho: dataficação e racionalidade neoliberal

Os dados, como mostra Srnicek, cumprem funções-chave no capitalismo de plataformas, como "formar e dar vantagens competitivas aos algoritmos, permitir a terceirização dos trabalhadores e a otimização e flexibilidade dos processos produtivos"[72]. Dessa maneira, a dataficação age como um mecanismo de gestão e controle do trabalho, que é componente inclusive de uma lógica de acumulação a partir da usurpação dos dados dos trabalhadores, que são, a um só tempo, capital fixo e circulante[73].

Nesse sentido, é central compreender a gestão algorítmica do trabalho, entendida como "práticas de supervisão, governança e controle conduzidas por algoritmos em trabalhadores de forma remota"[74], com os algoritmos reconfigurando as atividades de trabalho e sendo um componente crucial do trabalho mediado por plataformas. Suas formas de pressão e controle são distintas, dependendo do tipo de plataforma de trabalho, com especificidades, por exemplo, nas atividades de um entregador do iFood e de um "limpador de dados" na Amazon Mechanical Turk.

As características da gestão algorítmica do trabalho, de acordo com Mareike Möhlmann e Lior Zalmanson[75], são: a) rastreamento e avaliação permanentes do comportamento e do desempenho dos trabalhadores; b) automatização de decisões por meio de algoritmos; c) menor transparência algorítmica, com os trabalhadores sem acesso ao conjunto de regras que regem os algoritmos.

O trabalho vigiado, como mostram Nick Couldry e Ulises Mejias[76], faz parte do contexto da gestão algorítmica do trabalho, com o monitoramento de interações

---

[71] Ursula Huws et al., *The Platformisation of Work in Europe*, cit.
[72] Nick Srnicek, *Platform Capitalism*, cit., p. 41-2.
[73] Christian Fuchs, *Social Media: A Critical Introduction* (2. ed., Thousand Oaks, Sage, 2017).
[74] Mareike Möhlmann e Lior Zalmanson, "Hands on the Wheel: Navigating Algorithmic Management and Uber Drivers' Autonomy", *International Conference on Information Systems (Icis)*, Seul, 2017, p. 4.
[75] Idem.
[76] Nick Couldry e Ulises Mejias, *The Costs of Connection*, cit.

dos trabalhadores, agendamentos de atividades de trabalho tidos como *smart* e o gerenciamento do comportamento dos trabalhadores por meio de dados. Já a automatização de decisões no gerenciamento algorítmico do trabalho afeta inclusive os trabalhadores em situação de desemprego, pois intensifica a automatização dos sistemas de contratação e seleção de trabalhadores, ocorrendo vieses algorítmicos de gênero e raça nesses processos[77].

Acrescentamos a isso, como aspectos da gestão algorítmica do trabalho: a) gerenciamento de dados e metadados por meio de plataformas globais, impactando trabalhadores e legislações locais; b) gamificação do trabalho, entendida por Woodcock[78], a exemplo da aplicação de elementos de *games* a partir de imperativos da área de negócios, como uma "gamificação vinda de cima", redesenhando temporalidades e espacialidades; c) intensificação das sensações de autonomia/independência no trabalho em meio ao fato de o chefe ser, supostamente, um "sistema", um "aplicativo" e não uma "pessoa"; isto é, o imaginário algorítmico de neutralidade e objetividade atuando em forte relação com o ideário neoliberal de empreendedorismo, que envolve gestão de desempenho, eficácia e lógicas de avaliação.

Gamificação e rastreamento permanente são a concretização de um trabalhador quantificado a partir de métricas de performance e desempenho geridas por algoritmos, com as técnicas de gestão indo além do sujeito impelido a "transcender-se pela empresa" ou "motivar-se cada vez mais para satisfazer o cliente"[79]. Trata-se do transcender-se e motivar-se por si mesmo, a partir de suas próprias métricas, como mecanismos de autocoerção e autoculpabilização, vistos como "espírito empreendedor" e "empresa de si mesmo". É a "nova razão do mundo" automatizada – gerenciada a partir de lógicas algorítmicas e financeiras.

Há também uma gramática do capital em circulação que é braço auxiliar da financeirização e da datafícação, como face visível da racionalidade neoliberal. Isso se dá a partir da sedimentação e da cristalização de sentidos em jogos de repetição e reatualização, como verdadeiros "mantras", em uma gramática legitimadora dos modos de ser e aparecer do capital nas distintas instâncias da vida social. São prescrições que, ao circularem, são colocadas como totalizantes e tomadas como naturais. A partir de palavras-chave que funcionam como "palavras de ordem", vão-se costurando narrativas que não só justificam a racionalidade neoliberal, como ainda a apresentam enquanto a única possível em um "realismo capitalista"[80]. Isso é atualizado a partir de uma "ideologia do Vale do Silício"[81] e da retórica capitalista

---

[77] Virginia Eubanks, *Automating Inequality*, cit.
[78] Jamie Woodcock, "Marx at the Arcade", cit.
[79] Pierre Dardot e Christian Laval, *A nova razão do mundo*, cit., p. 331.
[80] Mark Fisher, *Capitalist Realism: Is There no Alternative?* (Winchester, Zero Books, 2011).
[81] Jen Schradie, "Ideologia do Vale do Silício e desigualdades de classe: um imposto virtual em relação à política digital", *Parágrafo*, v. 5, 2017.

sobre a economia de plataforma[82] como imagens da racionalidade neoliberal. São os modos de legitimar as reorganizações produtivas do capital a partir dos oligopólios tecnológicos e de suas plataformas, projetando sentidos cristalizados de "disrupção" e "imagem exemplar".

Falar em uma totalização da racionalidade neoliberal significa, por sua vez, falar de um espraiamento de seu modo de pensar e agir por todas as instâncias da vida cotidiana, materializada também no trabalho mediado por plataformas (como articulações entre dataficação e financeirização), minando, assim, possibilidades de resistência e projetos alternativos de sociedade que não passem, em certa medida, pela circulação do capital e por mecanismos de racionalidade neoliberal. Como diz Wendy Brown, "o triunfo neoliberal do *homo economicus* como a figura exaustiva do humano está minando as práticas e o imaginário da democracia, vencendo o sujeito que governa a si mesmo por meio da autonomia moral"[83]. Observamos, então, que as alternativas ao atual cenário do trabalho de plataforma têm se colocado mais como uma tentativa de atenuação da lógica de dataficação-financeirização, pois podem conviver pacificamente com esses processos. Como afirma Brown, as políticas econômicas neoliberais podem até estagnar, mas os efeitos da racionalidade neoliberal ainda assim estariam acelerados, motivo pelo qual mesmo opositores de tais políticas econômicas também podem acabar "organizando-se por meio da racionalidade neoliberal"[84].

Alternativas?

Consideramos que há três principais movimentos de construção de alternativas ao cenário contemporâneo do trabalho mediado por plataformas: a) regulação do trabalho nas plataformas digitais; b) organização coletiva dos trabalhadores; e c) construção de outras lógicas de organização do trabalho, como o cooperativismo de plataforma. São movimentos heterogêneos e complementares, além de tentativas de atenuar o esfacelamento da classe trabalhadora ante o capitalismo de plataforma. Isso significa dizer, por um lado, que a "circulação das lutas"[85] não deixa de existir; são as lutas no âmbito da circulação do capital que, para Harvey, tanto "constrangem quanto facilitam certas formas de pensamento e ação"[86]. Por outro, os constrangimentos e limites dessas lutas encontram os tentáculos da racionalidade neoliberal, podendo ocorrer cooptações e reapropriações; são as tensões

---

[82] Cristiano Codagnone, Athina Karatzogianni e Jacob Matthews, *Platform Economics*, cit.
[83] Wendy Brown, *El pueblo sin atributos: la secreta revolución del neoliberalismo* (Barcelona, Malpaso, 2016), p. 103.
[84] Ibidem, p. 280.
[85] Nick Dyer-Witheford, *Cyber-Proletariat: Global Labour in the Digital Vortex* (Londres, Pluto, 2015).
[86] David Harvey, *A loucura da razão econômica*, cit., p. 56.

e contradições da organização do trabalho em meio à plataformização. Assim, ao apontar os limites desses movimentos, não estamos minimizando-os, como afirma Sandoval[87], mas sim firmando a possibilidade de oferecer uma crítica solidária ao encarar as tensões e ambivalências.

Os movimentos em torno da regulação do trabalho passam por: a) regularizar os trabalhadores de plataformas digitais como empregados das corporações, que insistem em chamá-los de "autônomos"; b) estabelecer diretrizes para um trabalho decente nas plataformas digitais a partir principalmente de parâmetros da Organização Internacional do Trabalho (OIT)[88]. Como um exemplo desse último movimento, podemos destacar o projeto Fairwork, que pretende instituir indicadores de trabalho decente/justo nas plataformas digitais, criando mecanismos de pressão nessas plataformas para que melhorem as condições de trabalho de seus empregados[89]. Seus parâmetros são: a) salário; b) condições de trabalho envolvendo proteção à saúde e à segurança do trabalhador; c) gestão justa, em que os trabalhadores sejam ouvidos e que o uso dos algoritmos seja transparente; d) representação justa para que a voz dos trabalhadores seja ouvida.

Os movimentos de organização coletiva dos trabalhadores, por sua vez, têm mostrado: a) sindicalização de trabalhadores de aplicativos, em formatos tradicionais ou fora das lógicas do sindicalismo tradicional, o que já acontece no Brasil com o Sindicato dos Motoristas Autônomos de Transporte Privado Individual por Aplicativos (Sindmaap) – filiado à Central Única dos Trabalhadores (CUT) –, o Sindicato dos Motoristas por Aplicativo e Condutores de Cooperativas do Estado da Bahia (Simactter-BA) e o Sindicato dos Motoristas de Transporte Privado Individual de Passageiros por Aplicativo do Estado de Pernambuco (Simtrapli-PE); b) organização coletiva de trabalhadores de áreas como comunicação, artes e entretenimento, envolvendo desde a criação de um sindicato de trabalhadores de *games* no Game Workers Unite, presente em mais de dez países, inclusive no Brasil e na Argentina, até o sindicato de *youtubers* na Alemanha, passando por trabalhadores de empresas como BuzzFeed, Fast Company e Vox[90], incluindo *freelancers*; c) protestos e greves de cunho internacionalista/global envolvendo as plataformas digitais.

Como Dyer-Witheford, Kjøsen e Steinhoff[91] ressaltam, as lutas dos trabalhadores se colocam nesse circuito contra a gestão algorítmica e a vigilância do

---

[87] Marisol Sandoval, "Entrepreneurial Activism? Platform Cooperativism between Subversion and Co-Optation", *Critical Sociology*, nov. 2019.
[88] "Decent Work", *Portal da Organização Internacional do Trabalho*; disponível em: <https://www.ilo.org/global/topics/decent-work/lang--en/index.htm>; acesso em: 19 set. 2019.
[89] Mark Graham e Jamie Woodcock, "Towards a Fairer Platform Economy", cit.
[90] Nicole Cohen e Greig De Peuter, "'I Work at Vice Canada and I Need a Union': Organizing Digital Media", em Stephanie Ross e Larry Savage, *Labour Under Attack: Anti-Unionism in Canada* (Winnipeg, Fernwood, 2018).
[91] Nick Dyer-Witheford, Atle Kjøsen e James Steinhoff, *Inhuman Power*, cit.

trabalho. A organização coletiva também ocorre facilitada pela comunicação nas plataformas digitais, que atuam, então, como força mobilizadora do trabalho e dos trabalhadores. Uma plataforma como o Discord, utilizada principalmente na área de *games*, tem sido utilizada para a organização e a comunicação dos trabalhadores, envolvendo desde estratégias e táticas de organização até produção de conteúdo. Isso é o que Woodcock[92] defende como a "gamificação vinda de baixo", como uma proposição para combater o capital. Outro exemplo é o Turker Nation, fórum de comunicação e organização criado pelos trabalhadores da Amazon Mechanical Turk.

O cooperativismo de plataforma[93], por sua vez, que já foi problematizado em outro artigo[94] e também por Sandoval[95], é a promessa de uma outra lógica de organização do trabalho mediado por plataformas, envolvendo propriedade coletiva, transparência de dados, trabalho codeterminado e rejeição de vigilância excessiva no ambiente de trabalho. Há iniciativas já em curso com repercussão, como Stocksy, Doc Servizi, Fairmondo, Loconomics e Resonate.

Por um lado, há cooperativas que apresentam resquícios das lógicas de datafícação-financeirização das plataformas capitalistas e discursos que perpassam dimensões de racionalidade empreendedora. Por outro, há iniciativas com potencialidades prefigurativas "radicais" – no sentido dos artigos de Marisol Sandoval[96] e Natalie Fenton[97] –, como a Means TV, que se propõe uma "Netflix anticapitalista", uma plataforma de *streaming* que se forma a partir de cooperativa de produtores de audiovisual, e a SpekWork, cooperativa de games que produz jogos a partir da visão da classe trabalhadora em contexto de capitalismo de plataforma. Ambas coexistem em um aprofundamento de tensões e contradições envolvendo o cooperativismo e dilemas entre precariedade estrutural e comercialização.

Para Sandoval, é preciso enfrentar esses dilemas para além do capitalismo neoliberal.

> Com um movimento cooperativista por todo o mundo, o cooperativismo de plataforma poderia usar sua voz política coletiva para exigir reformas estruturais que melhorariam as condições para o desenvolvimento de projetos cooperativos alternativos.[98]

---

[92] Jamie Woodcock, *Marx at the Arcade*, cit.
[93] Trebor Scholz, *Cooperativismo de plataforma* (trad. Rafael A. F. Zanatta, São Paulo, Elefante/Autonomia Literária/Fundação Rosa Luxemburgo, 2017).
[94] Rafael Grohmann, "Cooperativismo de plataforma e suas contradições: análise de iniciativas da área de comunicação no Platform.Coop", *Liinc em Revista*, v. 14, n. 1, 2018.
[95] Marisol Sandoval, "Entrepreneurial Activism?", cit.
[96] Idem, "Enfrentando a precariedade com cooperação: cooperativas de trabalhadores no setor cultural", *Parágrafo*, v. 5, n. 1, 2017.
[97] Natalie Fenton, *Digital, Political, Radical* (Cambridge/Malden, Polity, 2016).
[98] Marisol Sandoval, "Entrepreneurial Activism?", cit., p. 18.

Para a autora, enfrentar a racionalidade neoliberal empreendedora "requer não um empreendedor cooperativo, mas solidariedade social e um movimento cooperativo global"[99].

Há também outras possibilidades de lógicas alternativas de organização do trabalho. Srnicek[100], por exemplo, defende uma coletivização das plataformas, principalmente envolvendo plataformas públicas. Cant[101], por sua vez, defende que, em vez do cooperativismo, é preciso imaginar a expropriação das plataformas pelos trabalhadores, "consistindo na tomada, por parte dos trabalhadores, da propriedade dos recursos privados das plataformas de delivery de alimentação"[102], por exemplo.

Portanto, há uma dança dialética entre possibilidades e limites, entre combates, atenuações e reproduções dos impactos da plataformização do trabalho a partir de lógicas de dataficação, financeirização e racionalidade neoliberal. Um maior enfrentamento, como deixam entrever as experiências acima, requer movimentos locais em escalas globais. Como afirma Huws[103], novas formas de controle do trabalho também exigem novas maneiras de organização e resistência.

Em suma, ao longo do capítulo, procuramos apresentar uma agenda de pesquisa para o trabalho digital, de modo que suas pistas possam ser aprofundadas em pesquisas empíricas. Argumentamos que falar em plataformização do trabalho, em vez de uberização, é evidenciar a multiplicidade de atividades de trabalho e suas dinâmicas, considerando clivagens de gênero, raça e território, em um país em que os bicos (ou *gigs*) sempre foram a norma, não a exceção. Por sua vez, essa plataformização do trabalho se assenta, ao mesmo tempo, em bases tecnológicas, financeiras e políticas, a partir dos processos de dataficação, financeirização e racionalidade neoliberal empreendedora. São as bases de sustentação em que se estruturam a gestão algorítmica do trabalho e os tipos de controle daí advindos. Algoritmos e dados, com suas especificidades, atuam, ao mesmo tempo, com suas lógicas e modos de conhecer o mundo e como expressões do capital em circulação, reconfigurando o mundo do trabalho. A totalização da racionalidade neoliberal dificulta ao máximo, mas não impede, tentativas, fissuras ou brechas, ainda que mínimas – com limites, dilemas e contradições –, de alternativas ao cenário do trabalho digital. É a partir desses movimentos que novas circulações de lutas podem ser geradas.

---

[99] Idem.
[100] Nick Srnicek, *Platform Capitalism*, cit.
[101] Callum Cant, *Riding for Deliveroo*, cit.
[102] Ibidem, p. 150.
[103] Ursula Huws, *Labor in the Global Digital Economy*, cit.

7
Uberização: gerenciamento e controle do trabalhador *just-in-time*

Ludmila Costhek Abílio

Introdução

O termo *uberização* atualmente se espraia pela mídia e pelos estudos acadêmicos. Pouco definido e já largamente utilizado, inspira-se no exército global de milhões de motoristas trabalhando para uma mesma empresa. Se ultrapassarmos a imaterialidade e a aparente dificuldade em reconhecer as relações de trabalho entre *empresas-aplicativo*[1] e trabalhadores, poderemos compreender que a empresa e a multidão deram materialidade e visibilidade a uma nova forma de controle, gerenciamento e organização do trabalho que não se inicia com a Uber nem se restringe a ela; entretanto, essa empresa tornou reconhecível uma tendência global que também poderia ser denominada informalização do trabalho ou, mais precisamente, consolidação dos trabalhadores em trabalhadores *just-in-time*.

Por algumas semanas, a anestesia social brasileira perante as formas mais degradantes de exploração do trabalho pareceu ter sido suspensa diante da emblemática figura dos hoje chamados bikeboys: entregadores, submetidos aos aplicativos, que usam como meio de trabalho sua própria força física, em jornadas que podem chegar a doze horas diárias, sete dias por semana, para obter remuneração equivalente a um salário mínimo[2]. Diversas reportagens e memes circularam pelas redes: o trabalhador jovem e desempregado da periferia, carregando uma caixa nas costas, pedalando mais de cinquenta quilômetros por dia – transportando refeições/alimentos adquiridos por outros trabalhadores via aplicativos que passam a organizar a rede de distribuição dos restaurantes –, foi então reconhecido como o

---

[1] Ludmila Costhek Abílio, "Uberização do trabalho: subsunção real da viração", *Blog da Boitempo*, 22 fev. 2017; disponível em: <https://blogdaboitempo.com.br/2017/02/22/uberizacao-do-trabalho-subsuncao-real-da-viracao>; acesso em: 10 out. 2019.

[2] Leandro Machado, "Dormir na rua e pedalar 12 horas por dia: a rotina dos entregadores de aplicativo", *BBC News Brasil*, 22 maio 2019; disponível em: <https://www.bbc.com/portuguese/brasil-48304340>; acesso em: 10 out. 2019.

símbolo da exploração do trabalho no século XXI. Desenvolvimento tecnológico e degradação do trabalho são dois lados da mesma moeda capitalista, já nos ensinava Marx, ao olhar para o tear a vapor e o adoecimento e precariedade das costureiras em domicílio, para o poder de uma nova forma de exploração materializado na fábrica e nas máquinas e, ao mesmo tempo, no trabalho infantil e feminino nas minas de carvão[3]. O trabalhador emblemático do século XXI, como descrevia um dos memes, dá uma "materialidade bizarra" a essa relação, desafiando-nos a compreender o que são plataformas digitais, algoritmos, inteligência artificial, *startups* e os monopolísticos fundos de investimento – elementos ainda pouco apropriados pelos estudos críticos do trabalho, mas já plenamente operantes no que podemos considerar um novo passo na subsunção do trabalho.

A ideia central deste capítulo é que a uberização consolida a redução do trabalhador a um *trabalhador just-in-time*[4], a um *autogerente subordinado*, que arca com os riscos e custos de sua própria produção, sendo utilizado na exata medida das demandas do mercado. Assistimos a uma mudança nas concepções de dignidade, direitos e justiça social, visto que as mediações protetivas do trabalho estão desaparecendo. Não se trata apenas de mais um passo na eliminação de direitos: trata-se da redução do trabalhador a um fator de produção que deve ser utilizado na exata medida das demandas do capital; além disso, trata-se de uma vitória na busca permanente pela eliminação dos poros do trabalho. Ainda pior, o uso na exata medida já não requer predefinições contratuais: o trabalhador está inteiramente disponível ao trabalho[5]. A figura do trabalhador *just-in-time* desafia as categorias do que é e do que não é tempo de trabalho, complicando o que poderia ser uma configuração contemporânea da remuneração por peça[6]. Leandro Machado, o mesmo repórter que explicitou as condições de trabalho dos bikeboys, já havia descrito a situação de centenas de motoristas da Uber que passam o dia enfileirados nas proximidades do aeroporto de Guarulhos[7]. Calculando o custo-benefício, esses motoristas concluíram que é melhor esperar por corridas mais longas do que fazer várias de pequenas distâncias. Essa decisão se concretizou na formação de bolsões

---

[3] Karl Marx, *O capital: crítica da economia política*, Livro I: *O processo de produção do capital* (trad. Regis Barbosa e Flávio R. Kothe, São Paulo, Nova Cultural, 1982, coleção Os Economistas).
[4] Ludmila Costhek Abílio, "Uberização do trabalho", cit.; Valerio De Stefano, "The Rise of the 'Just-in-Time Workforce': On-Demand Work, Crowdwork and Labour Protection in the 'Gig--Economy'", *Comparative Labor Law & Policy Journal*, v. 37, n. 3, 2016.
[5] Ludmila Costhek Abílio, "Uberização: A era do trabalhador *just-in-time*?", *Revista Estudos Avançados*, v. 34, n. 28, jan.-abr. 2020, p.111-26.
[6] Karl Marx, *O capital: crítica da economia política*, Livro II: *O processo de circulação do capital* (trad. Regis Barbosa e Flávio R. Kothe, São Paulo, Nova Cultural, 1985, coleção Os Economistas).
[7] Leandro Machado, "Por corrida cara, motorista do Uber 'acampa' por 12h perto de aeroporto", *Folha de S.Paulo*, 9 fev. 2017; disponível em: <http://www1.folha.uol.com.br/cotidiano/2017/02/1857136-por-corrida-cara-motorista-do-uber-acampa-por-12-h-perto-de-aeroporto.shtml>; acesso em: 15 out. 2019.

informais de estacionamento, nos quais se criam gigantescas filas de espera pelo próximo trabalho. O motorista pode passar horas (doze horas, como diz a notícia) esperando por uma corrida vinda do aeroporto, a qual ele tem de aceitar sem saber o destino. Esse tempo de espera, em que os motoristas estão inteiramente disponíveis ao trabalho, mas não serão remunerados por isso, constitui um dos intricados elementos da transformação do trabalhador em trabalhador *just-in--time*. A reforma trabalhista legalizou essa condição ao criar a figura do trabalho intermitente, que nos remete ao modelo inglês de contrato de zero hora. Mas é preciso ressaltar que, na consolidação da uberização, já não há hora de trabalho definida, tampouco seu valor.

A subordinação e a gestão, ao mesmo tempo que podem ficar evidentes – quando vemos uma greve global de motoristas da Uber, por exemplo –, estabelecem formas obscuras e difíceis de mapear; contam com instrumentos permanentemente cambiantes, programados e automatizados, que se alimentam dos dados produzidos por trabalhadores e consumidores. As empresas apresentam-se não como contratantes, mas como mediadoras da oferta e da procura; entretanto, são elas que detêm os meios de controle total sobre a distribuição do trabalho, de gerenciamento e estímulo da produtividade, de acesso a e desligamento das plataformas, além de, obviamente, definirem o valor do trabalho de seus "parceiros". Trata-se, como demonstra Shoshana Zuboff[8], ao pensar em termos de um *capitalismo de vigilância*, da possibilidade de mapear todo o processo de trabalho, de transformar decisões, perfis e estratégias em dados, de utilizar esses dados como meios de controle, gerenciamento e organização do trabalho. Esse processo de trabalho inclui ainda, de forma racionalizada e organizada, uma nova figura no gerenciamento e controle: a do consumidor para o qual é terceirizada a execução da vigilância sobre a produtividade e a qualidade do trabalho.

Dessa forma, a uberização do trabalho, sob a perspectiva aqui apresentada, é entendida como uma tendência global que atinge diversas ocupações, com diferentes qualificações e rendimentos, em países do centro e da periferia. Ao mesmo tempo que tem de ser compreendida pelas inovações tecnológicas que hoje culminam nas plataformas digitais como um poderoso instrumento de reorganização do trabalho, é preciso pensá-la como um desdobramento de processos em curso e em gestação no mundo do trabalho há décadas.

Para tornar ainda mais complexa a discussão, além de dar materialidade a processos muito fortemente associados ao neoliberalismo, a uberização pode ser entendida como uma espécie de generalização e espraiamento de características estruturantes da vida de trabalhadores da periferia, que transitam entre ocupações

---

[8] Shoshana Zuboff, "*Big Other*: capitalismo de vigilância e perspectivas para uma civilização de informação", em Fernanda Bruno et al. (orgs.), *Tecnopolíticas da vigilância: perspectivas da margem* (São Paulo, Boitempo, 2018, coleção Estado de Sítio).

formais e informais, as quais compõem sua trajetória pela instabilidade e pela ausência de uma identidade profissional definida, raramente contando com uma rede de proteção e segurança socialmente instituída via mundo do trabalho[9].

A flexibilização do trabalho nomeia mudanças contemporâneas que se fazem na relação entre Estado, capital e trabalho, bem como no desenvolvimento e na aplicação das inovações tecnológicas. As políticas de liberação e promoção de fluxos financeiros e de investimentos, as novas formas de controle, monopolização e dispersão da produção que operam em nível global[10] e as novas formas de regulação do trabalho que se apresentam como desregulações vão constituindo os processos de transferência de riscos e custos, além de parte do gerenciamento subordinado em redes globais de subcontratação. Trata-se de um movimento de centralização do capital que também se materializa em novos modos de intensificação do trabalho, extensão do tempo de trabalho e transferência de riscos e custos para os trabalhadores, em formas cada vez mais difíceis de definir.

Nas últimas décadas, ficou claro que também era possível transferir parte do gerenciamento do trabalho para o próprio trabalhador – um gerenciamento subordinado, permanentemente entrelaçado com as ameaças da concorrência e do desemprego. Dessa maneira, a transferência para o próprio trabalhador da administração de seu trabalho, de custos e de riscos não significa perda de controle sobre sua produção, ao contrário. Estabelecem-se novos mecanismos simultaneamente brutais e fluidos, como metas, bonificações, participações nos lucros e resultados, que possibilitam delegar ao trabalhador o gerenciamento de sua própria produtividade – papel que ele cumpre bem, como evidenciam formas toyotistas de organização do trabalho, as quais têm, em seu cerne, o engajamento emocional, subjetivo, do trabalhador, estabelecendo novas formas de apropriação e utilização de seu conhecimento.

A uberização consolida a passagem do trabalhador para um autogerente subordinado, mas o denomina "empreendedor". Essa consolidação envolve novas lógicas que contam com o engajamento da multidão de autogerentes subordinados[11] – que operam enquanto multidão – com relação à própria produtividade, além da transferência de custos e riscos da empresa para seus "parceiros", de forma difusa e pulverizada.

---

[9] Ludmila Costhek Abílio, "Uberização do trabalho", cit.; idem, "Uberização e viração: mulheres periféricas no centro da acumulação capitalista", *Margem Esquerda*, São Paulo, Boitempo, n. 31, 2018, p. 54-61.

[10] João Bernardo, *Democracia totalitária: teoria e prática da empresa soberana* (São Paulo, Cortez, 2004); David Harvey, *Condição pós-moderna: uma pesquisa sobre as origens da mudança cultural* (trad. Adail Ubirajara Sobral e Maria Stela Gonçalves, São Paulo, Loyola, 1992).

[11] Ludmila Costhek Abílio, "Uberização: do empreendedorismo para o autogerenciamento subordinado", *Revista Psicoperspectivas: Individuo y Sociedad*, v. 18, n. 3, 2019, p.1-11.

O ADMIRÁVEL VELHO MUNDO NOVO DA ECONOMIA DIGITAL

A economia digital se apresenta hoje como o novo campo da flexibilização do trabalho ao conectar a atividade de consumidores, trabalhadores e empresas sob formas de subordinação menos reconhecíveis, menos localizáveis e ainda muito pouco reguladas. Atualmente, considerando apenas o Brasil, motoristas, motofretistas, caminhoneiros, esteticistas, operários da construção civil, trabalhadores do setor de limpeza, babás, manicures, assim como advogados, médicos, professores, entre outros, encontram aplicativos que possibilitam a uberização de seu trabalho via plataformas digitais. A uberização é catalisada pelas plataformas, mas as precede. Em uma espécie de trailer da reforma trabalhista implementada em 2017, em outubro de 2016 o governo Michel Temer instituiu a lei "salão parceiro-profissional parceiro"; mas, por se referir ao trabalho tipicamente feminino, ela passou um tanto desapercebida. Na época, o presidente do Serviço Brasileiro de Apoio às Micro e Pequenas Empresas (Sebrae), Guilherme Afif Domingos, deixou claro que a lei não era perfumaria, afirmando que "o setor de beleza será o modelo para a terceirização em todos os setores"[12]. A lei possibilitou que trabalhadoras e trabalhadores do setor de beleza passassem legalmente de empregados formalmente contratados a parceiros do salão. O estabelecimento pode, então, ser juridicamente concebido como um provedor de infraestrutura para que os parceiros realizem seu trabalho. Hospitais privados que hoje se tornaram grifes de luxo da saúde já funcionam da mesma maneira: profissionais altamente reconhecidos e qualificados que compõem formalmente o corpo médico têm estatuto de pessoas jurídicas, tornando-se prestadores de serviços, como se o hospital fosse uma espécie de grande fornecedor e administrador da infraestrutura necessária para a prestação do serviço.

As plataformas digitais se apresentam da mesma maneira, com a diferença de que detêm os meios técnicos para subordinar, gerenciar e organizar não dezenas, mas milhares ou até mesmo milhões de profissionais transformados em trabalhadores autônomos. Livrar-se dos custos do trabalho mantendo os ganhos e o controle sobre a produção: desse modo, as *empresas-aplicativo* concretizam o auge do modelo de empresa enxuta, com um número ínfimo de empregados e milhares de ditos "empreendedores" conectados. Elas concretizam a mudança na forma como as empresas podem se apresentar legalmente. A Uber, por exemplo, nega ser uma empresa de transportes, definindo-se como ligada ao setor de tecnologia. Esse deslocamento tem efeitos e proteções jurídicas muito relevantes: trata-se de uma empresa que, simplesmente, provê um serviço tecnológico, o qual possibilita o encontro entre uma multidão de consumidores e uma multidão de trabalhadores. Como me explicou o diretor da Loggi, empresa-aplicativo de motofrete em

---

[12] Pedro Peduzzi, "Temer sanciona nova lei do Supersimples e Lei do Salão Parceiro", *Agência Brasil*, 27 out. 2016; disponível em: <http://agenciabrasil.ebc.com.br/politica/noticia/2016-10/temer-sanciona-nova-lei-do-supersimples-e-lei-do-salao-parceiro>; acesso em: 10 out. 2019.

São Paulo: "Somos um lugar onde pessoas que procuram motofrete encontram motofretistas". Ou seja, a mensagem é que não há relações de subordinação nem de responsabilização da empresa sobre o trabalho. É certo que essa definição segue em disputa jurídica pelo mundo, instaurando um amplo debate sobre subordinação e formas de regulação da uberização e suas consequências sociais.

CROWDSOURCING: O CONTROLE SOBRE A MULTIDÃO PRODUTIVA DE TRABALHADORES AMADORES

Esta pesquisa sobre uberização originou-se a partir do estudo empírico com revendedoras de cosméticos para a empresa Natura, atualmente mais de 1,5 milhão de mulheres somente no Brasil[13]. Olhando para o Sistema de Vendas Diretas (SVD), termo que nomeia a relação de trabalho estabelecida entre empresas e seus milhares/milhões de revendedores, vemos a legitimação e a invisibilidade de uma relação de emprego que é, legalmente, informal. Olhando para as revendedoras, em 2007, já era possível intuir o termo então inexistente: o *crowdsourcing* em ato, em uma atividade tipicamente feminina, que mal é reconhecida como trabalho e que, ao mesmo tempo, garante a distribuição e a comercialização dos produtos de uma das empresas líderes do mercado de higiene, cosméticos e beleza do Brasil (agora uma gigante mundial, com a aquisição da empresa americana Avon, em 2020).

O *crowdsourcing* é algo novo e que desafia nossa compreensão. Borra as fronteiras entre consumo e trabalho, entre o que é e o que não é trabalho, estabelece novas formas de engajamento dos trabalhadores, lógicas de remuneração e de organização de uma concorrência que se estrutura sob a forma de multidão. Envolve atividades que podem ou não ser reconhecidas como trabalho. O que é a atividade da multidão ativa e engajada de usuários do Facebook? Além de ser a fonte de existência da plataforma, é essa atividade a fonte de valorização para a empresa? O que nos mostra o fato de corporações como Procter & Gamble, Unilever e até mesmo a Nasa terem estendido seus departamentos de pesquisa e desenvolvimento para a multidão de cientistas que formam o cadastro da plataforma InnoCentive, na qual são lançados "desafios" a serem aceitos pelos usuários, os quais podem ser premiados, enquanto as empresas detêm as patentes sobre suas soluções[14]? A plataforma Amazon Mechanical Turk, com seu sarcástico *slogan* "*artificial artificial intelligence*", conecta empresas com uma multidão de trabalhadores *just-in-time* denominados *turkers*, aos quais oferece tarefas manuais e repetitivas que ainda não foram automatizadas; já há estudos sobre os adoecimentos psíquicos e físicos de

---

[13] Ludmila Costhek Abílio, *Sem maquiagem: o trabalho de um milhão de revendedoras de cosméticos* (São Paulo, Boitempo, 2014).
[14] Jeff Howe, *Crowdsourcing: Why the Power of the Crowd is Driving the Future of Business* (Nova York, Random House, 2008).

trabalhadores que ficam permanentemente on-line à espera da próxima tarefa[15]. A empresa desafia os debates jurídicos sobre globalização, na medida em que não respeita qualquer legislação nacional no que se refere ao tempo de trabalho ou ao valor mínimo da hora de trabalho, criando uma espécie de espaço transnacional sem localização definida de exploração do trabalho.

O *crowdsourcing* também é parte de um processo de transformação do trabalho em trabalho amador. *Crowdsourcing* e uberização concretizam uma crescente adesão a um trabalho que vai perdendo as formas socialmente reguladas e estabelecidas que lhe conferem a concretude de ser trabalho. A categoria de trabalho amador[16] refere-se a um trabalho que é trabalho, mas que não confere uma identidade profissional bem estabelecida, que não tem alguns dos elementos socialmente estabelecidos que passam pelas regulações do Estado, envolvendo princípios que estruturam a identidade do trabalhador como tal. O motorista de táxi é um motorista profissional; já o motorista da Uber tem uma identidade flexível. Ele pode ser um desempregado fazendo um bico, pode ser um trabalhador que complementa a renda, pode ser alguém que tem outra profissão, mas trabalha atualmente dezoito horas por dia, sete dias por semana como motorista... são infinitas as possibilidades. O que a categoria de trabalhador amador (utilizada por Marie-Anne Dujarier[17] ao pensar o trabalho do consumidor) tem como força explicativa é essa ideia de que o mundo do trabalho vai sendo tecido por uma série de atividades que não têm um estatuto de trabalho bem definido, e isso lhes confere uma enorme maleabilidade. Na prática, tal maleabilidade se traduz em mais exploração para o trabalhador, no sentido de que são atividades que se combinam com outras ocupações, que permitem formas informais de extensão do tempo de trabalho e de intensificação do trabalho.

Essa perda de formas do trabalho confere uma maleabilidade, uma flexibilidade, uma potencialidade de adaptação surpreendentes. Isso não quer dizer que o trabalhador não reconhece seu trabalho como trabalho, mas o trabalho que ele desempenha tem o estatuto de trabalho amador. Ser motorista da Uber, ser revendedora Natura, ser um cientista amador da InnoCentive só é possível porque esse trabalho é trabalho sem um estatuto estável e publicamente estabelecido. Nessa perda de formas, fica difícil definir o controle sobre o trabalho. Não há, formalmente, uma seleção – aparentemente, adere quem quiser, desde que se cumpram critérios mínimos; aparentemente, trabalha-se quando se quer, da forma que se quiser. Caso pare de trabalhar para o aplicativo, o uberizado será um número desativado em um cadastro, entre centenas que virão. Onde está o controle, quando parece que não se exige nada do trabalhador?

---

[15] Birgitta Bergvall-Kåreborn e Debra Howcroft, "Amazon Mechanical Turk and the Commodification of Labour", *New Technology, Work and Employment*, v. 29, n. 3, 2014.
[16] Ludmila Costhek Abílio, *Sem maquiagem*, cit.; idem, "Uberização do trabalho", cit.; Marie-Anne Dujarier, *Le Travail du consommateur* (Paris, La Découverte, 2009).
[17] Marie-Anne Dujarier, *Le Travail du consommateur*, cit.

O trabalho do uberizado é passível de ser permanentemente mapeado e vigiado pela empresa-aplicativo: o trajeto que o motorista da Uber realiza, o tempo que a manicure uberizada fica na casa da cliente, o tempo que o motoboy leva para fazer uma entrega. A atividade é também um dado produzido e administrado. Além disso, em muitos casos, opera uma nova forma de gerenciamento executada pela multidão de consumidores. O trabalhador uberizado é avaliado pelos consumidores, ranqueado continuamente, e sabe da competição, que só tende a aumentar; mas não tem certeza sobre como esse ranqueamento funciona: as regras não são claras, ainda que constantemente operantes. A competição é um elemento permanente como forma de controle sobre o trabalho. Não se trata da tensão entre ser empregado ou ser parte de um exército de reserva; para o *just-in-time*, trata-se da tensão permanente de ter acesso às tarefas em um universo cada vez mais concorrido. No caso dos aplicativos, o trabalhador também pode receber um "log-off" da empresa: não há demissão, mas há desligamento, por motivos que vão de denúncias de assédio sexual a causas que nem o próprio uberizado sabe explicar.

Já a certificação do trabalho vem agora da esfera do consumo, por meio dessa espécie de *gerente coletivo*[18], que fiscaliza continuamente o trabalhador. A multidão vigilante, nessa forma de multidão, é quem garante, de modo disperso, a certificação do trabalho. A confiança, elemento-chave para que o consumidor entregue seus bens e documentos nas mãos do motoboy, para que adentre o carro de um desconhecido que será seu motorista (e que, diferentemente do taxista, não passou por um processo de certificação publicamente regulamentada), é garantida pela atividade dessa multidão vigilante, que se engaja e também confia em seu papel certificador. Assim, o trabalhador uberizado se sabe continuamente vigiado e avaliado. Essa nova forma de controle tem se mostrado eficaz na manutenção de sua produtividade, em sua adequação aos procedimentos – informalmente estabelecidos – que envolvem sua ocupação.

Motoboy: terceirizado, esfolado, uberizado

Das revendedoras, passei ao trabalho dos motoboys em São Paulo, em pesquisa em andamento nos últimos seis anos. Acompanhei o processo de uberização desses profissionais, que, de terceirizados – formais ou informais –, estão migrando para a condição de autogerentes, por vezes formalizados como microempreendedores individuais (MEI), conectados aos aplicativos de entrega.

Com os motoboys, vemos a especificidade do desenvolvimento capitalista em uma cidade latino-americana que se firma como centro financeiro e da valorização imobiliária. Com seu trabalho socialmente invisível, insalubre e de alta periculosidade, alvo de diversos tipos de discriminação, os motofretistas hoje são

---

[18] Ludmila Costhek Abílio, "Uberização do trabalho", cit.

fundamentais para a circulação de informações que precisam se materializar para a economia de tempo de outros trabalhadores, entre outras funções que podem até ser compreendidas hoje como serviços pessoais ou domésticos.

O processo em andamento no setor de entregas deixa evidente que a uberização se complementa com as terceirizações e, simultaneamente, concorre com elas. Complementa-se na medida em que é mais um passo na transferência de custos e responsabilidades da produção; mas é também uma forma de eliminação de empresas terceirizadas, que não conseguirão bancar a concorrência com as *empresas--aplicativo*. Nos anos 1980, o motoboy era diretamente contratado pela empresa, até mesmo a moto era de propriedade da contratante, não do trabalhador. A partir dos anos 1990, empresas terceirizadas de entregas espalharam-se pelo mercado. Não há dados precisos sobre esses trabalhadores; estima-se que sejam mais de 900 mil motoboys no Brasil hoje, provavelmente mais de 200 mil na cidade de São Paulo. Esse imenso exército de motoqueiros – que arriscam suas vidas e pernas cotidianamente para garantir a circulação de bens de consumo e de documentos – foi se expandindo com a terceirização de seu trabalho. A extensão do crédito para os mais pobres permite a aquisição financiada da moto; os celulares tornam-se instrumento popular de trabalho, o que reconfigura toda a logística e o ritmo de trabalho desses profissionais; a baixa qualificação exigida e a remuneração mais alta que outras ocupações de mesmo nível são elementos que contribuem para a consolidação e o espraiamento das empresas terceirizadas e de uma ampla oferta de vagas para motoboys. Ao mesmo tempo, o crescimento do contingente de trabalhadores e das empresas contratantes também está relacionado com o desenvolvimento de São Paulo como metrópole em colapso na questão da mobilidade urbana e, simultaneamente, em seu desenvolvimento como centro da valorização financeira e imobiliária.

Nesse universo bem estabelecido de empresas terceirizadas e seu enorme exército de trabalhadores, adentram os aplicativos de motofrete. Para ser um entregador da Loggi, por exemplo, o motoboy torna-se um microempreendedor individual e tem de estar regulamentado como motofretista, o que implica uma série de custos para sua regulação. Mais recentemente, surgiram aplicativos como Rappi, iFood e Uber Eats, que atuam principalmente no ramo de entrega de comida. Produzem uma reorganização dos próprios restaurantes, assim como a adesão de trabalhadores que não eram e se tornam bikeboys e motofretistas.

Para o motoboy, os aplicativos apresentaram-se, inicialmente, como o meio de livrar-se da exploração da empresa terceirizada (que, em geral, abocanha 40% do valor da entrega realizada) e tornar-se um trabalhador por conta própria, o que pôde lhe proporcionar rendimentos maiores. Trabalhar por conta própria requer abrir mão de direitos (caso o motoqueiro seja formalizado) e enfrentar a relação permanente entre concorrência e rendimentos: quanto mais trabalhadores aderirem aos aplicativos, menor será a perspectiva de ganho e provavelmente maior será o tempo de trabalho. Para motoboys que aderiram aos aplicativos há anos, fica evidente que aquilo que parecia vantajoso agora se torna um enorme desafio para sua própria manutenção e reprodução. O crescimento da concorrência, aliado à crise econômica, vem se traduzindo em extensão do tempo de trabalho, intensificação do trabalho, queda dos rendimentos e adoecimentos psíquicos e físicos[19].

Também é possível perceber uma articulação e uma retroalimentação entre uberização e outras formas de terceirização. Para muitos, hoje, o aplicativo e as terceirizadas se combinam: o motofretista preenche com entregas ofertadas no aplicativo os poros de não trabalho em sua jornada para as terceirizadas – uma estratégia que requer o saber-fazer de sua logística.

Portanto, a entrada dos aplicativos nesse mercado está reorganizando o trabalho, ao mesmo tempo que vem baixando o valor da força de trabalho. Motofretistas uberizados encontram dificuldades em se organizar coletivamente para frear o rebaixamento promovido pela concorrência entre os próprios aplicativos. Trata-se de um processo veloz de monopolização desse setor: a ampla gama de empresas terceirizadas que empregavam formal ou informalmente os motoboys vai sendo reduzida às grandes empresas que ainda conseguem manter-se perante a profunda reorganização promovida pelas empresas-aplicativo. Por sua vez, a entrada dos aplicativos produz um novo tipo de oferta para esse trabalho – restaurantes que não faziam delivery passam a fazer, sorveterias, supermercados ampliam a gama de possibilidades para as entregas. Além disso, a facilidade de acesso ao aplicativo e o rebaixamento do valor das entregas propiciam um uso mais ampliado dos serviços pelos consumidores. A facilidade de acesso ao trabalho, somada ao contexto de crise econômica, crescimento do trabalho informal e aumento do desemprego, também aumenta a adesão de trabalhadores que não eram motoboys, mudando tanto a relação desses profissionais com seu trabalho como a amplitude da oferta. Portanto, há uma significativa transformação em curso, que altera a organização do trabalho, o valor da hora de trabalho, as condições e a precariedade.

De "parceiros" a trabalhadores organizados/explorados?

Como vimos, as atuais empresas promotoras da uberização desenvolvem mecanismos de transferência de riscos e custos não mais para outras empresas a elas subordinadas, mas para uma multidão de trabalhadores autônomos engajados e disponíveis.

Para tanto, assim como a proprietária do salão, que receberá a comissão pelo trabalho da manicure, a Uber recebe uma porcentagem por atuar como mediadora entre a multidão de consumidores-poupadores e a multidão de motoristas amadores. Obviamente, como já demonstrado, sua atuação é muito mais complexa

---

[19] Ver o relatório final de pesquisa, mimeografado, de Ludmila Costhek Abílio (org.), *Informalidade e periferia no Brasil contemporâneo* (São Paulo, Fundação Perseu Abramo, 2019).

que isso. Assim como a "parceira" manicure não está em relação de igualdade com o proprietário ou a proprietária do salão para definir seus ganhos, a intensidade de seu trabalho ou a extensão de sua jornada, o trabalhador uberizado também tem seu trabalho subordinado e controlado. Entretanto, as formas de controle, gerenciamento, vigilância e expropriação de seu trabalho são, ao mesmo tempo, evidentes e pouco tangíveis: afinal, o estatuto do motorista é o de trabalhador autônomo, a empresa não é sua contratante, ele não é um empregado, mas um cadastrado que trabalha de acordo com as próprias determinações; simultaneamente, o que gerencia seu trabalho é um software instalado num smartphone: mesmo definindo as regras do jogo, a empresa aparece mais como uma marca do que efetivamente como uma empresa. Porém, o discurso sobre a "parceria" entre empresas-aplicativo e trabalhadores, assim como a imaterialidade daquelas, rapidamente se esfumaça quando trabalhadores uberizados se apropriam de seu poder enquanto multidão e estabelecem formas coletivas de resistência e de negociação. Nesse momento, as formas de controle, expropriação e opressão ficam explícitas.

Já estão em ato novas formas de organização política que envolvem a criação de sindicatos de aplicativos, greves e manifestações de trabalhadores uberizados. Em 2016, ocorreu pelo mundo uma série de manifestações, greves, processos judiciais e formação de sindicatos de trabalhadores de aplicativos. Motoristas da Uber estadunidenses juntaram-se a enfermeiras e trabalhadores do setor hoteleiro, entre outros, na campanha "Fight for $15", que demandava o pagamento mínimo de quinze dólares por hora de trabalho[20]. Na Califórnia, a empresa Uber optou por pagar 100 milhões de dólares em acordo com dezenas de milhares de trabalhadores (não há dados claros sobre esse número) que acionaram coletivamente a justiça, requerendo reconhecimento legal do vínculo empregatício. O acordo evitou que o processo fosse a julgamento[21]. Em setembro de 2019, a assembleia legislativa da Califórnia aprovou a lei que reconhece o vínculo empregatício dos motoristas, a qual entrou em vigor em 1º de janeiro de 2020[22].

Os motoboys que trabalham para o aplicativo Loggi também organizaram, com a coordenação do Sindicato dos Mensageiros, Motociclistas, Ciclistas e Mototaxistas Intermunicipal do Estado de São Paulo (SindimotoSP), uma manifestação

---

[20] Marcelo Rodrigues, "Motoristas do Uber entram em greve nos EUA em luta por remuneração melhor", *TecMundo*, 29 nov. 2016; disponível em: <https://www.tecmundo.com.br/uber/112162-motoristas-uber-entram-greve-eua-em-luta-remuneracao-melhor.htm>; acesso em: 10 out. 2019.

[21] Robert Mclean, "Uber will pay up to $100 million to settle labor suits", *CNN Business*, 22 abr. 2016; disponível em: <http://money.cnn.com/2016/04/22/technology/uber-drivers-labor-settlement/>; acesso em: 10 out. 2019; "Uber paga até US$ 100 mi para encerrar processo de motoristas", *Exame*, 22 abr. 2016; disponível em: <http://exame.abril.com.br/negocios/uber-paga-ate-us-100-mi-para-encerrar-processo-de-motoristas/>; acesso em: 10 out. 2019.

[22] João Ozorio de Melo, "Nova lei da Califórnia cria vínculo empregatício para motoristas de aplicativos", *Consultor Jurídico*, 13 set. 2019; disponível em: <https://www.conjur.com.br/2019-set-13/california-cria-vinculo-empregaticio-motoristas-aplicativos>; acesso em: 10 out. 2019.

que interrompeu faixas da Marginal Pinheiros e da avenida Rebouças contra a nova forma de remuneração por entrega implementada pela empresa, que, na realidade, aumenta sua porcentagem de ganhos sobre o trabalho dos motofretistas. Na Itália, os ciclistas entregadores da empresa Foodora organizaram as primeiras greves de trabalhadores por aplicativos, as quais evidenciaram novas formas de punição (como o desligamento do aplicativo de lideranças), assim como de apoio (as manifestações começaram a contar com a adesão de usuários consumidores). Em Londres, após sete dias de greve, motociclistas do aplicativo Deliveroo conseguiram impedir mudanças que rebaixariam o valor de sua hora de trabalho. Também foram criados, em 2016, o Sindicato dos Motoristas de Aplicativo de São Paulo, a Associação dos Motoristas Autônomos por Aplicativos e o Sindicato dos Motoristas de Transporte Privado Individual de Passageiros do Estado do Pernambuco. No início de 2017, a Uber acionou a justiça da Califórnia para tentar impedir a formação de sindicatos. Recentemente, dando materialidade à relação capital-trabalho, foi feita uma greve global dos motoristas da Uber no dia em que a empresa abriu seu capital no mercado financeiro; a greve foi de pequenas proporções, mas já deu contornos para uma ação globalmente organizada.

Finalmente, em plena pandemia, assistimos à primeira greve nacional brasileira de trabalhadores uberizados, agora unidos sob a categoria de entregadores. Intitulam o movimento como o "Breque dos Apps", evidenciando no espaço urbano novas formas de organização e resistência. Também trazem demandas sobre suas condições de trabalho, que não são facilmente categorizadas ou homogêneas, mas que expõem o rebaixamento do valor de seu trabalho e as formas de controle que sobre eles operam.

A SUBSUNÇÃO REAL DA VIRAÇÃO

Voltando aos salões de beleza, o trabalho tipicamente feminino expõe as raízes da flexibilização do trabalho que permeia o mercado de cima a baixo. A indistinção entre o que é e o que não é tempo de trabalho, a fusão entre esfera profissional e esfera privada e a impossibilidade de mediações publicamente instituídas na regulação do trabalho são alguns dos elementos que costuram a vida dessas mulheres. No mais precário trabalho da costureira em domicílio, da empregada doméstica, da dona de casa, podemos encontrar elementos que hoje tecem a exploração do trabalho de forma generalizada[23]. Olhando para uma ocupação tipicamente feminina, foi possível reconhecer tendências em curso no mercado de trabalho que atualmente desembocam na forma visível da uberização. Como já foi dito, as revendedoras de

---

[23] Ver Ludmila Costhek Abílio, "Uberização e viração", cit.; e as seções "O flex é *feminino*" e "O sistema de vendas diretas e a exploração do trabalho tipicamente feminino", em idem, *Sem maquiagem*, cit., p. 86 e p. 82, respectivamente.

cosméticos, só para a empresa Natura, são hoje mais de 1,5 milhão de mulheres no Brasil. Com os mais diversos perfis socioeconômicos, diaristas, secretárias, professoras, donas de casa, entre tantas outras, combinam suas profissões – ou a ausência delas – com as revendas, que têm uma capilaridade impressionante com a vida pessoal e com outras ocupações. Vender ao longo da jornada de trabalho na escola, no escritório, nas festas de família, promover oficinas de maquiagem nas férias, distribuir produtos na repartição pública: o que a pesquisa evidenciou foi uma plena adesão a um trabalho sem forma de trabalho, e é justamente essa falta de forma que possibilita sua permeabilidade com outras atividades.

A empresa transfere para a multidão de trabalhadoras uma série de riscos e custos, e conta com uma dimensão não contabilizável e não paga do trabalho dessas mulheres. O espaço da casa, o ambiente de trabalho, o investimento em produtos para uso próprio, as relações pessoais funcionam como vetores para venda e para a promoção da marca. Mas o que mais nos interessa aqui é perceber a atual adesão de 1,5 milhão de mulheres – somente no Brasil, somente para uma empresa – ao trabalho amador. Do lado da empresa, o trabalho amador informal está muito bem amarrado, traduz-se em informação, em uma fábrica que tem sua produção pautada pelo ritmo das vendas desse exército gigantesco.

O motorista da Uber tem, com seu trabalho, uma relação muito parecida com a da revendedora Natura: um complemento de renda advindo de uma atividade que não confere um estatuto profissional, um bico, um trabalho amador, que utiliza a destreza do motorista, seu carro, suas estratégias pessoais e sua disponibilidade para o trabalho[24].

A administração de si, ao mesmo tempo que inteiramente subordinada, se exerce como total responsabilidade do trabalhador. Assim, a sobrevivência em meio a uma concorrência formada pela multidão de trabalhadores disponíveis passa a depender das estratégias mais eficazes no gerenciamento de si. Ter o carro ou alugar um carro, a definição da própria jornada, os horários e locais mais propícios para as corridas tornam-se, no caso dos motoristas da empresa Uber, elementos que influem na determinação dos rendimentos e mesmo da possibilidade de permanecer nessa ocupação. *Longe da figura de um empreendedor, o que vemos em ato, na uberização, é a consolidação do trabalhador como um autogerente inteiramente subordinado*[25]. Proponho, portanto, um distanciamento crítico da definição de empreendedorismo para uma definição que evidencie que o que está em jogo nada mais é do que uma transferência para o próprio trabalhador da determinação – essencialmente subordinada – dos meios/estratégias/conhecimentos que permitam a permanência em uma

---

[24] Para uma análise aprofundada da relação entre o trabalho das revendedoras e a uberização, ver Ludmila Costhek Abílio, "Plataformas digitais e uberização: globalização de um Sul administrado?", *Contracampo*, Niterói, v. 39, n. 1, abr.-jul. 2020, p. 12-26.
[25] Ludmila Costhek Abílio, "Uberização", cit.

atividade na qual nada estará garantido. Vale destacar que, para a grande maioria da classe trabalhadora brasileira, o autogerenciamento é elemento estruturante de suas vidas e precede o que hoje possamos definir como políticas neoliberais ou inovações tecnológicas (o que não quer dizer que o autogerenciamento não tenha se atualizado em novas formas e lógicas). Entretanto, a grande novidade é que esse modo de vida, nessa condição, passa a ser subsumido, controlado, mapeado, gerenciado e monopolizado. Estratégias de vida hoje tornam-se dados processados e utilizados para o aumento da produtividade do próprio trabalhador que as engendra, e da multidão de trabalhadores como um todo; estratégias de vida hoje tornam-se informações que serão administradas por empresas as quais detêm os meios de se apropriar delas de modo privado e tiranicamente utilizá-las como parte do gerenciamento e controle do trabalho.

8
Indústria 4.0: empresas plataformas, consentimento e resistência

Marco Gonsales

INTRODUÇÃO

A Indústria 4.0, termo cunhado pelo governo alemão, ou a Quarta Revolução Industrial, expressão utilizada pelos participantes do último Fórum Econômico Mundial de Davos, constitui um conjunto de tecnologias inovadoras, como a nanotecnologia, as plataformas digitais, a inteligência artificial (IA)[1], a robótica, a internet das coisas, entre outras, que representam um salto de qualidade na capacidade de organizar e de controlar o trabalho. Neste capítulo, caracterizamos e classificamos o trabalho ofertado pelas empresas plataformas sob a dimensão da acumulação de capital e apresentamos as principais dificuldades e alternativas dos trabalhadores e trabalhadoras do setor no aflorar da consciência e na organização da classe.

As plataformas são infraestruturas combinadas de softwares e hardwares, de propriedade privada ou pública, alimentadas por dados, automatizadas e organizadas por meio de algoritmos digitais[2]. O algoritmo pode ser uma receita de bolo ou qualquer processo de racionalização de uma atividade. No caso dos algoritmos digitais, falamos de uma sequência de instruções que informa o computador (desde suas primeiras versões) sobre o que fazer dentro de um conjunto de etapas precisamente definidas e de regras projetadas para realizar uma tarefa. O desenvolvimento

---

[1] Inteligência artificial faz referência a uma ampla classe de tecnologias que permitem ao computador executar tarefas que normalmente requerem a cognição humana. Em outras palavras, IA é a capacidade de dispositivos eletrônicos funcionarem de maneira semelhante ao pensamento humano. A IA opera por meio da lógica dos algoritmos. Ver Peter Cappelli, Prasanna Tambe e Valery Yakubovich, "Artificial Intelligence in Human Resources Management: Challenges and a Path Forward", *SSRN*, 8 abr. 2019; disponível em: <https://papers.ssrn.com/sol3/papers.cfm?abstract_id=3263878>; acesso em: 4 dez. 2019.

[2] Antonio Casilli e Daniel Posada, "The Platformization of Labor and Society", em Mark Graham e William Dutton (orgs.), *Society and the Internet: How Networks of Information and Communication Are Changing our Lives* (Oxford, Oxford University Press, 2019).

de computadores mais potentes, tanto para armazenar quanto para processar dados, e o fato de vivermos conectados à internet, cada dia mais ampla e veloz, possibilitaram o desenvolvimento da "internet 2.0", que se caracterizou pelo fenômeno das plataformas digitais[3]. O que determina, de fato, a nova capacidade produtiva das empresas plataformas é a própria plataforma, que amplia a capacidade de organização e controle sobre o trabalho e permite ao capitalista maior apropriação tanto do mais-valor absoluto quanto do relativo.

As plataformas são utilizadas pelas empresas como um ponto de produção digital diferenciado, que isola as relações sociais envolvidas no trabalho e as transformam em relações de trabalho, funcionando como um mecanismo centralizado que rege a dinâmica das relações de trabalho[4]. Assim, independentemente de onde o trabalho é realizado, seja fisicamente, nas ruas, como no caso dos motoristas da Uber, ou digitalmente, como no caso dos trabalhadores da Amazon Mechanical Turk, sob a lógica algorítmica, as plataformas ampliam a capacidade de controle. São burocracias digitais que, além de "determinar" as regras, também as executam.

> Como em um local de trabalho tradicional, onde os trabalhadores batem seu cartão de ponto, os trabalhadores "*gig*" acessam um aplicativo e, ao fazê-lo, são sujeitados a uma autoridade externa que: a) organiza a demanda dos consumidores em ordens de execução digital; b) determina quais tarefas devem ser executadas, onde e quando; c) determina, direta ou indiretamente, o valor que será pago pela execução das tarefas; d) controlam, direta ou indiretamente, a execução do trabalho e o desempenho do trabalhador.[5]

Portanto, por meio das plataformas, as atividades e o comportamento dos trabalhadores e trabalhadoras são minuciosamente monitorados e avaliados, e amplia-se o pagamento vinculado exclusivamente à produtividade, não ao tempo de trabalho. Segundo Marx, essa seria a forma proeminente de remuneração do capitalismo, "a forma mais fértil de descontos salariais e de fraudes capitalistas"[6]. As plataformas digitais avançam não apenas na organização dos dados e na realização de cálculos, mas também na capacidade de tomar decisões. Não por menos, para além do rastreamento contínuo do trabalhador e da trabalhadora, as plataformas utilizam sistemas de avaliações realizadas pelos consumidores como uma das variáveis utilizadas pelos algoritmos para julgar o trabalho realizado, posicionando-os

---

[3] Christian Fuchs, "Digital Prosumption Labour on Social Media in the Context of the Capitalist Regime of Time", *Time & Society*, v. 23, n. 1, 2014, p. 97-123.
[4] Alessandro Gandini, "Labour Process Theory and the Gig Economy", *Human Relations*, v. 72, 18 set. 2018.
[5] Ibidem, p. 7.
[6] Karl Marx, *O capital: crítica da economia política*, Livro I: *O processo de produção do capital* (trad. Rubens Enderle, São Paulo, Boitempo, 2013, coleção Marx-Engels), p. 623.

como agentes da gestão, de modo que são os clientes, em vez dos gestores, que devem estar satisfeitos e cujas ordens e ideias devem ser seguidas[7].

Segundo Guy Standing[8], um terço de todas as relações sociais de trabalho será mediado por plataformas digitais até 2025. No Brasil, a Pesquisa Nacional por Amostra de Domicílios (Pnad), do Instituto Brasileiro de Geografia e Estatística (IBGE), realizada no primeiro trimestre de 2019, estima que 3,8 milhões de pessoas têm o trabalho mediado por plataformas, principalmente trabalhadores e trabalhadoras das empresas de transporte particular por aplicativo e de entregas de alimentos e produtos em geral[9].

As empresas plataformas fazem parte de um amplo setor, diverso e em pleno desenvolvimento, também intitulado com muitos termos e algumas particularidades, entre os quais estão economia de plataforma[10], economia compartilhada[11], economia *peer-to-peer* [de pessoa para pessoa][12], economia colaborativa[13], capitalismo de plataforma[14] e economia *gig*[15], entre outros. A similaridade entre todos os termos recai na utilização, por empresas, de plataformas digitais intermediando, organizando e controlando o trabalho e/ou consumo. Muitos acreditam que estamos diante de uma nova economia, mais acessível, sustentável, comunitária e democrática, fruto do desenvolvimento tecnológico.

Ainda que tenhamos nichos de organizações que realmente utilizam as plataformas digitais em busca de alternativas não monetárias e não mercadológicas,

---

[7] Linda Fuller e Vicki Smith, "Consumers' Reports: Management by Customers in a Changing Economy", *Work, Employment and Society*, v. 5, n. 1, 1991.

[8] Guy Standing, *The Corruption of Capitalism: Why Rentiers Thrive and Work Does Not Pay* (Londres, Biteback, 2016).

[9] Instituto Brasileiro de Geografia e Estatística (IBGE), *Pesquisa Nacional por Amostra de Domicílios Contínua – Pnad Contínua: mercado de trabalho brasileiro – 1º trimestre de 2019*, Brasília, 16 maio 2019; disponível em: <https://static.poder360.com.br/2019/05/Pnad-continua-ibge-desemprego.pdf>; acesso em: 4 nov. 2019.

[10] Tarleton Gillespie, "The Politics of 'Platforms'", *New Media & Society*, v. 12, n. 3, 2010, p. 347--64; Martin Kenney e John Zysman, "The Rise of the Platform Economy", *Issues in Science and Technology*, v. 32, n. 3, 2016, p. 61-9.

[11] Johanna Mair e Georg Reischauer, "Capturing the Dynamics of the Sharing Economy: Institutional Research on the Plural Forms and Practices of Sharing Economy Organizations", *Technological Forecasting and Social Change*, n. 125, 2017, p. 11-20; Arun Sundararajan, *The Sharing Economy: The End of Employment and the Rise of Crowd-Based* (Cambridge, MIT Press, 2016).

[12] Georgios Zervas, Davide Proserpio e John W. Byers, "The Rise of the Sharing Economy: Estimating the Impact of Airbnb on the Hotel Industry", *Journal of Marketing Research*, v. 54, n. 5, out. 2017.

[13] Rachel Botsman e Roo Rogers, *What's Mine Is Yours: The Rise of Collaborative Consumption* (Nova York, Harper Collins, 2010).

[14] Nick Srnicek, *Platform Capitalism* (Cambridge/Malden, Polity, 2016).

[15] Gerald Carl Friedman, "Workers without Employers: Shadow Corporations and the Rise of the Gig Economy", *Review of Keynesian Economics*, v. 2, n. 2, 2014, p. 171-88; Alessandro Gandini, "Labour Process Theory and the Gig Economy", cit.

que promovem a partilha do tempo, de bens e de espaços ociosos, ou mesmo o cooperativismo de plataforma, que busca, mesmo que contraditoriamente, alternativas democráticas para a organização do trabalho[16], é o mercado que se apropria, em grande escala, das novas tecnologias da informação e comunicação, representadas nas plataformas digitais – um ambiente digital, de lógica algorítmica, de grande capacidade de armazenamento e processamento de dados – e promove mudanças significativas, principalmente no mundo do trabalho. Esses mecanismos de resistência ao capital estão longe de ser suficientemente capazes de produzir transformações na estrutura de reprodução *sociometabólica* do capital[17]. Portanto, o que se estabelece não é uma nova economia compartilhada ou colaborativa, tampouco uma nova economia de pessoas para pessoas, mas empresas plataformas que ampliam a capacidade de organização e controle do trabalho e, por conseguinte, de produção de mais-valor.

PLATAFORMIZAÇÃO E ACUMULAÇÃO DE CAPITAL

Com Marx, aprendemos que quanto maior a capacidade de produção e reprodução do capital, maior a pobreza. Para se reproduzir, o capital precisa aumentar sua capacidade de produção pela conquista de novos mercados e pela intensa exploração dos antigos por meio da eliminação do trabalho ou de sua intensificação. Trata-se de um processo de precarização contínuo, em que a tecnologia age como uma espada de dois gumes. Ela tanto desestabiliza como abre um caminho de desenvolvimento para a absorção do excedente do capital. Em suma, os capitalistas em competição utilizam-se das tecnologias para inovar, em um processo contínuo de destruição criativa[18].

> As forças produtivas disponíveis já não mais favorecem as condições da propriedade burguesa; ao contrário, tornaram-se poderosas demais para essas condições que as entravam; e, quando superam esses entraves, desorganizam toda a sociedade, ameaçando a existência da propriedade burguesa. A sociedade burguesa é muito estreita para conter as suas próprias riquezas. E como a burguesia vence essas crises? De um lado, pela destruição violenta de grande quantidade das forças produtivas; do outro, pela conquista de novos mercados e pela intensa exploração dos

---

[16] Rafael Grohmann, "Cooperativismo de plataforma e suas contradições: análise de iniciativas da área de comunicação no Platform.Coop", *Liinc em Revista*, v. 14, n. 1, 2018; Trebor Scholz, *Cooperativismo de plataforma* (trad. Rafael A. F. Zanatta, São Paulo, Elefante/Autonomia Literária/Fundação Rosa Luxemburgo, 2017).

[17] István Mészáros, *Para além do capital: rumo a uma teoria da transição* (trad. Paulo Cezar Castanheira e Sérgio Lessa, São Paulo, Boitempo, 2002, coleção Mundo do Trabalho).

[18] Marco Antonio Gonsales de Oliveira, *Resistência e consentimento na empresa pós-fordista: uma etnografia com trabalhadores da Embraer* (tese de doutorado em administração de empresas, São Paulo, Faculdade de Economia, Administração, Contábeis e Atuariais da Pontifícia Universidade Católica de São Paulo, 2017).

antigos. Portanto, prepara crises mais extensas e mais destrutivas, diminuindo os meios de evitá-las.[19]

Capitalistas superam outros capitalistas quando se apropriam da maior parte da jornada de trabalho do trabalhador e da trabalhadora, portanto, de mais-valor extra com o mesmo volume de capital. A superação é momentânea, e logo que outros capitalistas passam a utilizar as mesmas tecnologias, a vantagem dos pioneiros desaparece, a crise de produção se estabelece e surge a necessidade de grandes reestruturações produtivas em busca, novamente, de excedente de capital. Portanto, taylorismo, fordismo, toyotismo e plataformização ou uberização representam etapas de superação da crise de acumulação do capital, em que a ciência, transformada em tecnologia, torna-se uma indispensável ferramenta[20]. "A ciência é a última – e depois do trabalho, a mais importante – propriedade social a converter-se num auxiliar do capital [...]. Um esforço social antigamente relativamente livre é integrado na produção e no mercado."[21]

Nesse contexto, caracterizamos as empresas plataformas mediante a reflexão sobre as pesquisas de Cristiano Codagnone, Federico Biagi e Fabienne Abadie[22], Richard Heeks[23] e Ursula Huws[24], e as dividimos em sete grupos. O objetivo é distinguir as empresas plataformas que produzem e reproduzem o trabalho que caracteriza o capitalismo, aquele que gera valor para o capital e renda para a subsistência do trabalhador. Também dividimos as empresas conforme a qualificação e a especialização de seus trabalhadores e trabalhadoras. A dimensão da especialização/qualificação é importante, pois aqueles e aquelas que a possuem estão potencialmente em posições privilegiadas dentro da apropriação das relações de exploração e, portanto, desfrutam níveis substanciais de autonomia na venda do seu tempo de trabalho.

O primeiro grupo representa as empresas plataformas "*clickwork*" de trabalho digital, como Amazon Mechanical Turk, Microworkers, Clickworker,

---

[19] Karl Marx e Friedrich Engels, *Manifesto Comunista* (São Paulo, Instituto José Luís e Rosa Sundermann, 2003), p. 31.
[20] Fabiane Santana Previtali e Cílson César Fagiani, "Organização e controle do trabalho no capitalismo contemporâneo: a relevância de Braverman", *Cadernos Ebape.BR*, v. 12, n. 4, out.-dez. 2014.
[21] Harry Braverman, *Trabalho e capital monopolista: a degradação do trabalho no século XX* (trad. Nathanael Caixeiro, Rio de Janeiro, Zahar, 1977), p. 138.
[22] Cristiano Codagnone, Federico Biagi e Fabienne Abadie, "The Passions and the Interests: Unpacking the 'Sharing Economy'", *JRC Science for Policy Report*, Institute for Prospective Technological Studies, 2016.
[23] Richard Heeks, "Decent Work and the Digital Gig Economy: A Developing Country Perspective on Employment Impacts and Standards in Online Outsourcing, Crowdwork, etc.", *Development Informatics Working Paper Series*, n. 71, 2017.
[24] Ursula Huws, *A formação do cibertariado: trabalho virtual em um mundo real* (trad. Murillo van der Laan, Campinas, Editora da Unicamp, 2017).

RapidWorkers, Jobboy, The Smart Crowd, Minijobz, Appen e Lionbridge, em que qualquer pessoa com acesso à internet pode se cadastrar, fazer parte de uma linha de produção digital global, realizar microtrabalhos remunerados, subprodutos da "informação", em grande parte voltados para a produção de inteligência artificial – brilhantemente caracterizado como trabalho fantasma por Mary Gray[25]. Além das microtarefas voltadas para a produção de IA, outros microtrabalhos para o mercado corporativo, como o preenchimento de notas fiscais ou a transcrição de áudios, entre inúmeras outras atividades digitais, também fazem parte dos trabalhos ofertados nas plataformas "clique e trabalhe".

Os microtrabalhos digitais ofertados por essas empresas para a produção de IA evidenciam que, no capitalismo, a automação nunca será completa e sempre necessitará do trabalho das pessoas. O turco mecânico (*mechanical turk*), que ludibriava seus espectadores com uma máquina supostamente inteligente por ser capaz de jogar xadrez contra humanos, mas que escondia um trabalhador dentro da parafernália, operando a máquina com manivelas, foi o nome escolhido pela Amazon para sua empresa de microtrabalho digital. Produzir IA é treinar algoritmos. Muitas vezes, quando uma plataforma sob a lógica algorítmica parece fazer algo por meio da tecnologia da IA, na verdade, isso está sendo redirecionado para inúmeros trabalhadores, uma rede de produção global de trabalho digital. A maior diferença ante o turco mecânico do século XVIII é que este dependia de um trabalhador altamente qualificado para ganhar dos grandes enxadristas de sua época. A IA, ferramenta determinante para o projeto do fim do trabalho, é extremamente dependente do trabalho humano em grande escala, e assim continuará sendo[26].

O segundo grupo faz referência às empresas plataformas de macrotrabalho não presencial, como Upwork, Fiverr, Guru, PeoplePerHour e Freelancer.com, que facilitam a reunião de trabalhadores e trabalhadoras de qualificação especializada, tradicionalmente conhecidos como *freelancers*, de atuação local e global, como designers gráficos, consultores, projetistas, redatores, tradutores, analistas, consultores, entre outros.

O terceiro grupo de empresas plataformas refere-se àquelas que controlam e organizam trabalhadores e trabalhadoras locais, tais como motoristas, eletricistas, seguranças, faxineiros, entre tantos outros; alguns exemplos são Uber, Cabify, Glovo, TaskRabbit e Handy. A diferença entre este grupo e os dois primeiros está na necessidade da presença física do trabalhador ou trabalhadora. A expressão uberização é frequentemente utilizada para caracterizar esse grupo de empresas plataformas.

O quarto grupo inclui empresas plataformas de trabalho qualificado presencial, como Nomad Health. A empresa presta serviços de saúde *on-demand* por

---

[25] Mary Gray e Siddharth Suri, *Ghost Work: How to Stop Silicon Valley from Building a New Global Underclass* (Boston, Houghton Mifflin Harcourt, 2019).
[26] Antonio Casilli e Daniel Posada, "The Platformization of Labor and Society", cit.

meio de médicos e enfermeiros cadastrados em sua plataforma. Outro exemplo é a londrina Jobandtalent, que oferece diversos trabalhos por demanda, geridos por plataformas, como operadores de logística, vendedores, gestores, cozinheiros, entre outros.

Os projetistas, arquitetos, dentistas, médicos, enfermeiros, profissionais que atuam em setores com grande presença de autônomos, perdem espaço para as empresas plataformas. Essas empresas, dadas as inúmeras vantagens proporcionadas pelas novas tecnologias de informação e comunicação (TIC), como capacidade de comunicação, políticas de preço e agilidade, invadem espaços tradicionais dos autônomos. Mesmo os especializados e qualificados são impactados com a chegada das empresas plataformas. Dificilmente trabalhadores autônomos poderão concorrer com esse tipo de organização. Intermediar trabalhadores não é novidade no capitalismo: há inúmeras empresas especializadas no setor. No entanto, a mesma lógica que intensifica e reduz o valor do trabalho do motorista das empresas de transporte por aplicativo, por exemplo, acomete outros trabalhadores e trabalhadoras que atuam intermediados por plataformas.

O quinto grupo refere-se às empresas que não fazem parte especificamente da economia de plataforma. São organizações que não utilizam trabalhadores por demanda necessariamente, mas fazem uso das plataformas digitais para organizar e controlar trabalhadores contratados (efetivos). A pesquisa *The Platformisation of Work in Europe*, realizada em treze países europeus durante os anos de 2016 e 2019[27], analisou, entre outros temas, a utilização das plataformas digitais no trabalho em empresas que não integram o setor da economia de plataforma, mas fazem uso de aplicativos ou sites para notificar os trabalhadores das novas tarefas que os aguardam e/ou para registrar seu horário de trabalho. Essa pesquisa comparou os resultados com trabalhadores que atuam na economia de plataforma. Em todos os países pesquisados, mesmo somados os trabalhadores ocasionais e os frequentes da economia de plataforma, há mais trabalhadores fora do setor que utilizam aplicativos e sites para saber o que e quando fazer que trabalhadores do setor da economia de plataforma.

O sexto grupo é composto por empresas plataformas em que predomina o trabalho de consumo digital realizado pelos prossumidores, usuários proativos. Consideramos as atividades realizadas por esses usuários em plataformas como Facebook, Google, TripAdvisor e YouTube (quando não remunerado) como trabalho digital de consumo não remunerado, em que não se estabelece uma relação capital-trabalho, não há coação e tampouco são oferecidas condições de subsistência ao trabalhador e à trabalhadora. No entanto, o trabalho de consumo digital substitui trabalhadores outrora contratados e segue a linha dos

---

[27] Ursula Huws et al., *The Platformisation of Work in Europe* (Bruxelas, Foundation for European Progressive Studies, 2019).

trabalhos de consumo tradicionais, como terminar a montagem de um móvel ou consumir em um fast-food[28].

Por fim, destacamos, no sétimo grupo, as empresas plataformas que auxiliam a intermediação entre pessoas que objetivam alugar, vender ou comprar produtos pessoais, tais como Airbnb, eBay, Mercado Livre, Zipcar e Zazcar. Não existe relação capital-trabalho, apenas relações comerciais, como grandes classificados digitais que facilitam o encontro de locadores e locatários ou compradores e vendedores.

Há pelo menos quarenta anos, as empresas utilizam sistemas (programas de computadores) conhecidos como Manufacturing Resource Planning (MRP e MRPII) ou Enterprise Resource Planning (ERP) no auxílio da organização e no controle do trabalho. No entanto, os novos sistemas (softwares), agora plataformas, avançam não apenas na organização de dados, na realização de cálculos, mas na capacidade de tomar decisões: demitir ou contratar trabalhadores, determinar tarefas, avaliá-las, recomendar cursos, conceber críticas sobre o trabalho realizado, entre outras funções que antes eram realizadas por pessoas.

Em suma, entendemos que as empresas dos cinco primeiros grupos produzem e reproduzem trabalho produtivo, estabelecendo uma relação capital-trabalho antagônica: desfavorável ao trabalhador, mas capaz de lhe conceder renda para a subsistência e produzir valor para o capital. As empresas dos grupos seis e sete, como Facebook, eBay, TripAdvisor etc., se beneficiam da tecnologia, principalmente ao ampliar a utilização do prossumidor, o consumidor proativo; mas o trabalho deste, por não ser remunerado, tampouco pode ser considerado trabalho produtivo, já que não produz valor direto para o capital. Nesse sentido, as empresas desses grupos são como as empresas mercantis que participam da "divisão" do mais-valor, pois aumentam a velocidade da realização das mercadorias, a rotação do capital, até voltar à esfera produtiva, produzindo apenas valor indireto ao capital. Mesmo não se estabelecendo uma relação capital-trabalho, as empresas plataformas, ao promover e ampliar o uso do prossumidor, promovem a desvalorização do valor do trabalho. Consideramos crucial identificar os pontos críticos nos processos de produção, em que as ações dos trabalhadores e trabalhadoras podem obter, de fato, resultados. Em outras palavras, não são os anfitriões do Airbnb ou mesmo os prossumidores do Facebook, Instagram, LinkedIn e TripAdvisor que poderão desenvolver consciência e organização de classe para impor derrotas ao capital[29].

---

[28] Marcos Dantas, "As rendas informacionais e a apropriação capitalista do trabalho científico e artístico", em Rodrigo Marques, Filipe Raslan, Flávia Melo e Marta Pinheiro (orgs.), *A informação e o conhecimento sob as lentes do marxismo* (Rio de Janeiro, Garamond, 2014); Rafael Evangelista, "Mais-valia 2.0", *A Rede*, n. 28, ago. 2007; Ursula Huws, *A formação do cibertariado*, cit.

[29] Ursula Huws, *A formação do cibertariado*, cit.

Consciência de classe

Há um fator determinante e pouco mencionado na produção do consentimento dos trabalhadores e trabalhadoras intermediados por plataformas: a ausência do processo de seleção. Para ser um "parceiro" dessas empresas, não há necessidade de processo seletivo. A velocidade com que a relação de trabalho se estabelece é incrivelmente única. Trabalhadores e trabalhadoras são contratados quase que instantaneamente, uma vez que concordem com os termos e as condições estabelecidas pela empresa[30]. Portanto, em uma sociedade em que ser explorado tornou-se um privilégio, as empresas plataformas representam a subordinação direta do trabalhador e da trabalhadora ao capital. Como elucida Virgínia Fontes, a referência à subsistência torna-se exclusividade das empresas.

> Os estados capitalistas realizaram um duplo movimento: reduziram sua intervenção na reprodução da força de trabalho empregada, ampliando a contenção da massa crescente de trabalhadores desempregados, preparando-os para a subordinação direta ao capital. Isso envolve assumir, de maneira mais incisiva, processos educativos elaborados pelo patronato, como o empreendedorismo e, sobretudo, apoiar resolutamente o empresariado no disciplinamento de uma força de trabalho para a qual o desemprego tornou-se condição normal (e não mais apenas ameaça disciplinadora).[31]

Além do mais, outros fatores característicos do trabalho intermediado por plataformas dificultam o aflorar da consciência de classe dos trabalhadores e trabalhadoras do setor: 1) a própria competição entre eles e elas, agora empreendedores e empreendedoras remunerados por produtividade; 2) o fato de que parte da classe atua apenas quando necessário para complementar sua renda; 3) a existência de poucos locais físicos de encontro dos trabalhadores e trabalhadoras das empresas plataformas; 4) o amadorismo, característico de grande parte do setor; 5) a dinâmica dos vínculos com diversos empregadores; 6) os recursos limitados a uma sobrevivência às margens do sistema. No entanto, as inúmeras manifestações e greves realizadas por trabalhadores e trabalhadoras plataformizados no Brasil e no mundo, que, inclusive, também já contam com seus primeiros sindicatos e associações, deixam evidente que há limites ao modelo de controle e organização do trabalho efetuado pelas empresas plataformas, além de colocarem fim ao discurso de parceria e empreendedorismo por elas promovido.

Entre aqueles e aquelas que têm seu trabalho organizado e controlado por intermédio de plataformas digitais, motoristas das empresas de transporte particular por

---

[30] James Duggan et al., "Algorithmic Management and App-Work in the Gig Economy: A Research Agenda for Employment Relations and HRM", *Human Resource Management Journal*, 12 set. 2019.

[31] Virgínia Fontes, "Capitalismo em tempos de uberização: do emprego ao trabalho", *Marx e o Marxismo*, v. 5, n. 8, 2017, p. 49.

aplicativo (TPA) são pioneiros e pioneiras na organização da classe na luta por melhores condições de trabalho. Mesmo se posicionando como empresas de tecnologia que utilizam plataformas para conectar usuários a motoristas parceiros, as inúmeras manifestações, greves e protestos de trabalhadores e trabalhadoras, além das associações e sindicatos que se organizam em todo o mundo, evidenciam que não existem relações de parceria, mas trabalhadores e trabalhadoras alienados, em uma relação que lhes é desvantajosa.

No entanto, as mesmas tecnologias que ampliam a capacidade de controle e organização do trabalho pelas empresas plataformas e que isolam os trabalhadores e trabalhadoras em seus computadores, carros, motos e celulares também os capacitam com novas ferramentas para romper o isolamento característico do setor e organizar a classe. Se outrora o trabalho, seu controle, sua organização e a resistência organizada aconteciam predominantemente nas fábricas e em suas proximidades, agora trabalhadores e trabalhadoras também se beneficiam das novas tecnologias – dos ambientes digitais – para se comunicar e se organizar. Dos grupos de conversas on-line surgem lideranças que criam seus próprios canais no YouTube e similares, surgem grupos organizados, e muitos se transformam em associações e sindicatos.

A maior greve do setor aconteceu na Índia, país em que motoristas por aplicativos mais pulsam. Em fevereiro de 2017, mais de 100 mil motoristas, em Bangalore e Nova Deli, paralisaram suas atividades por duas semanas. Esses motoristas protestavam por melhores remunerações, pelo aumento da tarifa-base, pela possibilidade de ser representados por associações e sindicatos e pela redução do número de motoristas ativos. Foi a terceira onda de protestos na Índia apenas no primeiro trimestre de 2017. Em outubro e novembro de 2018, em Deli e Mumbai, outras grandes manifestações eclodiram. Com aproximadamente 50 mil trabalhadores e trabalhadoras, a greve durou onze dias. Em julho e agosto de 2019, mais duas grandes mobilizações aconteceram em Calcutá, com respectivamente 25 mil e 10 mil trabalhadores e trabalhadoras.

No dia 8 de maio de 2019, motoristas "parceiros" que trabalham nas principais empresas de transporte de passageiros por aplicativo, como Uber, Cabify, 99 (DiDi) e Lyft, realizaram uma grande manifestação global por melhores condições de trabalho. A data escolhida pela legião de motoristas para a realização dos protestos foi a véspera da estreia da maior dentre as empresas do setor de transporte particular por aplicativo, a Uber, na bolsa estadunidense. As manifestações aconteceram em cidades de países como Estados Unidos, Reino Unido, França, Austrália, Nigéria, Quênia, Chile, Brasil, Panamá, Costa Rica e Uruguai, entre outros.

Menos de dez meses depois, a articulação internacional dos e das motoristas ganhou uma nova dimensão. Em Thame, Oxfordshire, na Inglaterra, entre os dias 29 e 30 de janeiro de 2020, sessenta motoristas de 27 países se uniram e realizaram o primeiro encontro internacional da categoria. O evento marcou a inauguração da primeira associação internacional da classe, a International Alliance of App-Based

Transport Workers (IAATW), e deu início à produção do primeiro manifesto da categoria: "Manifesto for App-Based Transport Workers".

As lutas não se restringem ao setor das empresas plataformas que ofertam serviços de transporte particular por aplicativos. Enquanto escrevíamos e organizávamos este livro, fomos surpreendidos com a pandemia causada pela disseminação global de um novo coronavírus, que colocou milhões de pessoas em isolamento em suas casas. Nesse cenário de catástrofe sanitária global e consequente isolamento social, os entregadores e entregadoras por aplicativos, que atuam para empresas plataformas como Uber Eats, 99 Food, iFood, Rappi, Loggi, entre outras, foram alçados, por governantes e por parte da população, a uma das soluções para o enfrentamento das dificuldades do isolamento social. Outrora invisíveis, esses trabalhadores e trabalhadoras se tornaram, da noite para o dia, "heróis", pois assumiram (sem alternativas) os riscos de contaminação e seguiram nas ruas entregando pedidos para que os demais ficassem em casa.

No entanto, a promoção a heróis não significou maiores rendimentos, tampouco melhores condições de trabalho para esses trabalhadores e trabalhadoras. Como muitas pessoas ficaram desempregadas durante a pandemia, para uma parte expressiva da população, trabalhar para empresas plataformas de entregas de encomendas (delivery) se tornou uma das poucas alternativas de sobrevivência. No entanto, mesmo com a demanda do setor aquecida, entregadores e entregadoras afirmaram que estavam recebendo poucas chamadas, que o tempo de espera entre cada pedido havia aumentado e os rendimentos estavam reduzidos, já que, quanto maior o número de trabalhadores e trabalhadoras disponíveis, menor o valor pago por seu tempo de trabalho.

Nesse contexto, em menos de um mês após o decreto de isolamento social emitido pelo governador do estado de São Paulo, na segunda-feira, dia 20 de abril de 2020, entregadores e entregadoras paulistanos realizaram um grande buzinaço por importantes avenidas da cidade, reivindicando melhor remuneração e a distribuição de equipamentos de proteção individual para tempos de pandemia por parte das empresas. Como não foram atendidos, poucos meses depois, no dia 1º de julho de 2020, entregadores e entregadoras por aplicativos promoveram a primeira greve nacional do setor. Além de ter sido o primeiro movimento paredista nacional, foi também a primeira participação da categoria em uma manifestação de dimensão internacional. Os *repartidores* e *repartidoras* de países como Argentina, México, Peru, Equador, Guatemala, Costa Rica e Espanha, que já haviam realizados duas grandes paralisações durante a pandemia, aderiram ao movimento brasileiro e também brecaram suas motos e bicicletas por melhores condições de trabalho[32].

---

[32] A greve foi votada em assembleia virtual, com participação dos Raiders Unidos (Chile), Glovers Unidos (Equador), Treta no Trampo (Brasil), Entregadores Antifascistas (Brasil), Repartidrxs

O resultado superou as expectativas e o que presenciamos foi o maior movimento paredista internacional desde a greve global dos trabalhadores e trabalhadoras do setor de comidas rápidas (fast-food), em 15 de maio de 2014. Cabe lembrar, para melhor dimensionarmos a importância do evento internacional realizado pelos entregadores e entregadoras, que a greve de 2014, do setor de fast-food, foi a primeira de dimensão global organizada pela classe trabalhadora.

As empresas plataformas que ofertam microtrabalho digital, como Amazon Mechanical Turk, Microworkers, Clickworker e RapidWorkers, também não são imunes à organização e à reivindicação de seus trabalhadores e trabalhadoras, que, aos poucos, superam a superindividualização característica do setor e se organizam. Ainda que de forma embrionária, eles e elas vêm fazendo como os motoristas das empresas de transporte particular por aplicativos e estão criando grupos em redes sociais, utilizando ferramentas de mensagens instantâneas e vídeos no YouTube, desenvolvendo conteúdo de auxílio a outros usuários e promovendo campanhas. O projeto Turkopticon, de Lilly Irani e Six Silberman, desenvolveu um programa que possibilita aos microtrabalhadores e microtrabalhadoras avaliarem os solicitantes das tarefas. Além disso, o Turkopticon possibilita e incentiva a integração digital entre seus usuários[33].

Não por menos, nos dias 25 e 26 de junho de 2020, por meio de uma conferência virtual, intitulada Global Digital Workers Conference, foi fundada a Transnational Workers Network (TWN), uma organização internacional para defender os direitos dos trabalhadores e trabalhadoras intermediados por plataformas. Inicialmente, participam da TWN trabalhadores e trabalhadoras de associações e sindicatos dos Estados Unidos, Espanha, França e Inglaterra.

Concluindo

As revoluções industriais estão imbricadas à dinâmica capitalista, pois representam marcos no desenvolvimento de suas forças produtivas. São períodos históricos em que o desenvolvimento tecnológico culmina em saltos qualitativos na capacidade produtiva e na organização do trabalho. No capitalismo financeiro, informacional e globalizado, a conquista por novos mercados já não favorece, como outrora, as ambições capitalistas; portanto, a opção pela destruição da grande quantidade das forças produtivas e a intensa exploração dos mercados estabelecidos se exacerbam. Nesse cenário, as reestruturações produtivas, leia-se também crises, tornam-se uma constante.

Unidxs (Costa Rica), Motociclistas Unidos (México), Ni un Repartidor Menos (México), Agrupación Trabajadores de Argentina e Agrupación Trabajadores de Reparto de Argentina.

[33] Sai Englert, Jamie Woodcock e Callum Cant, "Digital Workerism: Technology, Platforms, and the Circulation of Workers' Struggles", *TripleC*, v. 18, n. 1, 2020, p. 132-45.

Por mais eficientes que sejam as novas formas, objetivas e subjetivas, de controle sobre o trabalho realizadas pelas empresas, por meio das novas tecnologias da informação e da comunicação, são inúmeros os exemplos de trabalhadores e trabalhadoras intermediados por aplicativos que se conscientizam e se organizam em associações, sindicatos e coletivos, e logram importantes conquistas por melhores condições de trabalho. A novidade está no fato de que, assim como as principais empresas plataformas são organizações globais que se beneficiam das novas tecnologias para gerir multidões dispersas pelo mundo, seus trabalhadores e trabalhadoras, também capacitados pela popularização de tecnologias similares, se identificam, se comunicam, partilham sentidos e se articulam em dimensões internacionais.

9
Uma nova reestruturação produtiva pós-crise de 2008?

Iuri Tonelo

Introdução
Este capítulo visa desenvolver uma indagação que consideramos fundamental para o entendimento do alcance e do significado das transformações atuais do mundo do trabalho na última década, ao observar o plano internacional: a dinâmica, o ritmo e o grau das transformações, a partir da crise de 2008, indicam que estamos vivenciando uma nova reestruturação produtiva, superando qualitativamente a ocorrida no período neoliberal (sobretudo nos anos 1990)?

Para abordar essa questão, buscaremos expor os traços gerais do toyotismo e da acumulação flexível no período pré-crise e, tendo essas informações como parâmetro, pretendemos expor os principais eixos do processo em curso na atualidade – em particular as mudanças na legislação trabalhista, os impactos laborais do fenômeno da imigração e a introdução de novas tecnologias no mundo do trabalho (a chamada "economia de plataforma") – para, a partir daí, traçar hipóteses sobre o cenário que se avizinha.

A reestruturação produtiva na era neoliberal
Partimos da consideração de que o processo de *acumulação flexível* é uma das características mais marcantes da reestruturação produtiva neoliberal: sua marca é ter ultrapassado os limites da rigidez fordista, incorporando os elementos de avanço tecnológico do toyotismo e indo além, uma vez que esteve intimamente relacionada com a mundialização do capital, ou seja, com a "globalização neoliberal". Nesse processo, em que o capital financeiro atinge níveis inimagináveis de articulação entre distintas regiões do globo como forma de combinar a exploração mais selvagem do trabalho, ele se utiliza dos grandes polos industriais para produção e montagem, e se aproveita dos melhores polos tecnológicos como parte da "composição" da produção.

Nesse sentido, se tomarmos o apogeu do toyotismo japonês como processo produtivo entre 1948 e 1975, podemos dizer que a marca dos anos 1980 e 1990 foi a expansão de formas híbridas do toyotismo do Japão até o conjunto do Ocidente "rico", em países nos quais predominavam formas arcaicas, brutais, da exploração capitalista. Nesse sentido, o neoliberalismo como meio de modificação das relações de trabalho, a fim de ganhar sobrevida diante da crise de acumulação dos anos 1970 é, de certo modo, uma complexa combinação de formas de exploração e de constituição do sistema produtivo. Foi sob essa perspectiva que David Harvey desenvolveu o conceito de acumulação flexível, a qual tem, entre suas características, estar

> marcada por um confronto direto com a rigidez do fordismo. Ela se apoia na flexibilidade dos processos de trabalho, dos mercados de trabalho, dos produtos e padrões de consumo. Caracteriza-se pelo surgimento de setores de produção inteiramente novos, novas maneiras de fornecimento de serviços financeiros, novos mercados e, sobretudo, taxas altamente intensificadas de inovação comercial, tecnológica e organizacional. A acumulação flexível envolve rápidas mudanças dos padrões do desenvolvimento desigual, tanto entre setores como entre regiões geográficas, criando, por exemplo, um vasto movimento no emprego no chamado "setor de serviços", bem como conjuntos industriais completamente novos em regiões até então subdesenvolvidas.[1]

A pista que nos dá David Harvey indica o caráter desigual dos padrões de desenvolvimento na acumulação flexível. Ricardo Antunes aprofunda essa perspectiva quando, em sua reflexão no debate sobre o conceito, aponta que essa [forma de acumulação]

> articula um conjunto de elementos de continuidade e descontinuidade que acabam por conformar algo relativamente distinto do padrão taylorista/fordista de acumulação. Ele se fundamenta num padrão produtivo organizacional e tecnologicamente avançado, resultado da produção de técnicas de gestão da força de trabalho próprias da fase informacional, bem como da introdução ampliada dos computadores no processo produtivo e de serviços. Desenvolve-se uma estrutura produtiva mais flexível, recorrendo frequentemente à desconcentração produtiva, às empresas terceirizadas etc. Utiliza-se de novas técnicas de gestão da força de trabalho, do trabalho em equipe, das "células de produção", dos "times de trabalho", dos grupos "semiautônomos", além de requerer, ao menos no plano discursivo, o "envolvimento participativo" dos trabalhadores, em verdade uma participação manipuladora e que preserva, na essência, as condições de trabalho alienado e estranhado. O "trabalho polivalente", "multifuncional", "qualificado", combinado com uma estrutura mais horizontalizada

---

[1] David Harvey, *Condição pós-moderna: uma pesquisa sobre as origens da mudança cultural* (trad. Adail Ubirajara Sobral e Maria Stela Gonçalves, São Paulo, Loyola, 1992), p. 140.

e integrada entre as diversas empresas, inclusive nas empresas terceirizadas, tem como finalidade a redução do tempo de trabalho.[2]

A combinação entre as formas "polivalentes", "multifuncionais", "qualificadas", com formas terceirizadas, rotativas, precarizadas do trabalho é uma das chaves, do ponto de vista da reestruturação produtiva, para se compreender a acumulação flexível.

A vantagem *estratégica* explorada pelo capital no seu intuito de acumulação neoliberal era debilitar as formas de organização coletiva do mundo do trabalho e aprofundar a integração "por cima" do sistema de comunicação e circulação, fazendo com que, em uma mesma mercadoria, houvesse peças produzidas em distintas partes de um dado país, ou ao redor do mundo; por exemplo, produzidas em Bangladesh ou na China, montadas no México ou no Brasil e com chips desenhados e desenvolvidos no Vale do Silício estadunidense pelo cibertariado, na expressão de Ursula Huws[3], definindo esses operários do mundo virtual.

A quebra da estabilidade e a atomização laboral como parte do esforço de dificultar a organização coletiva expressar-se-iam nos distintos mecanismos de *flexibilização*, nas formas de *terceirização* nas empresas e de *rotatividade* no trabalho (que fariam com que trabalhadores permanecessem poucos meses em fábricas e fossem substituídos regularmente), explorando as divisões intralaborais em cada fábrica e valendo-se de práticas como a xenofobia, o racismo e outras formas de opressão para dividir os trabalhadores no local de trabalho e dificultar a integração.

Sem fazer uma exposição longa sobre o tema, já que visamos apenas indicar os traços fundamentais da reestruturação produtiva neoliberal, podemos avançar na compreensão do que seria um "agravamento" dessa reestruturação do capital no período pós-crise econômica de 2008. O que nos interessa nesse ponto é a seguinte pergunta: a solução de precarizar o mundo do trabalho com terceirização, flexibilização, rotatividade no trabalho, horas extras, banco de horas etc. teria encontrado seu limite no período anterior? Ou seja, podemos falar na consolidação de uma "nova reestruturação produtiva" pós-crise de 2008, ou apenas em um aprofundamento da reestruturação produtiva neoliberal?

AS TENDÊNCIAS DA NOVA REESTRUTURAÇÃO

Após a crise de 2008, o capital entrou em um impasse: a bancarrota do modelo de acumulação neoliberal sem a perspectiva de uma nova resolução de acumulação internacional. O resultado para o mundo do trabalho também não poderia ser

---

[2] Ricardo Antunes, *Os sentidos do trabalho: ensaio sobre a afirmação e a negação do trabalho* (São Paulo, Boitempo, 1999, coleção Mundo do Trabalho), p. 54.
[3] Ursula Huws, *A formação do cibertariado: trabalho virtual em um mundo real* (trad. Murillo van der Laan, Campinas, Editora da Unicamp, 2017).

outro. Não se tratou de negar os métodos do período neoliberal – já que não se encontrara outro padrão de acumulação capaz de levar a uma metamorfose completa e mais abrupta –, mas sim de buscar aprofundá-los dentro das novas condições econômicas, o que só poderia levar a formas de decomposição do trabalho e da estrutura produtiva de muitos países, em nome da ação de engordar as massas de lucro de um conjunto de monopólios.

Entre as condições impostas pela crise econômica internacional, que apontam para aspectos de transformação na forma da acumulação flexível capitalista, estão: a) o modo como os *planos de austeridade* (2009-2010) buscavam alterar as condições de produção e reprodução do capital após a crise; b) o fenômeno da *imigração* sendo incorporado em outra escala a partir da crise no metabolismo social do capital (especialmente pós-2015); c) a introdução de *novas tecnologias de informação e comunicação* (TIC), *robotização e inteligência artificial*, que vêm transformando as formas de contratação da força de trabalho, bem como de sua própria dinâmica, fenômeno que poderíamos sintetizar como *uberização do trabalho* e *Indústria 4.0*. Vejamos, brevemente, cada um desses aspectos para compor nossa conclusão sobre a questão de se falar em uma "reestruturação produtiva pós-crise".

Não há dúvida de que os impactos da última década no mundo do trabalho que vão no sentido de aprofundar a reestruturação produtiva neoliberal foram as investidas do capital contra o trabalho de 2009-2010, particularmente na Europa, conhecidas como *planos de austeridade*. O fundamental da atuação do grande capital internacional e dos governos nacionais em comparação a outras crises (em particular a Grande Depressão de 1929) está na resposta à crise, dada de forma mais ou menos coordenada, com políticas monetárias e fiscais ofensivas: de um lado, os distintos governos injetando trilhões de dólares nas economias nacionais a fim de salvar bancos e grandes empresas – o que acabou por evitar um desenvolvimento depressivo da crise; de outro lado, uma política fiscal de arrocho, mecanismo decisivo para a manutenção do sistema financeiro e industrial, como a implementação dos chamados planos de austeridade na Europa (grande laboratório social dos primeiros anos da crise). Esse aspecto é muito importante para compreendermos a reestruturação do capital, pois é, de certo modo, o mais "neoliberal" dos aspectos do pós-crise, no sentido de buscar reproduzir novamente as condições de exploração anteriores (corte de salários e benefícios, aumento das jornadas, precarização das condições laborais etc.), mas de uma forma ainda mais intensificada, vide o exemplo da Espanha[4] e da Grécia[5].

---

[4] Elíes Furió Blasco e Matilde Alonso Pérez, "Desempleo y reforma laboral en España durante la Gran Recesión", *Cahiers de Civilisation Espagnole Contemporaine*, n. 14, 2015.

[5] Georgios Karyotis e Wolfgang Rüdig, "The Three Waves of Anti-Austerity Protest in Greece, 2010-2015", *Political Studies Review*, 15 fev. 2017.

Efetivamente, não se tratava de um plano de recuperação desses Estados, senão de formas de países como a Alemanha ou a França descarregarem a crise nas costas das classes trabalhadoras grega, espanhola, portuguesa etc. Esse é um dos fundamentos daquilo que possibilitará uma grande e acelerada mutação no mundo do trabalho na Europa, além de um dos componentes de sua "era de precarização estrutural"[6], tendo em vista que, com os ataques da austeridade, rebaixou-se consideravelmente o valor da força de trabalho nos setores público e privado, assim como as condições de reprodução dessa força de trabalho (expressas nos dados sociais), com mudanças na legislação abrindo caminho para o trabalho intermitente e a "pejotização".

O segundo elemento que queremos destacar no pós-crise foi o aumento desenfreado da xenofobia (como expressão do avanço da extrema direita) e a subsequente incorporação dos imigrantes no mundo do trabalho, particularmente os europeus, com as distintas formas de capital aproveitando a crise para imprimir novas condições de precarização. Ou seja, se o efeito imediato da crise foi uma onda de demissões, atrelada a uma retirada de direitos trabalhistas, o capital utilizou-se de modo consciente também da xenofobia e das novas condições de crise econômica como fatores para rebaixar o valor da força de trabalho e aumentar as taxas de lucro.

Valendo-se da posição mais frágil dos imigrantes, pela situação de estarem em outro país – em empregos precários, na maioria das vezes sem familiares ou amigos a quem recorrer numa situação de desespero –, os empresários têm expandido o ritmo e a intensidade da exploração dessa força de trabalho, chegando ao ponto de, em alguns informes de imigrantes recém-chegados, oferecer "trabalhos" em troca de alimentação e moradia; ou seja, uma forma atualizada de trabalho escravo, utilizado mesmo pelo próprio Estado.

> Em Novara, Udine, Rovereto, Livorno, Firenze, Prato, Cesena, Vittorio Veneto, Treviso, Reggio Emilia, Este, Bari, Reggio Calabria etc., os refugiados que pedem asilo têm sido empregados gratuitamente em trabalhos de utilidade pública, quase sempre de polícia.[7]

Quando não estão nessa situação, os imigrantes se veem muitas vezes na condição de ilegalidade jurídica, da qual as distintas formas de capital também tiram proveito para imprimir um grau maior de exploração da força de trabalho dessas pessoas. A propósito, Aziz Choudry e Mondli Hlatshwayo argumentam que

---

[6] Ricardo Antunes, *Os sentidos do trabalho*, cit.
[7] Pietro Basso, "As emigrações são sempre forçadas" (entrevista a Juan Dal Maso, primeira parte), *Esquerda Diário*, 30 set. 2015; disponível em: <http://www.esquerdadiario.com.br/Pietro-Basso-emigracoes-forcadas>; acesso em: 15 maio 2019.

a criação e manutenção de categorias de trabalhadores com diferentes conjuntos de direitos ligados a sua situação de imigrante é uma característica política padrão e uma estratégia capitalista fundamental para o funcionamento de muitas economias, facilitando a provisão de custos trabalhistas reduzidos para os empregadores. Postos de trabalho indocumentado são particularmente sujeitos à exploração pelo capital, a fim de reduzir os custos trabalhistas e gerar maior mais-valor.[8]

Os imigrantes indocumentados são focos ainda mais frágeis da exploração pelo capital, já que estão bem mais suscetíveis a qualquer pressão, por medo de serem denunciados pelos próprios empregadores. Nesse sentido, em sua obra, Choudry e Hlatshwayo desafiam "a construção de migrantes indocumentados e outros sem *status* de imigração como 'ilegais'". E seguem apontando que

> essas categorias de migrantes são as mais exploradas e vitimizadas – por empregadores e por autoridades estaduais na forma de detenções, violência e deportações. Em muitos casos, esses trabalhadores fazem trabalho precário e perigoso, e seus direitos são violados pelos empregadores que se aproveitam de seu status.[9]

Nesse sentido, os autores apresentam uma das respostas que têm surgido em meios ativistas e de movimentos sociais ao redor do mundo na forma do lema "Ninguém é ilegal".

A incorporação desse elemento (em outra escala pelos efeitos da crise) na reestruturação do capital não está dissociada das causas que levam à emigração, mas, na realidade, as aprofunda. Se formos descrever os tópicos gerais do que leva a esse fenômeno, poderíamos citar: as diferenças gigantescas de condições de vida entre países do Norte e do Sul do mundo, o crescimento do agronegócio e a urbanização, criando inchaços e grandes megalópoles de miséria nos países subdesenvolvidos e a política imperialista, com impactos sociais nefastos, tendo como grande exemplo o caso da Síria e o enorme êxodo do país, produto do prolongado sofrimento da população com guerras e intervenções imperialistas.

Pietro Basso analisa em dimensão ampliada esse fenômeno quando diz que

> o crescimento das migrações internacionais se deve a causas estruturais de longo prazo. As principais são: 1) a desigualdade de desenvolvimento produzida pelo colonialismo e neocolonialismo, que têm dividido o mundo em países ricos e países pobres; 2) a violenta pressão do capital e das multinacionais do agronegócio sobre a agricultura dos países da Ásia, da África e da América Latina, que está expulsando

---

[8] Azis Choudry e Mondli Hlatshwayo, "Just Work? Migrant, Capitalist Globalisation and Resistance", em Azis Choudry e Mondli Hlatshwayo (orgs.), *Just Work? Migrant Workers' Struggles Today* (Londres, Pluto, 2015), p. 5. Tradução nossa.
[9] Idem.

do campo enormes massas de camponeses pobres e trabalhadores rurais; 3) o endividamento forçado desses países; 4) a cadeia infinita de guerras "locais", relacionadas diretamente, ou por intermediários, aos Estados europeus e aos Estados Unidos (é necessário não esquecer o massacre sistemático e periódico de Gaza por parte de Israel); 5) o desastre ecológico. A crise que irrompeu em 2008 tem exasperado todos esses processos.[10]

Tendo isso em vista, não resta dúvida de que o fenômeno da imigração tem fatores estruturais que são bem anteriores à crise, mas, nesta última década, cada um desses fatores teve seus efeitos intensificados, particularmente em sua incorporação na lógica do capital com, no último capítulo da crise, a emergência de governos de extrema direita e com o crescimento da xenofobia atingindo uma nova escala. Isso permitiu ao capital criar condições bem mais favoráveis para aprofundar a precarização geral da força de trabalho e amplificar a divisão no interior do movimento operário entre contratos formais e informais, estáveis e rotativos, assíduos e precários, trabalhadores "nacionais" e imigrantes.

Assim, do ponto de vista da crise, trata-se de uma dialética entre as consequências devastadoras no Sul do mundo e a forma de se utilizar dessa violência para rebaixar o valor da própria força de trabalho nas potências (sobretudo, o continente europeu), forçando os imigrantes a ser parte constitutiva do movimento de reestruturação do capital no pós-crise.

Um terceiro componente que consideramos de importância decisiva na reestruturação do capital está na utilização de novas tecnologias de comunicação, com a emergência das "economias de plataforma" como forma de debilitar de maneira decisiva qualquer elemento de estabilidade laboral e aumentar o controle do trabalho, relacionando-se, portanto, com essa tentativa de atomizar completamente a classe trabalhadora em alguns ramos específicos. Isso quer dizer que, por um lado, entramos em uma nova escala do que seria o trabalho temporário, intermitente, ampliado, terceirizado; no limite, uma tentativa de debilitar (em alguns casos, estraçalhar) a "jornada de trabalho" regular e, ao mesmo tempo, fazer o trabalhador vender por mais horas sua força de trabalho, em escala semanal. Por outro lado, amplificamos consideravelmente as tentativas de inserção de tecnologias no plano industrial, aumentando a automação e o controle do trabalho, somados à propaganda de que vivenciaríamos uma Quarta Revolução Industrial a partir da Indústria 4.0, a era da comunicatividade e da interconectividade.

Comecemos pelo fenômeno das economias de plataforma e pela *uberização do trabalho*. Realizamos uma entrevista com Ursula Huws no ano de 2017, ocasião em que ela falou sobre o cibertariado e sobre as novas condições de trabalho.

---

[10] Pietro Basso, "As emigrações são sempre forçadas", cit.

Temos outro enorme crescimento da classe operária por meio do que podemos chamar de "formalização da economia informal"; o tipo de trabalho que costumava ser do setor privado ou da "pequena produção", por exemplo, trabalhadores da limpeza, limpadores de janelas, cuidadores de idosos ou crianças, que são pagos diretamente em dinheiro – normalmente, na maior parte do mundo –, fora do escopo das relações formais do capitalismo. Agora, conhecemos as plataformas on-line como a Uber, sugando os trabalhadores para dentro da órbita das relações formais do capitalismo; embora não sejam funcionais, estão sujeitos à disciplina capitalista, à disciplina do tempo e outras formas de disciplina e supervisão por capitalistas. Enquanto nos estágios iniciais (da produção fabril inclusive), o modelo de trabalho era originalmente um modelo de aluguel – eles não empregavam diretamente os trabalhadores, mas alugavam um espaço na fábrica no período inicial do desenvolvimento industrial –, essas empresas de plataforma estão usando também um modelo tipicamente de aluguel: tomam para si uma percentagem por cada transação.[11]

Huws chama atenção para a capacidade com a qual o capital, pela via das novas tecnologias de comunicação, vem conseguindo incorporar uma série de trabalhos antes informais, fragmentados, a uma rede de monopólios, plataformas digitais, "proletarizando" o setor de serviços e fazendo com que as empresas possam atingir grandes margens de lucro naquilo que antes era tido como trabalhos "improdutivos", no sentido que Marx dá em *O capital*, ou seja, que não geravam mais-valor[12]. E isso ocorre em paralelo ao fato de que o cibertariado *aparece* como "prestador de serviço", isto é, em outro ângulo a partir da uberização, como "fora" de relações formais e, nesse sentido, fora da legislação trabalhista.

Assim, foram se inovando os métodos de aproveitar essa força de trabalho sem dar garantias ou direitos trabalhistas, mantendo o trabalho atomizado e subordinado a plataformas, ou seja, amplificando em uma escala até então não realizada a *flexibilização* das condições de trabalho. Expressões disso são o que na Inglaterra ficou conhecido como "*zero hour contract*" [contrato de zero hora] e formas de trabalho "*on-demand*", pagamento com *voucher* na Itália e a forma mais conhecida, as plataformas digitais, como Uber, iFood ou Rappi, que criam esse novo sentido da morfologia do trabalho, em que se modifica a jornada de trabalho regular para devastar todos os direitos trabalhistas, as férias, o décimo terceiro, entre outros direitos relacionados à carteira assinada.

Agora, utilizam-se os trabalhadores nos minutos, nas horas ou nos dias em que é conveniente, sendo depois descartados à própria sorte na maré da crise e do desemprego. Além disso, com a redução dos direitos e com o rebaixamento da força de trabalho, o "estilhaçar" da jornada, ironicamente, só pode ter uma consequência

---

[11] Ursula Huws, "Tenho a sensação de que essa nova classe operária está começando a se mover", *Ideias de Esquerda*, n. 2, ago.-set. 2017, p. 28-32.
[12] Karl Marx, *O capital: crítica da economia política*, Livro III: *O processo global da produção capitalista* (trad. Rubens Enderle, São Paulo, Boitempo, 2017, coleção Marx-Engels).

clara: o aumento da jornada, com trabalhadores "fazendo o seu horário", na prática trabalhando dez, doze ou até catorze horas diárias. Sem dúvida, essa é uma das tendências fundamentais da reestruturação do capital no pós-crise.

No que tange à Indústria 4.0, tendo a Alemanha como propulsionador, o eixo da "revolução" que estaria ocorrendo nas indústrias seria a *comunicatividade*, particularmente com a introdução da chamada "internet das coisas". A capacidade de utilização de controles remotos e sensores, permitindo interação à distância entre os humanos e os objetos, já data de algumas décadas; no entanto, a diferença fundamental estaria no fato de que, agora, essa forma de interação não seria apenas bilateral, mas sim mediada pela internet, conectando pessoas e coisas, permitindo que as trocas de informações alcançassem uma velocidade muito maior, programando objetos e máquinas para processar, selecionar e enviar informação – por exemplo, sobre a necessidade de novos insumos industriais –, criando canais de rede entre a produção e a circulação.

Tal mudança viria acompanhada de uma robotização muito maior das indústrias, com a introdução da inteligência artificial. Entre os destaques no que se refere à reestruturação produtiva, estariam as tecnologias de *machine learning*, que permitiriam às máquinas desenvolver, gradativamente, uma capacidade cada vez maior de gerar dados da produção e processar informações para oferecer "soluções" de novo rendimento do capital. Em paralelo estão as novas tecnologias de impressão 3D, possibilitando uma evolução significativa no modo de produção de mercadorias, inclusive atingindo já a impressão de metais com gastos cada vez menores.

Os efeitos disso no mundo do trabalho teriam reflexo em dois sentidos. Em um deles, seguindo uma regra da produção regida pelo capital, busca-se aumentar a composição orgânica do capital com o aumento do capital constante e a redução do capital variável; em outras palavras, introduzindo nova maquinaria e diminuindo o número de trabalhadores. Se a revolução toyotista já havia amplificado os mecanismos de controle no interior da produção e a conexão entre esta e a esfera da circulação, a *revolução comunicativa* na Indústria 4.0 fatalmente aumentará esse processo em alguma medida. No outro sentido, a capacidade de controle do capital sobre os operários tende a se intensificar, por exemplo, com os mecanismos que as máquinas teriam de "avisar" os empregadores com dados mais precisos sobre falhas, panes, itens com defeitos (diminuindo as perdas, intensificando o ritmo de trabalho), o número de itens fabricados, a produtividade de cada trabalhador em determinados segmentos, a velocidade com que os insumos chegariam para a continuidade do trabalho. Pode-se esperar que se combine a "internet das coisas" na esfera industrial com a "uberização do trabalho" em perspectiva, com as fábricas conectadas informando mais detidamente a capacidade de produção, e podendo fazer com que os empregadores contratem e demitam com mais agilidade.

Em suma, a combinação desses três efeitos do período pós-crise econômica (a última década) – 1) as mudanças na legislação trabalhista, afetando setores tradicionais do proletariado e do funcionalismo público, debilitando as condições de trabalho desse setor e abrindo espaço para formas mais amplas de precarização; 2) a incorporação massiva da força de trabalho imigrante, explorando o ambiente político e ideológico pós-crise nesse sentido para aprofundar a exploração dessa força de trabalho; e, por fim, 3) a introdução de novas tecnologias, com a Indústria 4.0 e as economias de plataforma, além do fenômeno da uberização do trabalho – constitui o eixo de um grande indício de que estamos vivenciando uma nova reestruturação produtiva, um *salto de qualidade* em comparação às formas de exploração do período neoliberal, regularizando o trabalho intermitente, a "pejotização" do trabalho e, em sua forma mais acabada, a implosão da jornada e de todos os direitos trabalhistas com a uberização, tais como férias, décimo terceiro, seguro-desemprego, vales (transporte, alimentação, refeição), licença-maternidade etc.

Ainda que a tendência seja essa, o sentido de indagação deste capítulo não é apenas teórico, mas é também político: a possibilidade de generalizar a uberização e a transformação dos parques fabris a tal ponto de confirmar uma reestruturação vigorosa dos complexos produtivos é um movimento que tem encontrado e seguramente encontrará muita resistência dos trabalhadores, com formação de sindicatos nas empresas de plataforma, lutas para retomar os direitos trabalhistas, formas inovadoras de organização nos locais de trabalho e, em sua faceta mais assustadora para o capital, as primeiras tentativas de "greves mundiais", seja no "novo proletariado de serviços" (como nas redes de fast-food) ou nos setores de transporte já uberizados. O capital conseguirá concretizar sua tentativa de generalizar o trabalho intermitente, a "pejotização" e a uberização do trabalho? É certo que esse processo está em curso, mas a resposta definitiva só poderá ser dada pela dinâmica do conflito entre capital e trabalho – em suma, pela luta de classes.

10
Contribuições críticas da sociologia do trabalho sobre a automação

Ricardo Festi

INTRODUÇÃO

Desde meados de 2010, o debate acerca da assim chamada Quarta Revolução Industrial ganhou progressivamente projeção nos meios acadêmicos, políticos, empresariais e midiáticos. Existe um interesse gradativo pelo que há por vir, mesclado aos sentimentos de medo e entusiasmo. Os prognósticos são contraditórios, ora apresentando um mundo distópico – com máquinas inteligentes tomando o lugar do ser humano e subjugando-o –, ora apresentando um mundo utópico da emancipação do trabalho. Na visão menos otimista, projeta-se que as consequências dessa nova fase da automação industrial e da revolução digital serão, nas próximas décadas, catastróficas para o trabalho. Segundo a avaliação de uma grande empresa de consultoria, até 2030 a automação poderá atingir cerca de 60% das ocupações existentes hoje e, como consequência, entre 11% e 23% da população economicamente ativa perderá seu posto de trabalho[1].

Diferentemente de outras revoluções tecnológicas, essa tem a singularidade de, pela primeira vez, atingir todos os ramos da economia capitalista ao mesmo tempo. O que permite isso são os *meios* e os *suportes* criados nas últimas décadas, em particular aqueles que possibilitam a propagação da tecnologia digital. De acordo com a definição de Klaus Schwab, fundador e presidente do Fórum Econômico Mundial, "a revolução digital está na dianteira da revolução atual, que combina diversas tecnologias, levando a uma mudança de paradigmas sem precedentes no domínio da economia e do social, nos negócios e no plano individual"[2]. Portanto, é por meio do mundo informacional-digital que será possível fundir tecnologias do mundo físico, digital e biológico.

---

[1] McKinsey Global Institute, *Jobs Lost, Jobs Gained: Workforce Transitions in a Time of Automation* (Saint Louis, McKinsey & Company, 2017).

[2] Klaus Schwab, *La Quatrième Révolution industrielle* (Malakoff, Dunod, 2017), p. 13. Tradução nossa.

Este capítulo tem como objetivo contribuir para um melhor entendimento da Quarta Revolução Industrial, apresentando definições e conceitualizações sobre aspectos importantes de seu processo. Para isso, mobilizaremos autores consagrados da sociologia do trabalho, em particular da sociologia francesa, que, no passado, buscaram compreender o surgimento da automação industrial e suas consequências sobre o mundo do trabalho. Esse processo, ocorrido principalmente entre as décadas de 1950 e 1970, foi apenas o prelúdio do atual estágio da automação. Num olhar retrospectivo, pode-se dizer que foram necessárias décadas de desenvolvimento tecnológico e de lutas políticas para que uma nova lógica de acumulação do capital se impusesse, abrindo novos ramos na economia capitalista e novas possibilidades de criação de valor – como é o caso da indústria de serviços[3].

O AUTÔMATO MODERNO E A AUTONOMIA DO SIGNO

Uma das vertentes mais influentes da sociologia do trabalho surgiu na França do pós-guerra. Nesse contexto de reconstrução do país, a indústria foi organizada sob a hegemonia do modelo taylorista-fordista, substituindo tradicionais práticas de gestão menos rentáveis e menos produtivas em comparação com as estadunidenses. Isso produziu uma verdadeira revolução industrial na França, com a instalação de novas máquinas, novos processos de gestão e com o surgimento de um novo perfil de operário. Foi sobretudo nesses anos que a automação industrial começou a ser implementada no processo produtivo.

Nesse período, a sociologia preocupou-se em estudar os impactos das novas tecnologias sobre o trabalho e a sociedade. O primeiro e mais importante estudo acerca da automação industrial na França foi dirigido por Pierre Naville, entre os anos 1957 e 1959. O autor debruçou-se sobre vários ramos industriais, realizando uma vasta investigação empírica e dando origem ao relatório intitulado *L'Automation et le travail humain: rapport d'enquête*, publicado em 1961. Nessa mesma época, Naville impulsionou a revista *Les Cahiers d'études de l'automation et des sociétés industrielles*, com o objetivo de incentivar o debate sobre o tema e de publicar os trabalhos de jovens pesquisadores que transitavam em seu entorno (como Pierre Rolle e Lucie Tanguy). O seu clássico livro *Vers l'automation? Problèmes du travail et de l'automation*, publicado em 1963, representou uma síntese dessas pesquisas, estudos e reflexões.

Já no início dos anos 1960, Naville[4] visualizava que a automação industrial estenderia seu alcance até abranger, direta ou indiretamente, o conjunto do sistema

---

[3] Ricardo Antunes, *O privilégio da servidão: o novo proletariado de serviços na era digital* (São Paulo, Boitempo, 2018, coleção Mundo do Trabalho).
[4] Pierre Naville, *Vers l'Automatisme social? Machines, informatique, autonomie et liberté* (Paris, Syllepse, 2016).

industrial. Ele compreendia que estavam surgindo, lado a lado, dois automatismos relativos, isto é, o sistema de automação industrial e o sistema humano. Ou seja, o autor francês vislumbrava que aquela incipiente revolução produzida pelas máquinas automatizadas levaria a um processo de autonomia do mundo industrial (e das máquinas) em relação aos seres humanos. Não havendo um caminho previamente definido, essas transformações produziriam, evidentemente, consequências tanto negativas quanto positivas.

Segundo observou Pierre Rolle, um colaborador de Naville,

> [...] a sociedade das máquinas, livre das limitações impostas pela sua germinação com os organismos humanos, será dividida, conectada e estendida aos autômatos planetários, numa espontaneidade dinâmica até então desconhecida. Quanto à sociedade dos homens, terá de praticar o domínio que adquiriu de si mesma, seja para expandir a liberdade de seus membros, seja para combatê-la. De qualquer forma, o ambiente comum a esses dois desenvolvimentos independentes um do outro será necessariamente o *signo*.[5]

A reflexão de Naville sobre a automação industrial levou-o a concluir que esse processo produziria a dissolução do assalariado, possibilitando uma autonomia quase total das máquinas. Segundo o argumento do autor, ao iniciar o processo de automação, as máquinas tornam-se suscetíveis de funcionar e de se reproduzir sem intervenção humana, pois a base da automação é a autonomia, e esta concerne tanto às máquinas evoluídas quanto aos homens. Nesse sentido, seria

> lógico imaginar também que a "máquina" do futuro, à base de sistemas de comunicações, tornar-se-á independente dos homens que a criaram e assumirá, muito rapidamente, não apenas sua própria manutenção, como também sua reprodução material e cognitiva.[6]

Ainda segundo Naville, existiria uma separação entre os sistemas de operadores produtivos materiais e os operadores humanos, cada um trabalhando de acordo com a própria informação que recolheu e elaborou. "O sistema operacional geral (homens, máquinas e equipamentos) representa, assim, uma simbiose técnica funcional, no sentido cibernético e, como dissemos, uma linguagem."[7] Assim, estaríamos

---

[5] Pierre Rolle, "L'Automatisme ou les spontanéités construites", em Michel Burnier, Sylvie Célérier e Jan Spurk (orgs.), *Des Sociologues face à Pierre Naville ou l'archipel des savoirs* (Paris/Montreal, L'Harmattan, 1997), p. 216. Tradução nossa.

[6] Michel Burnier, "Naville et l'avenir de la société industrielle", em Michel Burnier e Véronique Grappe-Nahoum (orgs.), *Pierre Naville: la passion de l'avenir – Dernier cahier (1988-1993)* (Paris, M. Nadeau, 2010), p. 201. Tradução nossa.

[7] Pierre Naville, *Vers l'Automatisme social?*, cit., p. 276. Tradução nossa.

às vésperas de um momento em que a ciência será capaz de dar um conteúdo a esse "pensamento do pensamento" [...] que se expressa na autonomia do signo: um conteúdo industrial, técnico e social. O universo das comunicações dominará o das produções como uma sociedade que domina a sociedade. O automatismo está ligado à autonomia, e a autonomia é um princípio de duplicação.[8]

Portanto, a partir desse ponto de vista, o autor francês ressalta a possibilidade de ver os *grupos técnicos* adquirirem, na sociedade, ao lado dos *grupos humanos*, um lugar até então reservado exclusivamente a estes. Nossa hipótese é que a aposta de Naville está mais próxima de se concretizar hoje com a revolução digital do que em sua época. As projeções que fazem os vários autores sobre a Quarta Revolução Industrial recolocam o pensamento do sociólogo francês em evidência. Assim, suas conclusões podem ser um importante instrumental para os estudos sobre o trabalho contemporâneo.

Automação: emancipação ou subjugação?

Ainda que a sociologia do trabalho francesa dos anos 1950 e 1960 tenha sido bastante crítica em relação ao taylorismo-fordismo e às condições de trabalho implementadas na França, seus autores não conseguiram se distanciar dos encantos que a automação industrial prometia ao mundo. Afinal, suas conclusões teóricas, em particular seus prognósticos, acabaram por reforçar uma perspectiva contemplativa do progresso técnico.

Um dos principais livros de referência da sociologia francesa dessa época foi *Problèmes humains du machinisme industriel*, de Georges Friedmann[9]. Para o autor, o *maquinismo* seria um dos elementos centrais da civilização técnica e representaria todo um processo, englobando desde a técnica até os aspectos mais subjetivos dos indivíduos. Nesse sentido, "o maquinismo na indústria é uma das múltiplas fases de uma enorme transformação nas condições de existência da humanidade, acompanhada de um transtorno correspondente das maneiras de sentir e de pensar"[10]. Portanto, o *maquinismo* seria o próprio processo de industrialização, que acabou por levar à fragmentação das tarefas no processo de produção, sendo a *mecanização* sua etapa intermediária e a *automação*, seu estágio final.

Seguindo a mesma lógica argumentativa, Alain Touraine enxergava, no surgimento do automatismo, regido por máquinas especializadas complexas, a eliminação de todo trabalho diretamente "produtivo"; isto é, no seu entender,

---

[8] Ibidem, p. 277. Tradução nossa.
[9] Georges Friedmann, *Problèmes humains du machinisme industriel* (Paris, Gallimard, 1946).
[10] Idem, "Les Technocrates et la civilisation technicienne", em Georges Gurvitch (org.), *Industrialisation et technocratie: Première Semaine Sociologique organisé par le Centre d'Etudes Sociologiques – CNRS* (Paris, A. Colin, 1949), p. 391.

o trabalho manual[11]. Nessa nova fase da industrialização, que germinou nos anos 1950 nos países de capitalismo central, o empregador passou a demandar dos operários mais o *espírito do controle* e o *sentido de responsabilidade* do que uma *habilidade* ou um *saber-fazer*. Nessa perspectiva, as capacidades manuais são menos importantes que as atitudes em exercer com *seriedade, inteligência* e *precisão* uma determinada tarefa. Consequentemente, a qualificação dos operários passou a ser constituída de competências técnicas e, inseparavelmente, de qualidades sociais, ou seja, de sua atitude para ocupar um lugar determinado numa organização que é, ao mesmo tempo, técnica e social. Portanto, na fase do automatismo industrial, busca-se integrar e dar sentido à adesão do operário ao processo de trabalho por meio de políticas que captem seu consentimento.

Touraine está de acordo com Friedmann no entendimento de que a dialética interna da divisão do trabalho encarregou-se de levar o *maquinismo* em direção à *automação*. O parcelamento das funções no trabalho, característico do taylorismo--fordismo, seria apenas uma fase desse desenvolvimento. Uma vez que isso tenha ocorrido, estariam dadas as condições materiais que permitiriam o surgimento da automação, como o desaparecimento do trabalho qualificado, a dissociação radical entre, de um lado, trabalho de execução e funções de organização e, de outro, o aumento da desqualificação. Além disso, argumentava-se que a grande indústria "tende a reconstruir, sob a máquina automatizada polivalente, uma nova forma de unidade de trabalho, sobre um novo plano"[12]. Ela concentraria, pois, uma parte dos homens em trabalhos de ajustes e regulação das máquinas, criando um "novo ofício" que o autor chamou de "novo artesão". Isto é, um trabalhador polivalente e qualificado, que se dedicaria, majoritariamente, ao ofício da construção, reparação, manutenção e supervisão das máquinas. Assim, nessa perspectiva,

> o automatismo, levado ao extremo e exprimindo todas as suas virtudes, pode levar ao caminho da humanização da grande indústria. Não somente ele suscita novas funções qualificadas, integrando uma nova concepção de trabalho, pela criação e ajuste dessa ferramenta delicada e precisa, mas o operário encarregado da simples tarefa de supervisão de um grupo de máquinas poderia se beneficiar de uma suficiente cultura geral e técnica, reencontrar uma qualidade intelectual nitidamente superior a essa que é hoje imposta à mão de obra especializada da fase (semiautomatismo, trabalho na linha de montagem) que precede e prepara o automatismo.[13]

Como apontamos anteriormente, a perspectiva dessa geração de sociólogos sobre a indústria e, em particular, sobre a automação industrial era, incialmente,

---

[11] Alain Touraine, *L'Evolution du travail ouvrier aux usines Renault* (Paris, Centre National de la Recherche Scientifique, 1955).
[12] Georges Friedmann, *Problèmes humains du machinisme industriel*, cit., p. 171. Tradução nossa.
[13] Ibidem, p. 182. Tradução nossa.

bastante positiva. Via-se nela o prelúdio da emancipação do trabalho. No entanto, essa contemplação do progresso das forças produtivas tinha uma base material, como foi o caso da queda substancial da jornada de trabalho. Nos Estados Unidos, por exemplo, a jornada média de trabalho passou de, aproximadamente, 70 horas semanais, em 1860, para 34 horas um século depois. Na França, essas cifras caíram, no mesmo período, de 85 para 48 horas.

Nesse contexto, a máquina mostrava-se como elemento potencialmente libertador para o ser humano quanto ao processo de trabalho. No entanto, tratava-se também de um momento particular da economia capitalista dos países centrais, de excepcional crescimento econômico e de aumento progressivo da produtividade do trabalho. Foi isso que permitiu a implementação de um novo maquinário, ao mesmo tempo que novos postos de trabalho eram criados, mantendo-se uma situação de pleno emprego. No entanto, quando se encerrou esse ciclo "glorioso" de crescimento econômico, dando início, nos anos 1970, à crise estrutural do capital, aquela visão contemplativa logo deu lugar ao pessimismo.

Ao contrário do que prognosticava Georges Friedmann, em 1946, a *automação* não conduziu ao surgimento de um "novo artesão", muito menos à emancipação do ser humano em relação ao trabalho industrial. Ainda nos anos 1950, os estudos de Naville mostraram que o mais moderno maquinário automatizado, nos ramos industriais pesquisados, era composto de *operários não qualificados*. Os níveis salariais, comparados aos anteriores, eram mais elevados, porém muito abaixo dos ganhos de produtividade proporcionados pelas novas tecnologias. Mais grave era o fato de que, "pela primeira vez, vê-se elevar os níveis salariais sem que a qualificação propriamente dita esteja vinculada. É toda uma concepção tradicional de *métier* que desmorona pouco a pouco"[14].

Nos anos finais da década de 1950 e início da de 1960, o otimismo com a automação parecia ter desaparecido. O próprio Friedmann[15] passou a ver, na automação, não mais o princípio de um "novo artesão", mas o aumento relativo de "tradicionais" formas de trabalho. Assim, a automação não elevou a qualificação dos operários. No prefácio que escreveu, em 1963, para a segunda edição de *Le Travail en miettes*[16], o autor francês constatou a emergência do desemprego crônico nos lugares em que a automação industrial tinha sido implementada. Também verificou a manutenção de uma separação extrema entre o *pensar* e o *executar*, em detrimento do *métier* do trabalhador. Ao contrário da promessa inicial, o trabalho adquiriu maior intensidade, já que, com a automação, implementou-se uma fábrica fluida e funcionando 24 horas por dia, o que aumentou ainda mais o controle sobre os trabalhadores.

---

[14] Pierre Naville, *Vers l'Automatisme social?*, cit., p. 88-9.
[15] Georges Friedmann, *Le Travail en miettes: spécialisation et loisirs* (Bruxelas, Éditions de l'Université de Bruxelles, 2012).
[16] Idem.

O CONTROLE DO TRABALHO COMO OBJETIVO ESTRATÉGICO DA AUTOMAÇÃO

Muito antes desses estudos sobre a implementação da automação industrial na França, Karl Marx apresentou, em *O capital*, no capítulo sobre a maquinaria e a grande indústria, uma reflexão sobre as potencialidades de seu desenvolvimento. É evidente que o autor alemão não viu, em sua época, florescerem a *fábrica automática* ou o *autômato mecânico*, que expressariam suas primeiras formas somente em meados do século XX e sua integridade no início deste novo milênio. Porém, seguindo a lógica imanente do desenvolvimento do maquinário como parte da técnica do modo capitalista de produção, Marx ressaltou que

> a partir do momento em que a máquina de trabalho executa todos os movimentos necessários ao processamento da matéria-prima sem precisar da ajuda do homem, mas apenas de sua assistência, temos um sistema automático de maquinaria, capaz de ser continuamente melhorado em seus detalhes.[17]

Segundo Naville, um aspecto importante da automação está expresso em *quem governa o processo de produção*[18]. Nesse sentido, ela não se resume a um conjunto de fábricas automáticas, tampouco é uma inversão entre sujeito e objeto na produção. A automação é a gestão das máquinas por um "cérebro mecânico", em substituição aos antigos ofícios realizados pelos operários, tais como controle, supervisão, ajustes etc. O peso do trabalho, portanto, tende a se transferir das *atividades neuromusculares* para as *neurossensoriais*, diminuindo os esforços físicos e aumentando as tensões relacionadas à vigilância e à supervisão.

Outro autor francês que se debruçou no estudo do processo de automatização industrial foi Benjamin Coriat[19]. Seus trabalhos se concentraram sobretudo nas décadas de 1980 e 1990, quando ocorreu a implementação da robótica e da informática, resultando em um novo salto tecnológico da produção industrial. Nesse caso, as pesquisas de Coriat, diferentemente das realizadas pela sociologia do trabalho dos anos 1950 e 1960, acabaram por captar um estágio amadurecido da automação – ou intermediário, olhando-se a partir da perspectiva de hoje –, quando algumas de suas tendências verificadas nas décadas anteriores se efetivaram.

De acordo com Coriat[20], o que permite que a *automação* seja algo completamente novo não são suas séries repetidas automaticamente por uma máquina – algo

---

[17] Karl Marx, *O capital: crítica da economia política*, Livro I: *O processo de produção do capital* (trad. Rubens Enderle, São Paulo, Boitempo, 2013, coleção Marx-Engels), p. 455.
[18] Pierre Naville, *Vers l'Automatisme social?*, cit.
[19] Benjamin Coriat, *La Robotique* (Paris, La Découverte/Maspero, 1983) [ed. bras.: *A revolução dos robôs: o impacto socioeconômico da automação*, trad. José Corrêa Leite, São Paulo, Busca Vida, 1989]; idem, *L'Atelier et le robot: essai sur le fordisme et la production de masse à l'âge de l'électronique* (Paris, Christian Bourgois, 1990).
[20] Benjamin Coriat, *La Robotique*, cit.; idem, *L'Atelier et le robot*, cit.

que já existia no período da mecanização –, mas os *suportes* e os *meios* utilizados para automatizar as fábricas industriais. Nessa lógica, a partir dos anos 1960 e, principalmente, ao longo dos anos 1970, o desenvolvimento da *informática* e da *eletrônica* permitiram aumentar o domínio da aplicação da automação.

Ao colocar uma ênfase sobre os *suportes* e os *meios* para compreender a automatização, Coriat distinguiu a *indústria de processo contínuo* – ou *de propriedade* – e a *indústria de série* – ou *de forma*[21]. A primeira é regida por uma cadeia de operações físico-químicas, como é o caso da indústria química. Na segunda, as operações têm como objetivo moldar novas formas, como é o caso da automobilística. Para cada tipo, há um problema específico na aplicação do maquinário. Por suas particularidades, a automação desenvolveu-se primeiramente na indústria de processo contínuo. Foi só com a invenção dos robôs, na década de 1970, que a automação se estendeu às fábricas de séries – realizando tarefas de usinagem, pintura, solda, moldagem, fundição, manutenção e montagem.

Seguindo o raciocínio de Coriat, poderíamos compreender que a Quarta Revolução Industrial inaugurou novos *meios* e *suportes*, principalmente aqueles criados com a *revolução digital*, que possibilitam um novo salto na automação[22]. Entre as diversas tecnologias anunciadas, talvez a mais importante seja justamente a internet 5G. Esse *suporte*, por exemplo, possibilitará a conexão entre os diversos *meios*, como a inteligência artificial, a impressora 3D, *big data*, entre muitos outros.

Poderíamos também acrescentar um terceiro tipo de processo que a Quarta Revolução Industrial abrangerá com maior plenitude, a saber, a *indústria de serviços*. Se a indústria de série ou de forma necessitou do desenvolvimento da robótica e da eletrônica para se automatizar e produzir uma verdadeira revolução (regressiva) nas relações de trabalho, a indústria de serviços precisou do *meio digital* para seu salto de qualidade, permitindo a abertura de novos ramos na economia jamais imaginados e explorados. É nesse novo segmento que se encontram as *plataformas digitais*, tais como Uber, Airbnb, iFood, Deliveroo etc.

Contudo, se os *suportes* e os *meios* são centrais para a caracterização da automação, o fundamental para compreender seu papel na ordem societal, de acordo com Coriat[23], está em seus *objetivos estratégicos*. É nesse aspecto que o autor compreende que a automação não produz uma revolução na forma de produção, senão um aprofundamento de um curso que já vinha sendo tomado pelo taylorismo-fordismo. Segundo ele, esse modelo de produção não foi dissipado da automação industrial. Pelo contrário, seu objetivo estaria mais presente que nunca na produção automatizada, isto é, no *controle*. O que caiu, portanto, foi o paradigma taylorista-fordista, que estipulava que a eficácia e a produtividade

---

[21] Benjamin Coriat, *L'Atelier et le robot*, cit.
[22] Idem.
[23] Benjamin Coriat, *La Robotique*, cit.; idem, *L'Atelier et le robot*, cit.

dependiam, centralmente, de um trabalho fragmentado e distribuído ao longo da linha de montagem, no qual se move a um ritmo rígido. Portanto, o objetivo da automação "é conseguir arrancar das mãos dos operários a atividade estratégica de ajuste e controle da máquina, para fazê-la efetuar automaticamente as operações, depois de haver sido corretamente programada"[24].

A expansão e a intensificação da automação para a indústria de serviços, por meio da revolução digital, acabaram por impulsionar um novo proletariado, como adverte Ricardo Antunes em seu livro sobre o tema:

> Estamos presenciando o advento e a expansão monumental do *novo proletariado da era digital*, cujos trabalhos, mais ou menos intermitentes, mais ou menos constantes, ganharam novo impulso com as tecnologias da informação e comunicação, que conectam, pelos celulares, as mais distintas modalidades de trabalho. Portanto, em vez do *fim do trabalho na era digital*, estamos vivenciando o *crescimento exponencial do novo proletariado de serviços*, uma variante global do que se pode denominar *escravidão digital*.[25]

Ao contrário da visão difundida por aqueles que veem nas múltiplas economias de plataforma o ressurgimento da economia solidária – ou, numa denominação recente, da economia colaborativa –, o que assistimos, nesse processo de "uberização" ou de "plataformização", é a reprodução do que há de mais tradicional na economia capitalista[26]. Elas recolocam os trabalhadores – de maneira ainda mais acentuada que os processos do passado – em concorrência contínua, negando-lhes o acesso e o compartilhamento de seu "bem comum" mais valioso, isto é, o *algoritmo*. Assim, mantém-se o princípio sagrado da propriedade privada e do segredo empresarial, fazendo cair por terra a ideologia sobre os "colaboradores" e sobre a falsa autonomia proporcionada a eles por essas plataformas.

Diferentemente das formas tradicionais do capitalismo, as plataformas digitais produziram novas formas de *controle*, muito mais eficazes e precisas. Estas são capazes de intervir e de orientar o comportamento de seus "colaboradores" e "clientes". Graças à quantidade gigantesca de dados que seus usuários fornecem a esses aplicativos e, também, à enorme capacidade de cálculo proporcionada pelo mundo informacional-digital, os algoritmos tornaram-se instrumentos de poder[27].

Portanto, longe de qualquer visão contemplativa sobre o novo curso de revolucionamento das forças produtivas proporcionado pela Quarta Revolução

---

[24] Benjamin Coriat, *El taller y el robot: ensayos sobre el fordismo y la producción en masa en la era de la electrónica* (trad. Rosa Ana Domínguez Cruz, 3. ed., Cidade do México, Siglo XXI, 1996), p. 41.
[25] Ricardo Antunes, *O privilégio da servidão*, cit., p. 30.
[26] Karim Amellal, *La Révolution de la servitude: pourquoi l'ubérisation est l'ennemie du progrès social* (Paris, Demopolis, 2018).
[27] Idem.

Industrial, o que assistimos é o início de um curso catastrófico e dramático para o mundo do trabalho. Em vez de as tecnologias estarem a serviço do bem-estar social, elas reforçam o caráter instrumental e opressor que sempre exerceram no interior da lógica do modo capitalista de produção. Essa nova fase da automação tenderá a aumentar as desigualdades sociais e de renda, assim como a precariedade do trabalho. Caminhamos para um mundo do emprego intermitente, da flexibilização total, dos "bicos" e "biscates", da *gig economy*, dos *petits boulots*, da informalidade transvestida de empreendedorismo. Ou seja, caminhamos ou para a rebelião global do trabalho contra o capital ou para a instauração da barbárie.

11
Um novo adeus à classe trabalhadora?

Vitor Filgueiras
Sávio Cavalcante

Introdução

O objetivo central deste capítulo é contestar o novo adeus à classe trabalhadora que tem sido promovido por diferentes agentes nas últimas décadas, atualmente ainda mais propalado com o uso das novas tecnologias da informação e comunicação (TIC). Assim como o primeiro, decretado na década de 1980, o novo adeus apresenta inconsistências de diversas ordens: teórica, porque naturaliza de forma acrítica o determinismo tecnológico; empírica, pois superestima a forma dos contratos e negligencia o conteúdo objetivo das relações; e, por fim, política, porque dificulta a construção de uma luta social adequada à urgente proteção dos direitos trabalhistas nessas atividades.

Em outro trabalho, também indicamos um fato geralmente ignorado nessas análises: apesar de muitas alegações em contrário, o trabalho assalariado cresceu em todo o mundo, o que se atesta pelos dados agregados que cobrem as últimas décadas. Mesmo nos países em que o trabalho por conta própria aumentou nos últimos anos, não há indicadores sustentáveis que mostrem um declínio estrutural do trabalho assalariado[1].

Nesse momento, iremos nos concentrar no seguinte argumento: a narrativa que chamamos de novo "adeus à classe trabalhadora", deliberada ou não, contribui para a estratégia do capital em aumentar seu poder, tornando o trabalho mais precário e os trabalhadores menos propensos a enfrentar a exploração[2]. Isso ocorre

---

[1] Vitor Filgueiras e Sávio Cavalcante, "What Has Changed: A New Farewell to the Working Class?", *Revista Brasileira de Ciências Sociais*, v. 35, n. 102, 2020, p. 1-22.

[2] É certo que, quando usamos "estratégias do capital", fazemos referência a um processo histórico-social complexo, que inclui a forma pela qual diferentes grupos de trabalhadores criam e recriam formas de resistência, conflito e adaptação. Aqui, focando, conforme indicado, em como essas estratégias são formuladas, o objetivo é justamente identificar essas lógicas para compreender como afetam a luta dos trabalhadores. Também reconhecemos que o debate sobre classes sociais

porque a tese da disseminação de novas formas de trabalho favorece a legitimação das formas precárias de contratação e gerenciamento de trabalho, apresentando-as como inexoráveis.

Iremos focar os casos do mercado de trabalho brasileiro e britânico. Embora esses países possuam estruturas produtivas distintas e diferenças em seus mercados de trabalho e em suas formas de regulação social, foram escolhidos como uma maneira de analisar tendências gerais que afetam tanto os países centrais quanto os periféricos. Realizamos vários estudos de caso sobre algumas das mais famosas "novas formas de trabalho" para analisar seu conteúdo e como elas diferem do emprego tradicional em termos de subordinação ao capital. São casos representativos de setores e empresas que alcançaram destaque em escala global, sendo também indicados como tendências prováveis para o mercado de trabalho como um todo. Portanto, a análise busca articular uma dimensão maior do processo, com a descrição de situações típicas nas quais o objeto dessa discussão pode ser analisado em sua expressão concreta.

Do primeiro ao novo adeus à classe trabalhadora

O primeiro adeus à classe trabalhadora é fruto de um conjunto de obras que, na década de 1980, procurava reposicionar conceitos, categorias e métodos de análise que se concentravam no emprego e nas relações de trabalho nas sociedades capitalistas[3]. Destacam-se as intervenções de André Gorz[4] e Claus Offe[5].

Os argumentos eram diversos, mas todos, de alguma maneira, convergiam numa mudança principal: a automação promovida pela microeletrônica tendia a tornar marginal, ou mesmo a abolir, o trabalho humano na produção material. Nos outros setores, comumente chamados de serviços, haveria ainda a necessidade de atividades humanas, mas o conteúdo das atividades exigiria outra racionalidade,

---

é mais amplo, e os grupos assalariados possuem clivagens que levam, por exemplo, à discussão sobre a diferença entre a classe trabalhadora (entendida pelo conceito tradicional de proletariado) e a classe média. Ver Sávio Cavalcante, *Classe média e modo de produção capitalista: um estudo a partir do debate marxista* (tese de doutorado em sociologia, Campinas, Universidade Estadual de Campinas, 2012). No entanto, os argumentos aqui apresentados sobre a dinâmica dos mercados de trabalho estão localizados em um nível do problema que não requer tal discussão sobre as divisões internas dos assalariados.

[3] Para uma descrição mais detalhada, ver Vitor Filgueiras e Sávio Cavalcante, "What Has Changed", cit.; e Ricardo Antunes, *Adeus ao trabalho? Ensaios sobre as metamorfoses e a centralidade do mundo do trabalho* (São Paulo, Cortez, 1995).

[4] André Gorz, *Farewell to the Working Class: An Essay on Post-Industrial Socialism* (Londres, Pluto, 1982).

[5] Claus Offe, *Trabalho & sociedade: problemas estruturais e perspectivas para o futuro da "sociedade do trabalho"* (trad. Gustavo Bayer e Margrit Martincic, Rio de Janeiro, Tempo Brasileiro, 1989, coleção Biblioteca Tempo Universitário, v. 89).

um trabalho mais "reflexivo", irredutível à quantificação econômica em moldes tradicionais. Não haveria, no limite, o mesmo sentido de trabalho tradicional.

Para alguns autores, como Gorz, essas mudanças deveriam alterar as lutas progressistas. Se o trabalho não tem mais condição de ser critério de integração social – planos de pleno emprego seriam inviáveis nesse contexto –, a cidadania precisaria ser garantida por outras políticas, mais voltadas à distribuição de riqueza do que à produção. Daí surge a base de justificação das políticas de renda básica.

As repercussões desse debate no campo acadêmico das relações de trabalho foram extensas[6]. No debate brasileiro, Ricardo Antunes[7] elaborou uma crítica ao "adeus ao trabalho" que, entre outros argumentos, destacou dois limites dessa posição teórica. O primeiro foi o caráter eurocêntrico dos diagnósticos realizados pelos autores, à medida que a globalização do circuito produtivo capitalista recria milhões de empregos tipicamente industriais em outras regiões do mundo. No segundo, Antunes argumentou que o setor industrial e de serviços apresentam mais semelhanças do que diferenças entre si, mesmo na Europa. De fato, a ofensiva neoliberal à proteção das condições de venda da força de trabalho encoraja formas de emprego distintas do padrão fordista, mas isso não implica uma redução qualitativa nem quantitativa na existência de grupos de assalariados cujas vidas foram subsumidas pela lógica capitalista.

Não pretendemos desconsiderar a magnitude dos fenômenos que foram objeto dessa discussão. Houve uma mudança acentuada na estrutura ocupacional em vários países centrais, e uma parte crescente da força de trabalho foi incorporada em formas flexíveis de contratação. O quadro era ainda mais potente no caso de países com capitalismo dependente, que já tinham a informalidade ou a precariedade como a principal característica de seus mercados de trabalho.

Porém, o ponto que parece mais decisivo é que esse adeus ao trabalho foi informado por um diagnóstico da situação que deu à mudança tecnológica um papel proeminente e inevitável. Assim, estabeleceu-se uma relação causal entre o que seria a perda de relevância do trabalho como fonte de riqueza – ou mesmo a suposta dificuldade de medir algumas atividades econômicas – e a dificuldade de reconstruir padrões estáveis de regulação do emprego. A determinação foi apresentada mais como técnica do que como política e social. É precisamente esse ponto que constitui o elo entre o primeiro e o que descrevemos aqui como o novo adeus ao trabalho.

O que chamamos aqui de novo adeus à classe trabalhadora retoma essa base argumentativa, mas apresenta uma característica nova: concede uma forte ênfase ao que seria um declínio estrutural do trabalho assalariado e à impossibilidade de

---

[6] Ver, por exemplo, Anne-Marie Grozelier, *Pour en finir avec la fin du travail* (Paris, Editions de l'Atelier, 1998); Jacques Bidet e Jacques Texier (orgs.), *La Crise du travail* (Paris, Presses Universitaries de France, 1995); Josué Pereira da Silva e Iram Jácome Rodrigues (orgs.), *André Gorz e seus críticos* (São Paulo, Annablume, 2006, coleção Crítica Contemporânea).

[7] Ricardo Antunes, *Adeus ao trabalho?*, cit.

reconstruir padrões de regulação do emprego por meio de disposições legais. Uma mudança notável nesse novo adeus é que, diferentemente do primeiro, a noção de fim do trabalho em geral, como afirma Gorz, é menos explícita. Trabalho sempre haverá, mas a noção de emprego não caberia mais para tipificar essas atividades. Enfatiza, nesse sentido, que não apenas o trabalho industrial, mas todo o trabalho assalariado estaria em declínio diante do surgimento de "novas formas" de organização. O que está em questão aqui é a impossibilidade de recuperar ou construir padrões de regulação com base na noção de empregador e empregado.

Esse novo adeus é construído por diferentes perspectivas, mas as suposições e conclusões são semelhantes: a) o trabalho assalariado está em declínio; b) as novas características do mercado de trabalho impedem a proteção do trabalho por meio de legislações já existentes.

Existem, pelo menos, três diferentes abordagens que unem esse campo. A mais radical afirma que o trabalho por conta própria está aumentando e que há uma tendência para que ele substitua o emprego assalariado. A segunda abordagem afirma que estão crescendo novas formas de trabalho que não se enquadram nas formas de trabalho assalariado nem de trabalho por conta própria, constituindo o que é chamado de "zona cinzenta" ou "terceira via". A terceira é apresentada por Guy Standing[8] quando fundamenta seu conceito de "precariado": uma nova classe social em crescimento, enquanto os assalariados e o proletariado encolheriam em todo o mundo.

As duas primeiras abordagens são normalmente combinadas para enfatizar a mudança nos mercados de trabalho. Elas aparecem, por exemplo, em uma publicação da Organização Internacional do Trabalho (OIT) de 2015, sugestivamente chamada de *The Changing Nature of Jobs* [A natureza mutável dos empregos]:

> Em várias economias avançadas, a incidência de emprego remunerado e assalariado tem apresentado uma tendência de queda, afastando-se, portanto, dos padrões históricos. Por outro lado, o trabalho por conta própria e outras formas de emprego fora do escopo do acordo tradicional empregador-empregado estão em ascensão.[9]

Essas considerações normalmente são baseadas nos seguintes argumentos:

> Novas tecnologias e mudanças na maneira como as empresas organizam a produção são fatores-chave por trás da mudança nas relações de emprego e da expansão de

---

[8] Guy Standing, *The Precariat: The New Dangerous Class* (Londres, Bloomsbury Academic, 2011); idem, "Understanding the Precariat through Labor and Work", *Development and Change*, Haia, International Institute of Social Studies, v. 45, n. 5, 2014, p. 963-98; idem, "A Revolt Is Coming for Cloud Labor", *Huffpost*, 2016; disponível em: <http://www.huffingtonpost.com/guy-standing/cloud-labor-revolt_b_8392452.html>; acesso em: 10 abr 2017.

[9] International Labour Organization, *World Employment and Social Outlook 2015: The Changing Nature of Jobs* (Genebra, International Labour Office, 2015), p. 13. Tradução nossa.

novas formas de trabalho. Atingir o modelo de emprego-padrão para a maioria dos trabalhadores está se tornando mais difícil.[10]

A suposição de que "novas formas de trabalho" têm aumentado também é muito relevante em países de capitalismo dependente, como o Brasil, o que pode ser teoricamente baseado na crise do fordismo como padrão de organização do trabalho.

> O fim da norma fordista de trabalho – como norma, o que não impede a existência de trabalhos caracterizáveis como fordistas – obriga à reflexão sobre as várias formas e diferenciações que o trabalho e o emprego assumem. Essas diferenciações se encontram na origem do "embaralhamento" das fronteiras salariais e da constituição de uma "zona cinzenta" relativa às novas relações de trabalho e emprego. Essa "zona cinzenta" exige tanto a revisão quanto a criação de novos conceitos no âmbito da sociologia do trabalho. [...] Entre as formas emergentes de inserção pelo trabalho, destaca-se o autoempreendedorismo como objeto emblemático de uma relação de trabalho em substituição a uma relação de emprego, uma vez que se tornar empreendedor de si significa uma forma de distensão da relação de emprego.[11]

Além do campo acadêmico, os interesses comerciais pressionam a regulação pública usando essa nova hipótese. Por exemplo, de acordo com o jornal *Financial Times*: "À medida que a tecnologia e a globalização perturbam e fragmentam o mundo do trabalho, alguns advogados alertam que os *status* legais de emprego são antiquados demais para capturar a complexidade de muitas relações de trabalho modernas"[12].

O aumento de "novas formas de trabalho" e o suposto anacronismo da regulação protetiva do trabalho têm sido fortemente reivindicados por instituições privadas, como a Confederação Nacional da Indústria (CNI).

> A disseminação das tecnologias da informação criou um novo mundo para o trabalho. Existem atividades intensivas em conhecimento que podem ser desenvolvidas por um grupo de pessoas espalhadas pelo país ou pelo mundo. Sendo especializado, esse tipo de trabalhador pode atender às demandas de diferentes empresas. Você pode trabalhar em casa, sem perder tempo no trânsito, determinando seus horários da maneira que melhor lhe convier. No entanto, as modernas relações de trabalho do século XXI ainda são reguladas por normas obsoletas da primeira metade do século XX.[13]

---

[10] Ibidem, p. 14.
[11] Cinara Rosenfield, "Autoempreendedorismo: forma emergente de inserção social pelo trabalho", *Revista Brasileira de Ciências Sociais*, v. 30, n. 89, 2015, p. 115-6.
[12] Sarah O'Connor, "'Bogus' Self-Employment Deprives Workers of their Rights", *Financial Times*, 18 ago. 2017; disponível em: <https://www.ft.com/content/e6231ad6-45a6-11e5-af2f-4d6e0e5eda22>; acesso em: 10 set. 2017.
[13] Confederação Nacional da Indústria, *A indústria e o Brasil: uma agenda para crescer mais e melhor* (Brasília, Confederação Nacional da Indústria, 2010), p. 109.

Esse quadro influenciou previsivelmente a regulação pública. Em 2015, o governo do Reino Unido publicou o *Relatório de status do emprego*, realizado pelo Office of Tax Simplification. Segundo o diretor John Whiting,

> esse sistema de duas alternativas pode ser encarado como uma visão tradicional do mercado de trabalho. As pessoas trabalhavam, normalmente em período integral, para um empregador; ou eles eram claramente autônomos: o encanador local, por exemplo. Mas esse mercado de trabalho tradicional mudou significativamente nos últimos anos. [...] Isso fez sentido nas décadas de 1950 e 1960, mas o enorme crescimento do *freelancer* como modo de vida (e trabalho) não se encaixa prontamente nesse modelo tradicional. Esse crescimento decorre do setor de tecnologia da informação (TI), mas se espalhou muito além dele, facilitado pela internet e (atualmente) por "aplicativos". Algumas pessoas podem ser forçadas a essa forma de trabalhar, mas há mais pessoas que a escolhem e valorizam a flexibilidade que ela traz. Tudo isso leva alguns a sugerir que o sistema tributário precisa reconhecer uma "terceira via" de trabalhar. [...] Houve um crescimento considerável de pessoas trabalhando por conta própria, mas assumindo funções em uma organização por um período, às vezes uma base exclusiva, mas muitas vezes enquanto trabalhavam em outro lugar. Essas pessoas podem não ter desejo pelos direitos tradicionais de emprego; elas são frequentemente chamadas de *freelancers* ou contratadas.[14]

As características desse "novo mundo do trabalho", ainda que tomadas de maneira crítica, também informam a análise de Guy Standing[15]. Segundo o autor, o mundo está passando por uma "transformação global", análoga à "grande transformação" identificada por Karl Polanyi[16]. Hoje, no entanto, o sistema de mercado é global, enquanto Polanyi analisou a criação de economias de mercado nacionais. O precariado emergiu dessa nova estrutura, sendo uma nova classe caracterizada por incerteza e insegurança crônicas. Standing afirma que o precariado apresenta diferentes relações de produção, de distribuição e de direitos em comparação com os assalariados e o proletariado. O precariado é inerentemente instável; seus membros estão sempre prontos para um trabalho incerto, não têm controle sobre seu tempo e dependem exclusivamente do salário para sobreviver (porque não têm direitos trabalhistas). Em resumo, Standing afirma que, embora durante a "grande transformação" o capital nacional tenha admitido um trabalho estável para o núcleo do proletariado, hoje o capital global impõe completa instabilidade ao precariado. O autor vê essa diferença como fundamental para diferenciar o precariado de outras classes.

---

[14] Office of Tax Simplification, *Employment Status Report* (Londres, Office of Tax Simplification, 2015), p. 2 e p. 121. Tradução nossa.
[15] Guy Standing, "Understanding the Precariat through Labor and Work", cit.; idem, "A Revolt Is Coming for Cloud Labor", cit.
[16] Karl Polanyi, *A grande transformação: as origens de nossa época* (trad. Fanny Wrobel, Rio de Janeiro, Campus, 2000).

Para Standing, estamos experimentando uma revolução nas formas de trabalho que inviabiliza a regulação anterior para proteger os trabalhadores e reduzir as desigualdades. O tipo de trabalho que cresce mais rápido é o que ele chama de "trabalho em multidão", realizado pelos responsáveis pelas tarefas, que fazem parte do precariado e realizam atividades sem direitos trabalhistas, estabilidade ou garantia de renda. Os *taskers* trabalham pelo que seriam intermediários (*labour brokers*), a exemplo de novas empresas como a Uber. Por não possuírem juridicamente os instrumentos de trabalho ou os meios de produção, Standing considera que essas empresas são rentistas. Segundo o autor, os *taskers*

> não são empregados, pois não são diretamente supervisionados, possuem os principais meios de produção e, em princípio, têm controle sobre o tempo de trabalho. [...] Eles também não são autônomos, pois dependem dos agenciadores de trabalho para acessar os aplicativos. Mas eles têm de suportar a maioria dos riscos, acidentes, problemas de saúde, reparos e manutenção. Eles fazem parte do núcleo do precariado.[17]

Standing afirma que a antiga característica do sistema de regulação do trabalho é inadequada para as realidades atuais, defendendo que uma renda básica universal deve ser a política pública para o precariado.

Nos últimos anos, esse novo adeus à classe trabalhadora se radicalizou com a disseminação dos chamados "aplicativos" e "plataformas", que não apenas negam a natureza assalariada da relação entre empresa e trabalhadores, mas rejeitam o próprio caráter laboral da relação, imputando aos trabalhadores a condição de clientes das empresas.

Portanto, o que estamos chamando de novo adeus ao trabalho, que considera irreversível o declínio do emprego assalariado e que o direito do trabalho não é uma solução para o contexto atual, parece reunir muitas perspectivas ideológicas diferentes. Essa narrativa tem tido grande impacto entre trabalhadores e instituições de regulação. Nossa principal pergunta é: o novo adeus à classe trabalhadora mostra consistência empírica?

A NATUREZA DAS NOVAS FORMAS DE TRABALHO

Esta seção aborda as seguintes perguntas: as novas formas de trabalho são realmente novas em termos de conteúdo? Ou são empregos assalariados intencionalmente apresentados e alegados pelas empresas como diferentes formas de trabalho?

Inicialmente, é importante enfatizar que parte das estatísticas de trabalho autônomo exibidas em pesquisas nacionais em todo o mundo, especialmente em países periféricos, refere-se, de fato, a trabalhadores independentes que se envolvem

---

[17] Guy Standing, "A Revolt Is Coming for Cloud Labor", cit. Tradução nossa.

em atividades por conta própria (normalmente de forma precária). Proprietários de pequenas empresas, como barbearias, vendedores de rua e de mercado, trabalhadores de manutenção doméstica (encanadores e eletricistas etc.) e pequenos agricultores, por exemplo, sempre existiram e provavelmente sempre existirão em qualquer sociedade capitalista. Assim, não há novidade nessas situações.

O tema aqui abordado são as "novas formas de trabalho" que supostamente surgiram nas recentes transformações das sociedades capitalistas. Escolhemos alguns casos que consideramos representativos devido a sua incidência ou aumento recente.

Setor de construção no Reino Unido

O setor da construção é um bom exemplo para análise. É um dos principais setores no que diz respeito ao emprego de pessoas no Reino Unido (cerca de 2 milhões de trabalhadores)[18] e possui um dos maiores números de trabalhadores contratados por empresas como autônomos. Dados oficiais indicam que 39% do total de empregos nesse setor é classificado como "autônomo". O setor da construção representa cerca de 20% de todo o trabalho autônomo no Reino Unido. A demanda por maior flexibilidade no novo contexto capitalista é uma das explicações dadas a essa situação.

As empresas geralmente contratam trabalhadores classificados como autônomos por meio de agências de emprego ou utilizando "empresas guarda-chuva" (pessoas jurídicas utilizadas para intermediação). Apesar de diferenças formais, os casos que investigamos compartilham uma natureza comum: a força de trabalho continua sendo gerenciada pela empresa contratante. A principal diferença entre os trabalhadores (empregados ou autônomos) nos canteiros de obras está simplesmente na forma como eles são contratados.

Por exemplo, em um canteiro de obras em Londres, que visitamos em julho de 2015, semelhante à maioria dos locais no Reino Unido, de acordo com outras fontes, havia noventa trabalhadores. No entanto, a principal empresa contratou diretamente apenas cinco deles: um subcontratado contratou dez eletricistas, quinze eram

---

[18] Os dados usados aqui foram coletados em nossa pesquisa realizada em 2015. Como existem milhares de canteiros de obras no país, decidimos analisar uma amostra mais ampla de locais, em vez do pequeno número que geralmente é escolhido nesse tipo de estudo. Assim, definimos uma amostra de 105 canteiros de obras em seis cidades diferentes do Reino Unido. Para tornar a amostra mais representativa, escolhemos algumas das principais cidades do Reino Unido, incluindo as capitais da Inglaterra, do País de Gales e da Escócia. Ao fazer isso, é mais provável cobrir cidades com um número maior de canteiros de obras. As cidades foram: Londres, Edimburgo, Cardiff, Leeds, Liverpool e Manchester. Em cada canteiro de obras, procuramos analisar dezessete variáveis de condições de segurança do trabalho e cinco dados adicionais sobre as informações do empregador e do local. Nosso método procurava cobrir diferentes áreas da cidade a partir das estações de metrô. Em cada local, selecionamos os dois primeiros canteiros de obras mais próximos à estação de metrô. De abril a dezembro de 2015, inspecionamos 74 canteiros de obras em cinco zonas diferentes da cidade. Analisamos locais no Sul, Leste, Oeste e Norte de Londres.

funcionários de agências e sessenta foram contratados por agências como autônomos. Alguns desses trabalhadores autônomos, contratados por agências, trabalhavam há anos na mesma empresa. Os funcionários formais eram engenheiros, supervisores, e estavam no topo da hierarquia do local: são aqueles que determinam onde, quando, como e que trabalho deve ser realizado. Para exemplificar como as atividades foram organizadas: os operadores de guindastes, contratados como autônomos, foram obrigados pela empresa a trabalhar dez horas por dia, em vez de quatro, que é o dia útil legal.

Em 2016, a Câmara dos Comuns publicou um *Briefing Paper* sobre o tema. Trouxe algumas informações relacionadas ao uso do trabalho autônomo por empresas como estratégia para minar o direito do trabalho: "Em maio de 2008, o Union of Construction, Allied Trades & Technicians (Ucatt) publicou um relatório encomendado pelo professor Mark Harvey, da Universidade de Essex. O autor sugeriu que cerca de 30% da força de trabalho – 375 mil a 425 mil trabalhadores – estava incorretamente envolvida como autônomos". De acordo com pesquisa realizada pela Focus on Labour Exploitation (Flex),

> no setor de construção, há um uso amplo do trabalho autônomo como a modalidade de contratação mais usada. Trabalhadores autônomos têm direitos significativamente menores do que aqueles que são empregados diretamente por uma empresa. O antigo sindicato dos trabalhadores do setor da construção, Ucatt – agora fundido com a Unite – afirma que existe um vínculo direto entre esses arranjos empregatícios e a exploração, e são muitos os casos em que os funcionários não estão trabalhando de fato para si mesmos.[19]

Diferentemente de uma modificação na natureza das relações de trabalho nos canteiros de obras, os indícios, muito fortes, são de que a disseminação do trabalho autônomo no setor de construção britânico esteja estritamente relacionada a estratégias para gerenciar a força de trabalho.

OS ENTREGADORES NO REINO UNIDO

A atividade de entrega de alimentos e outros bens a consumidores finais está entre aquelas que mais se destacam com a proliferação de "aplicativos" e "plataformas". Em 2015, no Reino Unido, vivenciamos um período de transição da gestão dos *couriers* por rádio para o uso de aplicativos. Entrevistamos trabalhadores vinculados a seis empresas e analisamos documentos e equipamentos. Praticamente todos os trabalhadores do setor eram formalmente contratados pelas empresas como autônomos e sem garantia de pagamento mínimo. Com isso, em vez de ter mais flexibilidade, os entregadores tendiam a trabalhar mais e descansar menos do que o trabalhador médio,

---

[19] Focus on Labour Exploitation, *Shaky Foundations: Labour Exploitation in London's Construction Sector* (Londres, Focus on Labour Exploitation, 2018), p. 8. Tradução nossa.

pois não tinham segurança no emprego e precisavam se esforçar para tentar compensar a baixa remuneração recebida por entrega. Eles não recebiam férias remuneradas nem qualquer renda quando estavam doentes ou sofriam algum acidente de trabalho.

A situação desses entregadores chamou a atenção da imprensa. Alguns dos trabalhadores que entrevistamos pessoalmente em Londres foram abordados para essas reportagens. Por exemplo, Mario Gbobo, que caiu da bicicleta e sofreu uma lesão grave no braço, conversou com a *BBC* sobre o acidente: "O pacote que eu carregava estava seguro, mas eu não estava", ele disse. "Alguém veio e pegou o pacote. Eu tive de me defender e acabei voltando ao trabalho antes que a lesão sarasse, porque precisava do dinheiro."

Outro entregador entrevistado pela *BBC*, Andrew Boxer, afirmou:

> "Eu sou um caso típico", disse ele. "Trabalho para uma empresa por cerca de cinquenta horas por semana. Eles me dizem o que fazer, quando e como fazê-lo. Sou monitorado, preciso ter o crachá da empresa comigo o tempo todo e não posso trabalhar para outras empresas. Sou pago por entrega, não por hora. Sou obrigado a assinar um contrato que diz que sou trabalhador por conta própria, o que significa que não tenho direitos trabalhistas.

O gerenciamento da força de trabalho pelas principais empresas que entregam cartas e encomendas é realizado por meio de um tipo de leilão holandês, no qual o intermediário que oferecer aos trabalhadores a menor oferta ganha o contrato de fornecimento da força de trabalho. Embora possa parecer complexa, a chamada economia de compartilhamento, incluindo acordos e serviços da internet controlados por aplicativos, submeteu os trabalhadores a condições ainda mais duras do que o emprego tradicional.

Essa subordinação é extremamente similar à detectada no Brasil[20]. A flexibilidade, também por aqui, é apenas retórica. Nas entregas com bicicletas, uma pesquisa da Aliança Bike, realizada em 2019, com 270 entregadores, indica que 57% trabalhavam todos os dias e 55%, dez ou mais horas por dia (apenas 25% trabalhavam menos do que oito horas diárias)[21]. São resultados parecidos com os da pesquisa realizada no mesmo ano em Salvador, em que a jornada média mensurada foi de 10 horas e 23 minutos por dia, durante seis dias na semana[22].

---

[20] Vitor Filgueiras e Ricardo Antunes, "Plataformas digitais, uberização do trabalho e regulação no capitalismo contemporâneo", *Revista Contracampo*, v. 39, 2020, p. 27.

[21] Aliança Bike, "Perfil dos Entregadores Ciclistas de Aplicativo", *Portal da Associação Brasileira do Setor de Bicicletas*, São Paulo, jul. 2019. Disponível em: <http://aliancabike.org.br/pesquisa-de-perfil-dos-entregadores-ciclistas-de-aplicativo/>; acesso em: 10 set. 2019.

[22] Vitor Filgueiras e Sara Pereira, "Trabalho descartável: as mudanças nas formas de contratação introduzidas pelas reformas trabalhistas no mundo", *Cadernos do Ceas*, n. 248, set.-dez. 2019, p. 578-607.

O CASO DOS TRADUTORES

A tradução é um dos muitos serviços oferecidos via internet. As empresas proprietárias da "plataforma" supostamente fazem a mediação entre clientes e tradutores. Os tradutores seriam autônomos que comandam seus próprios negócios, usando a plataforma para alcançar clientes. No entanto, a imagem real está longe dessa descrição superficial.

Entrevistamos um tradutor, com sede em Londres, que trabalha com esse tipo de arranjo. Ele também nos deu acesso a seus e-mails e documentos para demonstrar como o processo de trabalho está organizado, fornecendo-nos material de pesquisa suficiente para extrair declarações sobre a dinâmica geral desse setor. Para resumir, a empresa contrata um grupo de tradutores independentes (que, em princípio, podem trabalhar para outras empresas). Para ingressar nesse *pool*, o tradutor deve concluir um teste, enviar suas credenciais, assinar um contrato e outros documentos. Quando esse procedimento estiver concluído, toda vez que houver uma tradução disponível, os trabalhadores receberão um e-mail com um preço a ser negociado. Quem oferecer primeiro um preço considerado satisfatório pela empresa ganha o emprego. O tradutor explicou que "é como uma versão acelerada e globalizada '*just-in-time*' do que existia anteriormente. Um trabalho pode valer apenas dez dólares!". Ele prossegue especificando como o processo de trabalho é realizado.

> O processo se tornou muito mais automatizado. Isso significa que, quanto mais participação de mercado uma agência tiver, mais seus funcionários estarão alertas 24 horas por dia, sete dias por semana, para responder a qualquer oferta de emprego. Assim, você pode gastar muito tempo fazendo lances para empregos, mas não os obter (a menos que reduza suas taxas). Financeiramente, é uma corrida para o fundo do poço.

A empresa seleciona quem pode ser contratado para formar o *pool* e, em seguida, organiza o processo de trabalho por meio de um leilão entre os trabalhadores para escolher quem receberá cada trabalho. Por fim, impõe quando e como a tradução deve ser feita, como podemos ver no seguinte e-mail:

> Como você está hoje? Espero que esteja tudo bem. Temos uma tradução rápida de Espanhol > Inglês (EUA) de 1.200 palavras para a qual precisamos da sua ajuda!
> JUSTIFICATIVA: Clínica.
> INSTRUÇÕES: Siga o formato da fonte o mais próximo possível! Por favor, corresponda ao formato da data. Por favor, indique qualquer texto que esteja ilegível entre colchetes (ou seja, [ilegível]); copie/cole logotipos; copie/cole números e qualquer texto em inglês; remova todas as informações do paciente. Por favor, indique manuscrito em itálico e com uma nota entre colchetes (ou seja, [m.]).
> A SER ENTREGUE: Um documento do Word traduzido.
> PRAZO DA TRADUÇÃO: 16h, quarta-feira, 22 de julho. Informe-nos se você está disponível para este trabalho.

O trabalho mencionado neste e-mail foi oferecido às 10h23 e teve de ser realizado até às 16h. Conforme declarado pelo tradutor, esse é um e-mail típico enviado pela empresa. Para ele, o significado do processo é: "Você deve largar tudo e fazê-lo agora! O objetivo é obter uma resposta máxima (ou seja, a concorrência mais feroz) de nós, o grupo global de tradutores".

Esse leilão holandês realizado na economia de compartilhamento é ainda pior do que o realizado em outros setores, porque envolve diretamente os próprios trabalhadores nas negociações de preços. Standing também descreveu essa estratégia de gestão, que ele chama de *pool* de trabalho da multidão:

> O que acontece é que as empresas de plataforma contratam para realizar determinados trabalhos para corporações e, por sua vez, designam solicitantes de mão de obra para contratar trabalhos para pessoas convidadas a competir em um leilão holandês. Os solicitantes anunciam que há muitas tarefas disponíveis para licitação, com prazo estipulado, e que a licitação será encerrada em, digamos, cinco dias. Frequentemente, o solicitante anuncia, desde o início, uma taxa máxima de peças. Em seguida, os *taskers* podem tentar realizar o maior número de tarefas que acharem viável a um preço que acharem certo. No final, os solicitantes selecionam entre os lances mais baixos. Então, alguém em Boston pode estar competindo com alguém de Bangalore ou Acra. Isso é péssimo, já que os mais inseguros tenderão a oferecer preços mais baixos. Como eles não sabem quantos estão oferecendo ou onde estão, podem acreditar que a concorrência é mais intensa do que é. Para a agência que contrata, isso é o ideal. E o *tasker* não tem garantia de que será pago. Se um corretor, com sede em Nova York, decide que um *tasker* em Dacar não fez algo bem o suficiente e se recusa a pagar, na prática, o *tasker* não tem meios de reparação.[23]

A descrição de Standing mostra como opera esse mecanismo de contratação de trabalhadores que se tornou cada vez mais comum em vários tipos de atividades. Os lucros dessas empresas estão diretamente ligados à insegurança e à precariedade daqueles que precisam aceitar as tarefas para garantir a sobrevivência. Nossa divergência em relação ao argumento de Standing é que a solução proposta por ele – a introdução de uma renda básica universal como forma de eliminar a coerção econômica imposta àqueles que devem aceitar as tarefas – pressupõe a impossibilidade de regular esses empregos por meio do direito do trabalho. Não se trata de negar a importância de uma renda básica, mas é precisamente esse ponto – a necessidade de reconhecimento legal da condição de emprego – que deve estar no centro da luta política, não qualquer imposição técnica dos dispositivos utilizados.

---

[23] Guy Standing, "A Revolt Is Coming for Cloud Labor", cit. Tradução nossa.

Alguns exemplos do Brasil

No Brasil, vários arranjos e modelos de negócio se apresentam como novas formas de trabalho. Embora muitos sejam usados há décadas, eles estão se juntando à recente onda de organização do trabalho e do processo de produção, evitando o *status* de emprego.

Por exemplo, existe mais de 1 milhão dos chamados "consultores de empresas de cosméticos" – na verdade, vendedores –, que são classificados como autônomos[24]. Salões de beleza, por sua vez, alegam que apenas "alugam" assentos para os/as cabeleireiros/as trabalharem. No setor da saúde, é comum ver empregadores contratando trabalhadores por meio de cooperativas de trabalho. Empresas de todos os setores contratam trabalhadores por meio de contratos comerciais como se fossem uma empresa de apenas uma pessoa. Tal procedimento ocorre desde o setor de construção até as fábricas de produtos químicos. Em todos esses casos, apesar de serem rotulados e contratados como autônomos ou mesmo como firmas, os trabalhadores são sistematicamente submetidos e controlados pelo empregador, estando sujeitos à vontade das empresas de forma ainda mais intensa do que aquela exercida em relação aos empregados formais[25].

Uma das novas formas de trabalho mais comuns, particularmente nas atividades rurais, é a chamada "produção integrada". Em suma, o "trabalhador integrado" é um pequeno agricultor que assina um contrato de exclusividade para realizar alguma atividade que faz parte dos negócios de uma empresa, por exemplo, plantar tabaco para uma empresa de cigarros.

Essa "produção integrada" não é um mero monopsônio, uma vez que o processo de trabalho e produção realizado pelos trabalhadores integrados é controlado pelo chamado comprador único. As atividades realizadas por trabalhadores integrados fazem parte dos principais negócios da empresa. Esta possui os próprios produtos (tabaco, ovos, aves, porcos etc.), fornece a matéria-prima e os insumos, impõe os padrões técnicos da atividade, normalmente financia instalações, entre outras coisas, enquanto o trabalhador integrado deve atender exclusivamente às demandas da empresa. O trabalhador integrado entrega a produção no momento e nas condições desejadas pela empresa[26].

O trabalhador integrado possui uma renda totalmente flexível (dependendo exclusivamente dos resultados da produção) que é dividida com sua família, sem

---

[24] Ludmila Costhek Abílio, *Sem maquiagem: o trabalho de um milhão de revendedoras de cosméticos* (São Paulo, Boitempo, 2014).
[25] Vitor Filgueiras, *Estado e direito do trabalho no Brasil: regulação do emprego entre 1988 e 2008* (tese de doutorado em ciências sociais, Salvador, Faculdade de Filosofia e Ciências Humanas da Universidade Federal da Bahia, 2012); idem, "Regulação da terceirização e estratégias empresariais: o aprofundamento da lógica desse instrumento de gestão da força de trabalho", *Cadernos do Ceas*, v. 239, 2016, p. 742-70.
[26] Idem, "Novas/velhas formas de organização e exploração do trabalho: a produção 'integrada' na agroindústria", *Mediações*, v. 18, n. 2, 2013, p. 230-45.

salário mínimo garantido, férias remuneradas ou pagamento de horas extras, mesmo trabalhando todos os dias da semana. Em um estudo realizado no setor avícola da Bahia[27], constatou-se que o trabalho infantil se encontrava generalizado, sendo um mecanismo adotado pelo trabalhador integrado para evitar a corrosão da renda familiar já escassa, o que também parece ser comum na produção de tabaco na região Sul do Brasil[28]. Desrespeito flagrante aos parâmetros mínimos das normas trabalhistas foi detectado na produção de ovos e nos galpões de frangos, uma realidade que também parece ser frequente no resto do país, incluindo casos de trabalho análogo à escravidão.

O modelo de "integração" é um instrumento essencial para o exercício do controle e exploração do trabalho nessas empresas. Quando o direito do trabalho é completamente desrespeitado, os trabalhadores são obrigados a trabalhar por mais horas e mais intensamente, raramente descansando, trabalhando todos os dias de forma ininterrupta para garantir uma renda mínima necessária para a sobrevivência[29].

Motoristas por aplicativos: o caso da Uber

Provavelmente, o caso mais famoso de operação de "aplicativos" esteja no setor de transporte, particularmente o de passageiros. Em nível mundial, tem destaque a Uber, que se apresenta como um aplicativo que presta serviços a motoristas. Em uma ação judicial no Reino Unido, o modelo foi assim descrito: "O argumento da Uber era o de ser uma empresa de tecnologia, que não fornecia um serviço de transporte para os clientes – apenas os colocava em contato com os motoristas"[30].

No Brasil, os motoristas da Uber não possuem contrato formal com a empresa, mas devem seguir uma série de requisitos para serem admitidos. Apesar da retórica da flexibilidade do horário de trabalho, quando a Uber inicia sua operação em uma cidade, eles atraem motoristas fazendo pagamentos fixos pela realização de jornadas de trabalho. As tarifas pagas aos motoristas variam de acordo com a hora do dia e a região da cidade, levando os motoristas a trabalhar de acordo com a demanda da empresa. A Uber impõe unilateralmente as taxas que recebe de cada viagem, que também oscilam por cidade, período do ano etc. O comportamento dos motoristas deve seguir as diretrizes da empresa, relacionadas ao cliente ou às condições do carro. Todos os pagamentos são feitos diretamente à Uber (há pagamento direto ao motorista, mas o valor é deduzido das próximas viagens). Os motoristas não podem organizar viagens diretamente com os clientes, recusar animais, levar outras

---

[27] Idem.
[28] Ministério Público do Trabalho, *Ação civil pública*, 7 dez. 2007; disponível em: <https://actbr.org.br/uploads/arquivo/188_MPTPRxsouzacruz_fumicultores.pdf>; acesso em: 1º maio 2011.
[29] Vitor Filgueiras, "Novas/velhas formas de organização e exploração do trabalho", cit.
[30] Rupert Jones, "Uber driver earned less than minimum wage, tribunal told", *The Guardian*, 20 jul. 2016; disponível em: <https://www.theguardian.com/business/2016/jul/20/uber-driver-employment-tribunal-minimum-wage>; acesso em: 10 jun. 2020.

pessoas no veículo, executar outros serviços enquanto estiverem com passageiros, compartilhar o carro para usar seu registro Uber, solicitar informações particulares aos passageiros, entre vários outros requisitos que devem ser cumpridos no processo de trabalho. Embora tratado como uma empresa, o motorista não pode fazer uso de sua propriedade (o carro) da forma como lhe convém.

A Uber avalia permanentemente os motoristas por meio dos clientes, que, por sua vez, avaliam o motorista pelo aplicativo no final do percurso. A empresa deixa claro que "atitudes que prejudicam a plataforma, usuários ou outros parceiros também podem levar à desativação", mesmo que não estejam pré-listadas em contrato. Em outras palavras, o trabalhador pode ser demitido por qualquer motivo que a Uber considere aplicável.

Em tais novas formas de trabalho, como a Uber, entregadores autônomos, força de trabalho especializada e "produção integrada", o que as empresas fazem é transformar os meios de produção e instrumentos de trabalho (veículos, instalações, computadores, terra etc.) em seu capital, sem a necessidade de propriedade formal sobre eles, reduzindo o investimento e o capital fixo, pulverizando e transferindo ao mesmo tempo o risco dos negócios para cada trabalhador, intensificando a espiral de pressão sobre o indivíduo. Ainda propagam a legitimidade do discurso de "autonomia", "flexibilidade" e "empreendedorismo" entre os trabalhadores, reduzindo sua propensão à contestação e à ação coletiva.

Ademais, mercados de trabalho exclusivos emergem desses acordos, enfraquecendo o poder de barganha dos trabalhadores que precisam competir na empresa por empregos, reduzindo os salários e as condições de trabalho. No caso da Uber e das empresas de plataforma, elas intencionalmente procuram formar um estoque de trabalhadores disponíveis para competir entre si, permitindo que paguem salários baixos. As taxas são sempre variáveis, definidas por peça (viagem, tradução etc.), criando um sistema no qual as tarefas disponíveis são orientadas pela seguinte lógica: "Quem aceita o preço primeiro aceita o trabalho".

Portanto, apesar de não serem as proprietárias formais dos meios de produção, as empresas podem controlar o processo de trabalho e produção por outros meios (por exemplo, monopolizando a interface com os clientes). Não possuir carros, bicicletas, computadores e terras é uma grande vantagem para as empresas, pois elas não precisam imobilizar capital e acabam, assim, transferindo os riscos comerciais para os trabalhadores, tornando-os mais inseguros e com menor probabilidade de contestar ordens.

Um ponto de vista como o de Standing, que enfatiza que o trabalhador possui os meios de produção, prioriza a formalidade, não o conteúdo real das relações. Vale lembrar a distinção entre noção legal de propriedade e poder efetivo sobre meios de produção feita por autores como Nicos Poulantzas[31] e Charles

---

[31] Nicos Poulantzas, *Poder político e classes sociais* (trad. Francisco Silva, São Paulo, Martins Fontes, 1977).

Bettelheim[32]. Nos casos discutidos aqui, as empresas não possuem direitos formais para gerenciar carros, bicicletas, computadores etc. No entanto, possuem a posse efetiva dos meios de produção em duas dimensões. Em primeiro lugar, como indicamos para a Uber, o motorista (o proprietário formal do automóvel), perde a capacidade de definir os termos do contrato com os usuários. Ele é a "Uber" para a pessoa que o chama, tendo de respeitar um código estabelecido pela empresa, não uma relação contratual entre ele e o usuário, apenas facilitada pelo contato viabilizado pelo aplicativo. O poder é tão grande que, recentemente, a Uber desenvolveu o *quiet mode*, uma funcionalidade que permite ao usuário que o/a motorista não fale com ele durante o trajeto.

Em segundo lugar, a Uber é capaz de controlar o conjunto de motoristas por meio de taxas crescentes ou decrescentes e impor condições para garantir a demanda e o suprimento de carros, além de suprir trabalhadores para a realização de viagens. Em muitos casos, a Uber realiza parcerias com locadores de automóveis para viabilizar a atividade. Em suma, a empresa não precisa de propriedade legal de automóveis porque já possui sua posse efetiva. As análises, mesmo críticas, que desconsideram esse aspecto material objetivo, acabam por naturalizar o argumento politicamente orientado das empresas construído para deliberadamente contornar a proteção do emprego.

Além de dificultar a resistência individual e a ação coletiva, esses acordos minaram a regulamentação protetora do trabalho pelos Estados. A narrativa que divulga esses arranjos como novas formas de trabalho representa, na prática, um novo adeus à classe trabalhadora, mais radicalizada do que no primeiro, mas baseada no mesmo núcleo argumentativo: o emprego assalariado perderia sua relevância na sociedade. Anteriormente, as previsões focavam no trabalho industrial; agora tratam do emprego assalariado como um todo. Estaríamos experimentando novas maneiras de organizar o trabalho e a produção além do trabalho assalariado, o crescimento do trabalho por conta própria, "zonas cinzentas", relações indeterminadas, enfim, relações que não seriam adequadas à regulamentação da legislação trabalhista.

Novamente, as empresas negam deliberadamente o *status* de emprego assalariado para seus trabalhadores como uma ferramenta-chave para gerenciar seu processo de trabalho e produção. Ao afirmar que seus trabalhadores são autônomos ou que esses indivíduos são empresas, os empregadores buscam inviabilizar resistências que tentam impor limites à exploração, impedindo-os de ter acesso aos direitos trabalhistas, dispensando-os mais facilmente e inibindo a ação contestatória individual ou coletiva. Portanto, esses trabalhadores são mais precários, "porque ainda mais submetidos" às exigências das empresas, e não porque a tecnologia os torna autônomos.

---

[32] Charles Bettelheim, *A luta de classes na União Soviética: primeiro período (1917-1923)* (trad. Bolívar Costa, Rio de Janeiro, Paz e Terra, 1976).

Até documentos oficiais do governo do Reino Unido enfatizam que o *status* de trabalho autônomo é intencionalmente usado para minar os direitos e condições mínimas dos trabalhadores, o que está relacionado à exploração do trabalho em muitos setores do país. Um relatório da Gangmasters and Labour Abuse Authority, lançado em maio de 2018, examina essa estratégia nos setores de limpeza, colheita de flores, lavagem de carros, processamento de alimentos e construção[33]. No Brasil, esse quadro é amplamente reconhecido pelas instituições que regulam o direito do trabalho, embora não tenha sido enfrentado com a devida força[34].

As consequências políticas do novo adeus: fazê-lo parecer inexorável

Apesar de ter sido forjada por modificações organizacionais inegáveis, a definição legal de como tipificar novas formas de trabalho é uma questão fortemente política, não técnica. A maneira como essas relações serão definidas impõe como serão reguladas e como as pessoas submetidas a esses acordos irão trabalhar e viver. Por isso, temos lidado com questões cruciais que já têm minado a qualidade de vida de milhões de trabalhadores nas últimas décadas.

Essa luta política em relação à regulação do trabalho assalariado é tão antiga quanto o próprio capitalismo. Acordos e compromissos que permitiram limites à mercadorização da força de trabalho são instáveis e expostos a constantes mudanças. Desde as últimas décadas do século XX, houve um fortalecimento internacional do que Pierre Dardot e Christian Laval chamaram de "a nova razão do mundo", isto é, o poder do neoliberalismo, que não se restringe a sua capacidade de realizar mudanças legais ou privatizar serviços públicos[35]. Desde o início, pretende fomentar uma nova racionalidade com o objetivo de fazer com que todos pensem e ajam como se fossem empresas. Nesse sentido, é crucial evitar qualquer neutralidade técnica na afirmação de que "novas" formas de trabalho não são compatíveis com o direito do trabalho.

É importante enfatizar que existe uma diferença fundamental entre o trabalho assalariado e o conceito de empregado. O conceito de empregado é construído para regular uma relação politicamente definida. Pode abarcar situações mais amplas ou ser mais estreito. Por exemplo, a lei pode indicar que o *status* de empregado é aplicado apenas a um indivíduo que trabalha para a mesma empresa mais de dez horas por dia, definindo aqueles que não estão nessa categoria como "*freelancers*". A lei é uma relação social e pode ser definida de qualquer forma, desde que exista

---

[33] Gangmasters and Labour Abuse Authority, *The Nature and Scale of Labour Exploitation across all Sectors within the United Kingdom* (Nottingham, Gangmasters and Labour Abuse Authority, 2018).
[34] Vitor Filgueiras, *Estado e direito do trabalho no Brasil*, cit.
[35] Pierre Dardot e Christian Laval, *A nova razão do mundo: ensaio sobre a sociedade neoliberal* (trad. Mariana Echalar, São Paulo, Boitempo, 2016, coleção Estado de Sítio).

poder político para impô-la, independentemente do conteúdo das relações empíricas regulamentadas. Além disso, ela pode definir algo em uma direção hoje e mudar para outra direção amanhã, dependendo da luta política relacionada ao assunto em disputa.

Esse é precisamente o caso das novas formas de trabalho. As empresas apresentam seu trabalho e processos intencionalmente como "novos", entre outros motivos, para evitar a legislação trabalhista. Elas sequer omitem essa intenção em certos contextos, como em vídeos corporativos e eventos empresariais. Elas criaram e ajudaram a divulgar o discurso de "novas formas de trabalho" como parte de uma ofensiva para justificar as formas precárias de contratar trabalhadores. Essa é a racionalidade: evitar ser visto como empregador é uma das principais estratégias do capital para gerenciar o trabalho no capitalismo contemporâneo.

Para os trabalhadores, é mais difícil construir identidades e se engajar em ações coletivas. Para as empresas, ajuda a cortar custos (contornam direitos trabalhistas, usam de gestão flexível etc.) e a aumentar a produtividade (via ampliação da intensidade do trabalho para obter renda minimamente adequada ou diminuição da probabilidade de greves etc.). O efeito ideológico é tão forte que muitas vezes os trabalhadores sequer se reconhecem como parte da produção e incorporam, por uma escolha mediada desde o início pela coerção da sobrevivência, a figura do autônomo.

Uma discussão civilizatória sobre as chamadas novas formas de trabalho precisa se basear em duas premissas principais: 1) não devemos tomar como certos os nomes que as empresas declaram em contratos ou pressupor que esses contratos definem o conteúdo real das relações. Dependendo do contexto, as empresas podem atribuir qualquer terminologia e impor qualquer condição ao contrato, incluindo a maneira como as atividades devem ser executadas, para favorecer seus interesses; 2) não devemos confundir a maneira como o Estado regula o trabalho (que foi fortemente influenciada pelos interesses das empresas) com o conteúdo das relações efetivamente estabelecidas.

Para resumir, não recusamos inteiramente o conteúdo da literatura aqui criticada. Uma parcela dos trabalhadores pode negar sua identidade como assalariados e incorporar uma mentalidade de negócios, como se fossem "capitalistas de si mesmos". Devido às novas estratégias das empresas, que têm como aspecto central da gestão a negação do emprego assalariado, a construção da identidade coletiva pelos trabalhadores se torna mais difícil. Não é uma percepção incorreta da literatura, mas o resultado de uma longa batalha ideológica. No entanto, esse quadro não é suficiente para invalidar as possibilidades de reforçar a regulação protetiva do trabalho e para evitar as resistências (manifestações e greves) que tendem a se intensificar vindas dos próprios trabalhadores.

Notas finais

Nas últimas décadas, enquanto a classe trabalhadora se enfraqueceu, o capital organizou uma estrutura de gestão que tende a reproduzir e reforçar essa debilidade. É irônico que, em um contexto de ofensiva maciça e crescente subsunção do trabalho ao capital, estejamos testemunhando um novo adeus à classe trabalhadora.

Ao serem considerados como processos inexoráveis, tanto o antigo quanto o novo adeus compartilham um resultado político muito problemático, segundo o qual os trabalhadores protegidos pela lei fazem parte de grupos que estão desaparecendo e/ou são privilegiados. Esse entendimento obscurece a exploração do trabalho e os interesses dos reais empregadores, que se aproveitam da inobservância das obrigações legais.

No Brasil, a regulação trabalhista protetora sofreu uma perda significativa com a reforma trabalhista de 2017. Entre centenas de novas regras que suprimiram os direitos trabalhistas, a reforma trabalhista introduziu um novo artigo ampliando o conceito de trabalho autônomo (que pode funcionar para uma única empresa com exclusividade), buscando, portanto, reduzir o escopo de trabalhadores adequados à proteção da lei trabalhista. Por exemplo, motoristas autônomos de carros e caminhões cresceram 25,4% entre o terceiro semestre de 2017 e o terceiro semestre de 2018 (segundo dados da Pesquisa Nacional por Amostra de Domicílios).

Ainda assim, há sinais de resistência entre trabalhadores e instituições públicas no mundo. Por exemplo, documentos estatais do Reino Unido e da Espanha enfatizam o uso intencional do *status* de trabalho autônomo por empresas para minar os direitos e condições mínimas dos trabalhadores[36]. Há também decisões judiciais, inclusive em cortes superiores da França, Espanha e Reino Unido, que refutam a narrativa empresarial de que os trabalhadores de "plataformas" seriam trabalhadores por conta própria. Na Califórnia, uma lei abrangente foi recentemente aprovada para combater a utilização do assalariamento disfarçado em vários setores.

No Brasil, há muitos casos de reconhecimento do vínculo de emprego nas "novas" formas de trabalho (especialmente antes das "plataformas") pelas instituições públicas, embora não prevaleça um enfrentamento com a devida força[37]. Mais recentemente, com o argumento das TIC, há posições nos dois sentidos. Agora, contudo, parece se fortalecer a narrativa do novo adeus à classe trabalhadora, como evidenciam recentes decisões do Tribunal Superior do Trabalho (TST).

---

[36] No Reino Unido, em 2018, a Gangmasters and Labour Abuse Authority (órgão público de regulação) destacou essa situação nos setores de limpeza, colheita de flores, lavagem de carros, processamento de alimentos e construção; ver Gangmasters and Labour Abuse Authority, *The Nature and Scale of Labour Exploitation across all Sectors within the United Kingdom*, cit. Na Espanha, também em 2018, a Inspeção do Trabalho identifica os falsos autônomos, trabalhadores verdadeiramente assalariados, como uma prioridade em sua atuação.

[37] Vitor Filgueiras, *Estado e direito do trabalho no Brasil*, cit.

O caráter completamente político da regulação é explicitado pelas contradições da lógica elementar expressas na fundamentação de algumas decisões judiciais sobre o vínculo empregatício nas "novas" formas de trabalho, particularmente nas "plataformas". Ocorre que essas decisões, atendendo às demandas empresariais, negam o caráter empregatício das relações com base na suposta liberdade para os trabalhadores definirem suas jornadas de trabalho. Mesmo que essa alegação fosse verdadeira, as legislações de diversos países, como Reino Unido, Espanha e, mais recentemente, Brasil, foram alteradas, a pedido das empresas, justamente para permitir que elas contratem empregados que "podem" decidir quando irão aceitar ou não os serviços oferecidos, que são os conhecidos contratos de "zero hora" ou intermitentes. Ou seja, a permissão para contratar empregados sem lhes impor formalmente uma jornada fixa de trabalho foi uma conquista das próprias empresas.

Está ocorrendo uma luta pela regulação do trabalho. Não é uma dinâmica natural decorrente de qualquer ordem técnica. A Uber é um bom exemplo novamente. A tecnologia subjacente que permite a operação do aplicativo já existia muito antes da empresa. O que não existia era a permissão legal para reunir dados pessoais e promover serviços de transporte sem a contratação legal de trabalhadores. A "inovação" que importa aqui é principalmente legal, resolvida por políticos e advogados, não tecnológica.

Ao contrário do que usualmente tem sido anunciado, com o advento das novas TIC e seu uso pelas empresas na gestão e controle do trabalho, nunca foi tão fácil, do ponto de vista técnico, efetivar o direito do trabalho. As novas tecnologias tornam muito mais rápido, preciso e incontroverso identificar os trabalhos realizados, seus movimentos e sua duração, assim como o cumprimento de normas de proteção ao trabalho. Justamente quando é mais fácil proteger o trabalho do ponto de vista tecnológico, mais difícil se torna politicamente implementar essa regulação, por conta do aprofundamento da assimetria de forças entre capital e trabalho, para a qual a retórica do novo adeus à classe trabalhadora tem contribuído fortemente.

Apesar do contexto extremamente desfavorável à regulamentação protetora do trabalho, o resultado desse processo não é inexorável. Parte essencial da resistência contra as formas flexíveis e precárias de contratar força de trabalho reside em uma mudança na assimilação da narrativa dos empregadores, cujos argumentos e designações sobre a organização da produção e do trabalho no capitalismo atual precisam ser repensados criticamente.

12
A demolição dos direitos do trabalho na era do capitalismo informacional-digital[1]

Luci Praun
Ricardo Antunes

INTRODUÇÃO

A ideia de um período histórico auspicioso, postulada por aqueles que vislumbraram, no embalo do desenvolvimento das tecnologias da informação e comunicação (TIC) e da especialização flexível, "novos tempos" para a classe trabalhadora, não se efetivou. Ao contrário: nas últimas décadas, paulatinamente, o *trabalho precário* foi se tornando a realidade vivida por milhões de homens e mulheres mundo afora, tendência que se intensificou exponencialmente a partir da nova fase da crise estrutural aberta em 2008. Ainda que experenciada de forma diversa, a precarização, assim como a usurpação dos direitos sociais como um todo, deixou de estar restrita a segmentos, mesmo que amplos, da classe trabalhadora. Diversamente, vem se convertendo em *regra*, em característica marcante da (des)sociabilidade contemporânea, à qual poucos escapam.

O trabalho, em tempos de *mundialização neoliberal* sob hegemonia financeira, de avanço das *tecnologias digitais*, da *inteligência artificial* e da chamada *Indústria 4.0*, reconfigurou-se. A *especialização flexível*, saudada nos anos 1970--1980 como experiência potencialmente capaz de "libertar o trabalho" do jugo da exploração, não tardou em deixar transparecer que sua essência abrigava um emaranhado de novas e velhas modalidades de exploração do trabalho voltadas a romper as barreiras que constrangiam e limitavam a acumulação de capital.

Os *novos tempos* preservam os sistemas fabris de massa, bastante presentes na Ásia oriental e no Sudeste Asiático, mas articulam-nos a "padrões de emprego do trabalho digital e da microfinança [...] altamente descentralizados, embora cada

---

[1] Este capítulo é uma versão reduzida e modificada do artigo "A aposta nos escombros: reforma trabalhista e previdenciária – a dupla face de um mesmo projeto", publicado na *Revista Jurídica Trabalho e Desenvolvimento Humano*, Campinas, v. 2, n. 1, jul. 2019.

vez mais organizados em configurações de autoexploração tão opressivas como o trabalho industrial tradicional"[2].

A legião de força de trabalho que busca nas plataformas digitais, em meio ao desemprego e aos baixos salários, uma fonte de sobrevivência é emblemática da dinâmica imposta pelas corporações globais, com suas repercussões no cotidiano do trabalho precarizado. O exemplo da Uber é emblemático:

> Trabalhadores e trabalhadoras com seus instrumentos de trabalho (autos) arcam com suas despesas de seguro, manutenção, alimentação etc. Enquanto isso, o "aplicativo", em verdade, uma corporação global, praticante do trabalho *ocasional* e *intermitente*, se apropria do sobretrabalho gerado pelos serviços dos motoristas, sem preocupação em relação aos deveres trabalhistas. [...] O quadro é tão lépido que, ao mesmo tempo que essa empresa global amplia celeremente seus lucros, ela desenvolve um novo protótipo de veículo sem motorista, inteiramente automatizado e digitalizado. [...] A Amazon combina venda virtual com trabalho profundamente manual (a embalagem de livros), ao mesmo tempo que já funciona com magazines sem trabalhadores vivos, sendo tudo controlado digitalmente.[3]

Uma maior *heterogeneidade*, portanto, compõe a tessitura da sociabilidade contemporânea. Forjado no contexto da crise estrutural que emergiu no início de 1970[4] e se intensificou a partir de 2008, desdobra-se um vasto processo de *reestruturação produtiva permanente,* caracterizado pela deslocalização produtiva, pela expansão das redes de subcontratação, pelos salários flexíveis, células de produção, times de trabalho, trabalho polivalente e multifuncional e formas de efetivação do trabalho cotidiano que não podem prescindir do *envolvimento participativo.* É preciso incorporar constantemente aos processos de trabalho o saber de quem o executa – sua subjetividade – a fim de aumentar a produtividade[5]. Com isso, milhões são movidos para o campo nebuloso das ocupações intermitentes, esporádicas, eventuais, quando não para o desemprego e desalento.

No mundo desenhado pelo neoliberalismo, a pragmática das metas e das competências impostas aos "colaboradores" é tecida por um conjunto de práticas

---

[2] David Harvey, *A loucura da razão econômica: Marx e o capital no século XXI* (trad. Artur Renzo, São Paulo, Boitempo, 2018), p. 65.
[3] Ricardo Antunes, "Qual o futuro do trabalho na era digital? Será que o trabalho tem futuro?", em Fabiane Santana Previtali et al. (orgs.), *Desafios do trabalho e educação no século XXI: 100 anos da Revolução Russa,* v. 2 (Uberlândia, Navegando, 2019).
[4] István Mészáros, *Para além do capital: rumo a uma teoria da transição* (trad. Paulo Cezar Castanheira e Sérgio Lessa, São Paulo, Boitempo, 2002, coleção Mundo do Trabalho); François Chesnais, *A mundialização do capital* (trad. Silvana Finzi Foá, São Paulo, Xamã, 1996).
[5] Ricardo Antunes, *O privilégio da servidão: o novo proletariado de serviços na era digital* (São Paulo, Boitempo, 2018, coleção Mundo do Trabalho); idem, *Os sentidos do trabalho: ensaio sobre a afirmação e a negação do trabalho* (São Paulo, Boitempo, 1999, coleção Mundo do Trabalho).

discursivas e comportamentais que se apoderam do cotidiano dentro e fora do trabalho, dando corpo, objetiva e subjetivamente, ao ideal de trabalho e de trabalhador/trabalhadora correspondente às necessidades da sociabilidade de nosso tempo[6].

O resultado dessas articulações pode ser observado em toda parte: *precarização ampliada e multiforme,* da qual os trabalhadores e trabalhadoras são as vítimas principais. Em períodos de expansão, ampliam-se os empregos, a exemplo do setor de serviços, em que se pratica a alta rotatividade articulada à pouca qualificação e baixa remuneração da força de trabalho. Os postos de trabalho no telemarketing e em call-centers, hipermercados, hotéis, restaurantes e comércio exemplificam bem essa dinâmica. Por sua vez, em fases de crise e de recessão, ocorre o inverso, e a resultante é ainda mais conhecida: erosão devastadora dos empregos e corrosão e demolição exponencial dos direitos do trabalho[7].

Amplia-se também, vale destacar, o tempo de trabalho não pago. Por um lado, há a persistência das velhas formas de reprodução social, que encontram no trabalho feminino não remunerado um ponto de sustentação essencial. Por outro, as mudanças significativas na configuração do trabalho, regulamentadas em grande medida pelas já conhecidas "reformas trabalhistas", colocam cada vez mais, isoladamente, cada um/a integralmente à disposição das demandas do mercado.

O trabalho não pago efetiva-se até mesmo quando nos apresentamos ao mercado como consumidores, ao realizar atividades antes sob responsabilidade das corporações – e, portanto, no passado, remuneradas. Isso para não falar da expansão das formas de trabalho escravo contemporâneo[8]. Foi essa processualidade que nos permitiu, há mais de duas décadas, caracterizar essa fase como de *precarização estrutural do trabalho* em escala global[9].

Para avançar na intelecção de como se desenvolveu esse processo na particularidade brasileira recente, vamos indicar quais os principais significados da *contrarreforma trabalhista* em curso, no contexto da intensificação e aprofundamento do projeto neoliberal e de sua reorganização produtiva, acarretando profundas repercussões no mundo do trabalho.

---

[6] Ricardo Antunes (org.), *Riqueza e miséria do trabalho no Brasil IV: trabalho digital, autogestão e expropriação da vida* (São Paulo, Boitempo, 2019, coleção Mundo do Trabalho); Luci Praun, *Reestruturação produtiva, saúde e degradação do trabalho* (Campinas, Papel Social, 2016); idem, "A solidão dos trabalhadores: sociabilidade contemporânea e degradação do trabalho", *Cadernos de Psicologia Social do Trabalho*, São Paulo, v. 19, n. 2, dez. 2016, p. 147-60; disponível em: <https://www.revistas.usp.br/cpst/article/view/140593>; acesso em: 15 maio 2018.

[7] Ricardo Antunes e Luci Praun, "A sociedade dos adoecimentos no trabalho", em Ricardo Antunes, *O privilégio da servidão*, cit.

[8] Ricardo Rezende Figueira, Adonia Antunes Prado e Edna Maria Galvão, *Escravidão: moinho de gentes no século XXI* (Rio de Janeiro, Mauad, 2019).

[9] Ricardo Antunes, *Os sentidos do trabalho*, cit.

A CONTRARREFORMA TRABALHISTA: SEGURANÇA JURÍDICA PARA O CAPITAL E PRECARIZAÇÃO AMPLIADA PARA O TRABALHO

Em 11 de novembro de 2017, com a entrada em vigor da Lei n. 13.467, de 13 de julho do mesmo ano[10], e da Medida Provisória n. 808[11], as mudanças na legislação trabalhista brasileira atingiram novo patamar. As novas regras resultaram da aprovação na Câmara dos Deputados e no Senado Federal do Projeto de Lei da Câmara n. 38/2017[12], que introduziu mudanças em 117 artigos da Consolidação das Leis do Trabalho (CLT). Tais modificações foram antecedidas pela aprovação da Lei n. 13.429, de 31 de março de 2017, que alterou regras relativas ao contrato por tempo determinado e ampliou sem limites a abrangência da terceirização da força de trabalho, antes restrita às denominadas atividades-meio.

Essas alterações nas normas legais, entendidas como parte de reformas de matriz neoliberal em curso em diferentes países, além de substancialmente relevantes, têm impactado de forma qualitativa a estruturação e a dinâmica das relações de trabalho no Brasil. Elas incidem fortemente no nível e na composição dos empregos. Atingem ainda, de forma direta e indireta, a capacidade de mobilização e organização sindical dos trabalhadores e trabalhadoras, almejando enfraquecê-las ainda mais, fator também contributivo para o aprofundamento da precariedade das ocupações e do acesso a direitos[13].

No cerne das novas normas e das alterações por elas desencadeadas (parte em discussão desde os anos 2000), encontram-se as noções de *segurança jurídica* e de *flexibilidade*. Ambas foram alinhavadas por meio de pelo menos *quatro importantes e articuladas dimensões* da chamada reforma trabalhista brasileira. Essas dimensões, por sua vez, só podem ser compreendidas se consideradas em conexão com o fluxo do mercado e com as finanças globais, impulsionados pelo arsenal tecnológico-informacional-digital que invadiu o mundo da produção (em sentido ampliado).

A primeira delas refere-se à instituição da *prevalência do negociado sobre o legislado*. Tal medida, espinha dorsal da contrarreforma, abre caminho para uma ampla flexibilização das normas trabalhistas por meio de acordos ou convenções coletivas, inclusas as situações nas quais passam a ser válidos os acordos

---

[10] Comumente conhecida como reforma trabalhista.
[11] A MP n. 808/2017, que manteve validade até 28 de abril de 2018, foi resultado do processo de negociação entre o governo federal e o Senado durante o processo de aprovação do PLC n. 38/2017 (PL n. 6.787/2016), base da Lei n. 13.467, de 13 de julho de 2017.
[12] Antes de ser aprovado na Câmara dos Deputados, foi designado como Projeto de Lei n. 6.787/2016.
[13] Departamento Intersindical de Estatística e Estudos Socioeconômicos, "A reforma trabalhista e os impactos para as relações de trabalho no Brasil", *Nota técnica*, n. 178, maio 2017; disponível em: <https://www.dieese.org.br/notatecnica/2017/notaTec178reformaTrabalhista.pdf>; acesso em: 10 maio 2019; GT Reforma Trabalhista, *Contribuição crítica à reforma trabalhista* (Campinas, Centro de Estudos Sindicais e de Economia do Trabalho/Instituto de Economia da Universidade Estadual de Campinas, 2017); disponível em: <http://www.cesit.net.br/wp-content/uploads/2017/06/Dossie-14set2017.pdf>; acesso em: 30 mar. 2018.

individuais. A instituição desse dispositivo viabiliza, em meio ao ambiente de alto desemprego e de projeção de fechamento de mais postos de trabalho, a instituição de condições de trabalho em patamares cada vez mais rebaixados, que acabam por *legalizar a ilegalidade*, ou, se quisermos, *formalizar o informal*[14]. A *prevalência do negociado sobre o legislado* é também uma chave que abre portas para corporações mundiais que buscam na acentuação da precarização do trabalho condições particulares de realização de seus lucros, nessa fase de crise estrutural do trabalho; porém, agora sob a guarda da *segurança jurídica instituída pela contrarreforma*.

Uma segunda dimensão diz respeito à supressão dos poros de não trabalho nas jornadas. A contrarreforma possibilitou a diminuição dos intervalos no interior das jornadas de trabalho; ampliou também o uso de um importante dispositivo de flexibilização, introduzido na legislação desde 1998, o banco de horas[15]. Permitiu ainda seu uso em jornadas parciais e regulamentou a possibilidade de sua adoção a partir de acordos individuais.

Na mesma direção, encontram-se as alterações que permitem diversificar, aos moldes do que já ocorria em outros países, os vínculos contratuais. Entre outros exemplos, é emblemático o das empresas inglesas, que introduziram a modalidade de trabalho denominada *zero hour contract*, similar ao que, aqui no Brasil, se passou a denominar trabalho *intermitente*. Tanto lá como aqui, trabalhadores e trabalhadoras, especialmente no setor de serviços, ficam em disponibilidade integral para o capital, sem nenhuma contrapartida que garanta algum trabalho duradouro[16].

A Tabela 1, a seguir, apresenta uma síntese dos vínculos formais de trabalho vigentes no Brasil e suas principais características, consideradas as alterações realizadas em 2017.

Como parte das alterações, a Lei n. 13.467/2017 instituiu, em capítulo específico da CLT, a modalidade de teletrabalho, que pode ser realizado tanto por meio de contrato por tempo determinado, como na sua forma típica, por tempo indeterminado. O teletrabalho deve ser exercido fundamentalmente fora das

---

[14] Tem sido parte da resistência às medidas em vigência desde novembro de 2017 o questionamento tanto à legalidade das normas estabelecidas, contrárias a princípios presentes na Constituição brasileira, quanto seu distanciamento de normas e recomendações internacionais, a exemplo das convenções da Organização Internacional do Trabalho (OIT). Ver, entre outros, Jorge Luiz Souto Maior e Valdete Souto Severo, "O acesso à Justiça sob a mira da reforma trabalhista", *Associação dos Magistrados da Justiça do Trabalho*, 27 jul. 2017; disponível em: <https://www.anamatra.org.br/artigos/25549-o-acesso-a-justica-sob-a-mira-da-reforma-trabalhista>; acesso em: 28 maio 2020.

[15] Lei n. 9.601/1998, que inseriu no artigo 59 da CLT, entre outras medidas, redação que possibilita a instituição do banco de horas.

[16] Ricardo Antunes, *O privilégio da servidão*, cit.; Mauricio Godinho Delgado e Gabriela Neves Delgado, *A reforma trabalhista no Brasil: com os comentários à Lei n. 13.467-2017* (São Paulo, LTr, 2017).

Tabela 1 – Vínculos formais e modalidades de trabalho em vigor e suas características

Vínculos formais	Características gerais/legislação correspondente
Por tempo indeterminado	Forma típica de contratação prevista pela CLT.
Por tempo determinado	Alteração do prazo-limite para esse tipo de contrato de até 90 dias, antes, para até 270 dias, conforme alteração instituída pela Lei n. 13.429, de 2017, artigo 10, §1º e §2º.
Terceirizado	Possibilidade de terceirização tanto de atividades-meio como atividades-fim, conforme a Lei n. 13.429, de 2017.
Por tempo parcial	Ampliação do limite da jornada de tempo parcial de 25 horas por semana para até 30 horas por semana. Instituição da jornada de 26 horas com possibilidade de realização de até seis horas extras semanais. Possibilidade de banco de horas em jornadas parciais. Aqueles/as que cumprem jornada parcial passam a poder converter um terço das férias a que têm direito em abono pecuniário, conforme a Lei n. 13.467/2017.
Autônomo	A Lei n. 13.467/2017 institui a possibilidade de prestação de trabalho autônomo de forma contínua e exclusiva para uma única empresa. Antes da reforma de 2017, a instituição do Microempreendedor Individual (MEI), segundo a Lei Complementar n. 128/2008, viabilizou a contratação na forma de Pessoa Jurídica, fundamentada na noção de empreendedorismo.
Intermitente	Sem restrições de uso. Trabalhador/a deve ser comunicado/a do trabalho com até três dias de antecedência. Aceito o trabalho, o não comparecimento é gerador de multa de 50% devida ao empregador. Remuneração: relativa apenas às horas trabalhadas. Tendência: remunerações em valor mensal inferiores ao salário mínimo, conforme a Lei n. 13.467/2017. Destaque-se que a Medida Provisória n. 808/2017 previa carência de dezoito meses para que um/a trabalhador/a contratado/a por tempo indeterminado fosse demitido/a e recontratado/a pela mesma empresa como intermitente. Tal carência perdeu a validade.

Fontes: Lei n. 9.601/1998; Lei n. 11.598/2007; Lei Complementar n. 128/2008; Lei n. 13.429/2017; Lei n. 13.467/2017; MP 808/2017.

dependências da empresa, com uso de suporte tecnológico. Destaque-se, sobre essa modalidade de trabalho, a exclusão dos chamados teletrabalhadores, por meio do artigo 62, inciso III, do capítulo II, que regula a duração do trabalho/jornada de trabalho. Chama atenção ainda o interesse do legislador em não detalhar e regular, no capítulo II-A, referente ao teletrabalho, questões básicas, tais como responsabilidades relativas a equipamentos tecnológicos e infraestrutura necessária para a execução da atividade profissional, entre outras questões, remetendo-as ao contrato entre empregado e patrão. Ainda sobre essa modalidade de trabalho, em expansão, ao mesmo tempo que se exclui o teletrabalho do capítulo relativo à regulação da jornada, relega-se ao trabalhador/a as "precauções a tomar a fim de evitar doenças e acidentes de trabalho", conforme o artigo 75-E.

Tal como sustenta Geraldo Magela Melo, a exclusão ocorre em aparente contradição com os meios tecnológicos utilizados pelos teletrabalhadores, que possibilitam "aos empregadores controlar a localização exata do trabalhador, as atividades que estão sendo desempenhadas e os horários de início e fim"[17]. No contexto em que o trabalho passou a ser submetido cada vez mais às metas de produtividade e às avaliações de desempenho, a exclusão do teletrabalho do capítulo que regula a duração da jornada aponta claramente para a instituição do *trabalho sem limites, sem direito à desconexão*, alheio a qualquer proteção.

Apesar de as alterações na legislação trabalhista brasileira convergirem com um movimento similar realizado em outros países, o que se busca não é a homogeneidade das formas de trabalho em escala global, mas sua diversificação por meio de dispositivos hiperflexibilizadores. O "segredo", portanto, é a heterogeneidade, são as variadas formas de flexibilização convenientemente utilizadas, que roubam o tempo do trabalhador dentro e fora das empresas, impondo-lhes ritmo, produtividade e intensidade do trabalho constantemente acentuados. Heterogeneidade que permita articular um pequeno núcleo de trabalhadores formais, com contratos por tempo indeterminado (e nem por isso alheios às formas de precarização), a uma enxurrada de diferentes formas de trabalho, flexibilizadas ao máximo.

Associa-se a esse cenário, de alterações qualitativas nas relações de trabalho, uma nova onda de alterações tecnológicas, sintetizadas na expressão *Indústria 4.0*. O desenho das mudanças é certamente mais complexo do que a expressão indica, ainda que um de seus importantes polos irradiadores seja a indústria, em particular a do ramo automobilístico.

Tendo como suporte tecnológico os sistemas informacionais e a automação, disseminados nos processos produtivos a partir dos anos 1970-1980, as alterações em curso projetam um salto qualitativo na conectividade dos processos, com alto grau de incorporação de procedimentos e objetos físicos a sistemas virtuais, o que resulta na acentuação da integração entre processo produtivo e serviços[18].

As projeções do Departamento de Política Científica da União Europeia, segundo a Federação das Indústrias do Estado de São Paulo (Fiesp), indicam que o avanço das chamadas "inovações tecnológicas" em curso articula a ampliação da competitividade global das corporações a maiores exigências de qualificação de um

---

[17] Geraldo Magela Melo, "O teletrabalho na nova CLT", *Associação dos Magistrados da Justiça do Trabalho*, 28 jul. 2017; disponível em: <https://www.anamatra.org.br/artigos/25552-o-teletrabalho-na-nova-clt>; acesso em: 20 maio 2019.

[18] Federação das Indústrias do Estado de São Paulo, "A quarta revolução industrial já chegou!", *Cadernos Fiesp sobre Manufatura Avançada e Indústria 4.0*, ago. 2017; disponível em: <http://hotsite.fiesp.com.br/industria40/cadernos/Caderno1_A_quarta_revolucao_industrial_ja_chegou.pdf>; acesso em: 30 mar. 2018.

segmento restrito da força de trabalho, além de ampla flexibilização e controle da produção e do trabalho e, de forma decorrente, aumento significativo do desemprego[19].

No Brasil, como parte desse processo, a Mercedes-Benz realizou recentemente adaptações em uma das linhas de produção de sua unidade produtiva em São Bernardo do Campo. Além do uso de sistemas de conectividade viabilizados por softwares, telas na linha, sensores e aplicativos capazes de interligar processos de estoque, produção e fornecedores, parte das alterações adotadas consiste no uso de carrinhos autônomos que substituem parcialmente o deslocamento de trabalhadores na planta produtiva. Essas alterações, ainda que limitadas quando pensadas em termos do que se projeta com a chamada Indústria 4.0, impuseram uma redução de 15% no tempo de produção dos quatro modelos de caminhões que saem dessa linha de montagem. As 100 horas antes necessárias foram convertidas em 85 horas[20].

Tais mudanças substanciais na base tecnológica, vale destacar, estão em conexão com os reiterados processos de reorganização do trabalho, de ajustes nos dispositivos da legislação, de disseminação de valores e práticas sociais por meio de diferentes instituições sociais, de reformas no sistema educacional, entre outros enraizamentos. Tal como afirma David Harvey,

> a evolução das formas organizacionais (tais como as empresas capitalistas modernas, as redes de comunicação, as universidades e institutos de pesquisa) foi tão importante quanto o desenvolvimento do hardware (o computador e a mecânica da linha de produção) e do software (design programado, aplicativos, agendamento otimizado e sistemas de gestão *just-in-time*). Ainda que sejam importantes e úteis as distinções entre hardware, software e formas organizacionais, é preciso aprender a reconhecer cada um desses elementos como uma relação interna do outro.[21]

Ao tratar da questão da tecnologia e sua dinâmica sob o capitalismo, Harvey, apoiado nas formulações de Marx, salienta que "a transformação tecnológica e organizacional é endógena e inerente ao capital, e não acidental"[22]. Assim sendo, numa trajetória incapaz de autonomizar-se, as mudanças tecnológicas afetam e são afetadas pelas formas de reprodução da vida sob o capitalismo.

Alterações na base tecnológico-organizacional tencionam mudanças em outras esferas da vida social. Disseminam-se mediadas, entre outros aspectos, pelas diferentes formas assumidas pela organização do trabalho e da produção e pela

---

[19] O material produzido pela Fiesp associa o aumento do desemprego, entre outras variáveis, a "trabalhadores, PMEs, indústrias e economias nacionais não terem o conhecimento suficiente ou os meios para adaptar-se à Indústria 4.0 e, consequentemente, ficarem para trás". Ver ibidem, p. 14.

[20] Fernando Miragaya, "Mercedes reduz tempo de produção em 15%", *Folha de S.Paulo*, 28 mar. 2018; disponível em: <https://www1.folha.uol.com.br/mercado/2018/03/mercedes-reduz-tempo-de-producao-em-15.shtml>; acesso em: 28 mar. 2018.

[21] David Harvey, *A loucura da razão econômica*, cit., p. 115.

[22] Ibidem, p. 126.

heterogeneidade dos vínculos contratuais, ensejando pressões do mercado sobre o Estado para que se alterem normas anteriormente eficazes no processo de acumulação, mas convertidas, de tempos em tempos, em barreiras para o mercado.

As mudanças tecnológicas também se encontram na base de alterações importantes na configuração do que se denomina esfera *produtiva*. O que se observa, cada vez mais, é uma profunda intersecção entre os diferentes setores da economia. São bastante sugestivas, nesse sentido, expressões incorporadas a nosso vocabulário, como agroindústria, indústria de serviços e serviços industriais, setores cada vez mais controlados e totalizados pelo capital, que os converte em mercadorias, sejam elas materiais ou imateriais. Dessa intersecção resulta também a formação de um amplo leque, caracterizado pelo conjunto de formas assumidas pelo trabalho, marcadas pelos vínculos informais, intermitentes, parciais, entre outros – do que resulta uma nova morfologia do trabalho, com destaque para o papel crescente do novo proletariado de serviços da era digital[23].

É também nesse contexto que a expressão "colaborador(a)" assume seu sentido mais profundo. Colaborar é sobretudo alimentar os sistemas e as práticas da empresa, individual e coletivamente, todos os dias, por meio de um componente do trabalho não mensurável: o conhecimento[24]. Esse controle do conhecimento produzido pelo trabalho, obtido por meio de práticas de diferentes tipos, voltadas ao envolvimento e engajamento nos negócios das corporações, coloca também a disputa ideológica de classe em novo patamar.

A terceira dimensão, portanto, inseparável das demais, diz respeito à fragmentação, fragilização e restrição da capacidade coletiva de negociação, já presentes antes de 2017, mas acentuadas pelas alterações na legislação trabalhista. Se, por um lado, as alterações ensejadas pela reforma almejam fornecer legitimidade legal a um conjunto de dispositivos que acentuam a flexibilização e a precarização das relações de trabalho, ampliando a heterogeneidade de vínculos de trabalho e fragmentando ainda mais a classe trabalhadora, por outro, pressionam pela desestruturação das representações sindicais, tanto objetiva quanto subjetivamente, com maior efetividade.

A expansão ilimitada do uso do recurso da terceirização, a diversificação dos vínculos contratuais, o impulso às negociações por locais de trabalho, a possibilidade jurídica da negociação e de acordos individuais, somados à tendência de ampliação do contingente de intermitentes, "autônomos", informais e desempregados, impõem desafios enormes à resistência dos trabalhadores. Em particular, a legalização do trabalho intermitente constitui um dos pontos mais nefastos dessa legislação corrosiva em relação ao trabalho.

Por último, mas não menos importante, a *quarta dimensão* diz respeito aos distintos mecanismos que visam inviabilizar o acesso dos trabalhadores e trabalhadoras

---

[23] Ricardo Antunes, *O privilégio da servidão*, cit.
[24] A exemplo dos programas Melhorias Contínuas e Qualidade Total.

à Justiça do Trabalho. A *segurança jurídica* para o empresariado, noção essencial da contrarreforma, se realiza também pela tentativa de impedimento, imposta aos trabalhadores e trabalhadoras, do acesso ao recurso jurídico, a exemplo da instituição, por meio do artigo 507-B, do *termo de quitação anual de obrigações trabalhistas*, que avança tanto no sentido da desresponsabilização patronal como do incentivo pleno à burla dos direitos dos trabalhadores. Tais dispositivos encontram-se na contramão, conforme salientam Jorge Luiz Souto Maior e Valdete Souto Severo, da "noção do direito de acesso à justiça como um direito fundamental, condição de possibilidade do próprio exercício dos direitos sociais"[25]. Mantido o preconizado pela contrarreforma, restará à classe-que-vive-do-trabalho o legado de escombros que o neoliberalismo tenta lhe impor.

Devastação do trabalho

Um dos argumentos repetidamente utilizados em defesa da contrarreforma trabalhista[26] entre dezembro de 2016 e julho de 2017, período em que o projeto transitou entre a Câmara e o Senado, estruturou-se em torno de sua suposta capacidade de potencializar a geração de empregos, sobretudo no mercado formal, ampliando, dessa forma, o acesso dos segmentos mais pauperizados da classe trabalhadora a direitos disponíveis até então, conforme seus defensores, somente àqueles que participam do mercado formal.

Esses argumentos assumiram relativa força diante de um cenário de alta retração das vagas do mercado de trabalho, observada claramente a partir de 2015, tanto pelo crescimento do contingente de desocupados (38,1% em relação ao de 2014)[27] como pelo fechamento, em escala nacional, de 2,87 milhões de postos do mercado de trabalho formal. O setor industrial, sobretudo na região Sudeste, figurou como o mais afetado, com queda de 8% no contingente de ocupados. A dinâmica decrescente da taxa de ocupação, conforme a Pesquisa Nacional por Amostra de Domicílios Contínua (Pnad-C), também foi acompanhada pela redução no rendimento médio mensal real de todos os trabalhos, da ordem de 5%, quando comparado ao que foi observado no ano anterior, 2014[28].

O discurso favorável ao aprofundamento da flexibilização da legislação trabalhista apoiou-se largamente nesse contexto, apontando as mudanças então

---

[25] Jorge Luiz Souto Maior e Valdete Souto Severo, "O acesso à Justiça sob a mira da reforma trabalhista", cit.
[26] Conforme parecer da Comissão da Reforma Trabalhista na Câmara dos Deputados, presidida pelo deputado Daniel Vilela (PMDB-GO) e com relatoria do deputado Rogério Marinho (PSDB-RN).
[27] A taxa de desocupação ficou, em 2015, em 9,6%; ver Instituto Brasileiro de Geografia e Estatística, *Pesquisa Nacional por Amostra de Domicílios: síntese de indicadores 2015* (Rio de Janeiro, IBGE, 2016); disponível em: <https://biblioteca.ibge.gov.br/visualizacao/livros/liv98887.pdf>; acesso em: 30 mar. 2018.
[28] Idem.

propostas como meio de reversão do quadro de crise e, articuladamente, como potencializadoras da recuperação dos níveis de emprego. Tal situação, como já indicávamos enquanto tendência[29], não se efetivou, ainda que os índices de desocupação venham sofrendo algumas oscilações.

A taxa de desocupação aferida no último trimestre de 2017 (outubro/novembro/dezembro), conforme a Pnad-C, ficou em 11,8%, apresentando leve movimento descendente, fruto de ampliação sazonal de ocupações, em relação aos quatro trimestres móveis anteriores. Mas a tendência aparentemente favorável foi revertida nos trimestres móveis seguintes[30]. No primeiro trimestre de 2018, a taxa de desocupação atingiu 13,1%. Nos trimestres posteriores, ao longo do ano, oscilou levemente para baixo, voltando a ascender nos primeiros meses de 2019 (janeiro/fevereiro/março), quando atingiu 12,7%. Em dezembro de 2019, em movimento descendente, a taxa chegou a seu patamar mais baixo, 11%[31]. Esse movimento descendente, entretanto, está longe de poder ser considerado favorável aos trabalhadores e trabalhadoras.

Isso porque a contrarreforma, ao cumprir seus verdadeiros objetivos, favoreceu também a ampliação da informalidade, em parte relacionada ao crescimento do trabalho por conta própria sem Cadastro Nacional da Pessoa Jurídica (CNPJ). A taxa média de informalidade em 2019 foi de 41,1%, a maior desde 2016, quando ficou em 39%. Quando observadas as taxas dos diferentes estados brasileiros, também em comparação a 2016, verifica-se o crescimento da informalidade em dezoito estados. Desse total, em onze deles, todos nas regiões Norte e Nordeste, a informalidade ultrapassou a barreira dos 50%, atingindo, no Pará, o índice de 62,4%[32].

Tabela 2 – Taxa Média Anual de Informalidade (2016-2019)

Ano	Taxa de informalidade da população ocupada
2016	39,0%
2017	40,2%
2018	40,8%
2019	41,1%

Fonte: IBGE, 2020.

---

[29] Ricardo Antunes e Luci Praun, "A sociedade dos adoecimentos no trabalho", cit.
[30] Novembro/dezembro/janeiro de 2018: 12,2%; dezembro/janeiro/fevereiro de 2018: 12,6%. Ver Instituto Brasileiro de Geografia e Estatística, *Pesquisa Nacional por Amostra de Domicílios*, cit.
[31] Conforme a semana de referência, entre pessoas de catorze anos ou mais de idade.
[32] Instituto Brasileiro de Geografia e Estatística, "Desemprego cai em 16 estados em 2019, mas 20 têm informalidade recorde", *Agência IBGE Notícias*, 14 fev. 2020; disponível em: < https://agenciadenoticias.ibge.gov.br/agencia-noticias/2012-agencia-de-noticias/noticias/26913-desemprego-cai-em-16-estados-em-2019-mas-20-tem-informalidade-recorde>; acesso em: 15 jan. 2020.

A persistente taxa de desocupação[33] (média de 11,9% em 2019), observada à luz dos indicadores de inserção no mercado de trabalho, tais como ocupação/desocupação e desalento, e dos indicadores que revelam a forma de inserção – tipo de vínculo, formalidade/informalidade, horas de trabalho efetivo, rendimento médio etc. –, dá conta do dramático cenário instituído pelas alterações na legislação trabalhista e sua intersecção com os constantes processos de reorganização do trabalho e da produção, que se desenvolvem em paralelo ao processo de expansão das alterações tecnológicas nos diferentes segmentos da economia.

As evidências da eliminação de postos de trabalho são visíveis. De porteiros de condomínios substituídos por portarias virtuais à inserção progressiva, a partir de 2015, de robôs nos serviços de call-center (segmento caracterizado, em seu período de expansão, pela alta capacidade de absorção de força de trabalho). Segundo o diretor de uma das empresas desenvolvedoras de tecnologia para centrais de atendimento no Brasil, entrevistado pelo jornal *Valor Econômico*: "Os robôs falam em média 225 horas e 49 minutos por mês, enquanto os atendentes humanos das centrais ficam 112 horas"[34].

A reversão ocasional das taxas de desocupação tende, portanto, a se realizar no contexto de uma *hiperflexibilização* do trabalho, fruto, entre outros fatores, da gama de vínculos contratuais instituídos pelas já citadas alterações legais (conforme a Tabela 1). Tal situação implica, como vêm apontando os estudos do Instituto de Pesquisa Econômica Aplicada (Ipea)[35], entre outros, rotatividade e precariedade dos vínculos de trabalho, em crescente heterogeneidade, com impacto tanto na remuneração como no acesso a direitos sociais e benefícios oriundos de acordos coletivos.

Se, no âmbito das alterações na legislação trabalhista aprovadas em 2017, as perspectivas de *segurança jurídica* e *flexibilização* deram tom e forma ao conjunto de mudanças realizadas, pouco mais de dois anos depois pretende-se alcançar, em

---

[33] Vale lembrar que a Pnad classifica como ocupadas as pessoas que, na semana de referência, tenham exercido atividade remunerada pelo menos uma hora completa. Essa remuneração pode ser "em dinheiro, produtos, mercadorias ou benefícios (moradia, alimentação, roupas, treinamento etc.), ou em trabalho sem remuneração direta em ajuda à atividade econômica de membro do domicílio ou parente que reside em outro domicílio, ou, ainda, as que tinham trabalho remunerado do qual estavam temporariamente afastadas nessa semana". Ver Instituto Brasileiro de Geografia e Estatística, *Pesquisa Nacional por Amostra de Domicílios Contínua – Pnad Contínua: indicadores mensais produzidos com informações do trimestre móvel terminado em janeiro de 2018* (Rio de Janeiro, IBGE, 2018), p. 28; disponível em: <https://agenciadenoticias.ibge.gov.br/media/com_mediaibge/arquivos/4581438d7e04a73aede241d3327e4187.pdf>; acesso em: 14 jul. 2020.

[34] Alexandre Melo, "Robôs ganham voz e espaço no call-center", *Valor Econômico*, 30 abr. 2018; disponível em: <https://www.valor.com.br/empresas/5491579/robos-ganham-voz-e-espaco-no-call-center>; acesso em: 20 maio 2019.

[35] André Gambier Campos (org.), *Terceirização do trabalho no Brasil: novas e distintas perspectivas para o debate* (Brasília, Ipea, 2018); disponível em: <https://www.ipea.gov.br/portal/images/stories/PDFs/livros/livros/180215_terceirizacao_do_trabalho_no_brasil_novas_e_distintas_perspectivas_para_o_debate.pdf>; acesso em: 30 mar. 2018.

meio à profunda desregulamentação das relações de trabalho, a acentuação da flexibilização das formas de contratação.

O espraiamento do trabalho intermitente – a retração dos empregos formais em tempo integral *pari passu* com a ampliação do que se passou a chamar de "empreendedorismo" – é cada vez mais visível nas cidades brasileiras, com as ruas tomadas por homens e mulheres, de diferentes gerações, movendo-se em motocicletas, bicicletas, patinetes, com caixas acopladas ao corpo e celulares na palma da mão, na busca por *ganhar a vida* e mitigar os efeitos do desemprego e da miséria.

Ainda que alguns argumentem que parte dos indicadores relativos ao mercado de trabalho encontra-se relacionada ao baixo desempenho da economia brasileira, as alterações na legislação trabalhista e suas articulações com as mudanças na organização do trabalho em meio à progressiva inserção de novas tecnologias apontam para um quadro de intensificação da precarização do trabalho. E mais: dadas essas condições de trabalho, um amplo contingente de trabalhadores e trabalhadoras estará sem condições de fazer o recolhimento das contribuições previdenciárias, o que projeta um futuro de desamparo e miséria ainda maior.

Como a devastação é ilimitada, ao fim de 2019, o governo Bolsonaro editou a Medida Provisória n. 905, que estabelece regras para o chamado "contrato verde e amarelo". Por trás da ladainha da "criação de novos postos de trabalho para pessoas entre 18 e 29 anos de idade", a legislação institui patamar salarial mensal de até 1,5 salário mínimo; estabelece contrato de trabalho por tempo determinado por até 24 meses, "a critério do empregador"; reduz a multa sobre o Fundo de Garantia do Tempo de Serviço (FGTS), passando a vigorar alíquota de 20%; autoriza trabalho em domingos e feriados; possibilita a redução de 30% para 5% do adicional de periculosidade; isenta empresas, entre outros, do recolhimento previdenciário, além de um conjunto de outras medidas cuja tonalidade é a mesma: a devastação dos direitos sociais e do trabalho. O "contrato verde e amarelo", além de atacar a camada jovem, atingida imediatamente pelas medidas, repercute sobre o conjunto da classe trabalhadora, alavancando a deterioração crescente das condições de trabalho.

Uma nota final

As mudanças em curso constituem um significativo aprofundamento da corrosão do trabalho e da derrelição dos direitos sociais no Brasil. Ainda assim, vale destacar, esse não é um processo que se desenvolve "alheio às contradições que lhe são próprias, entre elas, as diferentes formas de resistência desencadeadas por aqueles que vivenciam, de forma cotidiana, a degradação e perda crescente de direitos"[36]. Contudo, alterações significativas como as que estamos vivenciando impõem, sem

---

[36] Luci Praun, "A solidão dos trabalhadores", cit.

dúvida, novos desafios, em diferentes níveis, às formas de resistência e à reinvenção de um sindicalismo de classe e de base.

Aprisionadas pela verticalidade das categorias profissionais, as entidades sindicais vêm se deparando cada vez mais com a diminuição significativa do número de trabalhadores e trabalhadoras que formalmente representam. Porém, à margem das entidades sindicais, vale salientar, cresce um expressivo e heterogêneo contingente de trabalhadores, em grande parte jovem, submetido às mais diversas formas de precarização.

Os efeitos das alterações na legislação trabalhista e na devastação social que se projeta com as mudanças na legislação previdenciária tendem a evidenciar ainda mais o hiato entre as formas e estratégias da representação sindical e as necessidades de uma classe trabalhadora cada vez mais marcada pela heterogeneidade, precariedade e fragmentação, assim como por seus recortes de raça, gênero e geração[37].

Os sindicatos, ferramentas fundamentais na resistência aos ataques do capital, precisam romper os muros das categorias formalmente estabelecidas e buscar uma efetiva aproximação das entidades às condições de existência de um grande contingente de trabalhadores e trabalhadoras que vivem à margem da formalidade/informalidade, submetidos a vínculos temporários ou intermitentes, consumidos pela luta cotidiana pela sobrevivência. A articulação entre velhas e novas estratégias de luta, de forma a fazer frente aos desafios que temos adiante, é urgente.

Enfrentar esses e tantos outros desafios torna-se, então, central para a sobrevivência dos sindicatos de classe em uma fase tão nefasta de destruição dos direitos sociais do trabalho, conquistados em mais de um século de lutas sociais.

---

[37] Ricardo Antunes, *O privilégio da servidão*, cit.

13

A Indústria 4.0 na cadeia automotiva: a Mercedes-Benz em São Bernardo do Campo

Geraldo Augusto Pinto

Panorama geral do setor automotivo no Brasil

Em 2019, completa-se um século de existência da indústria automotiva no Brasil. No ano de 1919, a sucursal da Ford Motor Company na Argentina (a primeira da América do Sul) transferiu os recursos necessários à instalação da primeira montadora (que produziria veículos a partir de kits semiacabados – o chamado sistema *completely knocked down* – CKD) no Brasil, na capital do estado de São Paulo[1]. A mesma Ford completaria a data dos cem anos da indústria automotiva no Brasil fechando as portas de uma de suas maiores fábricas, a de São Bernardo do Campo (adquirida da Willys Overland em 1967, no conhecido ABC Paulista), pondo em risco a vida de 4.300 trabalhadores/as, os/as quais, em 13 de junho de 2019 – um dia antes de uma greve geral no país –, finalizaram a última unidade do único automóvel que ali ainda era produzido[2]. Para completar esse quadro de contradições, a Argentina, que se tornaria, com o tempo, dependente do Brasil nessa indústria (63,1% dos seus automóveis são produzidos aqui, compondo a maior fatia das exportações brasileiras do setor), chegou em 2019 a uma de suas piores crises econômicas, reduzindo (até meados do mesmo ano) em 40% suas importações totais do Brasil[3].

---

[1] Douglas Nascimento, "Fábrica da Ford – Bom Retiro", *São Paulo Antiga*, 28 ago. 2013; disponível em: <http://www.saopauloantiga.com.br/ford/>; acesso em: 31 jan. 2020.

[2] Vitor Nuzzi, "Ford, São Bernardo: na produção do último carro, trabalhadores se despedem da linha de montagem", *Rede Brasil Atual (RBA)*, 14 jun. 2019; disponível em: <https://www.redebrasilatual.com.br/trabalho/2019/06/ford-de-sao-bernardo-na-producao-do-ultimo-carro-trabalhadores-se-despedem-da-linha-de-montagem/>; acesso em: 31 jan. 2020.

[3] Heloísa Mendonça, "Exportações à Argentina já caíram 40% e empresas brasileiras temem atraso nos pagamentos", *El País*, 3 set. 2019; disponível em: <https://brasil.elpais.com/brasil/2019/09/02/economia/1567453864_099749.html>; acesso em: 31 jan. 2020; Arthur Cagliari, "Exportação de carros sente crise argentina, mas tem respiro com Colômbia e México", *Folha de S.Paulo*, 6 ago. 2019; disponível em: <https://www1.folha.uol.com.br/mercado/2019/08/exportacao-de-carros-sente-crise-argentina-mas-tem-respiro-com-colombia-e-mexico.shtml>; acesso em: 31 jan. 2020.

Complexo, heterogêneo, oligopolizado, tenso e contundente nos impactos sociais, econômicos, políticos e ambientais que causa, o setor automotivo manifesta no Brasil os impactos que provoca na maioria dos países em que está presente massivamente. No último relatório anual (até a redação deste capítulo) da associação patronal nacional das montadoras no Brasil, a Associação Nacional dos Fabricantes de Veículos Automotores (Anfavea)[4], aponta-se que, em 2015, a cadeia automotiva participava em 22% do produto interno bruto (PIB) da indústria de transformação e em 4% do PIB total do país. Em 2017, as empresas dessa cadeia faturaram uma soma de 59,2 bilhões de dólares e geraram 55 bilhões de reais em arrecadação direta ao Estado[5], no mesmo ano em que o Brasil ocupou a posição de nono maior produtor e oitavo maior mercado interno mundial de veículos. Infelizmente, os dados de 2016 e 2018 – período do governo interino de Temer – não se encontram nesse relatório.

O mesmo documento aponta que há no Brasil atualmente 26 empresas montadoras, com 67 fábricas em 10 estados e 44 municípios, às quais se somam 582 unidades (escritórios e fábricas) de autopeças, empregando, direta e indiretamente, 1,3 milhão de pessoas[6]. Essas empresas e suas respectivas fábricas têm, contudo, diferenças significativas em termos da origem e das dimensões de seu capital, de poder tecnológico e financeiro, de atuação na cadeia produtiva e de geração de empregos, e isso é particularmente evidente quando se subdivide a indústria automotiva em dois setores: o setor das montadoras de veículos e o setor dos fabricantes de autopeças.

As montadoras tornaram-se, ao longo dos últimos quarenta anos, cada vez menos intensivas em força de trabalho. Formam um setor já há muito internacionalmente oligopolizado e composto por empresas majoritariamente transnacionais (com exceção de apenas uma única empresa, no caso brasileiro, denominada Agrale). Suas companhias detêm grande capacidade financeira e de pesquisa e desenvolvimento (P&D), a qual é historicamente concentrada nas matrizes situadas em países como os Estados Unidos, Alemanha, Japão, França, Itália e, mais recentemente, Coreia do Sul e China[7].

---

[4] Associação Nacional dos Fabricantes de Veículos Automotores, *Anuário da indústria automobilística brasileira 2019* (São Paulo, Anfavea, 2019); disponível em: <http://www.anfavea.com.br/anuario2019/anuario.pdf>; acesso em: 31 jan. 2020.

[5] Somando-se os seguintes tributos: Imposto sobre Produtos Industrializados (IPI), Programas de Integração Social (PIS) e Contribuição para Financiamento da Seguridade Social (Cofins), Imposto sobre Comércio de Mercadorias e Serviços (ICMS) e Imposto sobre a Propriedade de Veículos Automotores (IPVA).

[6] Associação Nacional dos Fabricantes de Veículos Automotores, *Anuário da indústria automobilística brasileira 2019*, cit.

[7] Ministério da Economia do Brasil, "Setor automotivo", *Portal do Ministério da Indústria, Comércio Exterior e Serviços*, s.d; disponível em: <http://www.mdic.gov.br/index.php/competitividade-industrial/setor-automotivo>; acesso em: 31 jan. 2020; Geraldo Augusto Pinto, *A máquina*

Já o setor de autopeças, que também sofreu uma reestruturação nas últimas décadas, com intenso enxugamento de suas plantas, continua sendo mais intensivo em força de trabalho, embora seja, ao mesmo tempo, também mais suscetível à abertura comercial e, portanto, às falências, fusões e aquisições pelo capital externo (o que, de fato, ocorre no Brasil desde a década de 1990, do que adveio uma significativa desnacionalização). Mais heterogêneo em todos os sentidos que o das montadoras, o setor de autopeças subdivide-se, por sua vez, em níveis distintos. O primeiro é composto por empresas que fornecem os chamados sistemas completos (por exemplo, de injeção de combustível, de freios, de caixa de velocidades, de transmissão etc.) às montadoras e, por isso, tais firmas são denominadas sistemistas; a maioria é de grande porte e estrangeira. Os demais níveis compõem-se de empresas que fornecem produtos às sistemistas (ou a suas fornecedoras), um universo de firmas nacionais de médio e pequeno porte fabricantes de peças forjadas, fundidas, estampadas, plásticas etc.[8].

Devido à imensa diversidade de itens que utiliza, a indústria automotiva tem uma forte correlação com muitos setores econômicos (como a siderurgia, a metalurgia, a petroquímica, a indústria de máquinas e equipamentos, de eletroeletrônicos, de artigos de borracha, plástico e tecidos etc.). Por isso, trata-se de um ramo econômico que, desde sempre, gozou de algum tipo de proteção comercial, apoio financeiro ou tributário do Estado. E não somente na década de 1950, quando sua instalação ocorreu de forma massiva no Brasil: dos anos 1990 até os dias atuais, as plantas subsidiárias (mesmo que pertencentes a grandes oligopólios transnacionais) têm recebido imenso apoio público (experiência que se verifica também em outros países, como Rússia, Índia, China e África do Sul)[9].

Tomando apenas os últimos trinta anos, decretou-se no Brasil, em 1995, o chamado Regime Automotivo, promovendo a abertura comercial em meio à formação do Mercosul, mas também a desnacionalização do setor de autopeças (com a aquisição de empresas nacionais pelo capital estrangeiro), dispersão territorial (com a vinda de novas marcas e suas fábricas, instaladas em regiões *greenfields*) e reestruturação produtiva (com a reorganização interna dos processos de trabalho nas plantas, bem como novas relações entre clientes e fornecedores na cadeia produtiva). O programa Inovar-Auto, vigente entre 2013 e 2017, substituiu o anterior, tendo por foco a proteção contra o avanço dos produtos

---

automotiva em suas partes: um estudo das estratégias do capital na indústria de autopeças (São Paulo, Boitempo, 2011, coleção Mundo do Trabalho).

[8] Geraldo Augusto Pinto, "Uma introdução à indústria automotiva no Brasil", em Ricardo Antunes (org.), *Riqueza e miséria do trabalho no Brasil* (São Paulo, Boitempo, 2006, coleção Mundo do Trabalho); idem, *A máquina automotiva em suas partes*, cit.

[9] Ministério da Economia do Brasil, "Setor automotivo", cit.

chineses e lançando mão de um instrumento de incentivo bastante discutível – a desoneração tributária, que foi garantida às empresas mediante a comprovação de investimentos na nacionalização da produção, em atividades de P&D locais e na oferta de produtos ambientalmente mais eficientes. Por fim, adveio o Rota 2030, previsto para vigorar entre 2018 e 2033: igualmente ao anterior, nele o Estado oferece desoneração tributária às montadoras que etiquetarem seus veículos em índices de eficiência de consumo e poluição, introduzindo quesitos de segurança. Também incentiva investimentos locais em P&D e a produção de veículos elétricos e híbridos (o que era uma lacuna do Inovar-Auto).

Os incentivos públicos às empresas automotivas no Brasil vão muito além dos concedidos pelos governos federais. Os estados da Federação e os municípios, via de regra, travam guerras fiscais para atrair novas fábricas ao Brasil, as quais têm optado por dirigir-se a regiões que não têm tradição industrial e sindical, sempre na busca de reduzir custos com tributos, força de trabalho e acesso a recursos naturais[10]. Veja-se, por exemplo, os casos do Paraná[11], do Rio de Janeiro[12] e da Bahia[13], além da instalação de diversas novas plantas nos estados de Santa Catarina, Rio Grande do Sul, Goiás e Pernambuco (sem contar em cidades do interior do estado de São Paulo, como Indaiatuba, Sumaré, Piracicaba, Itirapina e São Carlos).

Os governos estaduais e as prefeituras disputam esses investimentos visando dinamizar a economia das regiões e gerar empregos. Mas as montadoras (e o mesmo se aplica às sistemistas) são competidoras agressivas, lançando mão de diversas estratégias para delimitar o escopo, flexibilizar e ampliar suas escalas de produção. Implementam processos automatizados e intensificados de trabalho (como as células de manufatura e as equipes de operários/as polivalentes, trabalhando por metas), com o que reduzem seus quadros[14]. Desenvolvem projetos globais de veículos (as plataformas), dispersando a produção entre regiões e países distintos, promovendo arranjos mais enxutos, como as experiências de

---

[10] Idem.
[11] Geraldo Augusto Pinto, "O regime automotivo brasileiro de 1995 e a descentralização industrial: o caso da região metropolitana de Curitiba", *[Anais do] IV Simpósio Nacional de Tecnologia e Sociedade: Ciência e Tecnologia Construindo a Igualdade na Diversidade*, Universidade Tecnológica Federal do Paraná (UTFPR), 9-11 nov. 2011; disponível em: <http://www.esocite.org.br/eventos/tecsoc2011/cd-anais/arquivos/pdfs/artigos/gt015-oregime.pdf>; acesso em: 31 jan. 2020.
[12] José Ricardo Ramalho, "Indústria e desenvolvimento: efeitos da reinvenção de um território produtivo no Rio de Janeiro", *Revista Pós Ciências Sociais*, v. 12, n. 24, jul.-dez. 2015, p. 117-42; disponível em: <http://www.periodicoseletronicos.ufma.br/index.php/rpcsoc/article/view/3643>; acesso em: 31 jan. 2020.
[13] José Rubens Monteiro Teixeira, *Novos arranjos institucionais e desenvolvimento: a Bahia e a expansão automotiva mundial* (Jundiaí, Paco, 2016).
[14] Geraldo Augusto Pinto, *A máquina automotiva em suas partes*, cit.

consórcio modular e condomínio industrial[15], utilizando-se também de formas de terceirização[16].

É nesse cenário que elementos do propalado paradigma da Indústria 4.0 vêm sendo postos em prática pela Mercedes-Benz em sua fábrica de São Bernardo do Campo (doravante MB-SBC), no ABC paulista, dedicada à fabricação de caminhões e chassis de ônibus.

A plataforma Indústria 4.0

O que se denomina Indústria 4.0 é um conjunto de propostas de tecnologias de produção cujo desenvolvimento remonta à Alemanha no início dos anos 2000, como parte de uma política econômica, científica e tecnológica de reação diante das mudanças num cenário marcado pela redução da participação da indústria manufatureira no produto interno bruto dos países capitalistas centrais, por menores índices de investimento em bens de capital, e, consequentemente, por impactos negativos na balança comercial de tais produtos. Os efeitos da propagação mundial da crise dos *subprime*, iniciada nos Estados Unidos em 2007, agravaram esse quadro, não obstante países como Brasil, Rússia, Índia e, em especial, China, ainda apresentarem investimentos na indústria manufatureira. É nesse contexto que emergiram plataformas – um misto de paradigmas de tecnologias de produção e, ao mesmo tempo, de agendas, de medidas e, inclusive, de entidades públicas e privadas orientando sua correta implementação no setor produtivo[17] – como a intitulada Indústria 4.0, na Alemanha[18].

---

[15] Alessandra Rachid et al., "Organização do trabalho na cadeia de suprimentos: os casos de uma planta modular e de uma tradicional na indústria automobilística", *Produção*, v. 16, n. 2, maio-ago. 2006, p. 189-202; disponível em: <http://www.scielo.br/pdf/prod/v16n2/01.pdf>; acesso em: 31 jan. 2020; Ana Valéria Carneiro Dias, *Consórcio modular e condomínio industrial: elementos para análise de novas configurações produtivas na indústria automobilística* (dissertação de mestrado em engenharia de produção, Escola Politécnica da Universidade de São Paulo, 1998); disponível em: <http://www.teses.usp.br/teses/disponiveis/3/3136/tde-26082008-152248/pt-br.php>; acesso em: 31 jan. 2020; Sandro Ruduit Garcia, "Os novos polos automobilísticos e suas implicações sociais: considerações sobre o caso da General Motors em Gravataí (RS)", *Sociedade em Debate*, Pelotas, v. 9, n. 3, dez. 2003, p. 187-224; disponível em: <http://revistas.ucpel.tche.br/index.php/rsd/article/download/548/488>; acesso em: 31 jan. 2020.

[16] João Vitor Possamai de Menezes e Geraldo Augusto Pinto, "A terceirização no polo automotivo do aglomerado metropolitano de Curitiba", *Revista da Abet*, v. 15, n. 2, jul.-dez. 2016, p. 145-64; disponível em: <https://periodicos.ufpb.br/index.php/abet/article/view/32912/17129>; acesso em: 31 jan. 2020.

[17] Não confundir com plataformas de trabalho sob demanda (como Uber) ou de comércio eletrônico (como Amazon). Informações mais detalhadas sobre a plataforma Indústria 4.0 podem ser consultadas diretamente no site disponibilizado pelo governo alemão: <https://www.plattform-i40.de/>.

[18] Tommaso Pardi, Martin Krzywdzinski e Boy Luethje, "Digital Manufacturing Revolutions as Political Projects and Hypes: Evidences from the Auto Sector", em Tommaso Pardi et al. (orgs.), *The Future of Work in the Automotive Industry II: Strategies, Technologies and Institutions*, International

A plataforma Indústria 4.0 origina-se de iniciativas governamentais alemãs de desenvolvimento de alta tecnologia iniciadas em 2006 sob a supervisão do Ministério de Educação e Pesquisa, que foi assessorado em tal processo por um comitê composto por cientistas e membros do empresariado chamado Research Union Business and Science. Os conceitos e técnicas que constituem a proposta de Indústria 4.0 foram desenvolvidos nesse processo até 2013, sendo que, um ano depois, foram redesenhados e postos sob a condução do governo alemão com o objetivo de alvitrar padrões de tecnologia e modelos de referência que orientem políticas tecnológicas ao país[19]. Segundo o estudo de Tommaso Pardi, Martin Krzywdzinski e Boy Luethje,

> de uma perspectiva política, a Indústria 4.0 é uma campanha para mobilizar fundos públicos significativos e investimentos privados para a modernização e inovação tecnológica. Uma motivação importante aqui é a percepção de que a Alemanha é forte na manufatura, mas, no campo das tecnologias da informação, sofre a ameaça de ficar para trás dos Estados Unidos, além de países como a China.[20]

A ideia é, portanto, desenvolver estratégias para competir globalmente por meio da combinação entre conhecimento avançado em manufatura e uso de tecnologias de informação (TI). De maneira geral, a proposta alemã de Indústria 4.0 tem como horizonte a criação de fábricas "inteligentes" (*smart factories*), constituídas por sistemas ciberfísicos com alto nível de autorregulação. Um elemento presente nesse processo, sem dúvida, é a criação de novas e mais abrangentes formas de automação do trabalho humano (tanto manual quanto intelectual). Mas uma novidade importante é a denominada internet das coisas (IoT, iniciais de *internet of things*), pela qual se permite uma conexão em rede entre diferentes máquinas e componentes, para além da comunicação entre os/as próprios/as trabalhadores/as por meio de tais equipamentos. A isso, somam-se propostas de integração das estruturas de TI nas empresas, visando à coleta, organização e análise de dados dos processos de produção em tempo virtualmente real, provendo as gerências de um

---

Labour Organization Research Department, dez. 2018. p. 75-106; disponível em: <http://gerpisa.org/en/node/5258>; acesso em: 31 jan. 2020. Assim como a chamada Manufatura Avançada, oriunda nos Estados Unidos, e a chinesa Made in China 2025, as quais, por questões de foco, não serão analisadas, uma vez que o caso em tela é o da fábrica de um grupo alemão instalada no Brasil e seu horizonte é o germânico – a Indústria 4.0.

[19] Tommaso Pardi, Martin Krzywdzinski e Boy Luethje, "Digital Manufacturing Revolutions as Political Projects and Hypes", cit.

[20] Tradução livre nossa. No original: *"From a policy perspective, Industry 4.0 is a campaign to mobilize significant public funding and private investment for technological modernization and innovation (Pfeiffer 2017). An important motivation here is the perception that Germany is strong in manufacturing, but in the field of information technologies threatens to fall behind the US, but also countries like China"*; ibidem, p. 84.

poder muito maior de controle. Como parte dessa nova maquinaria estão sistemas de assistência (*assistance systems*), que permitem que equipamentos como tablets, assim como óculos de realidade aumentada, relógios, luvas e outros dispositivos dotados de processamento computacional e conexão à internet (*smartwatches*, *smartgloves* etc.) forneçam informações aos/às trabalhadores/as durante as jornadas e, pela via inversa, dados sobre seu trabalho às gerências[21].

Na seção seguinte, apresenta-se o caso de investimentos feitos pela MB-SBC na direção de tais processos, com base em informações disponíveis em suas páginas na internet e na imprensa em geral.

O caso da Mercedes-Benz de São Bernardo do Campo (MB-SBC)

Inaugurada em 1956, a MB-SBC foi a primeira no país e é ainda a maior planta do Grupo Daimler de veículos comerciais (caminhões e chassis de ônibus) fora de seu país originário, a Alemanha. Ressalte-se que, comparativamente a outras do ramo, é uma fábrica bastante verticalizada, pois, no mesmo local, montam-se os veículos e produzem-se suas partes – como motores, câmbios e eixos[22]. Ademais, nela também está presente, há duas décadas, o Centro de Desenvolvimento Tecnológico da empresa no país, o maior do grupo germânico fora de seu território, dedicado a veículos comerciais, constituindo "o centro mundial de competência da Daimler para desenvolvimento e produção de chassis de ônibus, sendo ainda pioneira nos testes com o uso de combustíveis alternativos, como diesel de cana e biodiesel"[23].

A MB-SBC tem sido palco de um investimento de 2,4 bilhões de reais, previsto para ser realizado entre 2018 e 2022, em automação via IoT e armazenamento de dados em nuvem[24]. Entre 2015 e 2018 já haviam sido aplicados cerca de 500 milhões de reais, suficientes para a reformulação de sua linha inteira de montagem de caminhões (de leves a pesados), inaugurada em 27 de março de 2018[25].

---

[21] Ibidem, p. 85.
[22] "São Bernardo do Campo", *Portal da Mercedes-Benz*, s.d.; disponível em: <https://www.mercedes-benz.com.br/institucional/empresa/sao-bernardo-do-campo>; acesso em: 31 jan. 2020.
[23] Idem.
[24] Márcio Curcio, "Mercedes ganha 15% de eficiência em nova linha de cabines: investimento de R$ 100 milhões colocou o setor dentro da Indústria 4.0", *Automotive Business*, 1º mar. 2019; disponível em: <http://www.automotivebusiness.com.br/noticia/28820/mercedes-ganha-15-de-eficiencia-em-nova-linha-de-cabines>; acesso em: 31 jan. 2020; "Nova linha de cabinas 4.0", *Portal da Mercedes-Benz*, s.d.; disponível em: <http://www.m3midia.com/emk/mbb/linha-cabinas/pt/>; acesso em: 31 jan. 2020; "Mercedes-Benz revoluciona a produção de caminhões no país com tecnologias da Indústria 4.0", *Revista Caminhoneiro*, 28 mar. 2018; disponível em: <https://www.revistacaminhoneiro.com.br/mercedes-benz-revoluciona-com-tecnologias-da-industria-4-0/>; acesso em: 28 maio 2020.
[25] "Mercedes-Benz inicia uma nova era rumo à Indústria 4.0 no Brasil", *Portal da Mercedes-Benz*, 28 mar. 2018; disponível em: <https://www.mercedes-benz.com.br/institucional/imprensa/releases/corporativo/2018/3/20760-mercedes-benz-inicia-uma-nova-era-rumo-a-industria-4-0-no-brasil>;

Para se ter uma visão geral do processo produtivo, deve-se fazer o exercício de seguir o fluxo de montagem de um caminhão. Iniciando pelas cabines, estas são soldadas e pintadas em outra planta, em Juiz de Fora, estado de Minas Gerais, na qual, segundo a empresa, "conceitos como *kan-ban*, *just-in-sequence*, *one-piece--flow* e *lean manufacturing* [produção enxuta] foram combinados de forma que não há estoque ou desperdício ao longo do processo fabril"[26]. Transportadas por via terrestre à MB-SBC, as cabines são alocadas num *hub* – um grande depósito vertical automatizado. Dali, passam a circular pela fábrica transportadas por robôs para receberem, passo a passo, o painel de instrumentos, assentos, tapeçaria e, ao fim, serem montadas sobre os chassis, os quais procedem de outros processos produtivos na mesma planta[27].

Segundo a empresa, a fábrica MB-SBC reúne dois conceitos: o *one roof assembly*, o que significa que todos os modelos devem, em tese[28], ser produzidos no mesmo prédio, e o *fishbone*, pelo qual os estoques de peças e as operações de montagem são, na medida do possível, aproximados e integrados[29]. O que dá concretude a esses conceitos, entretanto, são as tecnologias aplicadas, que remetem aos elementos da plataforma Indústria 4.0.

A começar pela drástica redução de depósitos de peças, de 53 para apenas 6 *hubs* (de sete andares cada), totalmente automatizados em suas operações e próximos a setores específicos da fábrica. O *hub* de cabines, por exemplo, é assistido por transelevadores, que as retiram do armazém ainda semiacabadas e as transportam por toda a fábrica. O resultado, segundo a empresa, foi uma redução da necessidade de estocar peças para um máximo de três dias (antes era de dez dias), além de um aumento de 20% para 45% de peças diretamente entregues nas linhas de produção[30].

Houve, assim, uma redução das empilhadeiras operadas por trabalhadores/as, também porque ampliou-se o uso de veículos autônomos no transporte de peças dentro da fábrica. São dois os tipos desse veículo. Há os *automatic guided vehicles* (AGVs), que se conduzem por trilhas magnéticas no piso (das quais captam energia por indução), levando as cabines e portas dos caminhões até os/as operadores/as nos respectivos postos nas linhas de montagem, permitindo, inclusive, o posicionamento automatizado desses itens (como as próprias portas, que são pesadas) em diferentes posições para serem manuseados pelos/as operários/as. Além dos AGVs,

---

acesso em: 31 jan. 2020; Márcio Curcio, "Mercedes ganha 15% de eficiência em nova linha de cabines", cit.

[26] "Juiz de Fora", *Portal da Mercedes-Benz*, s.d.; disponível em: <https://www.mercedes-benz.com.br/institucional/empresa/juiz-de-fora>; acesso em: 15 jul. 2020.

[27] Idem.

[28] O caminhão extrapesado modelo Actros ainda é produzido em Juiz de Fora. Ver idem.

[29] "Mercedes-Benz inicia uma nova era rumo à Indústria 4.0 no Brasil", cit.

[30] "Nova linha de cabines 4.0", cit.; "Mercedes-Benz revoluciona a produção de caminhões no país com tecnologias da Indústria 4.0", cit.

há os *autonomous intelligent vehicle* (AIVs), que se dirigem de forma totalmente autônoma pela fábrica, ou seja, sem a necessidade de trilhas, levando consigo até 130 quilos de peças de pequeno porte dos almoxarifados para até doze diferentes postos de trabalho[31].

É interessante notar que, segundo Pardi, Krzywdzinski e Luethje[32], o uso de AIVs na logística interna de fábricas automotivas em nível mundial é ainda restrito a experimentos, não sendo uma aplicação de larga escala, o que demonstra o quanto a planta MB-SBC tem dado passos avançados em relação a outras empresas no sentido de aplicar tal tecnologia. Já quanto aos AGVs, a corporação Sinova – que, em parceria com outra companhia, Dürr, realizou grande parte do projeto de automação na MB-SBC –, informa que ali foram implantadas mais de trezentas unidades. Além disso, em sua página institucional, a Sinova expõe outros pontos desse projeto na MB-SBC.

> Existe um sistema de gerenciamento central (inteligência) que faz a leitura on-line, e busca sempre atender ao melhor tempo para produção. Tanto que a implementação desse sistema permitiu uma redução no tempo de montagem de um caminhão em 15%. Enquanto antes ele demorava 100 horas para ser montado, com a Indústria 4.0, são necessárias apenas 85 horas. [...] Já não existem papéis na fábrica [MB-SBC], apenas monitores, telas interativas, que permitem que os operadores tenham todas as informações necessárias para o processo produtivo. A vantagem custo-eficiência é notória: uma redução de 20% na logística, redução de 15% no tempo de montagem, além de melhorar a ergonomia na montagem e logística, a segurança e a qualidade dos produtos produzidos.[33]

Os robôs estão presentes em praticamente todos os processos na MB-SBC. Há células, como a da montagem dos para-brisas nas cabines, em cujo interior há apenas um imenso robô[34]. O espaço dessas células, inclusive, é totalmente cercado, pois tais robôs, com grande capacidade de carga e realizando operações rápidas, não são capazes de reconhecer a presença humana, podendo abalroar e

---

[31] Márcio Curcio, "Mercedes ganha 15% de eficiência em nova linha de cabines", cit.
[32] Tommaso Pardi, Martin Krzywdzinski e Boy Luethje, "Digital Manufacturing Revolutions as Political Projects and Hypes", cit., p. 85. Utilizaremos extensamente esse estudo no presente capítulo como uma base de apoio comparativa ao caso da MB-SBC, haja vista que tal pesquisa – produzida no seio do Groupe d'études et de Recherche Permanent sur L'industrie et les Salariés de l'Automobile (Gerpisa) – traz uma significativa compilação de investigações realizadas sobre a indústria automotiva nos países centrais, tendo como foco os elementos da plataforma Indústria 4.0 e da Manufatura Avançada.
[33] "Projeto Mercedes de São Bernardo do Campo e Juiz de Fora", *Portal da Sinova*, s.d.; disponível em: <https://www.sinova.com.br/2018/06/27/projeto-mercedes-de-sao-bernardo-do-campo-e-juiz-de-fora/>; acesso em: 31 jan. 2020.
[34] "Nova linha de cabines 4.0", cit.

pôr em risco a vida de trabalhadores/as durante a execução das tarefas[35]. Eis outro princípio da Indústria 4.0: a ideia de processos produtivos totalmente automatizados e autorregulados, no sentido de que as máquinas conduzem os objetos de trabalho, abastecem-se de insumos ou matérias-primas, operam transformações em tais objetos e monitoram, ao mesmo tempo, todas essas operações, dispensando a presença humana, que é requisitada apenas em casos de parada automática por quebras ou desgaste natural dos equipamentos.

É interessante notar as diferenças no avanço da automação nos processos tomando comparativamente o setor de montadoras e o de autopeças. Segundo Pardi, Krzywdzinski e Luethje[36], no setor de autopeças alemão, cerca de 54% das empresas relatam ter sua produção fortemente ou predominantemente automatizada, sendo que 36% posicionam-se num meio termo, conjugando áreas automatizadas com outras ainda compostas por trabalhos predominantemente manuais, ao passo que apenas 10% das firmas relatam ter processos produtivos nos quais predominam os trabalhos manuais. Já o setor de montadoras apresenta o seguinte cenário: a automação nas primeiras etapas do processo de produção de veículos – armação, soldagem e pintura das carrocerias, monoblocos, cabines e chassis – passou por grande avanço (atingindo níveis de 90% ou acima) ainda nas últimas décadas do século XX, de modo que, nas primeiras décadas do século XXI, essas etapas apresentam poucas variações; o que não ocorre, todavia, nas etapas finais da produção, nas quais os veículos semiacabados recebem equipamentos mais complexos e delicados (painel de instrumentos, carpetaria, motorização, sistema de freios etc.) e nas quais a presença de trabalho manual ainda é grande.

Tudo aponta para o fato de que a MB-SBC segue esses aspectos, embora se possa notar que vêm sendo implantados – como se descreverá a seguir – equipamentos que prestam auxílio, conduzem as operações humanas e, com isso, ampliam as formas de controle gerencial das tarefas manuais realizadas pelos/as trabalhadores/as. Trata-se, por exemplo, do caso dos chamados robôs colaborativos (*collaborative robots*, ou *cobots*, como também são denominados), que são máquinas menores, mais flexíveis em suas operações e com capacidade de reconhecer a presença humana. Novamente voltando-se às mudanças em curso nas plantas automotivas na Alemanha, a pesquisa de Pardi, Krzywdzinski e Luethje aponta que o uso desses robôs, conquanto faça parte das proposições da plataforma Indústria 4.0, ainda é restrito a determinadas áreas nas fábricas, na maior parte dos casos em operações que envolvem riscos ergonômicos, não caracterizando, portanto, ao menos até o momento, uma tendência de efetiva substituição do trabalho manual, mas antes de alteração de seu conteúdo, visando

---

[35] Idem.
[36] Tommaso Pardi, Martin Krzywdzinski e Boy Luethje, "Digital Manufacturing Revolutions as Political Projects and Hypes", cit., p. 87.

evitar acidentes ou adoecimentos[37]. Na MB-SBC, há células de produção nas quais foram implantados *cobots*[38], mas não há informações públicas da quantidade de equipamentos adquiridos e dos setores nos quais foram instalados.

Na mesma direção – automação de tarefas que permanecem manuais nas etapas finais de fabricação, porém progressivamente mediadas por equipamentos automáticos e conectados em rede –, na MB-SBC houve a implantação de parafusadeiras eletrônicas, ferramentas que operam com torque programado para cada produto e operação. Segundo a empresa, o objetivo é eliminar erros e evitar adoecimentos (pois estão alocadas em seções que envolvem esforço físico, como na montagem de chassis, suspensão e rodas); mas, sobretudo, a ideia é permitir o rastreamento de todo o processo realizado pelos/as operadores/as[39].

Adentra-se, nesse ponto, em um aspecto já mencionado da plataforma Indústria 4.0 – que é um de seus núcleos duros: os sistemas de assistência digital nos processos de trabalho. O estabelecimento de uma infraestrutura de TI que conecta toda a fábrica, dos níveis gerenciais aos operacionais, tem por objetivo formar uma via de mão dupla. Por um lado, proveem-se de informações os postos de trabalho, seja por meio de monitores de computador ou por equipamentos vestíveis no chão de fábrica (como óculos de realidade aumentada – também chamados óculos de dados, tradução de *data glasses*). Por outro lado, coletam-se dados de todas as operações realizadas nesses postos, dados que são acumulados, organizados e utilizados em análises das condições de produção num intervalo de tempo cada vez menor, o que é do interesse da gestão capitalista, que prima pelo planejamento e pelo controle do trabalho humano quando posto a operar os meios de produção. Segundo o estudo de Pardi, Krzywdzinski e Luethje,

> nas áreas de montagem, os sistemas de assistência geralmente são executados em telas de computador; eles visualizam cada etapa dos processos de trabalho, fornecem ajuda para a solução de problemas, se necessário, e também podem ser usados para controlar o processo de trabalho, por exemplo, pedindo aos trabalhadores que confirmem cada operação concluída. Em logística, a mais nova geração de sistemas de assistência está sendo executada em óculos de dados. Existem também sistemas de assistência usando dispositivos como luvas "inteligentes". Essas luvas estão equipadas com chips RFID [do inglês *radio-frequency identification*], rastreadores de localização e movimento e sinais de luz. Eles podem ser alimentados, por exemplo, com informações sobre a sequência correta de movimentos ou peças a serem selecionadas e exibem uma luz de aviso se o trabalhador não conduzir a operação conforme o padrão.[40]

---

[37] Ibidem, p. 88.
[38] "Nova linha de cabinas 4.0", cit.
[39] "Mercedes-Benz revoluciona a produção de caminhões no país com tecnologias da Indústria 4.0", cit.
[40] Tradução livre nossa. No original: *"In assembly areas, assistance systems often run on computer screens; they visualize each step of the work processes, provide problem-solving help if needed, and can be also used to control the work process, for instance, by asking the workers to confirm each finished*

Não há relatos, nos meios públicos consultados, de uso de luvas inteligentes na MB-SBC. Porém, em determinados postos de trabalho, introduziu-se o uso de exoesqueleto, ferramenta constituída por uma estrutura semirrígida vestível pelos/as operários/as e que lhes acompanha, conduz e ampara os movimentos. A empresa alega que o equipamento reduz o esforço muscular e evita movimentos que possam provocar lesões por esforços repetitivos/distúrbios osteomusculares (LER/Dort) relacionados ao trabalho. Embora tal informação não esteja presente nos meios consultados, seria um desperdício, partindo da ótica empresarial e por ela supondo os parâmetros da plataforma Indústria 4.0, se esse projeto de exoesqueleto feito na MB-SBC – em colaboração com a Escola Politécnica da Universidade de São Paulo (Poli-USP), que possui um laboratório dentro da planta – não contivesse dispositivos que permitissem o envio em tempo real de dados das operações dos trabalhadores aos sistemas de assistência digital, permitindo o monitoramento e controle remoto pelas gerências[41].

De todo modo, não deixa de ser sintomática a forma como o projeto do exoesqueleto é nomeado pela empresa: uma "fábrica inclusiva"[42]. Afinal, segundo Pardi, Krzywdzinski e Luethje,

> espera-se que os sistemas de assistência ajudem as empresas a integrar rapidamente novos empregados no processo de produção sem distúrbios. Isso é visto como uma resposta a problemas relacionados à integração de novos grupos (por exemplo, imigrantes) e ao aumento da rotatividade de pessoal.[43]

Os óculos de realidade aumentada são outro dispositivo implantado nessa mesma linha de raciocínio pela MB-SMC. Dotados de suporte de áudio, vídeo e – por parte dos/as trabalhadores/as que os vestem – de acesso remoto a documentos, tais óculos são usados na instalação de componentes delicados na parte de baixo das cabines e no controle da qualidade em diversas partes dos caminhões em plena produção.

---

operation. In logistics, the newest generation of assistance systems is running on data glasses. There are also assistance systems using devices like "smart" gloves. These gloves are equipped with RFID chips, location and motion trackers, and light signals. They can be fed, for instance, with information about the right sequence of movements or parts to pick, and they show a warning light if the worker does not conduct the operation to standard". Ver Tommaso Pardi, Martin Krzywdzinski e Boy Luethje, "Digital Manufacturing Revolutions as Political Projects and Hypes", cit., p. 86.

[41] "Nova linha de cabinas 4.0", cit.
[42] Idem.
[43] Tradução livre nossa. No original: *"Assistance systems are expected to help companies to quickly integrate new employees into the production process without disturbing the processes themselves. This is seen as an answer to problems related to integrating new groups (for instance, immigrants) and increasing staff turnover".* Ver Tommaso Pardi, Martin Krzywdzinski e Boy Luethje, "Digital Manufacturing Revolutions as Political Projects and Hypes", cit., p. 86.

O uso dos óculos dispensa a necessidade de papel impresso, libera ambas as mãos dos/as trabalhadores/as no processo e, ao mesmo tempo, lhes provê informações em tempo real⁴⁴, o que, sem dúvida, contribui para aumentar a produtividade nesses setores. A pesquisa de Pardi, Krzywdzinski e Luethje aponta, igualmente, a disseminação dessa ferramenta como parte do receituário da plataforma Indústria 4.0 no setor automotivo, e o objetivo é o mesmo: monitoramento e condução remota do trabalho humano, com traços evidentes de simplificação e de controle⁴⁵. Trata-se do conceito de *pick-by-vision*, aplicado mais largamente nos processos logísticos, nos quais os/as trabalhadores/as, vestidos com tais óculos – que, por sua vez, estão conectados a um sistema de gerenciamento de pedidos –, são guiados pela fábrica aos locais onde estão os produtos que devem selecionar no momento, na tipologia e na quantidade exatas. São, assim, instruídos em tempo real por informações emitidas por um sistema automático que opera sobre uma base de dados e lhes provê informações e instruções passo a passo por meio de tais óculos. Entretanto, apontam os autores, há nesses dispositivos uma câmera embutida e chips RFID, permitindo às gerências verificar com precisão se as operações têm sido realizadas corretamente, além de permitir uma localização precisa dos/as trabalhadores/as.

Um efeito decorrente da disseminação desses equipamentos e sistemas de assistência nas operações manuais de etapas finais das linhas de montagem automotivas é a alteração do conteúdo das qualificações, o que pode resultar em empobrecimento da percepção do ambiente de trabalho e subutilização das capacidades cognitivas. Nas palavras de Pardi, Krzywdzinski e Luethje,

> não está claro como o uso de sistemas de assistência digital afetará os processos de aprendizado no chão de fábrica a longo prazo. Efeitos negativos podem surgir por meio da redução de possibilidades de aprendizagem por experiência. O uso de sistemas de assistência digital reduz a importância da percepção e experiência próprias dos empregados, que são centrais para o aprendizado. Os sistemas de assistência também permitem coletar dados sobre os empregados – a regulamentação de seu uso se tornará um tema importante para a negociação coletiva.⁴⁶

Eis que se pode adentrar, nesse ponto, o universo da chamada hiperconectividade da planta da MB-SBC, um dos focos da plataforma Indústria 4.0. Os

---

[44] Márcio Curcio, "Mercedes ganha 15% de eficiência em nova linha de cabines", cit.
[45] Tommaso Pardi, Martin Krzywdzinski e Boy Luethje, "Digital Manufacturing Revolutions as Political Projects and Hypes", cit., p. 86-7.
[46] Tradução livre nossa. No original: *"It is unclear how the use of digital assistance systems will affect learning processes on the shop floor in the long term. Negative effects can arise through the reduction of possibilities of experiential learning. The use of digital assistance systems reduces the importance of employees' own perception and their own experience, which are central to learning. Assistance systems also allow to collect data about employees – the regulation of their use will become a major issue for collective bargaining"*. Ver ibidem, p. 87.

transelevadores, os AGVs e AVIs, os robôs e *cobots*, as parafusadeiras eletrônicas, os exoesqueletos, os óculos de realidade aumentada, enfim, todo esse sistema de maquinaria está conectado em rede e gera dados que são continuamente armazenados em um *data lake* (estratégia de armazenamento de dados num único local para acesso posterior), alimentando sistemas de inteligência artificial (IA) e *big data*.

O Sistema de Gerenciamento da Produção (SGP) é o nome dado pela MB-SBC à base de gerenciamento central de toda a planta e sua conexão com as demais fábricas. Por ele, é possível monitorar a qualidade dos produtos, detectar falhas de produção e traçar correlações com as vendas (visando obter *mix* flexível de produção), dispondo, para isso, de dados em tempo real para diversas áreas dentro da MB-SBC, e mesmo entre ela e as demais plantas (até o momento da escrita deste capítulo, a conexão era restrita à MB-SBC e a planta de Juiz de Fora, mas a meta é conectar as plantas do grupo Daimler no mundo todo). Um aplicativo – disponível até mesmo para aparelhos de telefone celular – permite acompanhar 100% dos detalhes da produção dessas duas fábricas no Brasil a partir de qualquer lugar do mundo[47].

Da IoT dá-se um salto a outro nível de conexão, a chamada internet industrial das coisas (IIoT, de *industrial internet of things*), um flanco da rede mundial de computadores especialmente desenvolvido e gerido para prover as empresas da possibilidade de adequar-se a essas novas tecnologias, utilizando tais equipamentos e sistemas de dados com segurança e fluidez. Afinal, trata-se de dispositivos que contêm aplicativos dedicados, mas que devem estar habilitados para ser operados também em sistemas operacionais mais difundidos (como Android, Apple IOS etc.). As próprias empresas fornecedoras desses bens de capital dotados de conexão à internet proveem os aplicativos e um conjunto de ferramentas virtuais que lhes possibilitam um uso universal e versátil, como é o caso da Siemens e sua plataforma Mindsphere, a General Electric com o sistema Predix, ou a Bosch com o IoT Suite[48].

Um último ponto a ser comentado, apontado no estudo de Pardi, Krzywdzinski e Luethje[49], diz respeito às mudanças nas atividades de trabalho ligadas à área de manutenção, advindas da aplicação da IoT conjuntamente aos recursos de TI citados. A concentração e disponibilidade de dados em tempo real do processo produtivo traz para a área de manutenção exigências ligadas à

---

[47] "Mercedes-Benz inicia uma nova era rumo à Indústria 4.0", cit.; "Nova linha de cabinas 4.0", cit.

[48] O fato é que a IoT, a IIoT e a computação em nuvem (*cloud computing*) permitiram o surgimento de novas frentes de geração de lucros, que trazem para a esfera da produção estruturas semelhantes às utilizadas na esfera da circulação do capital – como os casos das plataformas de trabalho sob demanda, como Uber, ou de comércio eletrônico, como Amazon. Sistemas digitais de controle de processos de manufatura ou mesmo de gerenciamento de cadeias de suprimento podem ser desenvolvidos, comercializados e até operados por diferentes empresas, configurando uma rede de compartilhamento que se avoluma e eleva os lucros dos principais provedores que concentram os serviços mais utilizados. Ver Tommaso Pardi, Martin Krzywdzinski e Boy Luethje, "Digital Manufacturing Revolutions as Political Projects and Hypes", cit., p. 95.

[49] Ibidem, p. 86.

análise e interpretação de dados, que passam a ser mais enfatizadas em relação às formas de conhecimento tácito advindas da experiência com a observação dos equipamentos, o que aponta para mudanças nas qualificações. Outro ponto é a possibilidade de atribuição de novas funções relacionadas à manutenção a trabalhadores/as alocados em postos de produção – o que aprofunda algo já inaugurado pelo Sistema Toyota de Produção. Por sua vez, em que pese a possibilidade de ampliar o acúmulo de tarefas, o princípio de manutenção "inteligente" posto pela Indústria 4.0 pressupõe um nível maior de centralização das informações em setores gerenciais nos quais engenheiros e analistas de dados planejam as atividades de manutenção dos equipamentos. Assim, as tarefas de manutenção porventura atribuídas aos postos de trabalho na produção acabam por ser mera execução de instruções prescritas.

Um detalhamento sobre esse aspecto no caso da MB-SBC somente seria possível com uma pesquisa *in locu*, ou mediante a disponibilidade pública de maiores informações pela empresa.

Questões envolvendo o Estado e o sindicato de trabalhadores

Chama atenção, no caso em tela, que tais investimentos tenham sido iniciados num período que coincidiu com o espraiamento internacional dos efeitos da crise dos *subprime*, que explodiu nos Estados Unidos em 2007, mas atingiu a economia brasileira com certo atraso em relação a outras nações (inclusive de capitalismo central), processo que em grande parte se deve ao fato de os governos Lula e o governo Dilma Rousseff em seu primeiro mandato terem implementado planos de política industrial e de infraestrutura que envolveram boa dose de incentivo público, como o Programa de Aceleração do Crescimento (PAC) a partir de 2007, a Política de Desenvolvimento Produtivo (PDP) em 2008 e o Plano Brasil Maior (PBM) em 2011. Mesmo assim, a crise atingiu o país após 2014, gerando uma espiral de recessão, instabilidade política, insegurança jurídica, austeridade fiscal e perda de direitos da classe trabalhadora.

A produção total de veículos (somando os fabricados no país e os montados a partir de kits CKD) ultrapassou, no ano de 2008, pela primeira vez, a marca de 3 milhões de unidades, seguindo-se um crescimento que, embora oscilante, alcançou finalmente o recorde histórico em 2013, com 3.738.448 unidades entregues, sendo destas 2.924.208 automóveis, 484.839 comerciais leves, 191.613 caminhões e 45.880 ônibus. Nunca a indústria automotiva instalada no Brasil produziu tantos veículos como em 2013, ano em que explodiram as manifestações de rua contra o governo Dilma, tendo como estopim o transporte público[50]. Seguiu-se, então,

---

[50] Adentrar um debate sobre isso exigiria um espaço à parte e, evidentemente, trazer à luz uma série de informações como os licenciamentos de veículos novos no país (nacionais e importados), os planos

uma retração nesses índices, atingindo um total de 2.195.712 unidades em 2016, e havendo, desde então, uma lenta recuperação: em 2018 produziram-se 2.893.695 unidades (2.387.128 automóveis, 358.981 comerciais leves, 115.697 caminhões e 31.889 ônibus), marca semelhante ao ano de 2007[51].

De outro modo, os incentivos públicos despendidos no parque produtivo do país e a conjuntura desfavorável internacional acabaram por fortalecer as importações (tanto de veículos quanto de máquinas agrícolas e rodoviárias), que já vinham crescendo entre 2005 e 2007 (de 6,191 bilhões de dólares para 10,327 bilhões de dólares), mas deram um salto entre 2008 e 2013 (de 16,372 bilhões de dólares para 26,076 bilhões de dólares), levando a balança comercial do setor de montadoras em 2014 (último ano dessa série do relatório) a um saldo negativo de 10,840 bilhões de dólares, com destaque para um crescimento – frente ao *quantum* de exportações – das importações de veículos, máquinas agrícolas e rodoviárias, mas também de autopeças, advindos (em ordem de relevância) da União Europeia, Argentina, China, México, Estados Unidos, Coreia do Sul e Japão[52].

Não por acaso, o anuário da Anfavea mostra que o faturamento líquido (sem impostos) da indústria automotiva, cujo pico histórico havia sido atingido em 2011 com 105,401 bilhões de dólares, caiu para menos da metade em 2015, chegando ao ponto mais baixo em 2016, com 46,934 bilhões de dólares, considerando-se a soma total de todos os segmentos de montadoras (de autoveículos a máquinas agrícolas e rodoviárias)[53]. Se tomados apenas os autoveículos (entre os quais estão os comerciais leves e pesados, como ônibus e caminhões), a dinâmica é semelhante: do pico histórico de 93,566 bilhões de dólares em 2011, cai-se para menos da metade em 2015, chegando a 41,336 bilhões de dólares em 2016. O último ano dessa série estatística disponível é 2017, que aponta para um faturamento líquido de 59,247 bilhões de dólares para toda a indústria e 52,221 bilhões de dólares para o segmento de autoveículos, ou seja, em torno de 56% do pico do ano de 2011.

O projeto de implementação de elementos da Indústria 4.0 na MB-SBC foi iniciado em 2015, momento em que o ramo automotivo no país já sentia suficientemente os impactos recessivos causados pela crise internacional. É possível inferir, portanto, pelo dispêndio representado e na conjuntura em que se deram, que os investimentos feitos na MB-SBC anunciaram um novo patamar tecnológico sobre

---

de política industrial, comercial e fiscal implementados na cadeia automotiva (seus meandros e resultados), a questão do emprego, das formas de contratação e dos salários nessa indústria, tudo isso em face de uma gama de outras variáveis, como, por exemplo, os investimentos públicos (federais, estaduais e municipais) em transporte, saúde, educação, segurança pública, os efeitos da crise internacional que já se faziam sentir, entre muitos outros pontos.

[51] Associação Nacional dos Fabricantes de Veículos Automotores, *Anuário da indústria automobilística brasileira 2019*, cit., p. 56.
[52] Ibidem, p. 46-50.
[53] Ibidem, p. 40.

o qual deverão se adaptar os produtores de veículos pesados no Brasil, sob pena de perecerem – como foi o caso da fabricação de caminhões da Ford em São Bernardo do Campo. Note-se a esse respeito que, dentro do plano anunciado de investimento da Mercedes-Benz, de 2,4 bilhões de reais até 2022, está o espraiamento de tais princípios e tecnologias às linhas de motores, câmbios, eixos e chassis de ônibus na mesma planta (até o momento retratou-se aqui apenas as mudanças na linha de caminhões), estendendo-se à planta de Juiz de Fora[54].

Embora seja aparentemente contraintuitivo supor que, num cenário de crise, com capacidade produtiva ociosa nas plantas e necessidade de dispensar trabalhadores/as, as empresas invistam em automação, o que as montadoras instaladas no Brasil fizeram foi exatamente dar passos mais largos nessa direção. Segundo Cleide Silva, "das 21 montadoras consultadas pelo *Estado* [jornal *O Estado de S. Paulo*], 14 informaram o número de robôs em suas fábricas, num total de 4.653 unidades. Grande parte foi adquirida nos últimos quatro anos", ou seja, entre 2014 e 2017[55].

O número de empregos, segundo a Anfavea, sofreu fortemente a confluência da dinâmica de recessão seguida pela automação[56]. Chegou-se ao ano de 2013 com 156.970 trabalhadores/as empregados/as no total das montadoras – incluindo as fábricas de autoveículos (que são os automóveis, comerciais leves, caminhões e ônibus) e de máquinas agrícolas e rodoviárias[57]. Caiu-se, então, para 126.296 trabalhadores/as em 2016, iniciando uma lenta recuperação, que chega em 2018 (último ano da série desse anuário) com 130.451 empregados/as (quantidade que já havia sido ultrapassada em 2010, quando 136.124 pessoas estavam empregadas no total das montadoras). Vale notar, ainda, que o segmento de autoveículos emprega – no interior do setor de montadoras[58] – cerca de 86% da força de trabalho, cabendo ao segmento de máquinas agrícolas e rodoviárias o restante. Assim, no ano de 2013, a produção de automóveis, comerciais leves, caminhões e ônibus empregou 135.343 trabalhadores/as; em 2016, apenas 109.530, e, em 2018, um montante de 111.043 pessoas.

---

[54] "Mercedes-Benz revoluciona a produção de caminhões no país com tecnologias da Indústria 4.0", cit.

[55] Cleide Silva, "Montadoras investem em robotização, mesmo com crise e fábricas ociosas", *O Estado de S. Paulo*, 14 ago. 2017; disponível em: <https://economia.estadao.com.br/noticias/geral,montadoras-investem-em-robotizacao-mesmo-com-crise-e-fabricas-ociosas,70001935089>; acesso em: 31 jan. 2020.

[56] Associação Nacional dos Fabricantes de Veículos Automotores, *Anuário da indústria automobilística brasileira 2019*, cit., p. 44.

[57] Para fins de comparação, esse número apenas se aproximou do maior pico de toda a série histórica, de 157.668 pessoas, que havia sido atingido no ano de 1986 no Brasil, segundo a Anfavea. Ver ibidem.

[58] Deve-se atentar para o fato de que nele não estão incluídos os dados referentes à produção de motocicletas, tampouco o imenso setor de autopeças – que é mais intensivo em contratação de força de trabalho.

Se traçarmos um rápido cálculo de produtividade, simplesmente dividindo o número de produtos (nesse caso, os autoveículos) por trabalhador/a empregado/a, tem-se, em 1986, uma média de 6,7 unidades produzidas anualmente por trabalhador/a empregado/a. Essa razão explode para 23,8 unidades em 2013, recua em 2016 para 17,4 e, logo em seguida, no ano de 2018, salta para 26,1 unidades por trabalhador/a. Em síntese: se calculada dessa forma simples e meramente quantitativa, a produtividade do trabalho no setor de montadoras de autoveículos no Brasil aumentou quase quatro vezes ao longo de apenas três décadas.

Em entrevista à sondagem citada anteriormente do jornal *O Estado de S. Paulo*, é no mínimo sintomática a afirmação de Aroaldo Oliveira da Silva, atual secretário-geral do Sindicato dos Metalúrgicos do ABC (SM-ABC) e operário da planta MB-SBC: "Muitas vagas não vão voltar, por isso temos de preparar os trabalhadores para uma migração. [...] Talvez não seja mais necessário montadores, mas sim profissionais para planejamento, programação e manutenção"[59].

Se a pergunta do jornal à época indagava a respeito das novas formas de emprego e das respectivas qualificações em face dos investimentos em automação e conectividade realizados pelas montadoras, ao falar do desaparecimento de postos de trabalho, o secretário-geral do SM-ABC certamente também tinha em mente os recentes enfrentamentos que ocorreram entre a entidade sindical e a gerência executiva da MB-SBC no deslanchar dessa primeira fase de implementação da plataforma Indústria 4.0.

Ainda em 2014 – ano seguinte ao recorde histórico de 3.738.448 unidades de autoveículos produzidas no país pela somatória das montadoras –, a alta gerência da MB-SBC anunciou que a planta se encontrava com elevada capacidade ociosa diante da retração do mercado. Iniciou-se, então, um conjunto de medidas que começaram a atingir os/as trabalhadores/as. De julho de 2014 a setembro de 2015, a empresa lançou mão de bancos de horas, jornadas semanais menores, concessão de férias e folgas coletivas, formas de licença remunerada, Programas de Demissão Voluntária (PDV) e *layoffs* [suspensão do contrato de trabalho][60].

Sem perspectivas de recuperação na economia nacional e internacional, no segundo semestre de 2015, a Mercedes-Benz ameaçou uma demissão em massa de 1,5 mil pessoas na planta MB-SBC. A mobilização do SM-ABC levou a empresa a aderir ao Programa de Proteção ao Emprego (PPE)[61], recém-criado por

---

[59] Cleide Silva, "Montadoras investem em robotização, mesmo com crise e fábricas ociosas", cit.
[60] Marli Moreira, "Metalúrgicos da Mercedes-Benz encerram greve após montadora suspender demissões", *EBC*, 31 ago. 2015; disponível em: <http://www.ebc.com.br/2015/08/metalurgicos-da-mercedes-benz-encerram-greve-apos-montadora-suspender-demissoes>; acesso em: 31 jan. 2020.
[61] Criado pela Medida Provisória n. 680/2015, com vigência até dezembro de 2016. Foi alterado em alguns aspectos e renomeado como Programa Seguro-Emprego (PSE) pelo presidente interino Michel Temer, por meio da Medida Provisória n. 761/2016, que estendeu sua vigência até dezembro de 2018.

Dilma Rousseff com o intuito de auxiliar as empresas e os/as trabalhadores/as na preservação de empregos no cenário recessivo. Aderindo ao programa, facultava-se às empresas reduzir suas jornadas de trabalho temporariamente em até 30%, com proporcional redução dos salários, que passariam a ser complementados pelo governo federal com recursos do Fundo de Amparo ao Trabalhador (FAT) em até 50% do valor da redução salarial e com um teto de 65% do maior benefício pago pelo seguro-desemprego[62].

Na ocasião, Philipp Schiemer, presidente da Mercedes-Benz do Brasil e *chief executive officer* (CEO) da corporação alemã na América Latina, dissera que o acordo com o sindicato e a adesão ao programa de governo "representa[va] um fôlego para a empresa e para os colaboradores, diante de uma forte crise econômica no país"[63]. De fato, o acordo proveu à Mercedes-Benz uma tomada de fôlego suficiente para lançar um plano de altos investimentos da plataforma Indústria 4.0, previsto para aportar equipamentos de última geração na planta de 2015 até 2020[64].

Uma vez que os investimentos necessários para ampliar a automação na fábrica foram assegurados e estabelecidos, tão logo findou a vigência do PPE a empresa demitiu quinhentas pessoas no dia 2 de setembro de 2016, provocando uma nova paralisação por parte do SM-ABC, da qual adveio mais um PDV, que, dessa vez, fixou um valor de 100 mil reais por adesão à demissão voluntária, quantia bastante expressiva, ainda mais porque se aplicava a todos os casos, ou seja, independentemente do tempo de emprego e da idade de cada trabalhador/a. Foi, ademais, fixada uma meta mínima de adesão de 1,4 mil trabalhadores/as até o final daquele ano, e que, caso não atingida, facultaria à empresa lançar mão de *layoffs*, garantindo a estabilidade no emprego das pessoas em tal condição (ou seja, o excedente dos que não aderiram ao PDV) somente até dezembro de 2017. Tudo isso, segundo a declaração da própria empresa à época, "para que possa combater a ociosidade e, assim, manter suas operações, enquanto não ocorre a recuperação do mercado brasileiro", afinal de contas, havia ainda "um excedente de mais de 2,5 mil pessoas nessa unidade [MB-SBC]"[65].

---

[62] Marli Moreira, "Metalúrgicos da Mercedes-Benz encerram greve após montadora suspender demissões", cit.

[63] Idem.

[64] Note-se que a empresa, ao aderir ao PPE, teve de declarar "sob as penas da lei, que os dados e informações por ela prestados [sobre a sua condição de fragilidade contábil], ou por seu(s) representante(s) legal(is) devidamente identificado(s), na presente solicitação, são a expressão da verdade"; Ministério da Economia do Brasil, "Programa de Proteção do Emprego (PPE)", *Portal do Fundo de Amparo ao Trabalhador*, 7 jul. 2016; disponível em: <http://portalfat.mte.gov.br/programas-e-acoes-2/programa-de-protecao-do-emprego-ppe/>; acesso em: 31 jan. 2020.

[65] Elaine Patrícia Cruz, "Mercedes oferece R$ 100 mil a quem aderir a PDV na fábrica de São Bernardo", *Agência Brasil*, 24 ago. 2016; disponível em: <http://agenciabrasil.ebc.com.br/economia/noticia/2016-08/mercedes-oferece-r-100-mil-quem-aderir-pdv-na-fabrica-de-sao-bernardo>; acesso em: 31 jan. 2020.

Em 2018, novamente a empresa ameaçou a demissão de trabalhadores/as, dessa vez mensalistas do setor administrativo, e, no acordo coletivo, negou a reposição salarial pelo Índice Nacional de Preços ao Consumidor (INPC) mais aumento real, assim como rejeitou elevar a Participação nos Lucros e Resultados (PLR), propostas do SM-ABC. Ademais, propôs excluir do acordo coletivo cláusulas que garantiam a estabilidade a trabalhadores/as acidentados/as e uma complementação salarial aos/às afastados/as por auxílio-doença pelo Instituto Nacional do Seguro Social (INSS). Novamente, os (já reduzidos a cerca de) 8 mil trabalhadores/as da MB-SBC paralisaram as atividades, e a empresa, recusando-se a aceitar os termos, entrou com pedido de dissídio coletivo na Justiça do Trabalho. Antes da audiência, no entanto, fechou um acordo com o SM-ABC e o movimento paredista foi encerrado. Como parte desse acordo, abriu-se um "plano de demissão voluntária aos mensalistas, sem redução de jornada e salário"[66].

Recorrendo-se ao anuário da Anfavea, os dados disponibilizados pela Mercedes-Benz (somando todas as suas plantas) mostram um crescimento de 27,6% de sua produção entre 2007 e 2010, passando de um total de 67.360 unidades (8.349 automóveis, 37.195 caminhões e 21.816 ônibus) para 85.940 unidades (12.260 automóveis, 47.089 caminhões e 26.591 ônibus), com destaque para 2008, quando houve um pico e foram entregues 93.081 unidades no total[67]. Todavia, por motivos que não estão esclarecidos no anuário, a Mercedes-Benz não divulgou dados de sua produção no Brasil do ano de 2011 em diante, apenas os dados de licenciamento no país dos veículos produzidos nacionalmente. Restringindo-se, nesses dados, aos produtos da planta MB-SBC, percebe-se que houve uma queda de quase 36% nos licenciamentos entre 2011 e 2018, de um total de 54.749 para 35.046 unidades (de 39.837 para 19.969 caminhões e de 14.905 para 7.457 ônibus). É impossível, no entanto, estimar em que medida tal queda se refletiu na produção da empresa, mesmo porque os dados de suas exportações no período também foram omitidos do documento.

De qualquer modo, resta evidente que o processo de implementação da agenda da Indústria 4.0 não transcorreu livre de enfrentamentos trabalhistas na MB-SBC. Aliás, salta à vista que a manutenção dos empregos foi e tem sido uma questão recorrente na planta, dadas as alegações constantes da gerência sobre a existência de capacidade ociosa. O nível dos equipamentos adquiridos e os índices de produtividade obtidos nas operações de logística e de produção (declarados pela MB-SBC e confirmados publicamente por firmas que realizaram os projetos de automação da planta) permitem supor que, sobretudo numa conjuntura de

---

[66] "Trabalhadores da Mercedes-Benz encerram greve após acordo", *Valor*, 24 maio 2018, disponível em: <https://valor.globo.com/empresas/noticia/2018/05/24/trabalhadores-da-mercedes-benz-encerram-greve-apos-acordo.ghtml>; acesso em: 31 jan. 2020.
[67] Associação Nacional dos Fabricantes de Veículos Automotores, *Anuário da indústria automobilística brasileira 2019*, cit., p. 96-8.

estagnação do mercado, a liquidação de postos de trabalho é uma ameaça real, ainda que acompanhada por uma reconfiguração de funções na planta e por demandas de novas qualificações.

Embora sejam necessárias informações mais detalhadas para avaliar essas dinâmicas, isso não retira a responsabilidade dos sindicatos de trabalhadores e do próprio Estado de acompanhar de perto tais processos. Afinal, como bem apontam Pardi, Krzywdzinski e Luethje:

> Enquanto a fábrica 4.0 e outros conceitos relacionados à manufatura avançada estão agora claramente pressionando pelo renascimento das estratégias de automação de alta tecnologia, os dois principais fatores que estimularam as ondas de automação anteriores no setor automotivo nas décadas de 1980 e 1990 parecem ausentes: nem os problemas de produtividade e qualidade que afetaram as montadoras ocidentais nos anos 1980, nem a escassez de trabalho e o descontentamento dos trabalhadores que afetaram as montadoras japonesas no início dos anos 1990 estão presentes hoje.[68]

Considerações finais

Todo processo em curso exige, em sua observação, cautela redobrada. Sustentar que a Indústria 4.0, ou mais restritamente a Plattform Industrie 4.0 desenvolvida na Alemanha, é uma agenda com traços propagandísticos cujo intuito seria difundir o *know-how* germânico num cenário de reconfiguração da divisão internacional do trabalho é algo um tanto quanto vago. De fato, trata-se de uma agenda, mas que traz consigo bem mais do que uma difusão de ideias: constitui uma rede de esforços e instâncias públicas e privadas, em território alemão e em outros países (como os Estados Unidos), pelas quais uma nova arquitetura organizacional e tecnológica de manufatura e TI está sendo implementada, envolvendo artefatos e operações cuja aplicação será permitida apenas dentro de padrões de referência pré-definidos e cujo design é o que está em disputa nessas agendas (plataforma Indústria 4.0, na Alemanha; Manufatura Avançada, nos Estados Unidos etc.).

De outro modo, embora se trate de um movimento que surge como reação de países pioneiramente industrializados em face do relativo recuo da indústria manufatureira em suas economias, adjunto à importância crescente das TIs, é infecundo supor, por simples antecipação, que países asiáticos como Coreia do

---

[68] Tradução livre nossa. No original: "*While factory 4.0 and other related concepts of advanced manufacturing are now clearly pushing for a revival of high-technology automation strategies, the two main drivers that have spurred previous automation waves in the automotive sector in the 1980s and 1990s appear to be absent: neither the productivity and quality problems that affected Western carmakers in the 1980s, nor the labor shortage and workers' discontent that affected Japanese carmakers in the early 1990s are present today*". Ver Tommaso Pardi, Martin Krzywdzinski e Boy Luethje, "Digital Manufacturing Revolutions as Political Projects and Hypes", cit., p. 83.

Sul e China, ou latino-americanos como México e Brasil, não entrarão tão cedo no caminho dessas mudanças. Embora a industrialização desses países tenha sido (por diferentes trajetórias) tardiamente iniciada, são atualmente economias que concentram uma parcela expressiva das atividades fabris de manufatura na divisão internacional do trabalho, sediando plantas produtivas – como é o caso da indústria automotiva, mas também da eletrônica – das principais corporações tradicionais, que operam nesses países visando não apenas seu mercado interno, mas o entorno regional, não raro transmutando localidades até então rurais em enclaves fabris destinados à exportação (inclusive aos mercados dos países centrais).

Se há um movimento governamental e empresarial em curso – do qual já há bastantes provas – de reformulação da organização e das técnicas de produção manufatureira, é lícito supor que desses experimentos tomarão parte plantas subsidiárias presentes nessas áreas de alta concentração industrial. O caso da MB-SBC – embora se trate de uma fábrica madura, inaugurada em meados dos anos 1950 – aponta para essas possibilidades. E mais: indica como um conjunto de agentes e fatores pode atuar na agilização da implementação de uma agenda como essa, desde a ação estatal num contexto recessivo até a mobilização de sindicatos de trabalhadores (que, no caso do Brasil durante os governos liderados pelo Partido dos Trabalhadores, ampliaram sua participação na formulação da política industrial, mesmo que subordinadamente aos interesses do empresariado).

Quanto aos aspectos organizacionais e artefactuais (por assim dizer) da plataforma Indústria 4.0, é importante observar que, como em outros momentos de ruptura com continuidade, característicos das crises de todo modo de produção – e o capitalismo não foge à regra –, a sedimentação dos traços fundantes que perfazem a continuidade deve prevalecer sobre as rupturas, sob pena de desestabilização. Em termos concretos, assim como o toyotismo superou (assimilando) as bases da produção de massa fordista, a Indústria 4.0 antes radicalizará, em vez de abandonar, os princípios da *lean manufacturing*. Que princípios? A redução dos estoques (de materiais, de espaços, de força de trabalho e de "bolhas" de tempo nas jornadas); a busca de uma customização ligada ao ideal do estoque zero; a extração, acumulação e processamento de dados (a partir das máquinas, dos/as trabalhadores/as e até mesmo dos/as consumidores/as dos produtos e serviços); o elevado nível de controle e vigilância, ora aperfeiçoados pela digitalização dos processos (permitindo a simulação), pela IoT, pela IA e pelo *big data*, provendo as gerências de previsibilidade.

Essas últimas facetas, inerentes à consolidação de uma realidade virtual – que se impõe no âmbito da circulação e da produção das mercadorias, assim como na esfera da reprodução da força de trabalho – é talvez o que há de mais inédito. A informação em si tornou-se uma mercadoria de significativo valor comercial e, nesse contexto, emergiram empresas que projetam sistemas informacionais--computacionais que não apenas captam e fornecem informação às gerências nos ambientes de trabalho, dando-lhes maior poder de vigilância e controle sobre os/as trabalhadores/as, mas o fazem nas esferas privadas em que tais pessoas atuam enquanto consumidoras, em seu tempo livre. Eis um elemento a ser aprofundado – e sua conexão com a agenda da plataforma Indústria 4.0 é evidente, uma vez que os princípios acima listados, e respectivas tecnologias retratadas, visam aproximar, num intervalo de tempo virtualmente imediato, o consumo e a produção.

No que tange à questão do trabalho humano e sua centralidade na reprodução social do modo de produção capitalista, o papel do trabalho na geração e apropriação de valor nesse sistema social, quanto mais complexos e custosos os investimentos em capital fixo, tanto maior será o nível de intensificação dos processos de trabalho e de ampliação de turnos e jornadas requeridos para que tais empreendimentos sejam amortizados. E, se por um lado é certo que uma força de trabalho polivalente e com conhecimentos de informática será mais requerida, por outro lado há deslocamentos de funções e alterações de qualificação que podem decorrer do simples fato de que a maquinaria adotada ultrapassa largamente a capacidade humana, impondo inexoravelmente uma liquidação de postos de trabalho, ainda que o preço da força de trabalho caia abaixo do valor mínimo necessário à reprodução daquele/a que a detém, ou seja, o/a próprio/a trabalhador/a.

Não por acaso, o que se observa é, concomitantemente à desova de trabalhadores/as das fábricas, uma ampliação do desassalariamento (ou formas disfarçadas disso) nos setores de serviços, nos quais atuam empresas cujas modalidades de contratação e consumo da força de trabalho diferem do padrão até então em voga. Essas novas modalidades de trabalho, como as que se realizam por meio de aplicativos nas plataformas, já têm sido adotadas como modelos na produção fabril, expandindo as possibilidades de terceirização.

Nesse sentido, há um aprofundamento das contradições – e tensões – já presentes nos sistemas de organização do trabalho anteriores, como o toyotista. As exigências de atualização profissional constante, a vigilância invasiva, o controle e a intensificação do trabalho e, como parte desse arsenal, a cobrança por uma participação colaborativa e proativa dos/as trabalhadores/as não tardam a contrastar com as demissões em massa e com uma crescente fragmentação dessa classe social, que constitui, por sua vez, um grupo restrito, relativamente mais estável (ou mais facilmente alocável) nos empregos, diante de uma multidão que labora de modo instável e precário.

14
Trabalho digital e educação no Brasil[1]

Fabiane Santana Previtali
Cílson César Fagiani

Introdução

O homem necessitado, assoberbado de cuidados, não é capaz de apreciar o mais belo espetáculo. O vendedor de minerais só vê seu valor comercial, não sua beleza ou suas características particulares; ele não possui senso mineralógico. Assim, a objetivação da essência humana, tanto teórica como praticamente, é necessária para harmonizar os sentidos humanos e também para criar os sentidos humanos correspondentes a toda riqueza do ser humano e natural.[2]

A reestruturação produtiva na era da Quarta Revolução Industrial, a Indústria 4.0, impulsionada pelo desenvolvimento das tecnologias de informação e comunicação (TIC) ou tecnologias digitais, está originando um novo mundo produtivo e provocando inúmeras mudanças econômicas, socioculturais e na educação formal, mas ainda não rompeu com a vigência da produção do valor, permanecendo circunscrita à lógica da dominação do capital. A Indústria 4.0 é, assim, mais um passo na reestruturação produtiva com vistas ao aumento da lucratividade das empresas e da exploração do trabalho. As tecnologias digitais, como também são chamadas, trazem consigo o advento do teletrabalho, forma de trabalho mediada por plataformas digitais, os aplicativos (apps), numa aparente relação de não trabalho e, portanto, de não exploração. O teletrabalho pode ser feito total ou

---

[1] O artigo refere-se à exposição na mesa de debate "O trabalho digital nos bancos, nas escolas e na extração mineral (Vale)" do II Seminário Trabalho, Tecnologia e Impactos Sociais: o Advento da Indústria 4.0, realizado em 16 em agosto de 2019, no Instituto de Filosofia e Ciências Humanas da Universidade Estadual de Campinas (IFCH/Unicamp), sob a coordenação do prof. dr. Ricardo Antunes.

[2] Karl Marx, "Manuscritos econômicos e filosóficos", em Erich Fromm, *Conceito marxista de homem* (trad. Octavio Alves Velho, Rio de Janeiro, Zahar, 1970, Biblioteca de Ciências Sociais), p. 89.

parcialmente à distância, em qualquer lugar, desde que haja um computador ou celular e conexão à internet. Não possuindo mais horário ou local fixo, ele é realizado sob demanda e remunerado como tal, isto é, por serviço prestado, de forma uberizada[3], com significativos desdobramentos sobre a subjetividade do ser que trabalha e para a dinâmica das lutas de classes.

Acrescenta-se a esse cenário um amplo movimento de reforma político-jurídica do Estado, no bojo da Nova Gestão Pública (NGP)[4], que visa à (des)regulamentação das relações laborais, facilitando a superexploração do trabalho por meio de privatizações, terceirizações e proliferação dos contratos temporários. Propõe-se a reestruturação da gestão pública, fundada na prestação do serviço com vistas ao bem comum, e sua adequação aos novos tempos, determinados pela lógica da mercadorização.

A educação escolar não está apartada dessas mudanças no cenário mundial, cabendo a ela (con)formar, no plano técnico e ideológico, a nova classe trabalhadora. Nesse contexto, o próprio docente, principal agente do processo formativo escolar, passa por um processo de (trans)formação, considerando-se sua formação inicial, nos cursos de nível superior, em especial as licenciaturas, além do processo de trabalho propriamente dito, desenvolvido nas unidades escolares, e das relações laborais.

Partindo dessas ponderações, este capítulo busca problematizar os impactos da Indústria 4.0 para a classe-que-vive-do-trabalho[5], com especial atenção ao trabalho docente na educação básica no Brasil, definida pela Lei de Diretrizes e Base

---

[3] A uberização do trabalho tende a ser a forma predominante nas relações laborais sob a Indústria 4.0. Ocorre quando o trabalho, seja ele do entregador de pizza, do professor ou do médico, passa a ser realizado sob demanda e sob a mediação de um app, de forma flexível, isto é, disponível a todo tempo e sem direitos trabalhistas.

[4] Christopher Hood, "The 'New Public Management' in the 1980s: Variations on a Theme", *Accounting, Organizations and Society*, v. 20, n. 2-3, fev.-abr. 1995, p. 93-109; disponível em: <https://www.sciencedirect.com/science/article/pii/0361368293E0001W>; acesso em: 14 mar. 2000; Dave Hill, "O neoliberalismo global, a resistência e a deformação da educação", *Currículo sem Fronteiras*, v. 3, n. 2, jul.-dez. 2003, p. 24-59; disponível em: <http://www.curriculosemfronteiras.org/vol3iss2articles/hill.pdf>; acesso em: 12 jun. 2014; Janet Newman e John Clarke, "Gerencialismo", *Educação & Realidade*, v. 37, n. 2, maio-ago. 2012, p. 353--81; disponível em: <http://dx.doi.org/10.1590/S2175-62362012000200003>; acesso em: 14 jun. 2014; Dalila Andrade Oliveira, "Nova gestão pública e governos democrático-populares: contradições entre a busca da eficiência e a ampliação do direito à educação", *Educação & Sociedade*, Campinas, v. 36, n. 132, jul.-set. 2015, p. 625-46; disponível: em: <http://www.scielo.br/pdf/es/v36n132/1678-4626-es-36-132-00625.pdf>; acesso em: 10 nov. 2015; Fabiane Santana Previtali e Cílson César Fagiani, "Estado de bem-estar social, neoliberalismo e Estado gestor: aproximações globais", em Carlos Alberto Lucena, Fabiane Santana Previtali e Lurdes Lucena (orgs.), *A crise da democracia brasileira* (Uberlândia, Navegando, 2017), p. 79-96; Fabiane Santana Previtali, Cílson César Fagiani e Carlos Lucena, "Trabalho e precarização docente sob o Estado gestor no Brasil", em Fabiane Santana Previtali et al. (orgs.), *Desafios do trabalho e educação no século XXI: 100 anos da Revolução Russa*, v. 2 (Uberlândia, Navegando, 2019), p. 189-214.

[5] Ricardo Antunes, *Os sentidos do trabalho: ensaio sobre a afirmação e a negação do trabalho* (São Paulo, Boitempo, 1999, coleção Mundo do Trabalho).

da Educação Nacional (LDB, 1996). A pesquisa discute a literatura referente ao tema e analisa dados do Instituto Nacional de Estudos e Pesquisas Educacionais Anísio Teixeira (Inep) no período 2012-2018 quanto ao perfil dos professores e professoras e ao tipo de vínculo empregatício. As análises indicam que os docentes mais jovens tendem a não se manter na carreira docente, marcada por uma crescente precarização das condições de trabalho e de vida.

Indústria 4.0 e implicações para o trabalho

Hoje vivencia-se a era da Quarta Revolução Industrial ou Indústria 4.0, impulsionada pelo recente desenvolvimento das tecnologias de informação e comunicação (TIC), o que possibilita a interconexão de sistemas ciberfísicos ao longo das cadeias de valor baseados na internet das coisas[6] (IoT), nas *big datas*[7] e na inteligência artificial, a qual permite que máquinas tomem decisões como seres humanos, ou seja, que robôs ou sistemas possam aprender e solucionar problemas com base em dados e protocolos de comunicação-padrão com grande rapidez e flexibilidade[8]. O termo Indústria 4.0 surge com destaque internacional pela primeira vez quando da sua apresentação na Hannover Messe Fair, na Alemanha, fruto da proposta de três engenheiros alemães, em 2011[9].

Se, durante a Primeira Revolução Industrial (1760) ou Indústria 1.0, as instalações de produção mecânica incorporaram atividades humanas essencialmente manuais, que exigiam força e precisão, tornando o ser humano, como anunciou Marx, um "apêndice da máquina"[10], a Quarta Revolução Industrial tem como elemento peculiar a substituição de operações mentais humanas pelas máquinas. Quanto a esse último aspecto, cabem duas observações que se complementam.

A primeira é que não é qualquer processo mental que passa a ser objetivado na máquina, mas aquele que pode obedecer a determinados padrões de respostas, o que corresponde à necessidade de estabelecer esses padrões. Colocam-se as seguintes questões: quem os estabelece? E quais são os critérios? A segunda observação é que a informação alvo da objetivação tem, em última instância, o vetor da classe

---

[6] Corresponde à conexão em rede de objetos físicos (sejam máquinas, equipamentos ou qualquer outro recurso) de forma que eles possam coletar e trocar dados. Ver Loris Caruso, "Digital Innovation and the Fourth Industrial Revolution: Epochal Social Changes?", *AI & Society*, v. 33, 2018, p. 379-92; disponível em: <https://doi.org/10.1007/s00146-017-0736-1>; acesso em: 15 maio 2019.

[7] *Big data* são estruturas de dados extensas e complexas utilizadas para capturar e gerenciar as informações coletadas. Ver ibidem.

[8] Idem.

[9] Idem.

[10] Karl Marx, *O capital: crítica da economia política*, Livro I: *O processo de produção do capital* (trad. Rubens Enderle, São Paulo, Boitempo, 2013, coleção Marx-Engels), p. 720.

que detém a propriedade sobre a tecnologia. Uma outra questão se coloca: quais são os interesses dessa classe?

Considerando que, numa aparente contradição, ao mesmo tempo que se avança no desenvolvimento tecnológico, com possibilidades de melhoria das condições de trabalho e vida da humanidade, tem-se o aprofundamento e a difusão, em escala global, da cisão entre aqueles que vivem do trabalho e aqueles que vivem da exploração do trabalho alheio, pode-se afirmar que as respostas àquelas questões se encontram na determinação de classe do processo de desenvolvimento e implantação das tecnologias. É o capital que determina o que, como, quando, onde e para quem produzir.

Nesse contexto, as teses sobre o fim do trabalho mediante o avanço tecnológico e da intelectualização do trabalho[11] não se confirmaram. Contrariamente, verifica-se hoje a ampliação da classe trabalhadora no mundo, marcada pelas diferenças de gênero, raça/etnia, idade e qualificação, ainda mais explorada pelo capital e com possibilidades reduzidas de uma vida plena fora do trabalho[12]. As argumentações de Harry Braverman mostram-se, portanto, mais próximas da realidade atual. Para o autor, "a tecnologia é produzida pelas relações sociais representadas pelo capital" e sua utilização, enquanto mercadoria pertencente ao capital, implica tendencialmente, na proletarização, desqualificação e precarização da classe trabalhadora[13].

A inovação tecnológica é, portanto, seletiva e visa à garantia de maior controle do trabalho pelo capital, levando à perda de autonomia dos que vivem do trabalho sobre os meios e os fins de sua atividade, conduzindo, tendencialmente e, de forma mais geral, à degradação da vida. Como já observado por Ricardo Antunes, as relações sociais institucionalizadas sob o capital obstruem o potencial tecnológico em sua perspectiva humanizante[14]. Conforme Fabiane Santana Previtali e Cílson César Fagiani, "a cada passo dado para a introdução da automação contemporânea, baseada na microeletrônica, há uma oportunidade para a destruição de formas de resistência ao controle do trabalho e à exploração"[15].

---

[11] André Gorz, *Adeus ao proletariado: para além do socialismo* (trad. Ângela Ramalho Vianna e Sérgio Góes de Paula, Rio de Janeiro, Forense, 1982); Serge Mallet, *La Nouvelle classe ouvrière* (Paris, Seuil, 1969); Adam Schaff, *A sociedade informática: as consequências sociais da Segunda Revolução Industrial* (trad. Carlos Eduardo Jordão Machado e Luiz Arturo Obojes, Rio de Janeiro/São Paulo, Brasiliense/Editora Unesp, 1991).

[12] Ricardo Antunes, *Os sentidos do trabalho*, cit.; idem, *O privilégio da servidão: o novo proletariado de serviços na era digital* (São Paulo, Boitempo, 2018, coleção Mundo do Trabalho); idem, "Proletário digital, serviços e valor", em Ricardo Antunes (org.), *Riqueza e miséria do trabalho no Brasil IV: trabalho digital, autogestão e expropriação da vida* (São Paulo, Boitempo, 2019, coleção Mundo do Trabalho).

[13] Harry Braverman, *Trabalho e capital monopolista: a degradação do trabalho no século XX* (trad. Nathanael Caixeiro, Rio de Janeiro, Zahar, 1977), p. 28.

[14] Ricardo Antunes, *Os sentidos do trabalho*, cit.; idem, *O privilégio da servidão*, cit.

[15] Fabiane Santana Previtali e Cílson César Fagiani, "Organização e controle do trabalho no capitalismo contemporâneo: a relevância de Braveman", *Cadernos Ebape.BR*, v. 12, n. 4, 2014,

Na acumulação da era digital, o fenômeno da precariedade laboral não está restrito aos trabalhadores e trabalhadoras não qualificados ou manuais, mas se aplica também ao trabalho qualificado e profissionalizado, com maiores exigências de escolarização e qualificação, assumindo um caráter estrutural e transversal a todas as profissões[16]. Previtali e Fagiani afirmam que "o que se tem presenciado é a formação de um novo modelo produtivo que tem gerado emprego associado às novas tecnologias, porém, com menores salários e em piores condições de trabalho, contribuindo enormemente para a concentração de renda"[17].

Numa aparente contradição, ao mesmo tempo que as relações e condições de trabalho tornam-se precarizadas, as exigências de escolaridade e qualificação tendem a ser maiores, dado o grau de complexidade em que se encontra hoje a divisão sociotécnica do trabalho. No entanto, essa nova imbricação entre trabalho vivo e trabalho morto, que exige novas habilidades e conhecimentos cognitivos, não seria possível sem o trabalho obscurecido, aquele presente na exploração dos meios naturais e que estão na base da produção dos novos complexos tecnológicos. Nesses, as novas tecnologias estão pouco ou quase nada presentes, e o trabalho se encontra em condições análogas à escravidão.

Os jovens profissionais recém-formados manifestam singularmente as contradições dessa nova conjuntura. Por um lado, são mais adaptáveis ao uso das tecnologias digitais, posto que nelas são forjados e aprendem a ser interativos, competitivos e empreendedores de si mesmos. Por outro lado, são fortemente impactados em sua subjetividade, podendo desenvolver sentimentos de insegurança, injustiça, insatisfação, falta de reconhecimento profissional, frustração e adoecimento psíquico.

Ademais, a fluidez das relações de emprego, pautadas nos contratos temporários, a relação com mais de um emprego e, portanto, com mais horas de trabalho total[18], as formas individualizadas de avaliação e desempenho que levam a diferentes remunerações, entre outros, são elementos que tendem a dificultar a percepção de classe desses trabalhadores, contribuindo para a desmobilização coletiva e acentuando os sentimentos de "naturalização" das relações de precarização das condições de trabalho e de vida. Nesse sentido, esses jovens acabam por desenvolver

---

p. 760; disponível em: <http://bibliotecadigital.fgv.br/ojs/index.php/cadernosebape/issue/view/2119>; acesso em: 18 jun. 2019.

[16] Ricardo Antunes, *O privilégio da servidão*, cit.; idem, "Proletário digital, serviços e valor", cit.

[17] Fabiane Santana Previtali e Cílson César Fagiani, "Inovação tecnológica e trabalho terceirizado: as bases do controle do capital no século XXI", *Direitos, Trabalho e Política Social*, v. 1, n. 1, 2015, p. 66; disponível em: <http://revista91.hospedagemdesites.ws/index.php/rdtps/issue/view/1>; acesso em: 10 out. 2019.

[18] No caso do trabalho feminino, deve-se considerar a jornada de trabalho na esfera doméstica, no espaço chamado de reprodutivo, que coloca a mulher numa posição determinada de subalternidade sob o capital.

uma consciência imediata e superficial quanto aos imperativos estruturais, sociais e culturais sob os quais se apoia o novo mundo do trabalho.

A Nova Gestão Pública cumpre um papel fundamental no reordenamento da esfera político-jurídica de regulação social em prol do capital e contra o trabalho sob três aspectos fundamentais: a) privatizações diretas de setores públicos e/ou parcerias com o setor privado, implicando a transferência de recursos públicos para o privado; b) injeção de fundos públicos, perdão e/ou redefinição de multas e impostos de empresas privadas; e c) desregulamentação das relações laborais, reduzindo os custos do trabalho para o capital.

Com base em Maria Teresa Geraldo Carvalho[19], os pontos fundamentais da NGP podem ser assim resumidos: a) controle financeiro mediante o uso de sistemas de informação para monitorização e controle de custos; b) gestão pela hierarquia, pautada na definição de objetivos e na avaliação de desempenhos individuais e de caráter punitivo; c) crescente importância atribuída aos prestadores de serviços privados; d) nova concepção de direitos sociais, que passam a ter uma base mercantil; e) desregulação do mercado de trabalho, acompanhada da erosão dos acordos coletivos e do crescimento de acordos individuais; e f) relações de trabalho com base em contratos flexíveis e temporários, terceirizados e subcontratados.

No Brasil, a NGP assume caráter sistêmico no governo de Fernando Henrique Cardoso[20]. Após o golpe institucional ao governo de Dilma Rousseff (2011-2016), quando Michel Temer (2016-2018) assume a Presidência da República, as práticas liberalizantes ganham novo impulso. Destaca-se a aprovação da Lei n. 13.467/2017 concernente à reforma trabalhista, a qual autoriza diferentes modalidades de exploração do trabalho, cujo traço comum é a flexibilização e a precarização nas atividades-meio e atividades-fim. Mais recentemente, sob o governo de ultradireita de Jair Bolsonaro, o trabalho sofre mais uma dura perda com a aprovação da reforma previdenciária na Câmara dos Deputados.

Logo, a adoção da NGP tem significado a ampliação do Estado no sentido da criação de novos espaços para a acumulação do capital, no bojo da (des)regulamentação dos direitos trabalhistas na história recente do Brasil. Destaca-se, a seguir, o caso da educação escolar.

---

[19] Maria Teresa Geraldo Carvalho, *A Nova Gestão Pública, as reformas no sector da saúde e os profissionais de enfermagem com funções de gestão em Portugal* (tese de doutorado em ciências sociais, Aveiro, Secção Autónoma de Ciências Sociais Jurídicas e Políticas da Universidade de Aveiro, 2006).

[20] A NGP teve início já na era Fernando Collor de Mello (1990-1992), com privatizações e abertura comercial internacional. No governo de Fernando Henrique Cardoso (1994-2002), houve a criação do Ministério da Administração e Reforma do Estado (Mare), em 1995, pelo ministro Luiz Carlos Bresser Pereira, sob explícita influência da reforma do Estado implementada na Inglaterra. Essa política sofreu refrações durante o governo do Partido dos Trabalhadores (PT) a partir de 2003, na medida em que se buscou implementar, mesmo sob o pressuposto neoliberal, uma perspectiva de desenvolvimento de base nacional. Ver Fabiane Santana Previtali e Cílson César Fagiani, "Estado de bem-estar social, neoliberalismo e Estado gestor", cit.

A EDUCAÇÃO, A EDUCAÇÃO ESCOLAR E O TRABALHO DOCENTE

A educação é um processo social amplo, de criação e reprodução da sociabilidade humana. Ela nasce com o próprio processo de socialização dos homens e das mulheres, o qual, por sua vez, tem origem na forma particular como o ser humano age na natureza: o trabalho[21]. Nesse sentido, não há uma natureza humana dada *a priori*, como pensavam os gregos, mas a formação de uma humanidade num processo histórico, dinâmico e marcado por contradições[22].

Se a educação perpassa todas as esferas da vida social desde a família, é a partir do advento da sociedade moderna/burguesa, e especialmente com a Primeira Revolução Industrial, que ela passa a ser sistematizada na instituição escolar, e os professores e as professoras tornam-se o centro do processo educativo[23]. Para Bernardete Gatti, "a escola é porta para outras formações e para a construção continuada da democracia e a luta pelos direitos humanos"[24]. Segundo a autora, a educação escolar é um processo específico que, para atingir suas finalidades, requer formas didáticas adequadas que possibilitem aprendizagens efetivas a grupos diferenciados de estudantes, sejam crianças, jovens ou adultos, com discernimentos sobre o que ensinar, quando e em qual profundidade, visando formá-los em valores para a vida humana. Pode-se dizer, então, que cabe à escola formar o cidadão, do ponto de vista técnico e social. Porém, deve-se perguntar: qual cidadão se quer formar?

Para responder a essa questão, é preciso considerar que a escola se configura em palco de conflitos político-ideológicos cotidianos, nas salas de aula, nos conselhos, nas reuniões e nos debates, e se traduz em planejamentos dos currículos e em escolhas dos conteúdos, dos procedimentos pedagógicos, do material didático e das avaliações. Os professores e as professoras manifestam no ato de ensinar suas histórias de vida e sua formação profissional, uma concepção de mundo e de educação. Coloca-se em questão os objetivos e os fins da educação escolar: se seria uma educação escolar voltada para o pleno desenvolvimento da pessoa humana e sua inserção crítica no mundo do trabalho ou apenas para uma qualificação restrita, vinculada às ocupações no mercado de trabalho, para a formação do cidadão-consumidor.

As políticas educacionais implementadas a partir do governo de Michel Temer, em especial a reforma do ensino médio e a Base Nacional Comum

---

[21] Dermeval Saviani, "Trabalho e educação: fundamentos ontológicos e históricos", *Revista Brasileira de Educação*, v. 12, n. 34, jan.-abr. 2007, p. 152-80; disponível em: <www.scielo.br/scielo.php?script=sci_arttext&pid=S1413-24782007000100012>; acesso em: 15 jun. 2017; idem, *Pedagogia histórico-crítica, quadragésimo ano: novas aproximações* (Campinas, Autores Associados, 2019, coleção Educação Contemporânea).
[22] Idem, "Trabalho e educação", cit.
[23] Idem, *Pedagogia histórico-crítica, quadragésimo ano*, cit.
[24] Bernardete Gatti, "Educação, escola e formação de professores: políticas e impasses", *Educar em Revista*, Curitiba, v. 29, n. 50, out.-dez. 2013, p. 59; disponível em: <http://www.scielo.br/pdf/er/n50/n50a05.pdf>; acesso em: 15 fev. 2017.

Curricular (BNCC), de forte cunho neoliberal, indicam o caminho da qualificação imediata. Toma-se o exemplo da reforma do ensino médio de 2017, que se justifica, segundo seus formuladores, no objetivo de reduzir a alta evasão escolar e a falta de atratividade dessa etapa da educação básica, dado seu caráter altamente teórico e pouco prático. No entanto, o que se verifica é o direcionamento dos estudantes da educação básica pública para o itinerário profissional, reduzindo suas possibilidades efetivas de ingresso no nível superior, aprofundando a já conhecida educação dual no Brasil, qual seja, uma educação para a classe burguesa e outra para a classe trabalhadora[25]. Já a BNCC traz consigo uma proposta conteudista e disciplinarista que ignora a pluralidade do mundo, das escolas e de seus sujeitos e "estimula uma formação fast-food"[26].

Convém frisar ainda a política atual de retirada de recursos públicos destinados à educação básica. Apesar de o discurso do governo federal de Jair Bolsonaro, eleito em 2018, dar prioridade a essa etapa da educação escolar, cerca de 2,4 bilhões de reais que estavam previstos para investimentos em programas da educação infantil ao ensino médio foram bloqueados em maio de 2019[27]. Deve-se salientar que, de acordo com o último relatório da Organização para a Cooperação e Desenvolvimento Econômico (OCDE), o investimento por aluno na educação básica no Brasil é muito inferior ao de outros países da organização, considerando-se as três modalidades de educação (ensino fundamental I, ensino fundamental II e ensino médio e técnico), tendo o país investido por aluno menos da metade do que os outros países[28].

Tabela 1 – Investimento anual por aluno (em dólares)[29]

Modalidade	Brasil	OCDE
Fundamental I	3.800	8.600
Fundamental II	3.700	12.200
Médio e técnico	4.100	10.000

---

[25] Cílson César Fagiani, *Brasil e Portugal: qual a formação do jovem trabalhador no século XXI?* (Uberlândia, Navegando, 2018); Gaudêncio Frigotto, "Educação, crise do trabalho assalariado e do desenvolvimento: teorias em conflito", em Gaudêncio Frigotto (org.), *Educação e crise do trabalho: perspectivas de final de século* (Petrópolis, Vozes, 2012).

[26] Associação Nacional de Pós-Graduação e Pesquisa em Educação, "Posição da ANPEd sobre texto referência – DCN e BNCC para formação inicial e continuada de professores da Educação Básica", *Portal da ANPEd*, 9 out. 2019; disponível em: <http://www.anped.org.br/news/posicao-da-anped-sobre-texto-referencia-dcn-e-bncc-para-formacao-inicial-e-continuada-de>; acesso em: 11 out. 2019.

[27] "MEC contraria discurso e tira verba da educação básica, além de faculdades", *Exame*, 6 maio 2019; disponível em: <https://exame.abril.com.br/brasil/mec-contraria-discurso-e-tira-verba-da-educacao-basica-alem-de-faculdades/>; acesso em: 13 set. 2019.

[28] Conferir dados da Tabela 1.

[29] Elaborada pelos autores a partir de Organisation for Economic Co-Operation and Development, *Education at a Glance 2019: OECD Indicators* (Paris, OECD, 2019); disponível em: <https://doi.org/10.1787/f8d7880d-en>; acesso em: 10 jun. 2019.

Num contexto de reformas empobrecedoras, que inibem a capacidade criativa e limitam o processo ensino-aprendizagem, o/a docente passa a vivenciar cotidianamente os questionamentos quanto a sua formação e sua profissão, sendo levado/a a desenvolver uma sensação de incapacidade, ineficiência, incompetência e descrédito profissional[30]. Diante desse cenário, o/a docente vai sendo (trans)formado/a, simultaneamente, objetiva e subjetivamente, num movimento histórico e dialético, sob três aspectos fundamentais: 1) a formação e profissionalização; 2) o processo de trabalho; e 3) as relações laborais. Convém tratar desses aspectos com maior detalhamento.

A formação e profissionalização

As mudanças no ensino superior estão intrinsecamente relacionadas à educação básica. Os cursos de licenciatura oferecidos pelas universidades exercem um papel preponderante na formação de professores, em nível superior, de graduação plena, pois é desses cursos que sairão os profissionais que atuarão nas escolas públicas da educação básica, atendendo à maioria das crianças e dos jovens das classes trabalhadoras. Com as reformas no ensino superior, visando tornar as universidades um negócio rentável[31], o eixo da formação docente passa a ser redefinido de forma a enfatizar as dimensões mais práticas, por meio, por exemplo, do aumento da carga horária relacionada a estágios em detrimento da formação teórica, relacionada às disciplinas de filosofia, sociologia e de teorias pedagógicas, em um tempo total de formação que tende a ser menor: de quatro para três anos e meio, ou mesmo à distância[32], total ou parcialmente.

---

[30] Álvaro Moreira Hypolito, Jarbas Santos Vieira e Laura Cristina Vieira Pizzi, "Reestruturação curricular e autointensificação do trabalho docente", *Currículo sem Fronteiras*, v. 9, n. 2, jul.--dez. 2009, p. 100-112; disponível em: <http://www.curriculosemfronteiras.org/vol9iss2articles/hypolito-vieira-pizzi.pdf>; acesso em: 10 mar. 2010; Bernardete Gatti, "Educação, escola e formação de professores", cit.; idem, "Formação de professores: condições e problemas atuais", *Revista Internacional de Formação de Professores (RIFP)*, Itapetininga, v. 1, n. 2, abr.-jun. 2016, p. 161-71; disponível em: <https://periodicos.itp.ifsp.edu.br/index.php/RIFP/article/view/347>; acesso em: 28 maio 2020; Márcia Aparecida Jacomini e Marieta Gouvêa de Oliveira Penna, "Carreira docente e valorização do magistério: condições de trabalho e desenvolvimento professional", *Pro-Posições*, v. 27, n. 2, maio-ago. 2016, p. 177-202; disponível em: <https://periodicos.sbu.unicamp.br/ojs/index.php/proposic/article/view/8647238>; acesso em: 12 jun. 2017.

[31] Dave Hill, "O neoliberalismo global, a resistência e a deformação da educação", cit.; João dos Reis Silva Jr., *Reforma do Estado e da educação no Brasil de FHC* (São Paulo, Xamã, 2002); João dos Reis Silva Jr. et al., "Americanismo, o novo marco da ciência, tecnologia e inovação: sequestro do fundo público pelo capital financeiro", em Fabiane Santana Previtali et al. (orgs.), *Desafios do trabalho e educação no século XXI: 100 anos da Revolução Russa*, v. 2 (Uberlândia, Navegando, 2019), p. 165-88; Afrânio Mendes Catani, "Alguns apontamentos sobre a universidade em tempos de crise: o que fazer?", em Fabiane Santana Previtali et al. (orgs.), *Desafios do trabalho e educação no século XXI*, cit., p. 125-40.

[32] Convém destacar que os cursos de licenciatura à distância (EADs) em instituições particulares de ensino no Brasil tiveram um aumento de mais de 1.500% de 2005 a 2016, passando de 34,9 mil

Essa política educacional tem implicado o estímulo de práticas sem conteúdo junto à educação básica por estudantes de licenciatura ainda em fase inicial de formação[33]. Gatti destaca que a formação inicial de professores e professoras apresenta problemas como currículos fragmentados, conteúdos excessivamente genéricos e grande dissociação entre teoria e prática, além de estágios mal realizados e avaliações precárias, interna e externamente[34]. Para a autora, essas condições formativas do profissional interagem diretamente com a carreira docente, ao informar e se refletir em seu processo de trabalho.

Logo, uma formação precarizada conduz a uma prática também precarizada. Elementos essenciais da formação – tais como a) domínio de conhecimentos, quer em áreas de especialidade, quer de natureza pedagógica; b) sensibilidade cognitiva, ou seja, capacidade ampliada pela visão dos conhecimentos em seus sentidos lógicos e sociais, em seus contextos; c) ter repertório para escolhas pedagógico-didáticas; d) saber lidar com as motivações e as formas de expressão das crianças e jovens – estão deixando a desejar na formação inicial para a docência[35]. Ademais, conforme João dos Reis Silva Jr., a formação aligeirada e tecnicista associa-se a uma feição mais individualizada e empreendedora estimulada nos estudantes, colaborando significativamente para a desmobilização política desses novos profissionais[36].

Esse novo contexto formativo e de profissionalização torna-se peça fundamental para a reestruturação da educação básica pública orientada pelos conceitos de multifuncionalidade, flexibilidade e empregabilidade, sob os auspícios da teoria do capital humano[37], segundo a qual os indivíduos são isoladamente responsáveis por seu êxito ou fracasso no mercado de trabalho, devendo ser consumidores de serviços educacionais em vez de portadores de direitos. Entretanto, o que essa teoria desconsidera é que as regras no mercado de trabalho não são iguais para todos os indivíduos trabalhadores, mas sim transversalizadas pelas relações de dominação

---

alunos para 559,6 mil, sendo que, só no curso de pedagogia, o total foi de 1,9 mil, em 2005, para 354 mil em 2016, representando crescimento de 17.735%. Ver Camila Cecílio, "Licenciatura a distância cresce 1.500% em dez anos em particulares", *Folha de S.Paulo*, 13 maio 2019; disponível em: <https://www1.folha.uol.com.br/educacao/2019/05/licenciatura-a-distancia-cresce-1500-em-dez-anos-em-particulares.shtml>; acesso em: 14 maio 2019.

[33] Bernardete Gatti, "Educação, escola e formação de professores", cit.; idem, "Formação de professores", cit.
[34] Idem, "Educação, escola e formação de professores", cit.
[35] Idem; idem, "Formação de professores", cit.
[36] João dos Reis Silva Jr., *Reforma do Estado e da educação no Brasil de FHC*, cit.
[37] Conceito desenvolvido por intelectuais da burguesia mundial para explicar o fenômeno da desigualdade entre as nações e entre indivíduos ou grupos sociais, sem desvendar os fundamentos reais que a produzem, quais sejam, o trabalho alienado e explorado. Ver Gaudêncio Frigotto, *A produtividade da escola improdutiva: um (re)exame das relações entre educação e estrutura econômico--social capitalista* (7. ed., São Paulo, Cortez, 2006).

de raça/etnia e gênero, o que impõe a trabalhadores e trabalhadoras uma competitividade diferenciada e subalternizada.

No que tange ao trabalho docente na educação básica, a pesquisa ora apresentada chama atenção para o perfil dos docentes quanto ao sexo (Gráficos 1 e 2) e corrobora com pesquisas anteriores[38] sobre a preponderante presença feminina nessa fase da educação escolar[39]. São apresentados os números de docentes considerados jovens, dos sexos feminino e masculino, atuantes na educação básica pública no Brasil, na região Sudeste e no estado de Minas Gerais, com idade até 24 anos (início da carreira), no período de 2010 a 2017. Observa-se uma oscilação nos números desses docentes de ambos os sexos, com constatação de queda em todas as amplitudes de análise (Brasil, região Sudeste e estado de Minas Gerais). Quanto ao sexo feminino, observam-se reduções nos números na ordem de 17%, 28% e 23%, e no sexo masculino, reduções nos números na ordem de 14%, 36% e 20%, respectivamente nos níveis Brasil, região Sudeste e estado de Minas Gerais.

Com relação ao número de docentes com idade entre 25 e 29 anos, quando tende a haver maior estabilidade na carreira, passada a fase inicial de adaptação, também pode-se observar, conforme os Gráficos 3 e 4, redução no número de docentes, mulheres e homens, na educação básica pública no período considerado, em termos de Brasil, região Sudeste e estado de Minas Gerais. No caso das mulheres, a redução foi de 19%, 23% e 12%, e dos homens, de 15%, 22% e 13%, respectivamente.

No ano de 2017 tem-se que a força de trabalho na carreira docente, com idade até 29 anos, é de maioria feminina, sendo 63% no Brasil, 79% na região Sudeste e 76% no estado de Minas Gerais. Quando fazemos a análise por faixa etária, encontramos 77%, 82% e 75% com idade até 24 anos, e 76%, 78% e 77% com idade entre 25 e 29 anos de força de trabalho feminina atuando na educação básica pública nos três níveis considerados (Gráficos 1, 2, 3 e 4). Ou seja, no total e por faixa etária, a maioria da força de trabalho é feminina.

Verifica-se ainda que mais mulheres recém-formadas com idade até 24 anos ingressaram na carreira docente na educação básica pública que homens, sendo 49.994 (242%), 14.425 (367%) e 3.194 (199%) mulheres a mais que homens

---

[38] Bernardete Gatti e Elba Siqueira de Barreto, *Professores do Brasil: impasses e desafios* (Brasília, Unesco, 2009); disponível em: <https://unesdoc.unesco.org/ark:/48223/pf0000184682>; acesso em: 10 jun. 2017; Dalila Andrade Oliveira, "Nova gestão pública e governos democrático-populares", cit.

[39] A docência é uma profissão historicamente feminina, conforme Eliane Marta Teixeira Lopes, "A educação da mulher: a feminização do magistério", *Teoria & Educação*, n. 4, 1991, p. 22-40. Bernardete Gatti e Elba Siqueira de Barretto, com base em dados da Pesquisa Nacional por Amostra de Domicílios (Pnad) de 2006, apontam que a categoria dos professores no Brasil era composta basicamente por 83,1% de mulheres. Ver Bernardete Gatti e Elba Siqueira de Barreto, *Professores do Brasil*, cit.

no Brasil, na região Sudeste e no estado de Minas Gerais, respectivamente. Já com idade entre 25 e 29 anos, encontramos 119.704 (223%), 44.190 (264%) e 11.786 (231%) mulheres a mais que homens nas amplitudes de análise.

Gráfico 1 – Docentes do sexo feminino atuantes na educação básica pública no Brasil, na região Sudeste e no estado de Minas Gerais, com idade até 24 anos (período 2010-2017)[40]

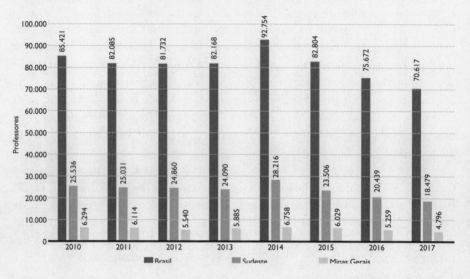

Gráfico 2 – Docentes do sexo masculino atuantes na educação básica pública no Brasil, na região Sudeste e no estado de Minas Gerais, com idade até 24 anos (período 2010-2017)

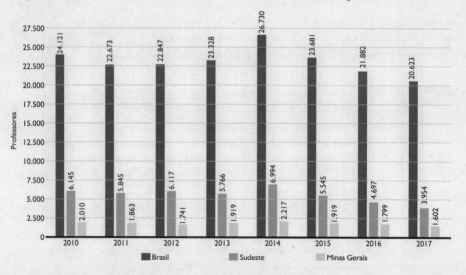

---

[40] Este e os demais gráficos do capítulo foram elaborados pelos autores a partir de dados do Inep.

Gráfico 3 – Docentes do sexo feminino atuantes na educação básica pública no Brasil, na região Sudeste e no estado de Minas Gerais, com idade entre 25 e 29 anos
(período 2010-2017)

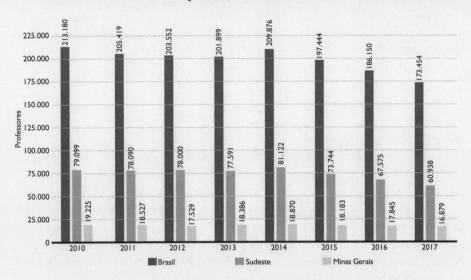

Gráfico 4 – Docentes do sexo masculino atuantes na educação básica pública no Brasil, na região Sudeste e no estado de Minas Gerais, com idade entre 25 e 29 anos
(período 2010-2017)

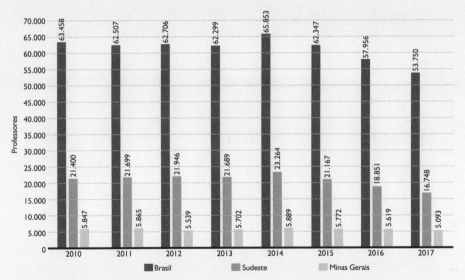

Especificamente no início da carreira (com idade até 24 anos), verifica-se uma diminuição maior no número de docentes na região Sudeste e no estado de Minas Gerais no período analisado, tanto para a força de trabalho feminina quanto para a masculina, destacando-se a redução de 11% a mais da força de trabalho feminina no estado de Minas Gerais e 14% a mais da força de trabalho masculina na região Sudeste, em comparação com a faixa etária subsequente. Quanto à representatividade da força de trabalho feminina, ela continua sendo maioria, porém, destaca-se a redução de 103% na transição do início da carreira para a fase com idade entre 25 e 29 anos na região Sudeste. Esses dados nos levam a inferir o descontentamento dos profissionais da área e a consequente desistência da carreira logo após o ingresso.

O PROCESSO DE TRABALHO

Braverman argumenta que a classe trabalhadora tende a aumentar numericamente, pois, cada vez mais, as pessoas não têm outra opção a não ser aderir à lógica da mercantilização e, consequentemente, à proletarização, dada a perda de controle sobre o processo de trabalho e sobre os meios e os fins do trabalho, via a introdução de inovações técnicas e/ou organizacionais[41]. Para o autor, a docência, no âmbito do trabalho intelectual, não está alheia a essa dinâmica. Pode-se dizer que, em tempos de grande imbricação entre trabalho vivo e trabalho morto e expansão do chamado setor de serviços[42], a subsunção do trabalho docente ao capital está deixando de ser formal e passando a ser real.

O processo de trabalho docente, sob o impacto da Indústria 4.0 e da NGP, tem vivenciado transformações que levam à perda de autonomia para tomada de decisões sobre os meios e os fins do processo educacional. A expropriação do saber e a consequente perda de autonomia sobre o que fazer e como fazer podem ser observadas por meio da introdução de mecanismos informacionais que aprimoram a burocracia de controle e levam à objetivação do saber docente em procedimentos preestabelecidos nos manuais de ensino, nas apostilas e nas avaliações já preparadas pela administração escolar e governamental[43]. David Hall e Helen M. Gunter, analisando o caso inglês, destacam o currículo cada vez mais prescritivo, as avaliações predeterminadas de forma homogênea e padronizada – desconsiderando particularidades e singularidades – e metas de desempenho centralizadas como fatores que indicam o aumento do controle e da vigilância sobre o trabalho docente[44].

---

[41] Harry Braverman, *Trabalho e capital monopolista*, cit.
[42] Ricardo Antunes, *O privilégio da servidão*, cit.
[43] Rosana Mendes Maciel e Fabiane Previtali, "Impacto das políticas públicas do trabalhador da educação na rede estadual de ensino de Patos de Minas/MG em 2011", *Revista Labor*, v. 1, n. 6, 2011; disponível em: <http://www.periodicos.ufc.br/labor/article/view/9305/7490>; acesso em: 28 maio 2012.
[44] David Hall e Helen M. Gunter, "A nova gestão pública na Inglaterra: a permanente instabilidade da reforma neoliberal", *Educação & Sociedade*, Campinas, v. 36, n. 132, jul.-set. 2015, p. 743-58; disponível em: <https://docplayer.com.br/17120091-A-nova-gestao-publica-na-inglaterra-a-permanente-instabilidade-da-reforma-neoliberal.html>; acesso em: 12 jun. 2018.

Outro elemento de atenção é a introdução de modelos de gestão do trabalho docente baseados no desempenho individual e vinculados a metas e resultados e pagamentos diferenciados, o que contribui para a individualização do trabalho e para o esgarçamento do sentimento de solidariedade de classe, dificultando as ações coletivas[45]. Vale dizer que, no processo educativo, a avaliação deve se fazer presente, tanto como meio de diagnóstico do processo ensino-aprendizagem quanto como instrumento de investigação da prática pedagógica, assumindo, assim, uma dimensão formadora que tem como finalidade a aprendizagem, mas também que permite uma reflexão sobre a ação pedagógica. No entanto, segundo Elizeth Rezende Martins da Silveira e Fabiane Santana Previtali, as avaliações impostas aos profissionais da educação têm o claro objetivo de controle do trabalho via ferramentas individualizantes de gestão e autorresponsabilização[46]. Assim, o cerne da questão é a desmobilização e o esgarçamento de uma consciência coletiva dos profissionais da educação pública, criando condições, objetivas e subjetivas, favoráveis a terceirizações e privatizações.

Para Álvaro Moreira Hypolito, Jarbas Santos Vieira e Laura Cristina Vieira Pizzi, o trabalho docente está submetido a formas de controle, de intensificação e de autointensificação, articuladas por modelos de organização escolar gerencial, os quais, além de precarizar as condições físicas do trabalho, afetam sua subjetividade[47]. Para os autores, essas dinâmicas estão associadas a uma política de auditoria que pressiona as escolas e os docentes, estes últimos tidos como os grandes responsáveis pelo desempenho e pela qualidade da escola, levando-os a um sentimento de culpa.

Destaca-se ainda o processo de intensificação do trabalho por meio do acúmulo de novas atividades, entre elas a supervisão, a orientação e a coordenação, as quais devem ser realizadas junto à função da docência[48]. Ainda, coadunando com o perfil empreendedor, os docentes são estimulados a "captar" recursos por meio de projetos desenvolvidos em parceria com setores privados para o complemento orçamentário das escolas.

---

[45] Eneida Oto Shiroma e Olinda Evangelista, "Avaliação e responsabilização pelos resultados: atualizações nas formas de gestão de professores", *Perspectiva*, v. 29, n. 1, 2011, p. 127-60; disponível em: <https://periodicos.ufsc.br/index.php/perspectiva/issue/view/1713>; acesso em: 28 maio 2020; Elizeth Rezende Martins da Silveira e Fabiane Santana Previtali, "Trabalho docente e políticas educacionais: um estudo sobre o controle do trabalho docente na rede estadual de ensino de Minas Gerais em Uberlândia – a partir de 2003", *Revista Inova Ciência & Tecnologia*, v. 3, n. 2, jul.-dez. 2017; disponível em: <editora.iftm.edu.br/index.php/inova/article/view/244>; acesso em: 12 fev. 2018.

[46] Elizeth Rezende Martins da Silveira e Fabiane Santana Previtali, "Trabalho docente e políticas educacionais", cit.

[47] Álvaro Moreira Hypolito, Jarbas Santos Vieira e Laura Cristina Vieira Pizzi, "Reestruturação curricular e autointensificação do trabalho docente", cit.

[48] Maria Manuela Alves Garcia e Simone Barreto Anadon, "Reforma educacional, intensificação e autointensificação do trabalho docente", *Educação & Sociedade*, Campinas, v. 30, n. 106, jan.-abr. 2009, p. 63-85.

Ao conjunto desses novos elementos constituintes do processo de trabalho soma-se a degradação das relações laborais e das condições de trabalho, já há muito vivenciada pelos docentes.

As relações laborais

No que tange ao terceiro aspecto, as relações laborais, cabe destacar o aparecimento da forma trabalho via apps, que traz consigo uma mudança na natureza do contrato de trabalho, o qual passa a não existir formalmente. Estabelecendo-se, portanto, em nome da flexibilidade e da rapidez, um descompromisso na relação de trabalho por parte do empregador. As consequências para os docentes são o aprofundamento da já precarizada carreira, marcada pelo expressivo número de docentes que migra de escola em escola e leciona para grande número de alunos por turma, recebendo em contrapartida uma remuneração menor que a de outros profissionais com nível de formação equivalente ou mesmo inferior[49].

Plataformas de cursos e aulas particulares como a Graduate XXI (Argentina), Tutor.com (Estados Unidos) – cujo slogan é "a escola é difícil, conseguir um tutor é fácil" –, a TutorHub (Inglaterra) e a Superprof.com.br (Brasil) disseminam as vantagens de ser um/a professor/a uberizado/a. São empresas mundiais, ligadas ao mercado financeiro, a exemplo da Graduate XXI, vinculada ao Banco Interamericano de Desenvolvimento (BID), e da TutorHub, cujo proprietário apresenta-se como "investidor". Os professores e professoras se conectam e oferecem seu trabalho personalizado a qualquer momento, estando permanentemente disponíveis para o capital e sendo avaliados pelos usuários ao fim de seus serviços.

No contexto da educação básica pública, de liberação das terceirizações e dos efeitos da proibição dos concursos públicos por vinte anos, os docentes efetivos têm dado lugar a docentes prestadores de serviços contratados, de caráter eventual ou temporário. Se essas modalidades sempre estiveram presentes na carreira docente, nos tempos atuais elas tendem à expansão, com o agravante da perda de direitos[50]. Conforme uma reportagem na revista *Carta Capital* de 29 de outubro de 2017, no estado de Minas Gerais, 48% dos docentes eram contratados sob regime temporário; em São Paulo, o número era de 34%; no Mato Grosso, eram 60%; em Santa Catarina, 57%; no Mato Grosso do Sul, 50%; e em Pernambuco, 44%.

Os Gráficos 5 e 6 apresentam os dados correspondentes aos tipos de vínculos temporário e efetivo na rede pública de educação, no Brasil, na região Sudeste e

---

[49] Thiago Alves e José Marcelino de Rezende Pinto, "Remuneração e características do trabalho docente no Brasil: um aporte", *Outros Temas*, v. 41, n. 143, maio-ago. 2011, p. 606-39; disponível em: <http://www.scielo.br/pdf/cp/v41n143/a14v41n143.pdf>; acesso em: 15 maio 2016.

[50] Selma Venco, "Uberização do trabalho: um fenômeno de tipo novo entre os docentes de São Paulo, Brasil?", *Cadernos de Saúde Pública*, n. 35, 2019, p. 1-17; disponível em: <http://www.scielo.br/pdf/csp/v35s1/1678-4464-csp-35-s1-e00207317.pdf>; acesso em: 13 out. 2019.

no estado de Minas Gerais, de acordo com o Inep, entre os anos 2011 e 2017. Observa-se, no Gráfico 5, que houve um aumento significativo dos docentes com vínculo temporário, sendo de 15% no Brasil, 19% na região Sudeste e expressivos 63% no estado de Minas Gerais. Já com relação ao vínculo efetivo, verifica-se que este passou por um pequeno aumento de 6% no Brasil e 8% na região Sudeste e sofreu uma redução de 17% no estado de Minas Gerais.

Gráfico 5 – Número total de vínculos do tipo temporário dos docentes das instituições escolares do Brasil, da região Sudeste e do estado de Minas Gerais

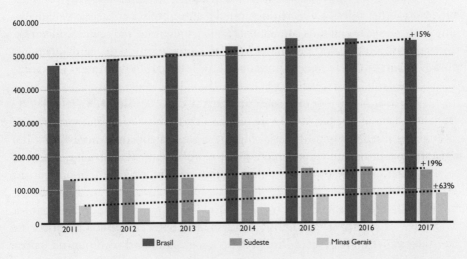

Gráfico 6 – Número de vínculos do tipo efetivo dos docentes das instituições escolares do Brasil, da região Sudeste e do estado de Minas Gerais

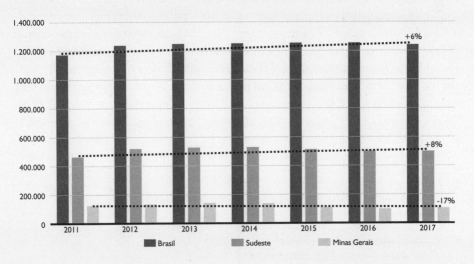

Os apps também estão chegando à escola básica. Um exemplo foi a iniciativa da prefeitura de Ribeirão Preto, no interior do estado de São Paulo, sob o governo Duarte Nogueira (PSDB), que desenvolveu um projeto de aplicativo para contratação de professores e professoras substitutos, em caráter temporário, para suprir ausências na rede municipal. Pelo projeto, após o recebimento da chamada, o professor ou professora teria trinta minutos para responder se aceitaria ou não a tarefa, e uma hora para chegar à escola.

Para Selma Venco, para além da precariedade do contrato e da disponibilidade incessante – que, ao mesmo tempo, ferem o princípio da isonomia do magistério –, a uberização do trabalho docente responde exclusivamente ao imediatismo do problema (falta de professor para dar a aula), desconsiderando a perspectiva do trabalho propriamente dito e prejudicando a qualidade do ensino[51]. A autora destaca que o projeto só não foi efetivado porque o Conselho Municipal da cidade o rejeitou.

Outro dado importante, que demonstra a precarização das relações de trabalho docente, diz respeito ao incremento da terceirização da administração escolar por meio das parcerias com organizações não governamentais (ONGs), organizações sociais (OSs) e parcerias público-privadas[52]. Um exemplo é o que vem ocorrendo na cidade de Uberlândia, segunda maior cidade em população do estado de Minas Gerais[53]. Em 2018, já existiam 32 escolas de educação infantil com atendimento em convênio com instituições privadas, quando a prefeitura avançou essa prática para o ensino fundamental e terceirizou a administração de duas escolas municipais, a Professor Luizmar Antônio dos Santos, no bairro Monte Hebron, e a Professora Rosa Maria Melo, no bairro Pequis, ambas situadas na periferia da cidade[54].

Corroborando a tendência do poder executivo à terceirização da educação, a Câmara Municipal daquela cidade aprovou o repasse de 3,6 milhões de reais para a ONG Fundação Filadélfia assumir a gestão de escolas municipais e mais 5,2 milhões de reais para as organizações sociais Missão Sal da Terra e Grupo Salva Vidas incumbirem-se das escolas de educação infantil dos bairros já citados, estendendo suas atividades aos bairros Shopping Park e Chácaras Panorama, também

---

[51] Idem.
[52] Leoclécio Dobrovoski Silva Pereira, *Crise nas licenciaturas: o novo perfil do professor da educação básica no Brasil sob a égide do neoliberalismo* (dissertação de mestrado em educação, Uberlândia, Faculdade de Educação da Universidade Federal de Uberlândia, 2018); disponível em: <https://repositorio.ufu.br/handle/123456789/21098>; acesso em: 14 out. 2019.
[53] Instituto Brasileiro de Geografia e Estatística, "Uberlândia", *Portal do IBGE*, s.d.; disponível em: <https://cidades.ibge.gov.br/brasil/mg/uberlandia/panorama>; acesso em: 10 set. 2019.
[54] Vinícius Lemos, "Educação vai terceirizar escolas do Pequis e Hebron", *Diário de Uberlândia*, 11 jan. 2018; disponível em: <https://diariodeuberlandia.com.br/noticia/15146/educacao-vai-terceirizar-escolas-do-pequis-e-hebron>; acesso em: 13 jan. 2018.

localizados na periferia[55]. Cumpre dizer que todas as organizações mencionadas estão vinculadas às ideologias religiosas neopentecostais.

Conclusão

O teletrabalho uberizado refere-se a um novo estágio da exploração do trabalho na era da Indústria 4.0 sob a ideologia do não trabalho. Na verdade, trata-se de um novo passo na subsunção real do trabalho ao capital, que, nos tempos atuais, vem atingindo também os trabalhadores e trabalhadoras com formação em nível superior, como os professores da educação básica. Nesse sentido, é um equívoco falar em não trabalho sob o impacto das tecnologias digitais, embora o vínculo de assalariamento esteja desaparecendo. Presencia-se um processo de desassalariamento, concomitantemente ao aparecimento de novas formas de subordinação e exploração do trabalho.

Se a nova divisão sociotécnica do trabalho impõe um novo sujeito trabalhador e trabalhadora, é o próprio trabalho que deverá construir uma nova forma de resistência, mais adequada aos imperativos atuais de controle do capital. Torna-se fundamental, assim, a recuperação de um sentimento de solidariedade de classe, o que somente é possível por meio da conscientização e da organização coletiva dos trabalhadores e trabalhadoras, buscando romper com os processos individualizantes e alienantes.

Os professores e professoras da educação básica assumem a importante e difícil tarefa de resistir aos imperativos ideológicos do capital, os quais estão fundados numa concepção de ciência não crítica e numa perspectiva autoritária da educação, com vistas a promover uma subjetividade conformista. Ocorre que, por maior e mais profundo que seja o processo destrutivo da ordem do capital, não há controle sem resistência.

Portanto, o êxito de um projeto educacional opressor, que "(des)humaniza", como diz Antunes[56], o ser social, dependerá das lutas sociais em defesa da educação pública e do trabalho docente. Se, por um lado, a escola possui uma função reprodutivista, por outro, ela traz consigo seu contrário. O caminho adotado para a educação escolar básica, fundado na precarização da educação e do trabalho docente, constitui um enorme equívoco político e conduz, ao que tudo indica, a um fracasso do ponto de vista educacional e social. A resistência a esse projeto destrutivo de educação só pode ser coletiva.

---

[55] Caroline Aleixo, "Aulas nas escolas fundamentais dos bairros Pequis e Monte Hebron começam nesta terça em Uberlândia", *G1*, 27 fev. 2018; disponível em: <https://g1.globo.com/mg/triangulo-mineiro/noticia/aulas-nas-escolas-fundamentais-dos-bairros-pequis-e-monte-hebron-comecam-nesta-terca-em-uberlandia.ghtml>; acesso em: 10 jun. 2018.

[56] Ricardo Antunes, *O privilégio da servidão*, cit.

15
Trabalho digital nos bancos

Arnaldo Mazzei Nogueira

Introdução

As transformações do trabalho nos bancos podem ser examinadas observando-se as passagens de três padrões do capitalismo no que diz respeito à organização do trabalho e à gestão da força de trabalho nos serviços. O primeiro padrão capitalista é caracterizado pelo fordismo burocrático, no qual a produtividade estava fundada na expansão da força de trabalho e no aumento da organização, e o controle da força de trabalho era técnico, burocrático e pessoal, baseado nas relações diretas entre chefes e trabalhadores por setor do banco. O segundo padrão é caracterizado pela flexibilidade com que as novas tecnologias ingressam no sistema de trabalho e reduzem a força de trabalho direta, transferindo parte da produtividade aos fornecedores terceirizados de serviços bancários e aos meios tecnológicos, e pelo modo como o controle da força de trabalho passa a ser tecnológico, mediado por chefes por meio de equipamentos informatizados. O terceiro padrão capitalista é o digital, implicando mais intensidade tecnológica baseada na digitalização on-line dos serviços bancários; além dos terceirizados, também realizam parte do trabalho bancário os próprios consumidores, e o controle sobre a força de trabalho é cada vez mais automatizado e digital. Inserem-se aqui os elementos da Indústria 4.0, em especial a internet das coisas (IoT), o trabalho por aplicativos (apps) e a inteligência artificial (IA).

Assim, podemos falar em capitalismo flexível e digital baseado em uma nova forma de produzir e de multiplicar valor por meio da expansão e da distribuição dos serviços comandados pela acumulação de capital financeiro. Os bancos e outras organizações financeiras digitais são um polo avançado desse sistema.

Os bancos no capitalismo flexível

Os bancos representam um segmento avançado da acumulação flexível do capital e caracterizam-se por um processo permanente de reestruturação produtiva e organizacional. Esse processo ganha intensidade com a financeirização global, a ampliação do setor de serviços e a formação de um modelo cada vez mais híbrido de produção e prestação de serviços, que mescla o fordismo ou a produção em massa de produtos e serviços com o padrão flexível do toyotismo em todas as áreas do trabalho – contratos, jornadas, remuneração –, da produção, dos serviços privados e também públicos (privatização e terceirização sem medidas). Entende-se esse processo como um novo padrão da chamada Quarta Revolução Industrial ou Serviços 4.0.

A finalidade dessa transformação capitalista é elevar a produtividade e a competitividade dos serviços com impacto direto na organização e no processo do trabalho. E os bancos e demais negócios do sistema financeiro estão marcados, cada vez mais, por essa forma flexível de atrair, arriscar e multiplicar *o dinheiro* dos investidores e, por tabela, dos clientes que detêm renda para o investimento, seja ele de risco, moderado ou conservador. É por isso que ganha muito espaço, no cenário atual, a chamada educação financeira. O objetivo é transformar todo cidadão com alguma renda sobrante em rentista e prossumidor (consumidor que produz ou que trabalha) do sistema financeiro.

A reestruturação bancária está baseada na incorporação das novas tecnologias flexíveis e digitais em seus processos. Os setores de tecnologia e informática dos bancos são o "vale do silício" das organizações. As fusões entre bancos, as incorporações de outros bancos e os investimentos fortes na inovação, seja por meio de estímulos a *startups* ou unicórnios[1], intensificam a produtividade do trabalho operacional e intelectual, implicando novas formas de organização e deslocamentos do trabalho bancário. São exemplos dos correspondentes bancários os terceirizados e os operadores autônomos de captação de recursos que trabalham por conta própria para o sistema financeiro.

No interior dos bancos, de acordo com Ana Tercia Sanches, acontecem mudanças no *layout* das agências, operações em tempo real, leitura óptica de cheques e documentos, digitalização de todos os tipos etc.[2]. Além disso, ocorre o atendimento remoto ou realizado por aplicativos, substituindo o atendimento presencial. Aparentemente, surgem novas ocupações em detrimento de outras que foram extintas, mas a tendência geral é a diminuição de ocupações bancárias. Nesse processo, a terceirização ganha espaço, e a tecnologia self-service leva clientes a dispensar o suporte da força de trabalho bancária.

A inovação tecnológica ininterrupta de produtos, serviços e comércio é parte integrante desse processo. Conforme aponta Sanches, com o avanço das novas tecnologias, sobretudo da telemática (telecomunicações e informática), ampliaram-se

---

[1] *Startup* é uma empresa emergente de grande potencial disruptivo e escalar. Uma *startup* é chamada de unicórnio quando atinge o valor de mercado de 1 bilhão de dólares.
[2] Ana Tercia Sanches, *Trabalho bancário: inovações tecnológicas, intensificação de controle e gestão por resultados* (São Paulo, Annablume, 2017).

os canais de atendimento alternativos à agência bancária tradicional: os caixas eletrônicos, o telefone, a internet (PCs, tablets, smartphones) e os correspondentes bancários, espalhados pelas lotéricas e por outros pontos comerciais[3].

O trabalho digital nos bancos e fora deles tem uma expansão exponencial. Observem-se as maquininhas de pagar e receber dinheiro espalhadas pelo mercado atualmente, assim como, cada vez mais, a utilização do celular para procedimentos bancários e financeiros de todo tipo.

Gráfico 1 – Transações bancárias por origem (2010)

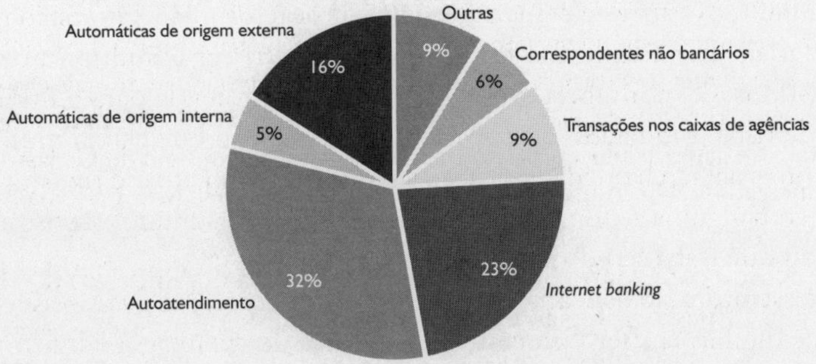

- Automáticas de origem externa: 16%
- Outras: 9%
- Correspondentes não bancários: 6%
- Automáticas de origem interna: 5%
- Transações nos caixas de agências: 9%
- Autoatendimento: 32%
- Internet banking: 23%

Fonte: Febraban, 2011.

Conforme pode ser observado no gráfico acima, em 2010, mais de 70% das operações bancárias já eram feitas sem atendimento presencial, e esse número certamente continuou aumentando ao longo da década.

As novas formas de organização do trabalho estão focadas no indivíduo do qual se exige qualificação técnica e comportamental, além da ampliação das formas de controle tecnológico sobre o ritmo e a operação da força de trabalho. A terceirização de diversas atividades e a expansão dos correspondentes bancários são modos de flexibilização do trabalho que deslocam para fora dos bancos e das categorias bancárias um contingente significativo da força de trabalho. Isso reduz os custos das operações e transfere o trabalho digital para fora dos bancos.

Emprego bancário

Como fica a dinâmica do emprego bancário nesse contexto?

Na primeira fase do capitalismo burocrático e fordista até os anos 1980, o emprego bancário chegou a atingir mais de 1 milhão de trabalhadores; na segunda fase do capitalismo flexível e na terceira fase do capitalismo digital, nos anos 1990 e na década de 2000, respectivamente, houve uma redução de mais de 50% da força de trabalho bancária. Hoje, essa força de trabalho oscila em torno de 470 mil

---

[3] Idem.

trabalhadores. A tendência é de diminuição desse contingente, com o fechamento de agências e o avanço do trabalho digital.

Segundo o Departamento Intersindical de Estatística e Estudos Socioeconômicos (Dieese) e o Sindicato dos Bancários de São Paulo, os bancos vêm fechando constantemente vagas e postos de trabalho e aumentando os lucros. Ver a seguinte passagem de uma matéria publicada no site do Sindicato dos Bancários e Financiários de São Paulo, Osasco e Região:

> Em 2018, Itaú, Bradesco, Banco do Brasil, Caixa Econômica Federal e Santander lucraram 85,9 bilhões de reais, aumento de 16,2% em relação a 2017, quando essas empresas, que respondem por 90% dos empregos bancários, lucraram 74 bilhões de reais; diante de tamanha lucratividade, o setor deveria gerar mais empregos. No primeiro trimestre de 2018, o setor bancário eliminou 1.645 postos de trabalho. Foram fechadas 1.246 vagas apenas em março. Os dados são do Cadastro Geral de Empregados e Desempregados (Caged), compilados pelo Ministério da Economia.[4]

De acordo com Marta Soares, diretora executiva do Sindicato dos Bancários de São Paulo, Osasco e Região e bancária do Itaú,

> em um cenário de profunda crise econômica, no qual falta emprego para 27 milhões de trabalhadores, o incrivelmente lucrativo setor bancário não contribui em nada para reverter essa calamidade social. Pelo contrário, é parte do problema quando segue praticando juros extorsivos que inibem qualquer recuperação da atividade econômica.[5]

Sobre a rotatividade e a remuneração do trabalho, a dinâmica é retratada da seguinte maneira:

> Além da eliminação de postos de trabalho, os bancos seguem lucrando com a rotatividade: demitem bancários que ganham mais e contratam funcionários com salários mais baixos. Em março, o salário médio dos demitidos equivalia a 6.928 reais, enquanto a remuneração média dos admitidos correspondeu a 4.645 reais. Isso significa que os novos funcionários foram contratados ganhando 33% menos do que os demitidos. O achatamento salarial no setor também é verificado no primeiro trimestre. No período, o salário médio dos demitidos era de 6.752 reais, enquanto a remuneração média dos admitidos correspondeu a 4.584 reais. Ou seja, os novos funcionários foram contratados ganhando 32% menos do que os demitidos.[6]

---

[4] "Bancos fecharam 1,6 mil postos de trabalho no 1º trimestre de 2019", *Portal do Sindicato dos Bancários e Financiários de São Paulo, Osasco e Região*, 25 abr. 2019; disponível em: <https://spbancarios.com.br/04/2019/bancos-fecharam-16-mil-postos-de-trabalho-no-1o-trimestre-de-2019>; acesso em: 25 abr. 2019.
[5] Idem.
[6] Idem.

Isso mostra a finalidade principal da flexibilização e da digitalização do trabalho bancário: reduzir o valor da força de trabalho no mercado. No que diz respeito ao fator idade, os bancos não medem esforços para reduzir o emprego dos mais velhos.

> "Os bancos descartam os trabalhadores mais antigos e que passaram a ganhar mais após anos de dedicação para a lucratividade dessas empresas em troca de funcionários mais novos, que recebem menos. Um contrassenso absoluto de um setor que defende com tanto fervor o discurso da meritocracia", denuncia Marta.[7]

A desigualdade de gênero persiste no emprego bancário. De acordo com a mesma matéria,

> entre os gêneros, a desigualdade também persiste e aumentou. Em março, as mulheres foram contratadas ganhando em média 3.946 reais, menos do que os homens admitidos (8.045 reais). As demitidas ganhavam em média 5.760 reais, menos do que os dispensados (7.038 reais). No primeiro trimestre, a desigualdade salarial entre homens e mulheres também foi verificada. No período, as bancárias foram contratadas ganhando em média 3.993 reais, menos do que os homens admitidos (5.069 reais). As demitidas ganhavam em média 5.581 reais, menos do que os dispensados (7.907 reais).[8]

Por último, mas não menos importante, a produtividade e a intensidade do trabalho aumentaram significativamente: "Em dezembro de 2017, os cinco maiores bancos tinham 857,65 clientes por empregado. Em dezembro de 2018, essa relação aumentou para 892 clientes por empregado, crescimento de 4,1%"[9].

A demanda por mais empregos implicaria a redução do estresse e das doenças no trabalho, muitas vezes causadas pelas metas abusivas sobre o contingente menor de trabalhadores. O sindicato exerce papel importante nessa questão. Nas palavras de Marta Soares: "Mais um dado que reforça a urgência de ampliar a contratação de novos empregados a fim de não só contribuir com a geração de empregos como também melhorar o atendimento e diminuir a sobrecarga de trabalho e as doenças causadas pelas metas abusivas"[10].

---

[7] Idem.
[8] Idem.
[9] Idem.
[10] Idem.

O QUE É UM BANCO DIGITAL?

No discurso do mercado e da gestão, o banco digital apresenta as seguintes características:

> Muito além de oferecer serviços por *internet banking* ou aplicativos que auxiliem clientes a realizar suas transações financeiras, o banco digital se caracteriza por apresentar uma proposta de valor na qual a maioria dos seus produtos e serviços seja oferecido de forma digital. [...] É um modelo operacional com infraestrutura capaz de responder às interações de seus clientes em tempo real e criar uma cultura que se adéque às inovações tecnológicas de forma ágil.[11]

A preocupação em disseminar a cultura digital é evidente quando se lê: "Quer saber tudo sobre banco digital? Baixe o e-book grátis: TUDO sobre o banco digital"[12].

De acordo com a pesquisa da Federação Brasileira de Bancos (Febraban) sobre tecnologia bancária realizada em 2014, o banco digital possui um processo não presencial no momento da abertura de contas, com captura digital de documentos e informações, além de coleta eletrônica de assinatura. Com relação à consulta e à resolução de problemas, o banco digital possui acesso a canais eletrônicos para todas as consultas e contratação de produtos. A resolução de problemas é feita por múltiplos canais sem necessidade da ida à agência[13].

Na tabela a seguir, há uma classificação que explica a diferença entre o banco digitalizado e o banco digital. No primeiro caso, quem digitaliza as informações é o bancário na forma presencial, e a resolução de problemas depende do contato presencial entre o cliente e o gerente ou operador bancário. No segundo caso, tanto na abertura de contas como na resolução de problemas, o cliente usa as plataformas digitais e não estabelece contato presencial.

Com dados mais atualizados, a pesquisa da Febraban de 2019[14] mostra a consolidação dos canais digitais como meios mais usados pelos clientes. Em apenas um ano, o *mobile banking* já registrou um crescimento de 24%, indicando que as transações digitais são duas vezes mais relevantes que o uso do *internet banking*. A adesão aos canais digitais é um reflexo do aumento de confiança dos clientes, assim como da busca pela praticidade e agilidade oferecidas por esses canais.

---

[11] "Banco digital: o desafio para o setor financeiro", *Simply Blog*, 18 out. 2019; disponível em: <https://blog.simply.com.br/banco-digital-desafio-setor-financeiro/>; acesso em: 18 out. 2019.
[12] Idem.
[13] "Pesquisa Febraban de tecnologia bancária 2014", *Portal da Febraban*, 2014. Disponível em: <https://cmsportal.febraban.org.br/Arquivos/documentos/PDF/Pesquisa%20FEBRABAN%20de%20Tecnologia%20Bancaria%202014.pdf>; acesso em: 13 out. 2019.
[14] "Pesquisa Febraban de tecnologia bancária 2019", *Portal da Febraban*, 2019. Disponível em: <https://www2.deloitte.com/content/dam/Deloitte/br/Documents/financial-services/Pesquisa-FEBRABAN-Tecnologia-Bancaria-2019.pdf>; acesso em: 17 ago. 2020.

Tabela 1 – Diferenças entre banco digitalizado e banco digital

	Banco digitalizado		Banco digital	
Abertura de contas	Processo presencial na agência (onde a conta fica vinculada) – cadastro remoto nos canais eletrônicos	Fluxo físico de documentos e assinaturas	Processo não presencial, com captura digital de documentos e informações e coleta eletrônica de assinatura	
Consulta e resolução de problemas	Contato com o gerente vinculado à conta para resolução de problemas com necessidade de presença na agência pelo cliente	Canais eletrônicos para consulta e transações não complexas – dúvidas canalizadas para o gerente	Acesso a canais eletrônicos para todas as consultas e contratação de produtos	Resolução de problemas por múltiplos canais sem a necessidade de ida à agência

Fonte: Febraban, 2014.

Impactos no trabalho e nos clientes (prossumidores)

O ponto principal da discussão é o impacto dessas transformações no trabalho e na sociedade. O trabalhador bancário tem a representação sindical para sua defesa, e a sociedade, representada aqui pelos usuários e consumidores dos serviços bancários, fica à mercê de um trabalho não pago.

De acordo com Maria Alejandra C. Madi, no ambiente digital e das novas tecnologias, como analítica avançada e *big data*, além da utilização da robótica e da inteligência artificial, dos dados em nuvem e de novas formas de criptografia e de biometria, haverá mudanças na oferta de produtos e serviços bancários[15]. A lógica da onda atual de inovações será crescentemente orientada para o uso mais amigável dos canais digitais por meio de apps para celulares no contexto do *mobile banking*.

As mudanças no cenário organizacional devem-se à crescente digitalização das operações financeiras e ao aumento da competitividade com o crescimento das *startups* e *fintechs*, principalmente a partir de 2015. Assiste-se a uma nova articulação entre finanças e tecnologia. Tais *fintechs*, ainda de acordo com Madi, são empresas organizadas como plataformas digitais com modelos de negócio orientados para a simplificação do relacionamento com os usuários nas áreas de meios de pagamento, seguros, gestão financeira e moedas virtuais[16].

Não há como deter esse processo, devido às vantagens de seu modelo de negócios identificado com a redução de custos e de despesas operacionais e com

---

[15] Maria Alejandra C. Madi, "O banco digital, as *fintechs* e o trabalho bancário", *Portal do Sindicato dos Bancários Campinas e Região*, 2 ago. 2017; disponível em: <http://www.bancarioscampinas.org.br/index.php?id=53&tx_ttnews[tt_news]=8290&cHash=591c4dcc7dd5ac7f265569449f591ac3>; acesso em: 12 ago. 2019.

[16] Idem.

maior agilidade operacional. Além disso, o contato virtual é gerador de dados e de comportamentos que auxiliam no desenho de novos produtos e serviços financeiros de acordo com o perfil da demanda.

Segundo reportagem do site do Sindicato dos Bancários de Campinas,

> no Brasil, foram criadas 244 *fintechs* até 2016, entre as quais se destacam a Nubank, Controly, Neon e Vérios, entre outras. Diante dos novos concorrentes, os grandes bancos começaram a realizar parcerias com as *fintechs*. O Bradesco, por exemplo, organizou o projeto InovaBra, que seleciona *startups* com o objetivo de produzir soluções tecnológicas para o mercado financeiro. Outros grandes bancos têm iniciativas similares, tais como o projeto Cubo do Itaú e o Radar do Santander. O Banco do Brasil criou um projeto no Vale do Silício, o chamado Laboratório Avançado Banco do Brasil (Labb), cujo objetivo é promover o desenvolvimento de uma cultura do empreendedorismo tecnológico no banco.[17]

A atual onda de inovações tecnológicas efetuada pelos bancos certamente afetará de maneira decisiva a categoria dos trabalhadores bancários, devido, principalmente, às estratégias de redução de custos, de despesas administrativas e ao rigoroso controle da força de trabalho para aumentar a eficiência operacional.

> A terceirização e a pulverização do trabalho bancário serão maiores devido ao aumento da competição no mercado e à resposta das poderosas *holdings* bancárias e financeiras. Essas *holdings*, na condição de unidades concentradas de valorização do capital, estarão por detrás da expansão digital de produtos e de serviços financeiros.[18]

Observe-se o caso da XP Investimentos, que nasceu como uma *fintech* de um jovem ambicioso e, depois de forte expansão no mercado flexível das finanças, foi incorporada na *holding* do Itaú-Unibanco. Quantos trabalhadores autônomos e microempreendedores existem na XP? Como são suas relações de trabalho? Quem os representa?

Ação sindical

O principal instrumento de defesa dos bancários continua sendo o sindicato. E no setor bancário, o sindicalismo em plano nacional e regional acompanha de perto essas mudanças, procurando representar de maneira efetiva as demandas da categoria[19]. O apoio do Dieese tem sido fundamental para a organização sindical no setor bancário,

---

[17] Idem.
[18] Idem.
[19] Arnaldo José França Mazzei Nogueira, *Transformações e sentidos do trabalho no sistema financeiro: uma contribuição aos estudos organizacionais críticos* (tese de livre-docência em ciências sociais aplicadas, São Paulo, Universidade de São Paulo, 2015).

principalmente no que tange aos processos de negociação coletiva e ao desenvolvimento de estudos e pesquisas sobre as condições de trabalho e emprego da categoria.

A percepção de que os bancos passam por mudanças ininterruptas diante do uso cada vez mais exacerbado das tecnologias 4.0, inteligência artificial e internet das coisas tem orientado os encontros e as lutas bancárias em torno desses problemas. Como pode ser percebido na passagem a seguir,

> [os] bancos estão se transformando em plataformas 100% digitais. Em 2016, foram 18,6 bilhões de reais de investimentos em novas tecnologias. [...] Diante desse quadro, um terço das transações já é feito via *mobile*, enquanto a quantidade de agências caiu de 18% para 8%. Os trabalhadores transferem, ainda, seu conhecimento para as máquinas, que aprendem com os dados inseridos.[20]

Como se vê, enquanto no taylorismo a transferência do conhecimento do trabalhador era para o controle da gerência, agora essa transferência é para a *machine learning*, ou para a máquina que aprende e aperfeiçoa o processo de controle e operação dos dados. No Bradesco, a Inteligência Artificial do Bradesco (BIA) é o primeiro caso de utilização por uma empresa brasileira do Watson, computador da IBM. A BIA está sendo abastecida pelo conhecimento dos gerentes do Bradesco e já responde 94% das dúvidas dos clientes. No Santander, o "bancário *cyborg*", que antes se desdobrava para atender todo mundo, agora o faz por vários canais digitais. O trabalhador humano tem agora a tecnologia à sua disposição para aumentar a capacidade de atendimento[21].

Mesmo com toda a parafernália tecnológica, há uma intensificação do trabalho, como mostra o trecho a seguir.

> Os bancos estão propondo novos modelos de atuação, exigindo dos profissionais que estejam integrados à nova forma de trabalhar. Contratações por demandas específicas, temporárias, em *home office*, tudo isso deixa claro por que os bancos defenderam tanto a reforma trabalhista. [...] O BB, por exemplo, passou de oito funcionários em *home office*, em abril de 2015, para mais de cem no fim do mesmo ano. [...] No Itaú, já são 144 agências digitais com 3.168 trabalhadores (4% do total). Cada gerente atende 1.200 clientes: 50% deles via *mobile*.[22]

A ação sindical não se coloca apenas na defesa corporativa dos bancários. No discurso dos sindicatos dos bancários, emerge a preocupação com os clientes:

---

[20] Cláudia Motta, "#Mobilização em defesa do emprego bancário", *Portal do Sindicato dos Bancários e Financiários de São Paulo, Osasco e Região*, 29 jul. 2017; disponível em: <https://spbancarios.com.br/07/2017/mobilizacao-em-defesa-do-emprego-bancario>; acesso em: 14 ago. 2019.
[21] Idem.
[22] Idem.

"Temos de mostrar aos clientes que não estão ganhando nada com isso. E ainda estão gastando, enquanto os bancos seguem ganhando, e muito. Quando o cliente usa o próprio celular para fazer o serviço bancário, o Bradesco, por exemplo, tem um custo de somente 3% do que seria o atendimento presencial"[23].

Os clientes que trabalham de graça para os bancos poderão reivindicar salários e melhores condições de trabalho? Certamente não, porque continuam sendo clientes, mas transformaram-se em trabalhadores de seu próprio consumo e serviço. Essa é uma questão a ser examinada com mais cuidado no futuro.

Segundo Moisés Marques, diretor acadêmico da Faculdade 28 de Agosto, mantida pelo Sindicato dos Bancários de São Paulo, estão emergindo novos trabalhadores cujo perfil é assim descrito:

> Um breve perfil da geração, conhecida como *millennials*, que tem entre dezoito e trinta anos e está entre o principal público contratado pelos bancos. [...] Não querem ter casa, carro, são conhecidos por ser a geração "eu", mudam muito de emprego, são nativos digitais, usam internet para tudo. São trabalhadores que não gostam de compromisso, gostam de flexibilidade, inclusive no trabalho. São multitarefa.[24]

E há nisso, de acordo com o professor, uma "infantilização" das relações trabalhistas que interessa muito aos empregadores. Como exemplos, cita os processos de recrutamento que brincam com filmes, promovem jogos, falam dos trabalhadores como "donos de suas agendas" e do trabalho visto como extensão da diversão. Além disso, chamam-nos de "consultores" e tratam direitos do trabalho como meros detalhes, abrindo caminho, por essa via, para a precarização.

Hoje, a categoria bancária é formada principalmente por jovens gerentes "empoderados" (*empowered*). Na verdade, há uma manipulação para convencê-los de que não são mais trabalhadores contratados, mas parte da corporação. As relações de trabalho transformam-se aqui em relações entre colaboradores, em que "todos estão no mesmo barco". No entanto, quem defende suas condições de trabalho são, de fato, os sindicatos.

Em contraponto a essa ideologia corporativa, a ação sindical lança uma campanha nacional para defender o trabalho bancário: a "#Mobilização em defesa do emprego bancário". Essa campanha procura fazer frente às novas tecnologias e chama atenção para a luta dos trabalhadores que deve se inserir no mundo virtual, inclusive com a ampliação dos espaços de debate em torno da importância dos profissionais para a segurança do sistema financeiro. Segundo Moisés,

> os sindicatos devem ampliar as suas formas de ação e atuação para estarem também próximos a esses trabalhadores do universo digital dos bancos e proteger os empregos

---

[23] Idem.
[24] Idem.

diante das novas tecnologias. [...] A luta contra o assédio moral nas unidades digitais é fundamental, já que a integração de novas tecnologias tem aumentado os riscos à saúde e levado a uma pressão ainda maior pela venda desenfreada de produtos e serviços.[25]

Em complemento, na Conferência Nacional dos Bancários, representantes do movimento sindical falaram sobre como o desafio do movimento está relacionado ao aprofundamento dos debates com os trabalhadores e com toda a sociedade:

> Quem vai se apropriar dos ganhos advindos do uso dessas novas tecnologias? Qual nível de capacitação será exigido dos trabalhadores e como os sindicatos poderão acompanhar? E os clientes, vão ganhar com essa redução de custos dos bancos, como deveria ser? A nova conformação do sistema financeiro atenderá à população de baixa renda? "Tem saída, sim. Não vamos cair", ressaltou o professor Moisés. [...] "Não vamos brigar com os efeitos da tecnologia, mas vamos achar saídas em meio a tudo isso aí."[26]

Conclusão

Em poucas palavras, pode-se concluir que, na era digital do capitalismo financeiro, o trabalho, mesmo virtual, é gerador e multiplicador de valor. A principal forma de resistência dos bancários nesse contexto é manter o valor da força de trabalho por meio da sua organização coletiva e sindical. Além disso, devem estender sua ação a todos os trabalhadores terceirizados, subcontratados e autônomos e, por que não, também aos trabalhadores consumidores ou clientes dos bancos digitais.

---

[25] Idem.
[26] Idem.

16
A saúde das trabalhadoras do telemarketing e o trabalho on-line

Claudia Mazzei Nogueira

Introdução

A profissão de teleoperadora "tradicional" é um desdobramento da atividade de telefonista. Em geral, essa atividade consiste em fornecer informações aos usuários ou realizar vendas por meio do computador e do fone de ouvido[1], sendo utilizada constantemente uma única ferramenta: a voz[2]. O telemarketing é dos setores em que mais se empregam mulheres, negros e LGBTs, sendo uma rotina exaustiva e pesada. Como exemplos: o ritmo alucinante de trabalho; a ausência de pausas para recuperar o organismo; as metas de produtividade desgastantes (tempo médio de atendimento – TMA – ou tempo médio operacional – TMO); os movimentos repetitivos; a pressão constante de supervisores com controle rígido do trabalho; a insalubridade do ambiente de trabalho; a inadequação do mobiliário e dos equipamentos; a postura estática etc.[3].

As ações são repetitivas e submetidas a um rigoroso controle por parte da empresa, o que pode gerar, muitas vezes, problemas de ordem física e psicológica. Um dos relatos mais constantes acerca da saúde das teleoperadoras é sobre as lesões musculares causadas pelo trabalho repetitivo e pelo pouco tempo de descanso. A lesão por esforço repetitivo ou distúrbios osteomusculares relacionados ao trabalho (LER/Dort) vai alterando evolutivamente os tendões, as articulações e os músculos, o que, a princípio, se manifesta como dor, podendo chegar à incapacidade funcional.

---

[1] Lailah Vasconcelos de Oliveira Vilela e Ada Ávila Assunção, "Os mecanismos de controle da atividade no setor de teleatendimento e as queixas de cansaço e esgotamento dos trabalhadores", *Cadernos de Saúde Pública*, v. 20, n. 4, 2004, p. 1.069-78; disponível em: <http://www.scielo.br/scielo.php?pid=S0102-311X2004000400022&script=sci_abstract&tlng=pt>; acesso em: 15 nov. 2019.

[2] Claudia Mazzei Nogueira, *O trabalho duplicado: a divisão sexual no trabalho e na reprodução – um estudo das trabalhadoras do telemarketing* (São Paulo, Expressão Popular, 2006).

[3] Idem.

Inicialmente, essas dores são entendidas como normais pelas trabalhadoras, até o momento em que, com o seu agravamento, podem acarretar distúrbios psicológicos, como a ansiedade e a depressão. Cabe esclarecer que essa atitude da trabalhadora em relação a sua dor se deve provavelmente ao fato de que ela diminui quando é cessada sua atividade e recomeça nos períodos de pico do trabalho[4]. Vejamos o depoimento da teleoperadora Luiza:

> A partir do momento em que eu entrei na empresa, fiquei com tendinite, mas agora, no momento, eu estou bem, mas eu fiquei com isso deles, mas agora estou bem, graças a Deus. Eu não fiz nenhum tratamento. A tendinite por enquanto é uma coisa muito fraquinha ainda, é uma dor um pouquinho incômoda, mas não é uma coisa assim que eu ache que precise de um tratamento. Não chegou ainda nesse ponto. Ultimamente parou, assim, um pouco. Agora, eu acho que é de tanto estresse, muita correria, então eu acho que já me acostumei.[5]

Outras doenças relacionadas ao trabalho da teleoperadora são as auditivas; o ruído do fone de ouvido pode alcançar o nível de 85 decibéis se não for perfeitamente calibrado, ocasionando lesões no aparelho auditivo. Ignez afirmou que

> as pessoas reclamavam muito de dores no ouvido, porque normalmente os fones ou estavam muito altos ou estavam muito baixos, [...] e você pode estar reclamando também e você pode fazer audiometria, e aí você pode reclamar com o médico.[6]

Outros fatores que também contribuem para o adoecimento dessa categoria são: ar-condicionado mal regulado e sem manutenção, carpetes, mofo, utilização de produtos de limpeza agressivos etc.

Em relação à voz, instrumento fundamental da trabalhadora do telemarketing, algumas lesões podem aparecer quando exigimos dela um uso demasiado. Os nódulos vocais, popularmente conhecidos como calos nas cordas vocais, são uma dessas lesões, acarretando uma inflamação crônica na laringe, com fadiga vocal e rouquidão. Nesse sentido, o depoimento da teleoperadora Carla ilustra muito bem essa situação.

> Há dois meses eu fiquei completamente afônica, fiquei uma semana sem falar! Foi de tanto eu utilizar minha voz. Sabe, eu utilizo muito minha voz no trabalho.[7]

---

[4] Idem.
[5] Todos os depoimentos aqui indicados fazem parte da pesquisa realizada em nossa tese de doutorado, com o apoio do CNPq, e se encontram publicados em Claudia Mazzei Nogueira, *O trabalho duplicado*, cit.
[6] Idem.
[7] Idem.

No que tange à saúde mental das trabalhadoras de telemarketing, muitos são os diagnósticos de transtornos relacionados a essa atividade, como alcoolismo, depressões relacionadas ao trabalho, estresse, neurastenia, fadiga, neurose profissional, entre outros. Os depoimentos a seguir ilustram exatamente como a trabalhadora do segmento de telemarketing se sente. Antônia declarou o seguinte:

> O meu emocional afeta muito. Ai, já sou uma "maria chorona", como dizem, desde pequena, então, assim, eu vou guardando muito, vou guardando, guardando... aí chega uma hora que... você olha para mim e não precisa nem falar nada e eu já estou chorando. Já tive que tomar remédio, me cuidar e tal... E, assim, afeta sim! E não é só a minha, a dos meus colegas também. Porque você está na rua, você encontra com funcionários que trabalham lá. Todo mundo fala: – Puta, não aguento mais, eu estou estressada! Você encontra pessoas na rua que já trabalharam lá, que saíram de lá: – Gente, vocês não sabem o peso que a gente tira das costas quando a gente sai. Parece que tirou mil quilos das suas costas, porque você não tem aquela cobrança, todas aquelas coisas que eu sentia, que eu vivia no médico... tudo... acabou! Sabe? Daí você para e pensa: – Será que o que eu recebo está valendo a pena? Minha saúde está lá embaixo, será que vale a pena? Às vezes, eu mesma paro e penso. Será que vale a pena tudo isso?[8]

Fernanda também acha que seu emocional está sendo afetado.

> Eu acho que minha saúde não anda boa, eu estou muito abalada! O emocional eu acho que não está legal! Eu percebo que estou conversando com a pessoa, daqui a pouco eu estou gritando! Não quero explicar mais de duas vezes. E isso acaba acontecendo na Mark. Tem que explicar muito! Então, se pergunta mais que duas vezes eu já estou berrando.[9]

De fato, as formas de organização do trabalho estabelecem uma íntima relação com as/os trabalhadoras/es. A rigidez das organizações pode gerar perturbações na relação do trabalhador com sua tarefa, alterando o uso pleno de suas capacidades, e ainda levando-o a "automatizar" o pensamento, principalmente por meio de formas de robotização e rotinização das/os trabalhadoras/es.

Uma das formas utilizadas pelas empresas de telemarketing são as fraseologias necessárias para cada serviço; no entanto, não se trata só da obrigação de decorá-las, mas também do uso da correta entonação de voz, pois é primordial impedir manifestações emocionais por parte da teleoperadora – demonstrando que a linguagem é somente um instrumento de trabalho, e que o afeto das

---

[8] Idem.
[9] Idem.

trabalhadoras do telemarketing se limita ao atendimento gentil, mas sem permitir o prolongamento do diálogo[10].

O interessante é que os resultados dos estudos atuais não são muito diferentes daqueles registrados em 1956 pelo psiquiatra francês Louis Le Guillant, que, em seus escritos, apontava um quadro de adoecimento polimorfo em telefonistas, por ele denominado Neurose das Telefonistas, que apresentava sintomas como alterações de humor, fadiga nervosa, alterações do sono e manifestações somáticas variáveis, que afetavam a vida dessas trabalhadoras. O médico já relatava que o nervosismo era acentuado pelo próprio trabalho; a irritabilidade e a hiperatividade eram mantidas após a jornada, acompanhadas de uma profunda emotividade e ansiedades latentes[11]. Ou seja, os estereótipos comportamentais seriam reflexo contínuo.

A pergunta que podemos fazer aqui é a seguinte: por que a transformação do trabalho da telefonista para o de telemarketing continuou resultando em acentuado adoecimento das trabalhadoras e trabalhadores?

Essa pergunta é importante justamente porque vivenciamos a era da inteligência artificial, da infoproletarização, da substituição do trabalho vivo pelo trabalho morto etc. De acordo com uma análise feita pela consultoria Ernst & Young, com base em diversos estudos, até 2025 um em cada três postos de trabalho deve ser substituído por tecnologia inteligente. O estudo prevê que, em nove anos, poderão ser extintas profissões operacionais como operador de telemarketing e caixa de bancos e de mercados. Foram analisadas oitocentas profissões em 46 países e constatou-se que até um terço dos trabalhos atuais poderá ser automatizado daqui a doze anos.

Segundo o estudo, outras profissões que também estariam vulneráveis à automação seriam as de corretores de imóveis, assistentes jurídicos, contadores e profissionais de setores administrativos. Por sua vez, profissões que requerem interação humana, como as de médicos, advogados e professores, têm menos chance de serem substituídas por robôs. Já os trabalhos especializados, mas com salários baixos, como os de jardineiros, encanadores e cuidadores, também seriam menos vulneráveis. Os autores acreditam que o mundo vivenciará na próxima década

---

[10] Lailah Vasconcelos de Oliveira Vilela e Ada Ávila Assunção, "Os mecanismos de controle da atividade no setor de teleatendimento e as queixas de cansaço e esgotamento dos trabalhadores", cit., p. 1.074.

[11] Os estudos de Fernanda Lima Barreto mostram que 7% das aposentadorias, no período de 1986 a 1997, em uma empresa de teleatendimento, tiveram como causa problemas mentais como psicoses, neuroses e alcoolismo. Também nesse período, a autora encontrou elevada prevalência de afastamento por doenças psiquiátricas, sendo mais frequentes em telefonistas, seguidas pelos teleatendentes. Nos registros dos prontuários, observou-se que as principais causas de afastamento eram originadas por depressão e manifestações de ansiedade. Ver Fernanda Lima Barreto, *O sofrimento psíquico e o processo de produção no setor de telefonia: tentativa de compreensão de uma atividade com caráter patogênico* (dissertação de mestrado em engenharia de produção, Belo Horizonte, Universidade Federal de Minas Gerais, 2001), citada em ibidem, p. 1.070.

uma transição na escala da que ocorreu com o desenvolvimento industrial, que transformou trabalhadores/as fundamentalmente agrícolas em operários/as.

Porém, será que vale a pena para as empresas transformar o telemarketing em trabalho de inteligência artificial? É difícil saber, mas podemos afirmar que tudo indica que a transição nesse setor já está ocorrendo. Por exemplo, a Associação Brasileira de Factoring (ABFAC), ao se referir ao controle e à liberação de crédito no comércio, que sempre foram realizados pelo telemarketing, afirma que

> sem a tecnologia, naturalmente seria impossível analisar os cadastros de milhões de pessoas que estão pedindo financiamentos, estão solicitando (e utilizando) cartões ou comprando um plano de seguros. Para dar conta da tarefa é necessário um nível elevado de automação, com sistemas sofisticados e processos analíticos que envolvam inteligência artificial, redes neurais e a captura de dados junto a inúmeras fontes distribuídas no mercado. A rede de lojas Marisa, por exemplo, optou por uma plataforma tecnológica integrada para gerenciar mais de 12 milhões de contas (3 milhões ativas e 9 milhões aptas a terem o cartão da loja) e conseguiu aumentar em 30% sua demanda de decisão – capacidade de analisar o crédito – sem precisar ampliar a equipe do departamento que cuida do assunto.[12]

Essa realidade foi explicitada também no Simpósio de Cobrança Digital, realizado em agosto de 2019, que reuniu diversas empresas do setor de telemarketing. Segundo Ivan Ventura, "todo e qualquer setor da economia vive às voltas com um forte processo de transformação digital e isso não é uma exceção entre as empresas especializadas em recuperação de crédito no Brasil", empresas essas que pertencem ao teleatendimento. E complementa: "Em um passado não muito distante, o atendente de call-center era o responsável por cobrar um determinado débito. Hoje, essa é apenas mais uma tarefa de um robô que, por sua vez, promete ser mais eficiente que os humanos".[13]

Outro exemplo é o da empresa Vivo Brasil, que nos últimos anos investiu intensamente na transformação digital, passando a utilizar acentuadamente laboratórios digitais e reestruturou "seus times em *squads*", além de adotar as "culturas *lean* e *agile*", entre outras providências. Conforme disse seu presidente, Christian Gebara, ao discursar no evento Microsoft AI+Tour, realizado em São Paulo em 2019, que teve como objetivo abordar a aplicação da inteligência artificial (IA) nos empreendimentos: "A mudança veio acompanhada de várias melhorias e resultados

---

[12] "O crédito, via inteligência artificial", *Associação Brasileira de Factoring*, s.d.; disponível em: <http://www.abfac.com.br/artigos/mercado/o-credito-via-inteligencia-artificial>; acesso em: 14 ago. 2020.

[13] Ivan Ventura, "A transformação digital no setor de cobrança", *Consumidor Moderno*, 20 ago. 2019; disponível em: <https://www.consumidormoderno.com.br/2019/08/20/transformacao-digital-cobranca/>; acesso em: 14 ago. 2020.

importantes para os negócios. Já são 40 milhões de usuários do pós-pago, 30 milhões no pré-pago e 1,4 milhão de empresas atendidas pela Vivo". Ele lembra também que "agora, 90% das nossas transações já são resolvidas no formato digital", por meio do aplicativo Meu Vivo[14].

No entanto, recentemente essa plataforma digital recebeu um reforço com "a Aura, sistema de inteligência artificial da operadora". Desde que foi lançado, "já foram 20 milhões de transações usando o sistema que funciona via voz e texto". Ainda segundo Gebara, eles conseguiram "reter 70% das ligações no call-center com a Aura. A tecnologia está transformando a experiência do cliente no call-center, transformando-o em cognitivo". E explica que a base desses serviços cognitivos se encontra no sistema de nuvem Azure da Microsoft, que propicia a execução de aplicativos e serviços em larga escala[15].

Para refletirmos como é o pensamento dos empresários dessa área, citamos um texto escrito por Andrés Rueda (consultor da empresa de consultoria E-Commerce Brasil), no qual ele já afirmava, em outubro de 2017, que

> um dos segmentos da economia em que a tecnologia promove mais mudanças é certamente o setor de call-center. Fatores como comunicação em diversas plataformas, novos produtos e serviços, integração com chats, redes sociais e o avanço da inteligência artificial têm mudado permanentemente a experiência de atendimento desse campo.[16]

E complementa:

> Um desafio compreendido para muitas empresas do segmento, a inovação tecnológica, tem permitido maior sinergia e engajamento das companhias com o seu público-alvo, [...] [uma vez que] 92% das operações já disponibilizam o atendimento via redes sociais. [...] Mais de seiscentas operações de call-centers brasileiras confirmam que os meios digitais são os maiores impulsionadores do setor. Em cinco anos, o atendimento em redes sociais cresceu 27,78%. Tal dado sinaliza que não se trata mais de uma tendência, mas sim de uma realidade a ser adequada pelas empresas.[17]

Desse modo, muitas questões ficam postas: como as mudanças impactarão a estrutura dos call-centers? Os robôs passarão a substituir a atividade humana?

---

[14] Déborah Oliveira, "Inteligência artificial da Vivo retém 70% dos clientes no call-center", *Computer World*, 13 fev. 2019; disponível em: <https://computerworld.com.br/2019/02/13/inteligencia-artificial-da-vivo-retem-70-dos-clientes-no-call-center/>; acesso em: 14 ago. 2020.

[15] Idem

[16] Andrés Rueda, "Transformação digital no setor de call-center: o início de uma nova era", *E-Commerce Brasil*, 20 out. 2017; disponível em: <https://www.ecommercebrasil.com.br/artigos/transformacao-digital-no-call-center/>; acesso em: 1º out. 2019.

[17] Idem.

Qual o futuro dessa atividade? Antes de tentarmos respondê-las, voltemos a Andrés Rueda, que afirma que

> o setor é reconhecidamente um dos maiores empregadores no cenário nacional. Em dez anos, cresceu aproximadamente 244% em contratação de mão de obra. A expectativa é encerrar 2017 com cerca de 1,5 milhão de pessoas empregadas pelo segmento. [Sendo ainda] porta de entrada de jovens no mercado de trabalho.[18]

Ainda nessa lógica patronal, tudo indica que

> as mudanças em curso com a priorização da tecnologia refletem na perspectiva de uma diminuição da representatividade dos Serviços de Atendimento ao Cliente (SAC) para a imposição de um modelo com foco no digital, e isso gerará maior valor agregado na gestão do relacionamento com o cliente, impactando canais como o atendimento em redes sociais, chats, trades, [...] BPO[19] (terceirização de processos de negócio), entre outros com maior potencial de retorno nos próximos anos.[20]

Continuando com a lógica do patronato, até uma mudança de nomenclatura do setor de telemarketing já vem sendo proposta, passando de Contact Center para Contact Solution ou Contact Services; ou seja, "todas as informações estratégicas estariam reunidas e integradas com as ferramentas de relacionamento necessárias e canais eficientes disponíveis para contato direto com o consumidor final"[21].

E como ficam as/os trabalhadoras/es dessa área? Após pesquisar e refletir sobre o tema, podemos afirmar que tudo indica que haverá um rebaixamento salarial (mesmo que seja por peça ou por meta de produtividade), uma vez que é clara a possibilidade de eliminação de postos de trabalho por meio da substituição de trabalho vivo por trabalho morto. Haverá também uma tendência de trabalhos em *home office* e on-line, ou seja, trabalho produtivo sendo realizado na esfera reprodutiva, acompanhado de toda a intensificação da precarização resultante dessa realidade (pagamento de energia, água, alimentação, ausência de tempo livre no espaço doméstico, vida privada mesclada com a vida pública etc.).

---

[18] Idem.
[19] *Business Process Outsourcing*: um serviço de BPO garante, entre outras coisas, que a empresa contratante receba os serviços de profissionais experientes e usufrua de hardwares e softwares especialmente projetados para executar processos específicos de seu cotidiano, sem deixar cair o nível de excelência. Por meio do BPO, muitas empresas conseguem melhorar, de forma gradativa e substancial, tanto a produtividade de seus funcionários como a qualidade de determinadas atividades administrativas. Ao evitar a utilização desnecessária de recursos próprios, essas empresas conseguem, consequentemente, reduzir custos e obter maiores margens de lucro.
[20] Andrés Rueda, "Transformação digital no setor de call-center", cit.
[21] Idem.

Por fim, cabe a pergunta: qual será, de fato, o futuro do trabalho? Como o avanço tecnológico impactará a vida social da classe trabalhadora?

A era do advento da Indústria 4.0, termo utilizado para indicar a Quarta Revolução Industrial por conta das transformações no processo de produção no que tange à automação e à tecnologia da informação, nos traz desafios importantes. Entre eles, o aumento da produtividade e a redução de custos (a médio prazo) concomitantes com a redução de postos de trabalho. Ou seja, ganhos para as indústrias e intensificação da precarização para a classe trabalhadora.

Segundo o pensamento patronal, a Indústria 4.0 surge em 2012, por meio de um relatório do grupo de trabalho presidido por Siegfried Dais e Henning Kagermann, apresentado ao governo alemão. Nele havia seis princípios centrais:

1) Tempo real: a capacidade de coletar e tratar dados de forma instantânea, permitindo uma tomada de decisão qualificada em tempo real;

2) Virtualização: a proposta de uma cópia virtual das fábricas inteligentes, graças a sensores espalhados em toda a planta. Assim, seria possível rastrear e monitorar de forma remota todos os seus processos;

3) Descentralização: a ideia da própria máquina ser responsável pela tomada de decisão, por conta da sua capacidade de se autoajustar, avaliar as necessidades da fábrica em tempo real e fornecer informações sobre seus ciclos de trabalho;

4) Orientação a serviços: um conceito em que softwares são orientados a disponibilizar soluções como serviços, conectados com toda a indústria;

5) Modularidade: permite que módulos sejam acoplados e desacoplados segundo a demanda da fábrica, oferecendo grande flexibilidade na alteração de tarefas;

6) Interoperabilidade: pega emprestado o conceito de internet das coisas, em que máquinas e sistemas podem se comunicar entre si[22].

Diante desse novo cenário, Ricardo Antunes afirma que a Indústria 4.0 é "uma exponencial expansão das tecnologias digitais, com o surgimento da 'internet das coisas' e as suas profundas consequências no espaço microcósmico do trabalho", e complementa que a principal consequência para os trabalhadores e as trabalhadoras será

> a ampliação do "trabalho morto", tendo o maquinário digital, por meio dessa intermediação das coisas, como dominante e condutor de todo o processo fabril. Haverá, então, a drástica redução do trabalho vivo, com a substituição das atividades assalariadas e manuais por ferramentas automatizadas e robotizadas, sob o comando informacional-digital. Como consequência, mais robôs e máquinas digitais invadirão a produção, tendo as tecnologias da informação e da comunicação como

---

[22] "Indústria 4.0: o que é, consequências, impactos positivos e negativos", *Portal da Fundação Instituto de Administração*, 6 jul. 2018; disponível em: <https://fia.com.br/blog/industria-4-0/>; acesso em: 20 dez. 2019.

comandantes dessa nova fase de subsunção real do trabalho ao capital, inclusive no setor de serviços.[23]

Portanto, tudo indica que o futuro do trabalho, seja ele industrial ou do telemarketing, está de fato ameaçado pela intensificação da precarização e do próprio desemprego, pois a lógica da destrutividade da classe trabalhadora avança por meio da perda de direitos e da ampliação tecnológica, com o intuito claro de redução de custos aos detentores dos meios de produção ao substituir força de trabalho viva por máquinas e robôs com inteligência artificial.

Ou seja, há um objetivo claro de desmonte, ou melhor, de devastação da classe trabalhadora. E tal devastação tende a ser mais intensa para a força de trabalho feminina. As novas modalidades de trabalho – como são exemplos a Indústria 4.0, a uberização do trabalho, certa dimensão da chamada inteligência artificial aplicada ao trabalho digital – resultam em novas formas também de precarização, que, apesar de atingir toda a classe trabalhadora, tendem a ser mais intensas para as mulheres, já que existem algumas especificidades quando abordamos o trabalho feminino. Por exemplo: quem ocupa a maior parte das vagas do setor do telemarketing? As mulheres. Cerca de 70% das vagas nessa área são ocupadas por trabalhadoras.

Assistimos a uma substituição de formas do trabalho digital por computadores que se utilizam de inteligência artificial: em vez de pessoas realizarem o atendimento de telemarketing, diversos call-centers, como os de bancos, contam com suas, digamos, "mulheres-robôs"; assim como empresas de comércio, como a Magazine Luiza, por exemplo. Evidentemente, esse fato diminui o número de vagas no mercado de trabalho no setor do telemarketing. E, se as mulheres são a maioria nesse segmento, serão elas as mais atingidas com a substituição do trabalho vivo por trabalho morto, pelo menos no setor do teleatendimento.

---

[23] "Ricardo Antunes: Indústrias 4.0 levarão à escravidão digital", *Portal do Tribunal Regional do Trabalho da 3ª Região (MG)*, 11 set. 2018; disponível em: <https://portal.trt3.jus.br/internet/conheca-o-trt/comunicacao/noticias-juridicas/ricardo-antunes-industrias-4-0-levarao-a-escravidao-digital>; acesso em: 5 dez. 2019.

17
Walmartização do trabalho: a face cruel das tecnologias utilizadas nos hipermercados

Patrícia Rocha Lemos

Introdução

Os debates em torno da Indústria 4.0 e as imagens que geralmente esses debates provocam estão, na maioria das vezes, associados aos setores de produção de bens como automóveis e aparelhos eletrônicos, para os quais são utilizados robôs autônomos, sistemas inteligentes e realidade aumentada. Contudo, é necessário observar que as inovações tecnológicas estão sendo implementadas não apenas nos processos produtivos, mas também nas atividades de movimentação e distribuição desses bens. Nesse sentido, parte relevante de tais transformações partiu não somente das grandes transnacionais do setor industrial produtivo. Mudanças fundamentais têm sido implementadas também nos sistemas logísticos e de transporte a partir de desenvolvimentos impulsionados por grandes varejistas, como Walmart e Amazon, com consequências para o conjunto das cadeias globais de valor e para o trabalho desenvolvido ao longo dessas cadeias e nos pontos de venda desses varejistas.

É sobre esse aspecto menos conhecido que este capítulo se debruça. A partir da experiência de estudo na rede de supermercados do Walmart no Brasil, apresentamos a importância do desenvolvimento de novas tecnologias no varejo para o controle da cadeia de valor e destacamos de que maneira essas diferentes tecnologias impactam o trabalho nesse setor.

Como ponto de partida, é importante reconhecer que, apesar dos poucos estudos existentes, os grandes varejistas têm tido um crescente papel nas chamadas cadeias globais de valor. Isso ocorre porque, dado o enorme poder de compra e acesso aos principais mercados consumidores do mundo, essas transnacionais do varejo acabam por estabelecer uma série de condições a seus fornecedores, que vão desde as características do produto e preço até prazos de entrega e condições de pagamento. Tal poder advém também da imensa quantidade de informações que esses varejistas controlam. À medida que captam as informações no ponto de venda, as empresas do varejo têm a possibilidade de controlar o que, como, quando, onde e por quem os produtos estão sendo comprados. Essas informações são valiosíssimas para ajustar as condições de produção à demanda, assim como para viabilizar soluções que reduzam desperdícios, custos, tempo de transporte etc.

O Walmart, companhia estadunidense criada na década de 1960, tem sido desde a década de 1990 um importante precursor dessas inovações tecnológicas. O seu gigantismo em termos de vendas, faturamento e controle de mercados, bem como o seu poder em relação à cadeia de fornecimento, evidenciaram determinadas estratégias e práticas que passaram a caracterizar uma espécie de modelo denominado *walmartização*[1].

Nessa perspectiva, Nelson Lichtenstein, um dos principais estudiosos do Walmart nos Estados Unidos, argumenta que essa rede varejista representa um novo modelo de negócios do capitalismo mundial no século XXI[2]. O núcleo desse modelo estaria no ato de colocar as mais poderosas inovações tecnológicas e logísticas a serviço de uma organização que busca destruir qualquer resquício das políticas regulatórias do New Deal e substituí-las por um sistema que reduz impiedosamente a mão de obra em qualquer parte do planeta.

Nesse sentido, os processos de internacionalização e de globalização do varejo, articulados com o desenvolvimento das tecnologias de informação (TI) e da logística, são componentes-chave para entender não só as estratégias de negócios desenvolvidas pelos grandes varejistas, mas também suas implicações por todo o globo. Na condição de poderosos coordenadores das cadeias de fornecimento e a partir da chamada "revolução no varejo", grandes varejistas como o Walmart tornaram-se disseminadores de uma estratégia particular de descentralização, terceirização da produção e externalização dos custos para a cadeia de fornecedores. Isso teria ocorrido à medida que essas empresas reduziram suas economias domésticas e aproveitaram as oportunidades para aumentar as importações. Esse processo levou

---

[1] Frederick Abernathy et al., *A Stitch in Time: Lean Retailing and the Transformation of Manufacturing – Lessons from the Apparel and Textile Industries* (Nova York, Oxford University Press, 1999); Pietro Basso, "O walmartismo no trabalho no início do século XXI", *Margem Esquerda*, São Paulo, Boitempo, n. 18, 2012; Edna Bonacich e Jake B. Wilson, *Getting the Goods: Ports, Labour and the Logistics Revolution* (Ithaca, Cornell University Press, 2008); Gary Gereffi, "The Organization of Buyer-Driven Global Commodity Chains: How U.S. Retailers Shape Overseas Production Networks", em Gary Gereffi e Miguel Korzeniewicz, (orgs.), *Commodity Chains and Global Capitalism* (Westport, Praeger, 1994); Gary Gereffi e Michelle Christian, "The Impacts of Wal-Mart: The Rise and Consequences of the World's Dominant Retailer", *Annual Review of Sociology*, v. 35, n. 1, 2009, p. 573-91; Nelson Lichtenstein, *The Retail Revolution: How Wal-Mart Created a Brave New World of Business* (Nova York, Metropolitan, 2009); Ellen Israel Rosen, "The Wal-Mart Effect: The World Trade Organization and the Race to the Bottom", *Chapman Law Review*, v. 8, n. 1, 2005, p. 252-74; idem, "Wal-Mart: the New Retail Colossus", em Stanley D. Brunn (org.), *Wal-Mart World: the World's Biggest Corporation in the Global Economy* (Nova York, Routledge, 2006), p. 91-7.

[2] Nelson Lichtenstein (org.), *Wal-Mart: el rostro del capitalismo del siglo XXI* (trad. Néstor Cabrera, Madri, Popular, 2006), p. 21.

não só a uma maior concentração no setor como também estimulou a estruturação de economias voltadas a essas novas demandas, como, por exemplo, nos países do Leste asiático[3]. Estima-se que a empresa tenha um impacto sobre cerca de 63 mil outras empresas na sua cadeia.

Esse crescente poder dos grandes varejistas, como já mencionado, foi possibilitado e tem se sustentado principalmente por meio das constantes inovações tecnológicas que caracterizam as chamadas "revolução varejista" e "revolução logística", das quais o Walmart foi importante precursor. Aponta-se como uma das maiores realizações do Walmart o desenvolvimento e a aplicação das novas tecnologias de informação e comunicação (TIC). A empresa é considerada líder no uso de tecnologia de informação no varejo e pioneira em uma série de aplicações de TI, como o uso de terminais de computadores desde o início dos anos 1970, o escaneamento utilizando códigos UPC (Universal Product Code – ou código universal de produto) em 1980 e o desenvolvimento do Retail Link, ferramenta de comercialização e gestão da cadeia de abastecimento, a partir de 1991. Tais inovações foram cruciais para a melhoria da produtividade do Walmart e resultaram em ganhos contínuos ao possibilitar a redução dos preços e dos estoques bem como propagandas mais eficientes[4]. Sabe-se também que, nos Estados Unidos, há algumas décadas, o Walmart decidiu comprar e controlar os próprios caminhões e sistemas de computadores. Nos anos 1980, foi adquirido um sistema de comunicação por satélite que custou 24 milhões de dólares. Em 1988, os donos do Walmart tornaram-se proprietários da maior rede privada de comunicação do país. As técnicas que a empresa desenvolveu são agora copiadas por seus competidores e por outras indústrias[5]. O aperfeiçoamento dessas tecnologias e a criação de novas é uma constante estratégia da empresa, como podemos perceber em suas reuniões anuais e em seus relatórios.

O que buscamos enfatizar aqui é o fato de que essas inovações têm sido desenvolvidas como ferramenta para uma determinada organização do trabalho cuja finalidade é aumentar a produtividade e reduzir os custos do trabalho, tanto na cadeia de fornecimento quanto nas operações diretas da empresa em lojas e centros de distribuição. Interessa-nos destacar como esses desenvolvimentos recentes permitiram tanto a redução de custos na logística e no transporte quanto a redução de custos do trabalho, o que resultou em diversos mecanismos de intensificação. Nesse sentido, a articulação entre as inovações tecnológicas e determinadas estratégias de organização do trabalho tem impactado diretamente o cotidiano do trabalho nos chamados "pontos de venda", ou seja, nas lojas de super e hipermercados dessas grandes redes.

---

[3] Gary Gereffi e Michelle Christian, "The Impacts of Wal-Mart", cit.
[4] Emek Basker, "The Causes and Consequences of Wal-Mart's Growth", *Journal of Economic Perspectives*, v. 21, n. 3, 2007, p. 177-98; Ellen Israel Rosen, "The Wal-Mart Effect", cit.
[5] Ellen Israel Rosen, "The Wal-Mart Effect", cit.

Françoise Carré e Chris Tilly enfatizam nas suas pesquisas sobre o Walmart que uma das características dessa empresa, que não varia ao redor do mundo e ao longo do tempo, é seu sistema logístico altamente automatizado e baseado nas mais avançadas tecnologias de informação e comunicação[6]. Esse sistema possibilita transportar produtos dos fornecedores para as lojas no exato momento em que eles são necessários. Essa mesma tecnologia, que vem sendo desenvolvida como um meio de pressionar os fornecedores pelo rebaixamento de custos (a partir do controle das mercadorias desde sua fabricação até sua venda), também tem sido uma importante ferramenta de controle e pressão para intensificar o trabalho dos empregados diretos na empresa.

Na pesquisa de campo realizada em lojas de supermercados do Walmart no Brasil, foi possível perceber que as tecnologias recentes têm impactado direta e indiretamente o processo de trabalho, servindo de importante ferramenta de controle. As principais evidências encontram-se nas metas e nos mecanismos via sistema que permitem à empresa suprimir horas extras ou alterar os valores das comissões.

Lichtenstein chama atenção para a propagada lógica do Walmart do "*beat yesterday*" ["supere o ontem"], que já há algum tempo se transformou numa mentalidade computadorizada e institucionalizada[7]. As tecnologias de informação desenvolvidas nesse sentido permitem, portanto, o estabelecimento e o controle de metas que se articulam com a pressão para atingi-las. Para todos os níveis hierárquicos da empresa, há uma meta definida, que serve de critério para a permanência dos trabalhadores. Conforme relatado pelos trabalhadores entrevistados, as metas estabelecidas e o desempenho conseguido eram apresentados nas reuniões diárias de loja. Para os supervisores de setor, essas metas vinham descritas detalhadamente numa planilha com números que identificavam todos os produtos do seu setor, a quantidade em estoque, a venda do ano anterior e a meta atual. A superação da venda do ano anterior era, portanto, sua responsabilidade. Para os níveis mais altos da administração e para os gerentes da loja, o balanço anual negativo ou abaixo da meta estipulada tinha como resultado certo sua demissão.

Esse controle de informações, que estabelece as metas diretamente do sistema, é combinado com o papel das gerências nas reuniões diárias de cobrança de desempenho, que geralmente representam um momento de constrangimento e humilhação para os trabalhadores. Uma das reclamações constantes é que essas cobranças não levam em conta a realidade vivida na loja e o contexto de venda. Isso porque as condições que geraram a demanda por determinado produto no ano anterior podem não existir mais na atualidade. Entretanto, o fato de esse controle sobre as

---

[6] Françoise Carré e Chris Tilly, "The Surprisingly Changeable Wal-Mart around the World", em *Where Bad Jobs are Better: Retail Jobs across Countries and Companies* (Nova York, Russell Sage Foundation, 2017), p. 172-93.
[7] Nelson Lichtenstein, *The Retail Revolution*, cit., p. 92-3.

vendas e a definição das metas estarem estipulados pelas informações geradas pelo sistema cria uma situação de impessoalidade que favorece um tratamento desses mecanismos de controle e monitoramento como inevitáveis e inquestionáveis.

Dessa maneira, as metas facilitadas pela tecnologia de controle do estoque têm sido articuladas com outros diferentes mecanismos de gestão no intuito de aumentar o controle sobre os trabalhadores e de pressioná-los para buscar tais metas a qualquer custo. O sistema de controle de informações da empresa também permite à administração da loja manipular informações sobre a jornada, bem como suprimir horas extras ou alterar os valores de comissões. Essas práticas, já denunciadas nos Estados Unidos, também foram encontradas nas lojas pesquisadas no Brasil.

Podemos afirmar, portanto, o papel estratégico que essas tecnologias possuem na condição de parte fundamental do controle no local de trabalho. Na medida em que possibilitam a coleta e o armazenamento de quantidades gigantescas de informações sobre as transações realizadas diariamente por milhões de empregados, basta a sua articulação via sistema para permitir a avaliação em tempo real das operações em todos os pontos do mundo. Com isso, esses sistemas permitem à alta gerência medir, padronizar e aumentar a velocidade das operações, ajustando a atividade dos trabalhadores a suas necessidades.

O uso da tecnologia como mecanismo de controle não é novo. Sua presença no taylorismo/fordismo já tinha como foco a eliminação de qualquer desperdício. Contudo, diferentemente do fordismo, em que o processo de gestão dependia do fluxo de informações que iam do chão de fábrica, por meio das camadas da administração, até o topo da hierarquia da empresa, com os Computer Business Systems (CBSs), a autonomia dos trabalhadores está ainda mais limitada por formas mais rápidas e diretas de controle e monitoramento[8]. Esse processo de controle direto e rápido pode ser observado no Walmart por meio da gestão das informações que são coletadas diretamente pelas máquinas no ponto de venda – no check-out. A partir das compras dos clientes, o próprio sistema gera a ordem de compra e a reposição de mercadorias aos fornecedores, bem como as metas diárias dos "operadores de venda".

É evidente que a tecnologia não é o único mecanismo de controle, ainda mais quando o processo de trabalho, de modo diferente da linha de produção, depende de certas "dimensões humanas", como a iniciativa do trabalhador e sua interação com o cliente. Por isso, no caso do trabalho no varejo, mesmo para as operadoras de caixa – atividade em que a tecnologia é um instrumento de trabalho fundamental –, é necessário combinar tal tecnologia com outros mecanismos de controle e patrulhamento. Nesse sentido, a tecnologia também serve a esse segundo propósito de vigilância disciplinadora, buscando evitar "ações disruptivas" que vão

---

[8] Simon Head, *Mindless: Why Smarter Machines are Making Dumber Humans* (Nova York, Basic Books, 2013).

desde o furto de mercadorias até a ação coletiva e sindical. Com esse fim, a empresa possui toda uma equipe de funcionários do chamado setor de Loss Prevention, ou prevenção de perdas, que tem como foco evitar furtos de mercadorias utilizando-se, inclusive, de revista nos pertences dos trabalhadores. Outra ação da empresa nessa direção, que, pela má repercussão, não foi implementada, diz respeito à proposta de instalação de câmeras que gravassem não só imagens, como também áudios nos supermercados.

O desenvolvimento das tecnologias por essas empresas, portanto, cumpre uma ampla gama de objetivos. Se, no processo de trabalho dos centros de distribuição, e até para o trabalho de reposição de mercadorias, os testes de robôs automatizados que substituem o trabalho humano têm sido ampliados, há uma face fundamental das tecnologias que objetiva intensificar e aumentar o controle e a vigilância daqueles trabalhos que não podem ser eliminados ou substituídos, dificultando as possibilidades de resistência. Nesse sentido, combinam-se as mais avançadas tecnologias com os tipos de trabalho mais monótonos, repetitivos e nocivos à saúde do trabalhador.

Gostaria de finalizar essa reflexão apresentando um exemplo aparentemente banal da realidade dos supermercados, mas que parece expressivo para desconstruir uma ilusão da neutralidade ou positividade das inovações tecnológicas e, ao mesmo tempo, para chamar atenção para a relação fundante existente para o capital entre tecnologia, redução de custos e degradação do trabalho. Por um lado, em vários países e também no Brasil, têm sido difundidos os caixas de autoatendimento, em que o consumidor passa seus produtos pelo leitor de código de barras e pesa suas frutas, verduras e pães, que podem ser identificados com a figura do produto na tela do caixa. Por outro lado, para as operadoras de caixa que trabalham em supermercados, as figuras dos produtos não estão disponíveis. Ao contrário, a identificação das mercadorias de hortifrúti passou a exigir dessas trabalhadoras, desde meados dos anos 2000, a digitação não de cinco, mas de oito dígitos para identificação e pesagem de cada tipo de produto. É exatamente esse esforço repetitivo a principal motivação de doença no setor, o que levou à criação, no Brasil, da Norma Regulamentadora 17, que trata do trabalho das operadoras de caixa.

Portanto, do ponto de vista do trabalho nesse setor, as inovações da chamada Indústria 4.0 estão muito mais relacionadas ao menor controle por parte dos trabalhadores sobre o próprio trabalho e à degradação de sua saúde física e mental, bem como à ampliação do autosserviço por parte dos clientes, do que à eliminação de trabalhos degradantes, monótonos e repetitivos. A imagem aqui é exatamente aquela que Bethany Moreton evidencia como um aparente paradoxo no modelo de "livre empresa do Walmart", em que duas faces aparecem intrinsecamente articuladas[9]. Por

---

[9] Bethany Moreton, *To Serve God and Wal-Mart: The Making of Christian Free Enterprise* (Cambridge, Harvard University Press, 2010).

um lado, estão as práticas mais arcaicas vinculadas à sua origem rural, conservadora e tradicional, das famílias brancas das montanhas de Ozark, no Arkansas. Por outro, estão a eficiência e a inovação das grandes corporações, que articulam o controle das vendas minuto a minuto em todo o globo com as demandas de Wall Street.

18
A greve na Vale: transnacionalização e exploração do trabalho no Canadá

Thiago Trindade de Aguiar

Introdução

Por trás das transformações tecnológicas e seus impactos sobre a produção de mercadorias e serviços e o trabalho no século XXI, pode-se apontar o papel decisivo da mineração, a partir da qual são obtidas matérias-primas fundamentais para a produção de máquinas, robôs, computadores e dispositivos eletrônicos. É possível dizer que, de algum modo, se encontra na mineração o lado obscuro da chamada "Indústria 4.0". Para compreender os significados desta última, portanto, também é inescapável direcionar o olhar para a extração de minérios – atividade amplamente dominada por transnacionais – e suas consequências para o trabalho, as comunidades e o meio ambiente.

Este capítulo baseia-se numa investigação sobre a Vale S.A.[1], que buscou verificar, como hipóteses: 1) a transnacionalização[2] em curso dessa empresa, com consequências para as relações de trabalho e sindicais, por um lado, e reveladoras de aspectos da dinâmica de inserção da economia brasileira ao capitalismo global, por outro; 2) a estratégia de relações de trabalho e sindicais da Vale, que busca o enfraquecimento e a pulverização das organizações representativas dos trabalhadores, como forma de mitigar as ameaças ao exercício do poder corporativo na produção e rebaixar os custos do trabalho; e 3) a reestruturação, pela Vale, das operações da

---

[1] A pesquisa de doutorado foi financiada por bolsa do Conselho Nacional de Desenvolvimento Científico e Tecnológico (CNPq). As observações em campo em Sudbury (Canadá) foram realizadas durante estágio doutoral na Universidade da Califórnia, Berkeley, com apoio de bolsa da Fulbright Commission e da Coordenação de Aperfeiçoamento de Pessoal de Nível Superior (Capes). O autor agradece a essas instituições por terem viabilizado a pesquisa. Thiago Trindade de Aguiar, *O solo movediço da globalização: relações de trabalho na Vale S.A.* (tese de doutorado em sociologia, São Paulo, Faculdade de Filosofia, Letras e Ciências Humanas da Universidade de São Paulo, 2019).

[2] William I. Robinson, *Una teoría sobre el capitalismo global: producción, clase y Estado en un mundo transnacional* (trad. Víctor Acuña Soto e Myrna Alonzo Calles, Cidade do México, Siglo XXI, 2013).

antiga Inco, no Canadá, buscando enquadrar as relações com o sindicato USW Local 6500 e com sua força de trabalho local nos marcos da estratégia de relações de trabalho desenvolvida historicamente, desde o período estatal, no Brasil – razão de fundo da greve de 2009-2010 naquele país, sobre a qual o capítulo se debruçará.

A pesquisa privilegiou as informações obtidas em entrevistas e as observações em campo, além de coleta de materiais secundários como documentos e relatórios corporativos, bem como publicações sindicais e da imprensa brasileira e canadense. Foram realizadas entrevistas com trabalhadores, dirigentes corporativos e lideranças sindicais locais, nacionais e internacionais de sindicatos da Vale no Brasil e no Canadá. Foram visitadas instalações da Vale, no Brasil, em São Luís (MA) e em Parauapebas (PA); no Canadá, em Sudbury (Ontário).

Nas páginas a seguir, encontram-se algumas conclusões baseadas num estudo de caso de inspiração etnográfica, que pretendeu orientar-se pela metodologia do "estudo de caso ampliado" proposta por Michael Burawoy[3]. O capítulo concentra-se, sobretudo, nas observações de campo e entrevistas realizadas entre outubro e novembro de 2016 em Toronto e Sudbury (Ontário, Canadá) com trabalhadores e sindicalistas da Vale[4]. Em particular, pretende-se ilustrar uma série de conflitos relacionados ao processo de transnacionalização da companhia que, naquele momento, se tornava a segunda maior mineradora global e expandia suas atividades para dezenas de países. Os novos gestores pretendiam padronizar as operações de acordo com seu modelo global de relações de trabalho, isto é, baseado principalmente na experiência da companhia no Brasil.

Para realizar esta exposição, leva-se em conta a definição de "estratégias corporativas", à luz da apropriação das categorias conceituais das redes globais de produção (RGPs)[5] como *valor, poder* e *enraizamento*. Rodrigo Salles Pereira dos Santos e José Ricardo Ramalho, num estudo comparativo de quatro grupos multinacionais que atuam no Brasil, definem as estratégias corporativas como o "processo de definição racional e execução contínua de fins específicos, voltados à obtenção de valor" pelas empresas[6]. Dialogando com Santos e Ramalho[7] e Bruno Milanez e coautores[8], pode-se dizer que a pesquisa pretendeu descrever, por meio de um estudo de caso,

---

[3] Michael Burawoy, *Marxismo sociológico: quatro países, quatro décadas, quatro grandes transformações e uma tradição crítica* (trad. Marcelo Cizaurre Guirau e Fernando Rogério Jardim, São Paulo, Alameda, 2014).
[4] Cujos nomes aparecerão modificados.
[5] Jeffrey Henderson et al., "Redes de produção globais e a análise do desenvolvimento econômico", *Revista Pós Ciências Sociais*, v. 8, n. 15, 2011.
[6] Rodrigo Salles Pereira dos Santos e José Ricardo Ramalho, "Estratégias corporativas e de relações de trabalho no Brasil: uma análise preliminar de 4 grupos multinacionais", *Anais do XIV Encontro Nacional da Associação Brasileira de Estudos do Trabalho (Abet)*, Campinas, set. 2015, p. 2.
[7] Idem.
[8] Bruno Milanez et al., "A estratégia corporativa da Vale S.A.: um modelo analítico para redes globais extrativas", *PoEMAS: Versos, Textos para Discussão*, v. 2, n. 2, 2018, p. 1-43.

sobretudo as estratégias de relações de trabalho e sindicais da Vale. Com efeito, ao fazê-lo, aspectos fundamentais de dimensões da estratégia corporativa (financeira, de mercado e institucional) da Vale também puderam ser revelados.

De CVRD a Vale: breve histórico

A Companhia Vale do Rio Doce (CVRD) foi criada em 1942, na região de Itabira, Minas Gerais. Durante a ditadura militar (1964-1985), a empresa acelerou a exportação de minério de ferro, alcançando a posição, já nos anos 1980, de maior produtora de minério de ferro do mundo[9]. Em 1997, durante o governo de Fernando Henrique Cardoso, a CVRD foi privatizada, num processo do qual saiu vitorioso um grupo de empresas liderado por Benjamin Steinbruch, bancos e fundos de pensão. Na sequência, Steinbruch, em conflito com outros controladores, deixou a CVRD. Em seu lugar, assumiu a presidência da empresa Roger Agnelli, ex-economista do Bradesco, que havia atuado, pelo banco, no controverso processo de avaliação da CVRD para a privatização. Por essa razão, a presença do Bradesco no bloco de controle pós-privatização é alvo de questionamentos, como apontam Nazareno Godeiro[10] e Judith Marshall[11], entre muitos outros.

No período de "preparação" para a venda[12], a companhia ainda estatal introduziu as terceirizações, bônus de produtividade (PLR) e individualização dos ganhos. Após a privatização, a reestruturação seguiu, com o plano de pensão sofrendo drástica modificação. Até então, a empresa oferecia aos trabalhadores planos de benefício definido, pelos quais os aposentados recebiam da empresa complementação e mantinham o salário da ativa. Esse plano deu lugar a um plano de contribuição definida individualizada, pelo qual o aposentado recebe complementação de acordo com o que investiu ao longo do tempo. Como consequência, o valor das aposentadorias reduziu-se significativamente.

Os trabalhadores da Vale no Brasil são representados por uma miríade de sindicatos locais, muitos dos quais criados pela própria direção da empresa, no período estatal, que colocou, nas posições de direção das entidades, gerentes e homens de confiança. Em consequência, foram grandes as dificuldades para a auto-organização dos trabalhadores da Vale, que registra em toda a sua história apenas duas greves: uma em 1945 e outra em 1989.

---

[9] Tádzio Peters Coelho, *Projeto Grande Carajás: trinta anos de desenvolvimento frustrado* (Rio de Janeiro, Ibase, 2014).
[10] Nazareno Godeiro (org.), *Vale do Rio Doce: nem tudo que reluz é ouro – da privatização à luta pela reestatização* (São Paulo, Sundermann, 2007).
[11] Judith Marshall, "Behind the Image of South-South Solidarity at Brazil's Vale", em Patrick Bond e Ana Garcia (orgs.), *Brics: An Anti-Capitalist Critique* (Chicago, Haymarket, 2015), p. 162-85.
[12] Maria Cecília de Souza Minayo, *De ferro e flexíveis: marcas do Estado empresário e da privatização na subjetividade operária* (Rio de Janeiro, Garamond, 2004).

Durante o período de privatização, foram tomadas medidas fundamentais para a conformação do que seria o padrão de relações de trabalho adotado pela empresa. Segundo Judith Marshall, baseada em *survey* aplicado a trabalhadores da Vale em três países (Brasil, Canadá e Moçambique),

> 1) a Vale é conhecida por sua postura antissindical; 2) um trabalhador da Vale tende a ganhar menos que trabalhadores em locais de trabalho semelhantes; 3) os gerentes da Vale envolvem-se em constante intimidação dos trabalhadores; 4) a Vale impõe, de forma irrealista, altas metas de produção; 5) os trabalhadores da Vale vivem sob a constante ameaça de serem demitidos sem justa causa; 6) os supervisores da Vale impõem, com grande frequência, medidas disciplinares arbitrárias; 7) trabalhar na Vale significa trabalhar em condições perigosas, porque a Vale coloca a produção acima de tudo e frequentemente encobre incidentes de saúde e segurança; 8) a Vale regularmente tenta comprar líderes sindicais e governamentais oferecendo-lhes veículos, viagens, cartões de crédito etc.[13]

Durante a gestão de Agnelli (2001-2011), as ações da companhia valorizaram-se 834%[14], estimuladas pelo enorme aumento do valor do minério de ferro durante o *boom* das *commodities*[15], quando a China passou a ser a maior cliente da Vale. De 2000 a 2006, o minério de ferro valorizou-se 169%, e apenas de 2006 a 2008 houve uma valorização anual de mais 13,3%.

Após a crise de 2008, houve queda no valor do minério, mas recuperação no ano seguinte. No período, houve intensa concentração de capitais na mineração global. A Vale adotou uma postura agressiva de expansão, passando a atuar em 14 estados brasileiros e em 26 países nos cinco continentes. Além de maior produtora de minério de ferro do mundo, a Vale passou a ser a segunda maior mineradora do mundo[16], além de a segunda maior produtora de níquel após a compra da Inco em 2006. Dez anos após a privatização, em 2007, a CVRD passou a chamar-se Vale.

Uma sogra brasileira para os órfãos da "mãe Inco"

> Nós ainda a chamamos de Inco, é difícil dizer Vale. Eu sou da terceira geração de uma família de mineiros. A mineração tem uma história muito grande aqui na comunidade. [...] Naquele momento, eu lamentei pelo meu governo permitir que uma empresa estrangeira comprasse a Inco, que era uma empresa canadense icônica. Nós sempre

---

[13] Judith Marshall, "Behind the Image of South-South Solidarity at Brazil's Vale", cit., p. 172. Tradução nossa.
[14] Tádzio Peters Coelho, *Projeto Grande Carajás*, cit.
[15] Luiz Jardim Wanderley, "Do *boom* ao pós-*boom* das *commodities*: o comportamento do setor mineral no Brasil", *PoEMAS: Versos, Textos para Discussão*, v. 1, n. 1, 2017, p. 1-7.
[16] Atualmente, a Vale ocupa a oitava posição entre as maiores mineradoras globais.

nos referimos à Inco como "mãe Inco", achávamos que era uma empresa enorme em nossa ignorância diante do mundo da mineração. Mas, então, frente à Vale, não era nada. A Vale a comprou em dinheiro. [...] Eu digo para muitas pessoas que nós tínhamos a "mãe Inco" e agora nós temos a sogra feia [risos]. [George, em entrevista]

A Inco foi a maior produtora de níquel do Canadá e a segunda maior do mundo, antes da compra pela Vale. Atualmente, suas maiores instalações estão na região de Greater Sudbury (Ontário), além de unidades em Kronau (Saskatchewan), Port Colborne (Ontário), Thompson (Manitoba), Long Harbour, Saint John e Voisey's Bay (Terra Nova e Labrador), e dos escritórios da diretoria de metais básicos da Vale em Toronto. A mineração de níquel em Sudbury remonta a fins do século XIX. Em 1902, foi criada a International Nickel Company, a partir da incorporação da mineradora por capitais dos Estados Unidos. A sigla Inco passa a ser utilizada em 1919[17]. Anos depois, por conta de medidas antitruste, há uma troca de ações e a Inco "passava a ser considerada canadense"[18]. Em Sudbury, também operava outra tradicional mineradora local, a Falconbridge. A cidade é historicamente dependente da mineração de níquel, e nela há famílias de mineiros há cinco gerações.

Durante o período de concentração de capitais no setor, Inco e Falconbridge, as duas maiores mineradoras canadenses, ensaiaram uma fusão que não avançou pelas restrições dos órgãos de concorrência daquele país. A "mãe Inco" representa, para os mineiros, um passado construído por seus pais e avós. É com tristeza, portanto, que se fala do fracasso da fusão entre as duas grandes mineradoras da cidade.

"Mãe Inco" era a forma como chamavam a companhia. [...] Havia duas empresas de mineração aqui, a Inco e a Falconbridge. Elas tentaram uma fusão, o que teria sido a melhor coisa para Sudbury, obviamente, porque então você teria duas grandes mineradoras. Ainda hoje as duas são as maiores empregadoras da cidade. Agora, você vê os lucros indo para qualquer lugar. [Leonard, em entrevista]

Em 2006, a Inco foi comprada pela Vale por 18,24 bilhões de dólares[19], e a Falconbridge foi comprada pela Xstrata, hoje Glencore, por 17 bilhões de dólares[20]. A antiga região mineradora de Sudbury tornava-se, então, parte do cenário globalizado da mineração. O desconforto converteu-se, em muitos momentos, num sentimento abertamente "anti-Brasil". Muitos trabalhadores afirmam que,

---

[17] Jamie Swift, *The Big Nickel: Inco at Home and Abroad* (Kitchener, Between the Lines, 1977).
[18] Tádzio Peters Coelho, *Noventa por cento de ferro nas calçadas: mineração e (sub)desenvolvimentos em municípios minerados pela Vale S.A.* (tese de doutorado em ciências sociais, Rio de Janeiro, Universidade do Estado do Rio de Janeiro, 2016), p. 233.
[19] Idem, *Projeto Grande Carajás*, cit.
[20] John Peters, "Down in the Vale: Corporate Globalization, Unions on the Defensive, and the USW Local 6500 Strike in Sudbury, 2009-2010", *Labour*, v. 66, 2010, p. 73-105.

com o tempo, as pessoas passaram a diferenciar o país da empresa. De todo modo, é comum, nas entrevistas, os trabalhadores referirem-se à Vale como "o Brasil".

> Nossos gestores continuam dizendo "o Brasil quer isso, o Brasil quer aquilo". Tudo o que sabemos é que, todos os dias, estão cortando benefícios, cortando isso, sempre perdendo dinheiro, "nós precisamos de mais". [...] Eu esperava que fôssemos fazer parte de uma corporação gigante. Mas logo na sequência começou: "Se você não faz o que eu digo, você é apenas 5% de nossa organização, então você não significa nada para nós". [John, em entrevista]

Um poderoso sindicato multinacional com profundas raízes locais

A Vale assumiu o controle da Inco enquanto estava em vigor o contrato coletivo assinado anteriormente pela empresa canadense e pelo sindicato USW Local 6500. O sindicato é uma seção local do poderoso United Steelworkers (USW), sindicato binacional estadunidense e canadense (também com presença em países do Caribe). O Steelworkers é, nas palavras de John Peters, "o maior sindicato do setor privado na América do Norte, o sindicato com as maiores alianças globais e [...] com tradição de militância e inovação"[21]. O autor também chega a considerar este o maior sindicato do setor privado no mundo[22].

O Steelworkers é o principal sindicato da AFL-CIO, a federação sindical dos Estados Unidos, com 55 sindicatos filiados e 12,5 milhões de trabalhadores associados. O próprio USW, por sua vez, tem um caráter federativo, já que representa trabalhadores de setores econômicos muito diversos, por meio de sindicatos locais afiliados. No Canadá, o Steelworkers é filiado à Canadian Labour Congress (CLC), uma federação que cumpre, nesse país, o mesmo que a AFL-CIO cumpre nos Estados Unidos. O CLC representa 3,3 milhões de trabalhadores canadenses num universo de cerca de 19,5 milhões de trabalhadores ativos no país. O Steelworkers internacional tem a representação dos trabalhadores de todas as unidades da Vale no Canadá. Em Sudbury, a representação dos trabalhadores mineiros e das áreas de produção é realizada pelo sindicato USW Local 6500.

O Steelworkers ganhou a representação da Inco, de acordo com o modelo *closed shop*, em 1965. Nas décadas seguintes, consolidou-se a tradição de realização de greves longas, especialmente durante a negociação de contratos coletivos. Brasch descreve várias greves longas das quais participou como operário ou que documentou, após a aposentadoria, em seus trabalhos, organizando a história do sindicato, como, por exemplo, as greves de: 1958 (91 dias); 1969 (121 dias); 1975 (10 dias); 1982-1983 (32 dias de greve seguidos de 275 dias de *shutdown* – encerramento da

---

[21] Ibidem, p. 75. Tradução nossa.
[22] Ibidem, p. 76.

produção pela companhia); 1997 (26 dias); 2003 (89 dias); e 2009-2010, já como Vale (361 dias)[23]. Do período coberto por sua pesquisa (1958 a 2010), a greve de 2009-2010 foi, de longe, a maior. Depois dela, pode-se mencionar a longa greve de 261 dias em 1978-1979, quando se conquistou o *nickel bonus*, um bônus pago anualmente de acordo com a variação dos preços do metal. Esse bônus seria um dos aspectos de discórdia com a direção da Vale.

Sudbury é uma cidade marcada pela mineração. O sindicato tem presença significativa na vida local[24], apesar da diminuição da força de trabalho nas minas (o USW Local 6500 tem atualmente 3,3 mil membros). Pode-se mesmo apontar, na cidade, uma "morfologia de *company town*", pela qual há "um conjunto de limitações estruturais [...] típico de cidades monoindustriais onde predomina o poder da grande empresa sobre a política local e a ação dos sindicatos"[25]. Seus *stewards*, representantes no local de trabalho, têm presença constante no cotidiano da produção, opinando nos procedimentos de segurança do trabalho e apresentando queixas (*grievances*). Estas são muito importantes na organização das relações entre mineiros e supervisores, e são reguladas detalhadamente nos contratos coletivos. O coletivo operário obteve, ao longo do tempo, sucessivos aumentos salariais e de benefícios. Segundo dados de John Peters[26], e por meio de informações obtidas em entrevistas, a média salarial anual dos trabalhadores da Vale em Sudbury é de 100 mil dólares canadenses, podendo chegar a 150 mil em casos de trabalhadores que fazem muitas horas extras e cuja produtividade é superior.

Trata-se de uma experiência sindical significativamente diferente daquela com que a Vale lida em suas operações no Brasil, nas quais rotatividade da força de trabalho, baixos salários e terceirizações são características marcantes, acompanhadas pela pulverização dos sindicatos, distanciamento do local de trabalho e burocratização das cúpulas, trazendo como consequências baixo ativismo sindical e oposição restrita às iniciativas da empresa.

"Ter-me como patrão pode não ser fácil"

Essas foram as palavras de Roger Agnelli, então presidente da Vale, em uma reportagem do *Financial Times*[27], de março de 2010, que tratava da longa greve nas instalações canadenses da empresa. A publicação apontava as diferenças de

---

[23] Hans Brasch, *Winds of Change: The Local 6500 USW Strike of 2009 to 2010* (Sudbury, Hans and Teresa Brasch, 2010).
[24] O principal salão de festas de Sudbury, por exemplo, fica dentro da sede do sindicato.
[25] Raphael Jonathas da Costa Lima, "CSN e Volta Redonda: uma relação histórica de dependência e controle", *Política & Sociedade*, v. 12, n. 25, 2013, p. 48.
[26] John Peters, "Down in the Vale", cit.
[27] Bernard Simon e Jonathan Wheatley, "Heading in Opposite Directions", *Financial Times*, Londres, 11 mar. 2010.

administração após a saída de muitos gerentes canadenses e a introdução de mudanças pelos novos controladores brasileiros. Uma cultura mais participativa de decisões adotada pela Inco teria sido substituída pela centralização promovida pela Vale, desejosa de aumentar a produtividade dos trabalhadores de sua unidade canadense. Agnelli, que deixou a presidência da Vale em 2011, ainda hoje deixa memórias amargas entre os trabalhadores de Sudbury:

> Eu sempre achei que a forma como ele se apresentava aqui na Vale era como um nazi, um nazi alemão da Segunda Guerra Mundial. [...] Pela forma como eles tratam as pessoas, como as segregam. A forma como conduzem os negócios é: ou você aceita ou sai. Essa era a forma como os nazistas conduziam seus negócios. [Robin, em entrevista]

Durante os primeiros três anos de operação da Vale, ainda sob vigência do contrato anterior, os entrevistados descrevem um período de "estudo", a preparação de uma estratégia para impor mudanças nas negociações de um novo contrato: um plano meticuloso, que teria envolvido 1) parar as minas por pouco mais de um mês, estendendo o contrato que expirava, para realizar serviços de manutenção; 2) contratação de um escritório de advocacia conhecido por suas atividades antissindicais; 3) contratação de trabalhadores temporários (chamados pejorativamente de *scabs*) para pressionar os grevistas e manter parte das atividades das minas; 4) organização de um plano meticuloso de vigilância dos piquetes e ativistas sindicais, ameaçando-os com demissões e processando-os; e 5) rejeição de queixas (*grievances*) e acúmulo de milhares de casos de arbitragem de modo a desgastar politicamente (debilitando a atuação no ambiente de trabalho) e pressionar economicamente (pelos custos dos processos de arbitragem) o sindicato.

Em 2009, quando as negociações se iniciaram, a mineração sentia os efeitos da eclosão da crise econômica mundial, que diminuiu os preços dos minérios entre 2008 e 2009. Para Peters, esse é um aspecto fundamental para que a Vale mantivesse uma posição dura, já que retomar o funcionamento pleno da mina com os preços baixos do níquel não seria tão lucrativo quanto os eventuais benefícios de longo prazo trazidos com a imposição bem-sucedida da reestruturação das operações canadenses[28]. Para os trabalhadores entrevistados, havia fundamentalmente uma estratégia para debilitar o sindicato:

> A única coisa que eles queriam era mudar, mudar a cultura aqui em Sudbury. [...] Foi muito difícil para as famílias. Eles destruíram a comunidade? Sim, eles destruíram, mas eu coloco toda a culpa na Vale porque eles queriam trazer *scabs* para fazer nosso trabalho. E isso nunca havia acontecido antes. Foi uma greve suja, com a empresa

---

[28] John Peters, "Down in the Vale", cit.

contratando seus próprios guardas. Havia mais seguranças aqui do que policiais na cidade e essa é a maneira como a Vale opera. [Bernard, em entrevista]

Nas negociações, pela primeira vez a empresa não foi representada por gerentes locais e contratou a Hicks Morley, "o maior e mais pró-patronal escritório de advocacia de recursos humanos no Canadá"[29], para representá-la. Segundo os sindicalistas entrevistados, os advogados apenas reafirmavam as propostas feitas desde o início e não aceitavam estabelecer qualquer negociação.

Aproximava-se a data de expiração do contrato: 31 de maio de 2009. Muitos entrevistados afirmam que ninguém imaginava a dimensão do conflito que se avizinhava. Talvez por isso o sindicato tenha concordado com a proposta da Vale de estender o contrato até 12 de julho de 2009 durante o início das negociações. No período, as minas e a fundição foram desligadas para realização de operações de manutenção, aproveitando-se também das dificuldades do mercado com a crise econômica[30].

Como o impasse não foi solucionado, em 13 de julho de 2009, os trabalhadores de Sudbury entraram em greve, após a rejeição do contrato apresentado pela Vale. Dos 3.062 então membros do USW Local 6500, 2.600 votaram: 387 (14,88%) favoravelmente ao contrato apresentado e 2.213 contrários (85,2%)[31]. Na sequência, as operações de Port Colborne e Voisey's Bay, representadas por outros sindicatos locais do USW, também entraram em greve. Era o início de uma greve que envolveu "3.300 trabalhadores por um ano, com perda de aproximadamente 845 mil dias de trabalho", fazendo da greve da Vale em Sudbury "a maior greve do setor privado canadense em mais de trinta anos"[32]. Em Sudbury, a greve só se encerrou em 7 de julho de 2010, 361 dias após iniciada. Dias depois, em Port Colborne, um novo contrato foi assinado. Em Voisey's Bay, uma instalação menor, a greve ainda durou mais seis meses, alcançando, no total, dezoito meses de paralisação.

Segundo os trabalhadores entrevistados, manter-se em greve por tanto tempo trouxe dificuldades de várias ordens, a começar pela manutenção dos piquetes. A maior tensão teria sido causada pela decisão da empresa de contratar uma equipe de segurança para vigiar os trabalhadores grevistas e forçar a passagem de insumos ou de ônibus com trabalhadores temporários contratados. A Vale utilizou trabalhadores terceirizados temporários para manter parte da produção e realizar manutenções e modificações nas minas. Muitos opinam que a empresa pretendia desmoralizá-los mostrando que outros ocupavam seus lugares.

---

[29] Ibidem, p. 89. Tradução nossa.
[30] Hans Brasch, *Winds of Change*, cit., p. 38.
[31] Ibidem, p. 40.
[32] John Peters, "Down in the Vale", cit., p. 73-4.

Para Peters, a presença dos cerca de 1.200 terceirizados temporários contratados pela Vale durante a greve foi um golpe duro na resistência dos trabalhadores[33]. A empresa aproveitou-se da greve, num período em que os preços do níquel estavam baixos, para reestruturar suas operações canadenses tal como desejava. Todos os trabalhadores entrevistados, sem exceção, mencionaram a questão da contratação de *scabs* com muito ressentimento. "*Scab*", que significa "sarna", "cicatriz" ou "casca de ferida", é o termo pejorativo que os trabalhadores utilizam para descrever os temporários. Muitos trabalhadores também falaram sobre a pressão causada pelos seguranças e vigias nos piquetes, que estimulariam confrontos para criar pretextos para demissões e perseguição, além de episódios de intimidação às famílias dos grevistas.

> Com os seguranças contratados que eles tinham, eles usavam um ônibus com películas nos vidros, então você não podia ver dentro. Havia um motorista no ônibus, eles embarcavam os *scabs* no ônibus, havia pessoas com câmeras no ônibus. Do outro lado do piquete, havia todo tipo de seguranças, e eles tentavam forçar o piquete para fazer o ônibus entrar e eles fazerem nosso trabalho. [...] Alguém ia bater na porta da casa para falar com a esposa quando o marido estava no piquete com um bloco de papel dizendo: "Vocês estão sendo processados em milhões de dólares porque as ações do seu marido estão nos impedindo de produzir, então nós vamos processá-los". Então, a esposa entrava em pânico. A Vale usou o escritório de advocacia Hicks Morley e usou mais truques sujos para intimidar nossas pessoas. [Michael, em entrevista]

Ainda que o Steelworkers seja um sindicato poderoso, com muitos recursos e um fundo de greve internacional, o apoio que os trabalhadores grevistas receberam do sindicato e da comunidade era insuficiente. Segundo informou Bernard, com o fundo de greve mantido pelo sindicato internacional, não era possível manter o padrão de vida das famílias. De início, eram pagos duzentos dólares canadenses por semana aos trabalhadores, quantia posteriormente aumentada para trezentos dólares. Peters criticou o modo como o sindicato organizou o fundo de greve[34]. Os baixos valores dificultavam que os trabalhadores se mantivessem em greve e os pressionavam a retornar ao trabalho. Além disso, a decisão do sindicato de repassar os valores do fundo de greve à Vale para que a empresa depositasse a quantia nas contas dos funcionários dificultava o contato permanente dos diretores do USW Local 6500 com os trabalhadores. Muitos trabalhadores precisaram buscar empregos temporários na região durante o período de greve; outros simplesmente decidiram sair da empresa ou mudar-se de cidade, com a indefinição de desenlace da greve.

A reestruturação promovida pela Vale no contrato de 2009-2010 impôs duras concessões:

---

[33] Idem.
[34] Idem.

1) Fim do *nickel bonus*. Em anos recentes, com a valorização do minério, esse bônus significava ganhos elevados para os mineiros. Em alguns casos, poderia exceder 50 mil ou 60 mil dólares por ano. A Vale pretendia reduzir o pagamento a um máximo de 15 mil dólares por ano e atrelá-lo a metas de produtividade em linha com sua política de bônus global (especialmente com o modelo de Participação nos Lucros e Resultados do Brasil). O *nickel bonus* foi substituído pelo bônus comum da empresa (Annual Incentive Program – AIP), baseado nos lucros anuais. A divisão de Ontário, nas negociações de fim de greve, manteve um bônus adicional, o Earnings Based Compensation (EBC), baseado nas receitas anuais da empresa.

2) Alteração no plano de pensão, terminando com os planos de benefício definido, nos quais os trabalhadores mantêm os salários da ativa quando aposentados, substituindo-os por planos de contribuição privada definida, nos quais a pensão depende estritamente do investimento feito pelo trabalhador. A mudança é semelhante à que a Vale, após a privatização, realizou no Brasil. De início, a Vale pretendia impor essa mudança a todos os trabalhadores canadenses, enquanto o sindicato dizia que esse era um aspecto inegociável. Ao fim da greve, empresa e sindicato concordaram com a manutenção do plano de benefício definido para os trabalhadores ativos, enquanto os novos contratados passariam aos planos de contribuição definida.

3) Enxugamento do número de trabalhadores, por meio de planos de demissão voluntária e estimulada por incentivos. Além disso, a empresa modificou o sistema de queixas interno – um ataque direto à atuação do sindicato no local de trabalho. Os procedimentos de *grievances* existem para canalizar e dar tratamento a questionamentos e conflitos relativos a aspectos de segurança, procedimentos, relacionamento com colegas e supervisores etc. O papel dos *stewards*, representantes sindicais no local de trabalho, é muito importante no tratamento das queixas. Havia, nas minas da Inco, um sistema de *grievances* baseado em três etapas: na primeira, envolvia *stewards* e supervisores locais; na segunda, um representante do sindicato e um membro de escalão médio da administração; na terceira, a hierarquia máxima do sindicato e a da administração. Sem solução, o caso iria para arbitragem, conduzido por advogados preestabelecidos pelas duas partes no acordo coletivo. A Vale decidiu reduzir os procedimentos para duas etapas e passou a remeter todos os conflitos à arbitragem, de modo a reforçar sua autoridade no local de trabalho e pressionar o sindicato com custos elevados.

Tal postura modificou-se apenas às vésperas da negociação do contrato atual (2015-2020), quando a empresa aceitou retornar ao sistema anterior. Segundo os sindicalistas, a razão seria também econômica: os custos em processos de arbitragem estariam altos demais. O retorno ao processo de três etapas no acordo de 2015 é tido pelos membros do sindicato como uma "reversão" das concessões do acordo pós-greve. Entretanto, o contrato assinado em 2015 não trouxe qualquer recuo em temas como pensões e bônus, o coração da reestruturação promovida em 2009-2010.

Derrota ou vitória?

Após prolongar-se por meses a fio sem que a Vale demonstrasse qualquer disposição de recuar, a resistência dos trabalhadores foi se esgotando. Em 11 de março de 2010, nove meses após o início da paralisação, realizou-se a votação de uma nova versão do contrato apresentado pela empresa. Mais uma vez, a rejeição foi categórica: dos 2.371 membros que votaram, 2.105 (88,7%) não aceitavam o contrato apresentado, e apenas 266 (11,3%) votaram favoravelmente[35]. Tratava-se, contudo, de um último respiro. Muitos entrevistados disseram que a votação de março expressou a indignação com um contrato que era praticamente o mesmo apresentado antes da greve iniciar-se. Entretanto, os três meses finais exauriram as finanças e a capacidade de resistência dos mineiros de Sudbury. Em 6 de julho, nova votação aprovou o contrato acordado nas negociações entre sindicato e Vale por 1.795 votos (75,5%) contra 581 (24,5%) que o rejeitaram, num universo de 2.376 membros que votaram[36]. Apesar da decisão pela saída da greve, o número significativo de votos pela rejeição mostrava que ainda havia muita insatisfação com o contrato firmado.

> Sabe, eu não sou um dos mais entusiastas do sindicato naquela negociação, mas também preciso dizer que pouco importa quão bom seja o sindicato, simplesmente não é possível fazer nada contra uma empresa tão grande quanto a Vale. O que iam fazer os trabalhadores jovens que perderam tudo, casa, caminhonetes, carros, além de dizer sim? Nós perdemos tudo. Eu vi nosso sindicato nos vender. Quando era a Inco, nosso sindicato tinha poder, havia igualdade. Nós negociávamos e havia ganhos. [Gregory, em entrevista]

Os sindicalistas costumam apontar a capacidade de resistir por um ano à ofensiva da Vale como a maior vitória obtida pela greve, já que a empresa precisará "pensar duas vezes" antes de enfrentá-los novamente. Por isso, as negociações do contrato de 2015 teriam ocorrido de modo bastante diferente: saíram de cena os advogados e o acordo coletivo foi debatido pelo sindicato local e pelos administradores locais, sem participação direta do Steelworkers internacional ou de executivos brasileiros da Vale. Não se pode desconsiderar, no entanto, que a mudança de postura ocorreu sob os marcos impostos no processo de reestruturação de 2009--2010. Considerando a questão desse ponto de vista, é evidente que a Vale venceu.

Vários entrevistados mencionaram um "clima amargo" e de enfrentamento cotidiano pós-greve. Os supervisores teriam intensificado a busca por disciplina e as tentativas de reduzir o poder de intervenção dos *stewards*. São apontadas duas mudanças no comportamento de gerentes e supervisores: 1) introdução de uma

---

[35] Hans Brasch, *Winds of Change*, cit., p. 91.
[36] Ibidem, p. 117.

nova política de segurança nas minas[37], orientada a evitar interrupções da produção; e 2) criação de uma política contra "álcool e drogas", que levou à generalização de testes de urina em trabalhadores, constrangendo ativistas sindicais ou trabalhadores indóceis.

Com relação ao primeiro aspecto, Sean, que atuou por anos como uma espécie de "cipeiro" nas minas, afirma:

> Com a Inco, tínhamos um estilo baseado no perigo (*hazard-based style*), no qual, se tivéssemos algum perigo, nós o consertávamos. Fomos de um modelo baseado no perigo com a Inco para um baseado no risco (*risk-based*) com a Vale. E isso essencialmente é um modelo que nos permite, de uma maneira ou de outra, fazer o trabalho mesmo que o risco esteja ali presente. [...] Mas essa não é a cultura de segurança que queremos. [Sean, em entrevista]

Para Sam, a política contra álcool e drogas tem sido utilizada para fazer dos ativistas um alvo e trazer insegurança ao coletivo operário, já que um erro na produção pode justificar uma ordem para submeter um trabalhador a um teste de urina:

> Nos velhos tempos, se alguém sentisse algum cheiro [refere-se a álcool], diria: "Melhor você ir para casa". Agora, um cara pode estar sóbrio ou ser alguém que absolutamente não bebe e ele terá de urinar e ser testado para ver se fez algo. [...] Os ativistas ficam marcados. Então, se ele é agressivo, se ele é um *steward*, [...] então os supervisores e gerentes ficam incomodados e começam a formular planos, seja para pressioná-lo ou para se livrar dele de um jeito ou de outro. [Sam, em entrevista]

Depoimentos como os apresentados aqui, ainda que com pouco detalhamento, apontam para a consolidação, nas operações da Vale no Canadá, de relações de trabalho submetidas ao controle da supervisão e a seus apelos por disciplina, num conflito diário pela supressão do poder sindical no local de trabalho. O conflito mostrou como a Vale prescinde do sindicato como ator relevante de intermediação, permitindo identificar algumas semelhanças com o tipo de relação desenvolvida pela empresa com seus sindicatos no Brasil.

A influência da Vale na cidade, porém, parece ir além do processo de produção no interior das minas e de suas relações com sindicato e comunidade: sindicalistas entrevistados relataram a influência da mineradora na eleição municipal ocorrida logo após a greve, quando John Rodriguez, prefeito de 2006 a 2010, buscava a reeleição. Rodriguez é filiado ao National Democratic Party – partido social-

---

[37] Que os sindicalistas associam a aumento dos riscos. Após sua introdução, em dois anos, houve quatro acidentes graves com três mortes em Sudbury. O sindicato encontrou dificuldades para realizar uma investigação conjunta, como era praxe na Inco, e decidiu conduzir uma investigação própria, responsabilizando as mudanças nos procedimentos pelos acontecimentos.

-democrata com vínculos com o USW – e apoiou os trabalhadores em greve. Na eleição de 2010, Rodriguez foi derrotado por Marianne Matichuk (que governou a cidade até 2014), filiada ao Partido Liberal, que não havia tido nenhuma experiência anterior de militância ou atuação política. A prefeita, antes de ser eleita, era... supervisora de segurança da Vale.

> Nós tivemos uma prefeita, por exemplo, que não tinha qualquer experiência anterior como política, concorrendo com o prefeito que esteve no cargo durante a greve. Ela era supervisora de segurança da Vale antes de concorrer. Ela gastou rios de dinheiro na campanha e foi eleita prefeita. [Julian, em entrevista]

O balanço de Peters sobre o desenlace da greve é bastante crítico das táticas utilizadas pelo USW[38]. Para ele, apesar de se tratar, talvez, do sindicato mais poderoso do mundo, com recursos financeiros e ligações internacionais, houve pouco esforço para ganhar apoio da comunidade local e pouca pressão sobre os meios políticos canadenses. A solidariedade internacional teria sido protocolar, apesar da presença de alguns sindicalistas brasileiros durante os atos em apoio à greve.

A fragilidade dos sindicatos da Vale no Brasil, elemento desconsiderado por Peters, ajuda a explicar o pequeno engajamento internacional no apoio à greve. À época, houve uma tentativa de construção de uma rede sindical internacional da Vale. Em pouco tempo, essa iniciativa desfez-se, sobretudo pelas dificuldades de articulação dos sindicatos brasileiros da Vale. Não será possível, no espaço deste capítulo, aprofundar as razões desse fracasso. Ainda que os sindicalistas não o digam abertamente, para Peters trata-se de uma "derrota amarga", em que o sindicato talvez mais poderoso do mundo curvou-se às imposições de uma transnacional do Sul[39]. Os efeitos da intensa globalização da mineração na primeira década do século XXI chegavam à antiga cidade mineira canadense.

---

[38] John Peters, "Down in the Vale", cit.
[39] Ibidem, p. 101.

19

Ciberativismo e sindicalismo em call-centers portugueses

Isabel Roque

INTRODUÇÃO
Numa era de capitalismo digital, o crescimento da flexibilidade dos mercados e das empresas permitiu o enfraquecimento da força da ação sindical e a perda de direitos laborais, com a transferência de riscos, custos e insegurança da sociedade para os trabalhadores. No entanto, em pleno século XXI, um novo poder de classe encontra-se em reconstrução entre os trabalhadores do setor dos serviços em Portugal, sobretudo entre aqueles que trabalham por meio das plataformas digitais, com o surgimento de novas organizações e movimentos de alterglobalização e antiausteridade. Entre 2011 e 2014, as organizações Geração à Rasca, Precários Inflexíveis, Mayday, 15M, Podemos, Ferve, PT Precariacções, Indignados e, mais especificamente para o presente estudo, o Sindicato dos Trabalhadores de Call-Center, tiveram um enorme impacto na sociedade portuguesa, por meio de estratégias e táticas de organização e resistência, criando um maior grau de consciencialização pela luta social. Numa economia digital, os trabalhadores de call-center representam o novo proletariado dos tempos modernos, sujeitos a formas de trabalho digital intenso, instável e flexível, com ausência de autonomia e criatividade, desembocando em situações não apenas de vulnerabilidade física, mas, sobretudo, mental e espiritual. Entre 2008 e 2018, por meio da metodologia *worker's inquiry approach*, com a realização de quarenta entrevistas semiestruturadas a atuais e a ex-trabalhadores, delegados sindicais e ativistas, assim como da observação participante, analisamos as lógicas laborais e as práticas de resistência e organização desse setor.

A INDÚSTRIA 4.0 EM PORTUGAL
Desde fins da década de 1980 que, por meio dos fenômenos da globalização neoliberal, da disseminação da tecnologia de informação e da expansão do terceiro setor, tem-se verificado a emergência de uma nova classe de trabalhadores

qualificados e assalariados na área do trabalho digital. Os locais de trabalho desse novo proletariado dos serviços divergem entre call-centers e telemarketing, hotéis, hostels e empresas de limpeza, as cadeias de hiper e supermercados, fast-food e serviços de cuidado pessoal. De fato, verificou-se um aumento quanto ao número de trabalhadores da área de serviços em Portugal, sendo que, entre 2008 e 2018, a taxa aumentou de 2,6% (2008) para 3,2% (2018), e na Europa, de 3,6% (2008) para 4,2% (2018)[1].

A disseminação de formas de empregos, salários e contratos flexíveis compreende tendências significativas na evolução recente do emprego na Europa. Novas formas de trabalho em domicílio, informal, intermitente, independente, teletrabalho e trabalho precário assumem a forma de contratos a termo certo, temporários, zero hora e *part-time*[2]. Essas novas formas de trabalho informal conduziram ao aumento da instabilidade e insegurança dos trabalhadores, imprevisibilidade do orçamento, baixas expectativas para uma carreira estável e a incapacidade de agir sobre as condições e os padrões laborais, impedindo que a maioria tenha acesso a benefícios sociais[3].

Segundo Enda Brophy e Jamie Woodcock, os call-centers foram os precursores da mudança mais ampla do capitalismo perante o *offshoring* do trabalho imaterial, forjando padrões e processos para a transferência digital de outras formas de trabalho anichadas na cadeia de valor[4]. No século XXI, estas assumiram-se como um ponto focal estratégico, conferindo sentido às mudanças que têm ocorrido num capitalismo comunicativo e globalizado. Os call-centers tornaram-se foco de uma teoria pós-workeirista de valorização do trabalho imaterial e de novas formas da subjetividade do trabalhador, sobretudo no aumento do capitalismo comunicativo[5].

Os trabalhadores de call-centers compreendem o precariado (também designado por infoproletariado, ciberproletariado e/ou cibertariado) e encontram-se aprisionados num vórtex cibernético. Eles são tratados como mão de obra dispensável pelas empresas de trabalho temporário, como a Manpower e a Teleperformance, que

---

[1] "População empregada por sector de actividade económica (Nace Rev. 2)", *Pordata*, Lisboa, 2019; disponível em: <https://www.pordata.pt/Europa/Popula%c3%a7%c3%a3o+empregada+por+se ctor+de+actividade+econ%c3%b3mica+(NACE+Rev.2)+(percentagem)-1774-215165>; acesso em: 14 nov. 2019.
[2] Ricardo Antunes, *O privilégio da servidão: o novo proletariado de serviços na era digital* (São Paulo, Boitempo, 2018, coleção Mundo do Trabalho); Ilona Kovács, "Novas formas de organização do trabalho e autonomia no trabalho", *Sociologia, Problemas e Práticas*, v. 52, 2006, p. 41-65.
[3] Charles Umney, *Class Matters Inequality and Exploitation in the 21st Century Britain* (Londres, Pluto, 2018), p. 57.
[4] Enda Brophy e Jamie Woodcock, "The Call-Centre Seen from Below: Issue 4.3 Editorial", *Notes from Below*, 14 fev. 2019; disponível em: <https://notesfrombelow.org/article/call-centre-seen-below-issue-43-editorial>; acesso em: 20 set. 2019.
[5] Idem.

fornecem serviços ao cliente em termos de recursos humanos para as companhias--sede, providenciando vínculos efêmeros com as empresas-sede da área de serviços⁶.

O crescente exército do precariado, um símbolo da globalização, da vida eletrônica e do trabalho alienado, é incapaz de executar trabalho seguro ou de construir uma identidade ocupacional, ou sequer uma carreira profissional⁷. Esse novo proletariado dos tempos modernos do setor de serviços⁸ partilha uma situação comum nas estruturas sociais (emprego, mercado, política e cultura) com um grau relativo de vulnerabilidade, consequente do trabalho precário e da insegurança laboral. Ele encontra-se isento de proteção legal e direitos laborais, outrora alcançados pelas lutas prévias dos trabalhadores e dos movimentos trabalhistas⁹.

Entre 2011 e 2014, diversos movimentos de protesto social e antiausteridade emergiram na sociedade portuguesa: Geração à Rasca, 15M, Precários Inflexíveis, Mayday, Ferve, Podemos, Indignados e, mais especificamente, o PT Precariacções, que se encontra relacionado com o presente estudo, tendo estado na gênese do Sindicato dos Trabalhadores de Call-Center (STCC). Esses movimentos lutaram para encontrar espaço entre as estruturas tradicionais dos sindicatos, tentando recompor a luta da classe laboral, por meio de novas táticas e estratégias de auto--organização, nomeadamente dos *media* e redes sociais digitais¹⁰. O ciberespaço permitiu igualmente que as imagens e o aparato dramático dos coletivos em revolta desencadeassem um efeito mimético de rápida propagação internacional, em que o campo sindical deixou de ter o exclusivo da luta social e laboral, afetando o debate público¹¹.

Segundo Erik Olin Wright, qualquer forma de relações sociais coletivamente constituídas, que facilitem a ação solidária na perseguição dos interesses de classe, é uma instância da formação de classe¹². A expansão rápida e em larga escala do movimento do precariado, que se tornou bastante visível mundialmente mediante

---

⁶ Ricardo Antunes e Ruy Braga (orgs.), *Infoproletários: degradação real do trabalho virtual* (São Paulo, Boitempo, 2009, coleção Mundo do Trabalho); Nick Dyer-Witheford, *Cyber-Proletariat: Global Labour in the Digital Vortex* (Londres, Pluto, 2015); Ursula Huws, *The Making of a Cybertariat: Virtual Work in a Real World* (Nova York/Londres, Monthly Review Press/Merlin, 2003); Karl Marx e Friedrich Engels, *Manifesto Comunista* (trad. Álvaro Pina e Ivana Jinkings, São Paulo, Boitempo, 2010, coleção Marx-Engels); Guy Standing, *The Precariat: The New Dangerous Class* (Londres, Bloomsbury Academic, 2011).
⁷ Guy Standing, *The Precariat*, cit., p. 15.
⁸ Alison Scott, "Gender Segregation in the Retail Industry", em Alison Scott (org.), *Gender Segregation and Social Change: Men and Women in Changing Labour Markets* (Oxford, Oxford University Press, 1994), p. 236.
⁹ Guy Standing, *The Precariat*, cit., p. 8; Ruth Milkman e Ed Ott, *New Labor in New York: Precarious Workers and the Future of the Labor Movement* (Ithaca, ILR, 2014), p. 8.
¹⁰ Ricardo Antunes, *O privilégio da servidão*, cit.
¹¹ Elísio Estanque, "Rebeliões de classe média? Precariedade e movimentos sociais em Portugal e no Brasil (2011-2013)", *Revista Crítica de Ciências Sociais*, n. 103, 2014, p. 66.
¹² Erik Olin Wright, *Class Counts* (Cambridge, Cambridge University Press, 1997), p. 191-2.

as manifestações levadas a cabo pela Geração à Rasca, em março de 2011, em Lisboa, conduziu igualmente a novos protestos sociais relacionados com o trabalho realizado em plataformas digitais. O movimento PT Precariacções é mais um exemplo, seguindo os mesmos padrões de outros coletivos escolares ativistas como o Kolinko, na Alemanha, e o Colectivo Situaciones, na Argentina, que pretendiam fortalecer a auto-organização dos trabalhadores e a autolibertação da exploração efetuada em call-centers[13]. O PT Precariacções encontra-se igualmente na gênese do STCC, que se tornou um modelo internacional para a organização de plataformas de trabalhadores precários, trabalhando como um sindicato e como uma rede transnacional do movimento de alterglobalização, concebendo a sua ação, sobretudo, pela "rede 2.0". Enquanto tal, conduz a uma consciência acerca da situação dos trabalhadores de call-centers não apenas entre outros sindicatos na sociedade, mas também entre os trabalhadores precários em geral.

Entre 2008 e 2018, foram realizadas quarenta entrevistas a atuais e a ex-trabalhadores, assim como a delegados sindicais e ativistas de diversos serviços de call-center em Portugal. Entre 2006 e 2008, recorreu-se igualmente à metodologia de observação participante em movimentos de protesto social, reuniões e trabalho de campo como trabalhadora num call-center da área das telecomunicações em Coimbra. A inserção foi efetuada de forma anônima de modo a não enviesar a informação obtida durante o estudo. O presente capítulo pretende analisar como se processa o trabalho realizado em call-center, assim como as novas formas de organização sindical e de protesto social do precariado informacional. Dessa forma, será efetuada uma breve análise do contexto econômico e social no qual os call-centers emergiram e no qual se encontram atualmente, em crescente ascensão econômica em Portugal. Analisar-se-á igualmente a relevância do papel profissional do operador de call-center e os riscos psicossociais aos quais se encontra diariamente exposto. Por fim, serão apresentadas as formas de luta que esses trabalhadores levam a cabo em termos de organização laboral e sindical, de modo a retirar lições dessa ação virtual coletiva, potencializada, sobretudo, pelas plataformas e redes digitais, contribuindo para novas formas de organização sindical.

A LINHA DE MONTAGEM DIGITAL DOS CALL-CENTERS

No século XXI, os call-centers tornaram-se as empresas que melhor incorporam a emergente composição técnica do capital caracterizado pela inovação tecnológica por meio da racionalização cronometrada do trabalho[14], do call-center virtual, dos recursos de aprendizagem, marketing, negociação e vendas. O Web Enabled

---

[13] Kolinko, "Proposal for an Inquiry in Call-Centers", *Libcom*, nov. 1999; disponível em: <https://libcom.org/library/proposal-inquiry-call-centers-kolinko>; acesso em: 10 ago. 2019.
[14] Manuel Castells, *The Information Age: Economy, Society and Culture* (Oxford, Blackwell, 1996).

Call-Center (WECC) compreende o call-center virtual, no qual os clientes são visitantes do website e têm acesso a agentes por meio da chamada-retorno (*callback*), do serviço VoIP (Voice Over Internet Protocol) e chat[15]. O setor de serviços do call-center articula a mediação entre o *data analytics* e as tecnologias de informação e comunicação (TIC) do século XXI com as condições laborais do fim do século XX (toyotismo)[16].

Existem diferentes tipos de serviços de call-center: há aqueles que providenciam informações aos clientes; conectam os consumidores a terceiros; vendem produtos/bens/serviços pelo telefone e providenciam serviços de emergência e linhas de apoio[17]. Como tal, o serviço de *inbound* compreende call-centers exclusivamente direcionados para o serviço de atendimento de chamadas, como é o caso do apoio a clientes e linhas de apoio; enquanto o serviço de *outbound* refere-se a serviços de realização de chamadas, como é caso das vendas e linhas de caridade, assim como outros serviços que utilizam ambas as vertentes, recebendo ou transmitindo um elevado número de pedidos via telefone, e-mail e chat, ou seja, outras tecnologias baseadas no computador[18].

Desde fins da década de 1990, a expansão do complexo dos call-centers tem sido caracterizada pelo foco no cliente, na qualidade dos produtos e serviços, na inovação tecnológica e nas várias estratégias para a racionalização organizacional, incluindo a subcontratação e o *outsourcing*[19]. Os call-centers simbolizam a nova economia moderna dos serviços que se encontram disponíveis ao virar a esquina, cuja distribuição poderá ser realizada de qualquer lugar e a qualquer hora, por meio dos serviços disponibilizados virtualmente, ou seja, por meio das plataformas digitais, que vendem seus produtos envolvendo o menor custo possível[20].

---

[15] Sebastiano Bagnara, "Towards Telework in Call-Centres: Euro-Telework 2000", s.d.; disponível em: <https://www.euro-telework.org>; acesso em: 10 nov. 2019.

[16] Ricardo Antunes e Ruy Braga (orgs.), *Infoproletários*, cit.

[17] Miriam Glucksmann, "Call Configurations: Varieties of Call Centre and Divisions of Labour", *Work, Employment & Society*, v. 18, n. 4, 2004, p. 254.

[18] Jane Paul e Ursula Huws, "How Can We Help? Good Practice in Call-Centre Employment (Second Draft Report for the Tosca Project)", *Analytica Social and Economic Research Ltda.*, 2002; Dieter Zapf et al., "What is Typical for Call-Centre Jobs? Job Characteristics and Service Interactions in Different Call-Centres", *European Journal of Work and Organizational Psychology*, v. 12, n. 4, 2003, p. 311-40.

[19] Sara Falcão Casaca, "La segregación sexual en el sector de las tecnologías de información y comunicación (TIC): observando el caso de Portugal", *Sociología del Trabajo*, v. 57, 2006, p. 95-130.

[20] John Burgess e Julia Connell, *Developments in the Call-Center Industry: Analysis, Changes and Challenges* (Nova York/Londres, Routledge, 2006); Ilona Kovács, *Flexibilidade de emprego: riscos e oportunidades* (Oeiras, Celta, 2005); Jane Paul e Ursula Huws, "How Can We Help?", cit; Phil Taylor e Peter Bain, "Reflections on the Call-Centre: A Reply to Glucksman", *Work, Employment & Society*, v. 21, n. 2, 2007, p. 355.

Devido à crise socioeconômica de 2007, a velocidade do trabalho, a desqualificação, a vigilância e o controle intensificaram-se[21]. O modo de produção *just-in-time* requer empresas flexíveis, trabalho especializado e segmentado, com o menor investimento nos trabalhadores, que executam múltiplas tarefas, com trabalho automatizado e otimizado, envolvendo um reduzido número de assalariados para tarefas estandardizadas e rotinizadas[22].

O trabalho realizado em call-center encontra-se sujeito aos níveis mais elevados de monitorização eletrônica de performance (EPM) e vigilância eletrônica pervasiva por meio do panóptico eletrônico[23]. O uso do roteiro (*script*) por parte dos operadores é uma extensão lógica do taylorismo, representando um meio de controle sobre o processo laboral dos colarinhos-brancos[24].

Segundo Brophy, o modelo neotaylorista de produção confere baixos salários, elevados níveis de estresse, emprego precário, gestão rígida e trabalho emocional esgotante aos trabalhadores[25]. Esse modelo de produção aplicado em call-centers segue os princípios da gestão científica do trabalho de manufatura de larga escala por meio das fábricas com suas linhas de montagem, nas quais o neoproletariado dos serviços[26] trabalha em pequenas células, executando múltiplas tarefas no menor tempo possível, em um sistema de produção magra ou *lean production*[27].

---

[21] Kolinko, *Hotlines: Call-Centre, Inquiry, Communism* (Oberhausen, s.n., 2002); disponível em: <https://www.nadir.org/nadir/initiativ/kolinko/lebuk/e_lebuk.htm>; acesso em: 10 ago. 2019.

[22] Serge Paugam, *Le Salarié de la précarité: les nouvelles formes de l'intégration professionnelle* (Paris, PUF, 2000); Ilona Kovács, *As metamorfoses do emprego: ilusões e problemas da sociedade da informação* (Oeiras, Celta, 2002).

[23] Ifeoma Ajunwa, Kate Crawford e Jason Schultz, "Limitless Worker Surveillance", *California Law Review*, v. 105, n. 3, 2017; Chris Baldry, Peter Bain e Phil Taylor, "'Bright Satanic Offices': Intensification, Control and Team Taylorism", em Chris Warhurst e Paul Thompson (orgs.), *Workplaces of the Future* (Londres, Macmillan, 1998); Enda Brophy, "Resisting Call-Centre Work: The Aliant Strike and Convergent Unionism in Canada", *Work Organisation, Labour and Globalisation*, v. 3, n. 1, 2009, p. 80-99; Simon Head, *The New Ruthless Economy: Work & Power in the Digital Age* (Oxford, Oxford University Press, 2003); Kate Mulholland, "Gender, Emotional Labour and Team Working in a Call-Centre", *Personnel Review*, v. 31, n. 3, 2002, p. 283-303; Phil Taylor e Peter Bain, "'An Assembly Line in the Head': Work and Employee Relations in the Call Centre", *Industrial Relations Journal*, v. 30, n. 2, 1999, p. 101-17; Philip Taylor e Peter Bain, "Trade Unions, Workers' Rights and the Frontier of Control in UK Call-Centres", *Economic and Industrial Democracy*, v. 22, n. 1, 2001, p. 39-66; Phil Taylor et al., "Work Organisation, Control and the Experience of Work in Call-Centres", *Work, Employment & Society*, v. 16, n. 1, 2002, p. 133-50; George Callaghan e Paul Thompson, "Edwards Revisited: Technical Control and Call-Centres", *Economic and Industrial Democracy*, v. 22, n. 1, 2001, p. 13-37.

[24] Jamie Woodcock, *Working the Phones: Control and Resistance in Call Centres* (Londres, Pluto Press, 2017).

[25] Enda Brophy, "Resisting Call-Centre Work", cit.

[26] Gøsta Esping-Andersen, *Changing Classes: Stratification and Mobility in Post-Industrial Societies* (Londres, Sage, 1993).

[27] Ilona Kovács, *Flexibilidade de emprego*, cit.

Para David Graeber, esses "trabalhos da treta" (*bullshit jobs*), como no caso dos call-centers, estão tornando-se cada vez mais predominantes[28]. Os trabalhadores encontram-se completamente limitados à linha de montagem, não havendo margem para qualquer rastro de criatividade ou autonomia, afetando sua saúde emocional e psicológica[29], aumentando o nível de estresse e diminuindo sua satisfação laboral e autoestima, o que, por sua vez, conduz a relações laborais negativas e pobres[30]. Esses riscos resultam em níveis de resistência bastante reduzidos ou nulos por parte do trabalhador de call-center, tendo em conta que seu local de trabalho é determinado pela vigilância e controle, sendo que as infrações e falhas na cooperação são punidas com demissões e/ou fomentadas pelo assédio[31].

Contudo, e após a observação participante realizada durante dois anos num call-center da área de telecomunicações em Coimbra, foi possível verificar que, durante o processo de atendimento de chamadas, a maioria dos operadores opta por lógicas de recusa, mencionando falaciosamente ao cliente a existência de uma avaria momentânea no sistema informático, tornando-se impossível fornecer a informação ou o apoio solicitado; outros colocam o cliente em espera durante alguns minutos até que ele desligue a chamada, tendo em vista que o operador não poderá fazê-lo. Esses são alguns exemplos de técnicas de resistência e subversão do sistema adotadas pelos trabalhadores de call-center, encorajadas pelos sindicatos na forma de lógicas de greve no local de trabalho (*striking on the job*)[32].

OS TRABALHADORES DE CALL-CENTER

Por meio de uma análise que faz uso da *workers inquiry approach*, ou seja, da investigação-ação, pretende-se combinar a produção de conhecimento com a organização

---

[28] David Graeber, *Bullshit Jobs* (Nova York, Simon & Schuster, 2018).
[29] Catherine Collins, "Bill Would Require Notices when Bosses Snoop on Employees", *Los Angeles Times*, 3 nov. 1991; disponível em: <https://articles.latimes.com/1991-11-03/business/fi-1400_1_employee-performance>; acesso em: 10 nov. 2018; Danielle Van Jaarsveld e Winifred Poster, "Call-Centers: Emotional Labor Over the Phone", em Alicia Grandey, James Dieffendorff e Deborah Rupp (orgs.), *Emotional Labor in the 21st Century: Diverse Perspectives on the Psychology of Emotion Regulation at Work* (Nova York, Routledge, 2013).
[30] Phoebe Moore, Martin Upchurch e Xanthe Whittaker (orgs.), *Humans and Machines at Work: Monitoring, Surveillance and Automation in Contemporary Capitalism* (Londres, Palgrave Macmillan, 2017, coleção Dynamics of Virtual Work), p. 19; Susan Schumacher, "What Employees Should Know about Electronic Performance Monitoring", *Essai*, v. 8, n. 38, 2011, p. 138-44; disponível em: <https://dc.cod.edu/cgi/viewcontent.cgi?article=1332&context=essai>; acesso em: 10 nov. 2018.
[31] Enda Brophy e Jamie Woodcock, "The Call-Centre Seen from Below", cit.
[32] Erving Goffman, *Asylums: Essays on the Social Situation of Mental Patients and Inmates* (Harmondsworth, Penguin, 1968) [ed. bras.: *Manicômios, prisões e conventos*, trad. Dante Moreira Leite, São Paulo, Perspectiva, 2019]; Isabel Roque, *As linhas de montagem teleoperacionais no mundo dos call-centres: um retrato local numa moldura transnacional* (dissertação de mestrado em economia, Coimbra, Universidade de Coimbra, 2010).

laboral. Como tal, mediante uma perspectiva realizada na primeira pessoa e relativamente aos operadores de call-center, pretende-se analisar e desvendar as formas de mudança e luta para uma melhor compreensão da situação da classe trabalhadora, tentando intervir nela. O processo de obtenção de contatos para entrevista foi relativamente facilitado pelo fato de a investigadora ter trabalhado em diversos call-centers em Portugal ao longo de sua vida profissional, e ter optado por uma etnografia que envolvia observação participante durante dois anos num call-center em Coimbra, quando da realização de sua dissertação de mestrado. Por meio desse estudo foram criados laços de proximidade com diversos trabalhadores, delegados e dirigentes sindicais, supervisores e ativistas, permitindo a amostra em bola de neve, tendo inclusive participado em protestos sociais, como no Movimento PT Precariacções, que se encontra na gênese do STCC e em reuniões de trabalhadores.

Como tal, a investigadora descreve igualmente sua própria perspectiva, assim como a perspectiva dos trabalhadores, sempre na primeira pessoa, como parte de um processo de construção da confiança dos trabalhadores para a tomada de ação de e para si próprios[33].

Segundo Danilo Moreira, presidente do STCC, até 2008 a maioria dos trabalhadores portugueses de call-centers era compreendida por estudantes (uma força de trabalhado altamente qualificada) e por mulheres. Contudo, a crise econômica internacional de 2007 dizimou o mercado laboral europeu, transformando a composição dos trabalhadores de call-centers, que não mais optam por trabalho em regime de tempo parcial ou temporário, mas permanente, procurando a construção de uma carreira profissional[34]. Atualmente, um número maior de trabalhadores do gênero masculino, com cerca de trinta e quarenta anos de idade e mais velhos, trabalha como operador de call-center. O motivo deve-se, sobretudo, à dificuldade na obtenção de um emprego estável e na área de formação superior de cada trabalhador, ou ainda ao elevado número de demissões que se agravou em Portugal no período pós-troika, a partir de 2013, com a inclusão de trabalhadores mais velhos cuja integração no mercado de trabalho seria impossível de outra forma. A idade dos trabalhadores entrevistados para o estudo variou entre os 27 e 57 anos, sendo que a maioria indicou ter frequentado o ensino superior. Segundo Moreira, em Coimbra e Évora é notório que a maioria dos trabalhadores pertence ao gênero feminino, sendo estudantes de curso superior, tendo em conta que a cidade apresenta poucas oportunidades laborais; nos casos de Lisboa, Braga, Setúbal e Porto, é mais frequente a diversidade de gênero de trabalhadores e contratos de tempo integral.

---

[33] "The Workers' Inquiry and Social Composition", *Notes from Below*, 29 jan. 2018; disponível em: <https://notesfrombelow.org/article/workers-inquiry-and-social-composition>; acesso em: 10 ago. 2019.
[34] Isabel Roque, *As linhas de montagem teleoperacionais no mundo dos call-centres*, cit.

Moreira mencionou igualmente que a maioria dos trabalhadores é subcontratada por empresas de trabalho temporário, sendo esses contratos de termo certo, renováveis diária, semanal, mensal ou anualmente, não apresentando, na sua maioria, o direito a licença médica ou sequer licença parental. Como tal, esses trabalhadores precários não se beneficiarão dos mesmos direitos sociais e laborais que os demais trabalhadores contratados pela empresa-sede. Por esses motivos, o STCC encontra-se empenhado na luta por um duplo reconhecimento: o estatuto de profissão validado pela Classificação Portuguesa de Profissões e o estatuto de profissão de desgaste rápido. Assim, em novembro de 2018 foi entregue uma petição na Assembleia da República com essa mesma finalidade: o aumento do salário de 580 para 750 euros mensais, além do pedido de regulamentação das pausas laborais.

Os operadores de call-center são trabalhadores do conhecimento que efetuam a manipulação interna e externa do conhecimento, organizando e redirecionando a informação, efetuando a entrega virtual dos produtos, mantendo e gerindo a relação entre o capital e os clientes do setor de serviços[35]. As tarefas diárias consistem num número de gestos que impedem o desenvolvimento de suas capacidades mentais, levando-os a trabalhar como meras extensões dos computadores[36]. Além disso, os trabalhadores do conhecimento são avaliados quase exclusivamente pelo alcance das metas por objetivos, fomentando a "projetificação" de suas experiências laborais. Consequentemente, a lógica da tarefa orientada constitui-se como uma das principais características do trabalho do conhecimento, tal como o trabalho cronometrado, específico da era industrial.

E. P. Thompson analisou o modo como as fábricas de têxteis e as oficinas de engenharia se tornaram regimentadas pelo tempo disciplinado, no qual o controle se intensificou, facilitando a produção em massa, reduzindo os custos laborais, com a exacerbação do caráter dos tempos abstratos e impessoais[37]. As relações do tempo cronometrado encontram-se embutidas nas relações sociais exploradoras, alienantes e opressoras, delineando um conjunto de limites e pressões sobre o trabalhador e a agência temporal coletiva, agindo como coerção direta ou disciplina social[38]. Por meio da observação participante, foi possível verificar e experienciar as tarefas altamente repetitivas e cronometradas na linha de montagem do call-center, isentas de qualquer autonomia e motivação, impedindo que os trabalhadores alcancem

---

[35] Peter Drucker, *Landmarks of Tomorrow* (Nova York, Harper, 1959).
[36] Isabel Roque, "As linhas de montagem teleoperacionais no mundo dos call-centres", *Atas do VI Congresso da Associação Portuguesa de Sociologia – Sociedade, Crises e Reconfigurações*, Lisboa, Associação Portuguesa de Sociologia, 2012.
[37] E. P. Thompson, "Time, Work-Discipline and Industrial Capitalism", em E. P. Thompson (org.), *Customs in Common* (Nova York, New Press, 1993), p. 85-6.
[38] Jonathan Martineau, "Making Sense of the History of Clock-Time, Reflections on Glennie and Thrift's Shaping the Day", *Time & Society*, v. 26, n. 3, 2017, p. 305-20.

um *status* profissional ou sentimento de pertencimento à empresa[39]. Exemplar da mesma situação é o testemunho de um trabalhador do serviço de *inbound* e delegado sindical:

> Eu não me sinto realizado com aquilo que faço. Não compensa deixar minha zona de conforto, que é a minha cidade, e ter uma vida pior. Não me permite sequer viver numa casa alugada. Além disso, eu tenho minha atividade, que me ajuda a sobreviver. Tenho 34 anos e ainda vivo com meus pais. Eu e a maioria das pessoas que trabalha em call-centers não possuímos capacidade econômica para viver uma vida independente, e essa é a grande questão! A maior consequência para a vida de um precário em Portugal é a impossibilidade de uma vida autônoma, de constituir a si próprio como autônomo. [operador de call-center *inbound*, 34 anos de idade, 2013]

Essas condições laborais são igualmente consequentes do mercado de trabalho precário, que sujeita os trabalhadores ao despejo iminente e/ou à substituição por mão de obra barata, sobretudo por meio das empresas de trabalho temporário. A subcontratação é realizada por essas empresas, que conectam os trabalhadores à empresa-sede, sendo responsáveis pelo processo de recrutamento e de recursos humanos, o que facilita o processo de demissão ou substituição sazonal por outros trabalhadores mais rentáveis[40].

Diversos estudos reportam níveis elevados de rotatividade (*turnover*) associados à subcontratação, assim como níveis elevados de estresse e insatisfação[41], ausência de estratégias de gestão desenhadas para alcançar alta performance e compromisso por parte do *staff*[42], com a atribuição de salários baixos e incertos, dependentes de avaliações diárias e/ou semanais dos trabalhadores. O fenômeno da internalização e da autorregulação encontra-se relacionado à remuneração por resultados, conduzindo à criação de uma escravatura voluntária e à extensão do trabalho, frequentemente não pago e efetuado de forma "espontânea" pelos trabalhadores[43].

---

[39] Ursula Huws, *The Making of a Cybertariat*, cit.; Isabel Roque, *As linhas de montagem teleoperacionais no mundo dos call-centres*, cit.

[40] Gary Crone, Lorraine Carey e Peter Dowling, "Compensation Strategies in Telephone Call-Centres: An Australian Perspective", *The Human Resource Management Journal*, Special Edition, 6 nov. 2001, p. 1-39; Stephen Deery e Janet Walsh, "Contracting Out and Market-Mediated Employment Arrangements: Outsourcing Call-Centre Work", em *Conference Proceedings Call-Centres and Beyond: The HRM Implications* (Londres, King's College/University of London, 2001); Isabel Roque, *As linhas de montagem teleoperacionais no mundo dos call-centres*, cit.

[41] Maeve Houlihan, "Managing to Manage? Stories from the Call-Centre Floor", *Journal of European Industrial Training*, v. 25, n. 2-3-4, 2001, p. 208-20.

[42] Stephen Frenkel et al., "Beyond Bureaucracy? Work Organisation in Call-Centres", *The International Journal of Human Resource Management*, v. 9, n. 6, 1998, p. 957-79.

[43] Annalisa Murgia, Lara Maestripieri e Emiliana Armano, "The Precariousness of Knowledge Workers: Hybridisation, Self-Employment and Subjectification", *Work, Organisation, Labour*

Na maioria dos casos, os call-centers podem constituir-se relativamente como locais isentos da possibilidade de construção de uma carreira, apresentando um elevado número de trabalhos sem saída, com baixas competências, tarefas repetitivas, nos quais o desenvolvimento das qualificações é uma utopia para muitos[44]. A identidade dos trabalhadores é desconstruída pela inexistência de identificação com a profissão e com as tarefas executadas, assim como a falta de autonomia e paixão no trabalho, consequentes de uma real desadequação das qualificações acadêmicas, técnicas, e/ou experiência profissional prévia. Em situações de precariedade, austeridade e competição intensa pelo trabalho, os trabalhadores são obrigados a um desgaste laboral, dirigidos pelo receio de um despejo iminente. Os sintomas de estresse e o *burnout* são frequentes pelo fato de os trabalhadores não possuírem experiência do trabalho exigido e de se encontrarem desprovidos de serviços de apoio psicológico, assim como de ferramentas cognitivas ou emocionais para lidar com tensões e pressões[45]. Essas mudanças psicológicas contribuem para a criação de um *self* (eu) – ou seja, uma identidade – afetado pela ansiedade, que internaliza o imperativo para a performance. Trata-se de uma subjetificação dual do trabalhador, quer como sujeito empresarial, quer como corpo laboral objetificado e observado[46].

A fim de que possam vender mais produtos e/ou serviços, assegurando a lealdade dos clientes, os operadores de call-center recorrem ao trabalho emocional, ignorando toda e qualquer forma verbal agressiva por parte dos clientes, sorrindo ao telefone e recorrendo a seu tom de voz[47]. Enquanto atendem os clientes, os operadores executam ainda o registro detalhado de todos os assuntos e procedimentos executados por uma aplicação virtual. O trabalhador é restringido a um pequeno cubículo, inserido numa sala que, na maioria dos casos, não possui

---

& *Globalisation*, v. 10, n. 2, 2016, p. 1-8; Philippe Zarifian, *Le Travail et la compétence: entre puissance et contrôle* (Paris, PUF, 2009).

[44] Vicky Belt, "A Female Ghetto? Women's Careers in Call Centers", em *Conference Proceedings – Call Centers and Beyond: The HRM Implications* (Londres, King's College/University of London, 2001); Celia Stanworth, "Women and Work in the Information Age", *Gender, Work and Organization*, v. 7, n. 1, 2000, p. 20-32; Phil Taylor e Peter Bain, "'An Assembly Line in the Head'", cit.

[45] Isabel Roque, "Fragmented Occupational Identities: A Study on Portuguese and British Contact Centre Workers", em Pedro Arezes et al. (orgs.), *Occupational Safety and Hygiene V* (Londres, CRC Press, 2017), p. 579-83.

[46] Phoebe Moore e Andrew Robinson, "The Quantified Self: What Counts in the Neoliberal Workplace", *New Media and Society*, v. 18, n. 11, 2016, p. 2.775.

[47] George Callaghan e Paul Thompson, "The Selection and Shaping of Call-Centre Labour", *Open Discussion Papers in Economics*, Open University, n. 15, 2000; Arlie Russell Hochschild, *The Managed Heart: Commercialization of Human Feeling* (Berkeley, University of California Press, 1983); Isabel Roque, "Psychosocial Risks at the Portuguese Contact Centres", em Pedro Arezes et al. (orgs.), *Occupational Safety and Hygiene IV*, cit; Phil Taylor et al., "Work Organisation, Control and the Experience of Work in Call-Centres", cit.; Steve Taylor e Melissa Tyler, "Emotional Labour and Sexual Difference in the Airline Industry", *Work, Employment & Society*, v. 14, n. 1, 2000, p. 77-95.

janelas, em que o ar-condicionado não é corretamente regulado e cujos filtros não são limpos. A limpeza geral do call-center é efetuada durante o atendimento ou é escassa de todo; a cadeira na qual o trabalhador se senta durante horas, por vezes sem qualquer intervalo, não é ergonômica, sendo o fone de ouvido, o teclado, o computador e o *mouse* partilhados entre toda a comunidade laboral. Todavia, o operador deverá ser rápido, atento, simpático, empático, flexível e capaz de lidar com situações e comportamentos inesperados por parte do cliente, ainda que seja vítima de assédio moral por parte desse cliente ou do supervisor[48].

CIBERATIVISMO E SINDICALISMO EM CALL-CENTERS

O movimento sindicalista foi tardio em Portugal, tendo sido estabelecido com a revolução democrática de 25 de abril de 1974, a Revolução dos Cravos[49]. A partir de 2011, Portugal foi sujeito ao programa de austeridade do memorando da troika, que conduziu ao desmantelamento do Estado de bem-estar social, introduzindo a flexibilização das relações laborais, a perda dos direitos sociais e laborais, a consolidação fiscal por meio do corte de gastos e aumento das receitas, a implementação de várias reformas estruturais, tal como a privatização das empresas estatais e a desregulação do setor financeiro e mercado laboral[50]. A austeridade afetou a vida dos trabalhadores, que se viram obrigados a deixar Portugal, sobretudo em 2013, com cerca de 120 mil trabalhadores emigrados[51] e uma taxa de desemprego de 16%, com cerca de 35% de jovens desempregados[52].

A fim de poder sobreviver, os trabalhadores foram obrigados a aceitar empregos precários e desajustados de suas competências profissionais e/ou acadêmicas. A geração de jovens trabalhadores do século XXI é apelidada de "geração *low cost*", ou seja, uma geração de baixo preço, que é subvalorizada, quer no ordenado que aufere, quer nas qualificações que detém, perdendo o acesso a benefícios sociais e

---

[48] Isabel Roque, "Psychosocial Risks at the Portuguese Contact Centres", cit.
[49] Britta Baumgarten, "Geração à Rasca and Beyond: Mobilizations in Portugal after 12 March 2011", *Current Sociology*, v. 61, n. 4, 2013, p. 457-73.
[50] Shaan Gurnani, "The Financial Crisis in Portugal: Austerity in Perspective", *The Libraries Student Research Prize*, n. 9, 2016; disponível em: <https://preserve.lehigh.edu/library-research-prize/9>; acesso em: 10 nov. 2018.
[51] Rui Pena Pires, "Tendência na emigração é de descida desde 2013", *Observatório da Emigração*, 2017; disponível em: <http://observatorioemigracao.pt/np4/5940.html>; acesso em: 10 ago. 2019.
[52] Instituto Nacional de Estatística/Statistics Portugal, "Estatísticas do emprego – 1º trimestre de 2013", *Portal do INE*, 2013; disponível em: <https://www.ine.pt/xportal/xmain?xpid=INE&xpgid=ine_pu blicacoes&PUBLICACOEStipo=ea&PUBLICACOEScoleccao=5685773&selTab=tab0&xlang= pt>; acesso em: 10 ago. 2019; International Labour Organization, *Global Employment Trends for Youth: 2011 Update* (Genebra, International Labour Office, 2011), p. 3-6; disponível em: <https:// www.ilo.org/empelm/pubs/WCMS_165455/lang--en/index.htm>; acesso em: 10 jul. 2019.

monetários apenas para ser integrado no mercado laboral[53]. Como tal, o precariado experiencia não apenas a perda do trabalho a longo termo, mas também a perda de direitos civis, políticos, sociais, econômicos e culturais, implorando, por vezes, pela obtenção de um emprego[54]. Desse modo, os call-centers representam um dos maiores "contentores" do exército precário de reserva, de acesso mais facilitado para o mercado de trabalho, sobretudo no que concerne ao gênero feminino, aos desempregados e aos jovens licenciados. Após a crise da troika, a oferta laboral tornou-se escassa em qualquer área profissional para a maioria dos trabalhadores, inclusive para os jovens adultos licenciados. O trabalho em call-center permite igualmente obter uma maior flexibilidade e conciliação com outras atividades laborais, acadêmicas e/ou pessoais, como o cuidado de idosos ou crianças[55].

Como consequência da incerteza laboral, a taxa de sindicalização decresceu fortemente, agravando-se entre os trabalhadores precários, sobretudo devido à incerteza e à rotatividade laboral, mas também à descrença no papel dos sindicatos e à perseguição sindical que as empresas executam. O modelo tradicional dos sindicatos é bastante limitado e fraco, afetando a negociação salarial, horários, reclamações, condições laborais e a lei laboral. Ainda que a maioria dos trabalhadores de call-centers não se identifique com as tarefas que executa, ou que conceba sua passagem por esses centros como algo temporário e sem qualquer ambição de carreira, a realidade vai sendo assumida como um percurso permanente com o passar dos anos[56].

Desde maio de 2011, os trabalhadores portugueses têm optado pelo envolvimento em diversos movimentos de protesto social, mais conhecidos por Geração à Rasca, Mayday, 15M, Indignados, Plataforma 150, Ferve, Que se Lixe a Troika e Precários Inflexíveis. Seguindo o exemplo das formas transnacionais de democracia participativa e deliberativa, o ativismo de movimentos de protesto social[57] contra a austeridade poderá ser igualmente designado de movimentos ciber, devido ao papel central conferido às tecnologias de informação e comunicação, por meio do uso da internet para a convocatória de manifestações, partilha de ideias e estratégias

---

[53] Martin Allen e Patrick Ainley, *Lost Generation? New Strategies for Youth and Education* (Londres, Continuum, 2010); Louis Chauvel, "L'Horizon obscurci des jeunes générations", em Stéphane Beaud, Joseph Confavreux e Jade Lindgaard (orgs.), *La France invisible* (Paris, La Découverte, 2008); Guy Standing, *The Precariat*, cit.

[54] Guy Standing, "Meet the Precariat, the New Global Class Fuelling the Rise of Populism", *World Economic Forum*, 9 nov. 2016.

[55] Isabel Roque, *As linhas de montagem teleoperacionais no mundo dos call-centres*, cit.

[56] Ursula Huws, *Labor in the Global Digital Economy: The Cybertariat Comes of Age* (Nova York, Monthly Review Press, 2014); Isabel Roque, *As linhas de montagem teleoperacionais no mundo dos call-centres*, cit.

[57] Sidney Tarrow, *Power in Movement: Social Movements and Contentious Politics* (Nova York, Cambridge University Press, 2011).

de luta nas redes sociais, sobretudo na sua organização no terreno[58]. Essa série de demonstrações de luta social portuguesa incutiu mudanças notáveis na estrutura organizacional das mobilizações, sobretudo no impacto no sindicalismo tradicional e/ou clássico que se demarca por sua estrutura vertical e burocrática[59].

Em Portugal, o maior movimento de descontentamento social remonta ao ano de 1974, com a Revolução dos Cravos, que ainda inspira os ativistas que entoaram a "Grândola Vila Morena", uma das maiores armas de resistência e fraternidade quando da ditadura de Salazar, mas também das manifestações de 2011[60].

Em termos do setor dos call-centers, os Precários Inflexíveis e o PT Precariacções representam os movimentos que mais se destacaram em Portugal nesse âmbito. O primeiro surgiu em 2007 em Lisboa, compreendendo a primeira plataforma de protesto e luta social por redes sociais (Facebook), um blog e um website. Formado por jovens ativistas, majoritariamente de esquerda, seus membros criaram vários grupos de luta focados nos recibos verdes, empresas de trabalho temporário, investigadores, call-centers e segurança social. No que diz respeito aos call-centers, sua principal atuação ocorreu em 2014, quando das greves levadas a cabo pelos trabalhadores dos call-centers do Saúde 24. Os sindicatos tradicionais não tiveram poder de negociação nem atuação sobre as questões específicas que os contratos desses trabalhadores compreendiam. Segundo o testemunho de um ex-enfermeiro do Saúde 24, que mais tarde se tornou um ativista dos Precários Inflexíveis, a inoperatividade sindical é bastante notória:

> Fui despedido em fevereiro de 2014, tendo os meus colegas sido dispensados coletivamente nos meses que se seguiram. No entanto, temos um processo a decorrer na Autoridade para as Condições do Trabalho, com o apoio dos Precários Inflexíveis. Mas a maioria dos trabalhadores que foi despedida não consegue encontrar emprego, pois a empresa dificultou o processo ao contactar outros call-centers relativamente a essa situação, não tendo sequer passado a carta para acesso ao subsídio de desemprego. No meu caso, fui obrigado a vender meu carro e emigrar para a Inglaterra. Passamos de uma situação de emprego para a vida para a vida sem emprego. A maioria dos meus colegas encontra-se desmoralizada, sem vontade de continuar a lutar, e essa é a realidade que os sindicatos tradicionais portugueses oferecem aos trabalhadores. [ex-enfermeiro do call-center do Saúde 24, 32 anos de idade, 2014]

No presente caso, é notória a incapacidade dos sindicatos tradicionais e/ou clássicos para lidar com especificidades de determinadas profissões ou setores, tal

---

[58] Pierre Lévy, *Cyberculture* (Minneapolis, University of Minnesota Press, 2001, coleção Electronic Mediations, v. 4).
[59] Britta Baumgarten, "Geração à Rasca and Beyond", cit.
[60] Idem; Isabel Roque, "Trade Unionism and Social Protest Movements in Portuguese Call-Centres", *Journal of Labor and Society*, v. 21, n. 1, 2017, p. 55-75.

como questões relacionadas à duração e flexibilidade dos contratos, riscos psicossociais e assédio, ou seja, novas realidades e leis que se revestem de contornos de flexibilidade e precariedade laboral[61].

No entanto, em 2006, na cidade de Coimbra, formou-se uma nova comissão de trabalhadores de call-centers – PT Precariacções –, que se manifestava na praça pública com a entrega de *flyers*, dentro e fora das empresas do ramo, e a disponibilização de pôsteres elucidativos das condições precárias e de exploração laboral que vivenciavam no setor das telecomunicações, assim como ações de manifesto dos próprios operadores dentro das empresas. Segundo um de seus membros:

> Essa comissão de trabalhadores possui uma ideologia que se encontra relacionada com a denúncia da precariedade e da luta pela dignidade laboral por meio da consciencialização pública sobre os problemas específicos do setor. Não temos ainda uma sede, mas reunimo-nos nas casas uns dos outros, e combinamos estratégias de ação. Distribuímos também *flyers* à porta dos call-centers, e de forma anônima dentro dos mesmos por nossos delegados; nossos associados passam igualmente a palavra aos colegas, mas agimos também na internet. Na semana passada colocamos umas faixas em frente à sede da PT no Jardim da Manga, e no dia seguinte tínhamos um *raid* da polícia no edifício para procurar quem teria denegrido a imagem do Zeinal! [operador *inbound*, apoio ao cliente, telecomunicações, 27 anos de idade, 2013]

Portanto, nesse trecho de entrevista é notória a procura por um movimento ou organização sindical que represente, denuncie e possua capacidade de ação perante os problemas e especificidades laborais que os trabalhadores de call-center enfrentam. É de salientar que essa organização de trabalhadores, que se manifestava como se tratasse, de fato, de um movimento de protesto social, possuía um campo de ação e organização na internet pelo Facebook e por um blog. Nele, eram denunciadas as condições precárias dos trabalhadores, assim como divulgavam-se testemunhos de abusos laborais, convocatórias para movimentos de protesto e táticas de resistência, mas também elucidações sobre direitos sociais e laborais, assim como o apelo à organização sindical.

No entanto, em 2013, após demissões coletivas, a maioria desses trabalhadores viajou para Lisboa, Braga e Porto. O movimento continuou com a mesma lógica, permitindo o aprofundar da confiança e das redes informais fortes estabelecidas entre colegas não apenas de profissão, mas de luta; ou seja, criou-se um espírito de classe com a realização de reuniões frequentes para a elucidação dos trabalhadores sobre seus direitos, mas também para estratégias de luta e sabotagem laboral. Esse ativismo "virtual/real" levou à consolidação dessa comissão de trabalhadores que, em setembro de 2014, levou à criação do Sindicato dos Trabalhadores de Call-Center

---

[61] Sebastiano Bagnara, *Towards Telework in Call-Centres*, cit.; Enda Brophy, *Language Put to Work: The Making of the Global Call-Centre Workforce* (Londres, Palgrave Macmillan, 2017).

em Lisboa. Esse sindicato opera apenas com atuais trabalhadores de call-center, num regime de voluntariado, isento de qualquer apoio estatal ou político. Sua primeira presidente eleita foi uma mulher, que exigiu plena igualdade de gênero e de raça entre seus membros e dirigentes. Danilo Moreira é seu atual presidente, sendo igualmente um trabalhador de call-center, com cerca de vinte anos de profissão, situação que permite um maior sentimento de representatividade e pertencimento por parte dos afiliados.

Esse sindicato opera, sobretudo, por plataformas digitais, pelo YouTube, e-mail, Facebook e pelo blog *Tás Logado*. Desse modo, o âmbito de alcance dos seus feitos no setor é ampliado, permitindo igualmente uma maior interação entre os sócios e os trabalhadores fragilizados que, em alguns casos, solicitam apoio, com receio de revelar sua identidade. Danilo Moreira mencionou também a existência de apoio jurídico aos membros do sindicato e ajuda pontual a qualquer trabalhador no modo como poderá agir em casos de assédio ou demissões sem justa causa. Esse sindicato se reúne com frequência por plenários de trabalhadores e empresas[62], realizando igualmente formações para delegados sindicais e ativistas, assim como workshops de âmbito público, envolvendo a sociedade civil e a academia. Seu campo de ação não se limita apenas ao setor dos call-centers, envolvendo-se no apoio a outras causas, como o movimento ambiental, a luta das mulheres, o movimento antirracista, movimentos LGBTQ+, além de sinergias com outros sindicatos, como é o caso do Sindicato dos Estivadores. De fato, a interação e a partilha de estratégias de luta com outros sindicatos têm sido cada vez mais ampliadas, sobretudo para países como Espanha, Brasil e os do Leste europeu. Em 2017, o STCC realizou sua primeira greve com os trabalhadores da Teleperformance, a maior empresa do setor em Portugal, que se recusava a negociar questões contratuais e salariais com o STCC. Todavia, a greve de um dia apenas, anunciada sobretudo pelas redes sociais, resultou num aumento salarial e na contratação direta com a Teleperformance. O STCC saiu igualmente vitorioso no que se refere ao grau de credibilidade junto dos trabalhadores, aumentando o número de afiliados.

Ainda que o STCC tenha obtido gradualmente pequenas vitórias na luta pelos reconhecimentos dos direitos e da profissão de operador de call-center, existem ainda questões como a falta de reconhecimento por parte de outros sindicatos do setor, ou da sociedade em geral. No entanto, o fato de o STCC ser constituído por apenas cerca de seiscentos associados, com as quotas devidamente pagas, trata-se de uma questão que se deve, como já anteriormente referido, à elevada taxa de *turnover* ou de assédio moral, que conduz ao desligamento levado a cabo pelas chefias no seio das próprias empresas.

---

[62] Staughton Lynd, *Solidarity Unionism: Rebuilding the Labor Movement from Below* (2. ed., Oakland/Dexter, PM Press/Thomson-Shore, 2015).

Conclusões

Os novos movimentos de protesto social que surgiram em Portugal, sobretudo a partir de 2006, conduziram a uma nova visão social, sustentada pelas novas ferramentas providenciadas pelas redes sociais e consequente cobertura conferida pelos *media*. O impacto das pequenas vitórias alcançadas pelo STCC tem permitido que sua imagem e confiança sejam solidificadas e que seu trabalho obtenha uma maior visibilidade na sociedade – na academia e sobretudo entre os sindicatos, permitindo a disseminação de mensagens de contestação e/ou protesto social capazes de estimular a ação coletiva, não apenas no seio das empresas, mas principalmente nas ruas, criando um espaço híbrido para a democracia e libertação social[63].

Apesar da descrença política, verifica-se uma reconfiguração do movimento sindical, operado sobretudo pelo ciberespaço, com novas formas de ação de protesto social, assim como o revivalismo das greves levadas a cabo, em especial pelo STCC, quer de forma individual, quer com outros sindicatos e movimentos de protesto social. As tecnologias de informação e comunicação conduzem a novas formas de recrutamento e mobilização social, resultando em contribuições promissoras para a revitalização do movimento sindical[64]. Desse modo, o ativismo digital permite um maior alcance e apoio aos trabalhadores ainda não afiliados, potencializando igualmente o campo de ação e interação com outros movimentos sociais e sindicais, permitindo ultrapassar as fronteiras geográficas e linguísticas. O sindicalismo digital permite também criar metodologias de ação por meio do alargamento do sentimento de comunidade para contestação da sua situação de classe e do sistema capitalista[65]. Trata-se, portanto, de um revivalismo do poder de classe, da consciência de classe, que atualmente tem se tornado cada vez mais amplo pela transversalidade da precariedade, não apenas laboral, mas social, afetando o coletivo humano. Como tal, o envolvimento do novo sindicalismo, aqui

---

[63] Chris Atton, *An Alternative Internet: Radical Media, Politics and Creativity* (Edimburgo, Edinburgh University Press, 2004); Angel Calle, *Nuevos movimientos globales: hacia la radicalidad democrática* (Madri, Popular, 2005); Manuel Castells, *Networks of Outrage and Hope: Social Movements in the Internet Age* (Cambridge/Malden, Polity, 2012) [ed. bras.: *Redes de indignação e esperança: movimentos sociais na era da internet*, trad. Carlos Alberto Medeiros, Rio de Janeiro, Zahar, 2013]; Cees Hamelink, *The Ethics of Cyberspace* (Londres, Sage Publications, 2000); Symon Hill, *Digital Revolutions: Activism in the Internet Age* (Oxford, New Internationalist Publications, 2013); Margarita Padilla, *El kit de la lucha en internet* (Madri, Traficantes de Sueños, 2012); Hector Postigo, *The Digital Rights Movement: The Role of Technology in Subverting Digital Copyright* (Cambridge, MIT Press, 2012); Eric Raymond, *The Cathedral and the Bazaar: Musings on Linux and Open Source by an Accidental Revolutionary* (Cambridge, O'Reilly Media, 1999).

[64] Wayne J. Diamond e Richard B. Freeman, "Will Unionism Prosper in Cyberspace? The Promise of the Internet for Employee Organization", *British Journal of Industrial Relations*, v. 40, n. 3, fev. 2002, p. 569-96.

[65] György Lukács, *History and Class Consciousness: Studies in Marxist Dialectics* (Londres, Merlin, 1971) [ed. bras.: *História e consciência de classe: estudos sobre a dialética marxista*, trad. Maria Ermantina de Almeida Prado, São Paulo, WMF Martins Fontes, 2019].

representado pelo STCC, com movimentos de protesto social, que abrangem a luta pelo direito à habitação, a luta ambiental e climática, a luta pelos direitos LGBTQ+, as lutas dos professores e estivadores, entre outros, tem sido cada vez maior e permite que outros sindicatos, sobretudo os sindicatos tradicionais e/ou clássicos, sigam seu exemplo.

Este capítulo procurou tirar importantes lições das sinergias criadas entre os movimentos de protesto social, associações de trabalhadores e os sindicatos, por meio da vertente digital e ampla que os movimentos de protesto social utilizam como estratégia de organização dos trabalhadores e cidadãos em Portugal. O estudo demonstra o mesmo exemplo, no qual um aglomerado de trabalhadores de call-center optou por se organizar pelo ciberespaço e se manifestar por vários movimentos de protesto social para reivindicar seus direitos laborais, denunciando simultaneamente a precariedade e a inoperatividade sindical existentes no setor. Essas novas experiências e/ou sinergias, com novas estruturas e estratégias, poderão providenciar modelos para outros setores laborais que procurem organizar um sindicalismo mais combativo, democrático, aberto e independente.

Bibliografia geral

ABERNATHY, Frederick et al. *A Stitch in Time*: Lean Retailing and the Transformation of Manufacturing – Lessons from the Apparel and Textile Industries. Nova York, Oxford University Press, 1999.

ABÍLIO, Ludmila Costhek. *Sem maquiagem*: o trabalho de um milhão de revendedoras de cosméticos. São Paulo, Boitempo, 2014.

_____. Uberização do trabalho: subsunção real da viração. *Blog da Boitempo*, 22 fev. 2017. Disponível em: <https://blogdaboitempo.com.br/2017/02/22/uberizacao-do-trabalho-subsuncao-real-da-viracao>; acesso em: 10 out. 2019.

_____. Uberização e viração: mulheres periféricas no centro da acumulação capitalista. *Margem Esquerda*, São Paulo, Boitempo, n. 31, 2018, p. 54-61.

_____. Uberização: a era do trabalhador *just-in-time*? *Estudos Avançados*, v. 34, n. 98, jan.-abr. 2020, p. 111-26.

_____. Plataformas digitais e uberização: globalização de um Sul administrado? *Contracampo*, Niterói, v. 39, n. 1, abr.-jul. 2020, p. 12-26.

_____ (org.). *Informalidade e periferia no Brasil contemporâneo*. São Paulo, Fundação Perseu Abramo, 2019.

AGRE, Philip E. Surveillance and Capture: Two Models of Privacy. *The Information Society*, v. 10, n. 2, 1994, p. 101-27.

AGUIAR, Thiago Trindade de. *O solo movediço da globalização*: relações de trabalho na Vale S.A. Tese de doutorado em sociologia, São Paulo, Faculdade de Filosofia, Letras e Ciências Humanas da Universidade de São Paulo, 2019.

AJUNWA, Ifeoma; CRAWFORD, Kate; SCHULTZ, Jason. Limitless Worker Surveillance. *California Law Review*, v. 105, n. 3, 2017.

ALBERTI, Gabriella. Mobility Strategies, "Mobility Differentials" and "Transnational Exit": The Experiences of Precarious Migrants in London's Hospitality Jobs. *Work, Employment & Society*, v. 28, n. 6, 2014, p. 865-81.

ALEIXO, Caroline. Aulas nas escolas fundamentais dos bairros Pequis e Monte Hebron começam nesta terça em Uberlândia. *G1*, 27 fev. 2018. Disponível em: <https://g1.globo.com/mg/triangulo-mineiro/noticia/aulas-nas-escolas-fundamentais-dos-bairros-pequis-e-monte-hebron-comecam-nesta-terca-em-uberlandia.ghtml>; acesso em: 10 de jun. 2018.

ALIANÇA BIKE. Perfil dos entregadores ciclistas de aplicativo. *Portal da Associação Brasileira do Setor de Bicicletas*, São Paulo, jul. 2019. Disponível em: <http://aliancabike.org.br/pesquisa-de-perfil-dos-entregadores-ciclistas-de-aplicativo/>; acesso em: 10 set. 2019.

ALLEN, Martin; AINLEY, Patrick. *Lost Generation?* New Strategies for Youth and Education. Londres, Continuum, 2010.

ALOISI, Antonio. Commoditized Workers: Case Study Research on Labor Law Issues Arising from a Set of "On-Demand/Gig Economy" Platforms. *Comparative Labor Law and Policy Journal*, v. 37, n. 3, 2016, p. 620-53.

ALVES, Thiago; PINTO, José Marcelino de Rezende. Remuneração e características do trabalho docente no Brasil: um aporte. *Outros Temas*, v. 41, n. 143, maio/ago. 2011, p. 606-39. Disponível em: <http://www.scielo.br/pdf/cp/v41n143/a14v41n143.pdf>; acesso em: 15 maio 2016.

AMELLAL, Karim. *La Révolution de la servitude*: pourquoi l'ubérisation est l'ennemie du progrès social. Paris, Demopolis, 2018.

ANTUNES, Ricardo. *Adeus ao trabalho?* Ensaio sobre as metamorfoses e a centralidade do mundo do trabalho. São Paulo, Cortez, 1995.

_____. *Os sentidos do trabalho*: ensaio sobre a afirmação e a negação do trabalho. São Paulo, Boitempo, 1999, coleção Mundo do Trabalho.

_____. *O privilégio da servidão*: o novo proletariado de serviços na era digital. São Paulo, Boitempo, 2018, coleção Mundo do Trabalho.

_____. Proletário digital, serviços e valor. In: ANTUNES, Ricardo (org.). *Riqueza e miséria do trabalho no Brasil IV*: trabalho digital, autogestão e expropriação da vida. São Paulo, Boitempo, 2019, coleção Mundo do Trabalho, p. 15-24.

_____. Qual o futuro do trabalho na era digital? Será que o trabalho tem futuro? In: PREVITALI, Fabiane Santana et al. (orgs.). *Desafios do trabalho e educação no século XXI*: 100 anos da Revolução Russa, v. 2. Uberlândia, Navegando, 2019, p.137-46.

_____ (org.). *Riqueza e miséria do trabalho no Brasil IV*: trabalho digital, autogestão e expropriação da vida. São Paulo, Boitempo, 2019, coleção Mundo do Trabalho.

_____. O laboratório e a experimentação do trabalho na pandemia do capital. *Le Monde Diplomatique Brasil*, n. 155, jun. 2020.

_____. *Coronavírus*: o trabalho sob fogo cruzado. São Paulo, Boitempo, 2020.

_____; BRAGA, Ruy (orgs.). *Infoproletários*: degradação real do trabalho virtual. São Paulo, Boitempo, 2009, coleção Mundo do Trabalho.

_____; PRAUN, Luci. A (des)construção do trabalho no Brasil do século XXI. In: ANTUNES, Ricardo. *O privilégio da servidão*: o novo proletariado de serviços na era digital. São Paulo, Boitempo, 2018, coleção Mundo do Trabalho, p. 271-87.

_____; _____. A sociedade dos adoecimentos no trabalho. In: ANTUNES, Ricardo. *O privilégio da servidão*: o novo proletariado de serviços na era digital. São Paulo, Boitempo, 2018, coleção Mundo do Trabalho, p. 137-51.

_____; _____. A aposta nos escombros: reforma trabalhista e previdenciária – a dupla face de um mesmo projeto. *Revista Jurídica Trabalho e Desenvolvimento Humano*, Campinas, v. 2, n. 1, jul. 2019.

ARVIDSSON, Adam. Facebook and Finance: On the Social Logic of the Derivative. *Theory, Culture & Society*, v. 33, n. 6, 2016.

ASSOCIAÇÃO BRASILEIRA DE FACTORING. O crédito, via inteligência artificial. *Associação Brasileira de Factoring*, s.d. Disponível em: <http://www.abfac.com.br/artigos/mercado/o-credito-via-inteligencia-artificial>; acesso em: 14 ago. 2020.

ASSOCIAÇÃO NACIONAL DE PÓS-GRADUAÇÃO E PESQUISA EM EDUCAÇÃO. Posição da ANPEd sobre texto referência – DCN e BNCC para formação inicial e continuada de Professores da Educação Básica. *Portal da ANPEd*, 9 out. 2019. Disponível em: <http://www.anped.org.br/news/posicao-da-anped-sobre-texto-referencia-dcn-e-bncc-para-formacao-inicial-e-continuada-de>; acesso em: 11 out. 2019.

ASSOCIAÇÃO NACIONAL DOS FABRICANTES DE VEÍCULOS AUTOMOTORES. *Anuário da indústria automobilística brasileira 2019*. São Paulo, Anfavea, 2019. Disponível em: <http://www.anfavea.com.br/anuario2019/anuario.pdf>; acesso em: 31 jan. 2020.

ATTON, Chris. *An Alternative Internet*: Radical Media, Politics and Creativity. Edimburgo, Edinburgh University Press, 2004.

BAGNARA, Sebastiano. *Towards Telework in Call-Centres*: Euro-Telework 2000, s.d. Disponível em: <https://www.euro-telework.org>; acesso em: 10 nov. 2019.

BAIN, Peter et al. Taylorism, Targets and the Pursuit of Quantity and Quality by Call Centre Management. *New Technology, Work and Employment*, v. 17, n. 3, 2002, p. 170-85.

BALARAM, Brhmie; WARDEN, Josie; WALLACE-STEPHENS, Fabian. Good Gigs: A Fairer Future for the UK's Gig Economy. *RSA*, 27 abr. 2017. Disponível em: <https://www.thersa.org/discover/publications-and-articles/reports/good-gigs-a-fairer-future-for-the-uks-gig-economy>; acesso em: 15 jul. 2019.

BALDRY, Chris; BAIN, Peter; TAYLOR, Phil. "Bright Satanic Offices": Intensification, Control and Team Taylorism. In: WARHURST, Chris; THOMPSON, Paul (org.). *Workplaces of the Future*. Londres, Macmillan, 1998.

BALDWIN, Jon. In Digital We Trust: Bitcoin Discourse, Digital Currencies and Decentralized Network Fetishism. *Palgrave Communications*, v. 4, 2018.

BALL, Stephen et al. A constituição da subjetividade docente no Brasil: um contexto global. *Revista Educação em Questão*, Natal, v. 46 n. 32, maio/ago. 2013, p. 9-36. Disponível em: <https://periodicos.ufrn.br/educacaoemquestao/article/view/5114/4098>; acesso em: 15 out. 2019.

BARLOW, John Perry. A Declaration of the Independence of Cyberspace. *Electronic Frontier Foundation*, Davos, 8 fev. 1996. Disponível em: <https://www.eff.org/cyberspace-independence>; acesso em: 12 dez. 2018.

BARRETO, Fernanda Lima. *O sofrimento psíquico e o processo de produção no setor de telefonia*: tentativa de compreensão de uma atividade com caráter patogênico. Dissertação de mestrado em engenharia de produção, Belo Horizonte, Universidade Federal de Minas Gerais, 2001.

BASKER, Emek. The Causes and Consequences of Wal-Mart's Growth. *Journal of Economic Perspectives*, v. 21, n. 3, 2007, p. 177-98.

BASSO, Pietro. O walmartismo no trabalho no início do século XXI. *Margem Esquerda*, São Paulo, Boitempo, n. 18, 2012.

_____. As emigrações são sempre forçadas (entrevista a Juan Dal Maso, primeira parte). *Esquerda Diário*, 30 set. 2015. Disponível em: <http://www.esquerdadiario.com.br/Pietro-Basso-emigracoes-forcadas>; acesso em: 15 maio 2019.

_____. *Tempos modernos, jornadas antigas*: vidas de trabalho no início do século XXI. Trad. Patrícia Villen, Campinas, Editora da Unicamp, 2018.

BATT, Rosemary. Service Strategies: Marketing, Operations, and Human Resource Practices. In: BOXALL, Peter; PURCELL, John; WRIGHT, Patrick (orgs.). *The Oxford Handbook of Human Resource Management*. Oxford, Oxford University Press, 2008.

BAUMGARTEN, Britta. Geração à Rasca and Beyond: Mobilizations in Portugal after 12 March 2011. *Current Sociology*, v. 61, n. 4, 2013, p. 457-73.

BEER, David. The Social Power of Algorithms. *Information, Communication & Society*, v. 20, n. 1, 2017.

_____. *The Data Gaze*: Capitalism, Power and Perception. Thousand Oaks, Sage, 2019.

BELT, Vicky. A Female Ghetto? Women's Careers in Call Centers. *Conference Proceedings. Call Centers and Beyond: The HRM Implications*. Londres, King's College/University of London, 2001.

BENJAMIN, Antonio Herman. Direito constitucional ambiental, parte II. In: CANOTILHO, José Joaquim Gomes; LEITE, José Rubens Morato (orgs.). *Direito constitucional brasileiro*. São Paulo, Saraiva, 2007, p. 69-76.

BENTHAM, Jeremy. *The Panopticon Writings*. Londres/Nova York, Verso, 1995. [Ed. bras.: *O panóptico*. Org e trad. Tomaz Tadeu, Belo Horizonte, Autêntica, 2019.]

BERARDI, Franco. *The Uprising*: On Poetry and Finance. Los Angeles, Semiotext(e), 2012.

BERG, Janine. The Inefficient Technological Revolution. *International Labour Organization*, V Conference of the Regulating for Decent Work, Genebra, 3-5 jul. 2017.

_____; DE STEFANO, Valerio. It's Time to Regulate the Gig Economy. *Sheffield Political Economy Research Institute*, 17 abr. 2017. Disponível em: <http://speri.dept.shef.ac.uk/2017/04/18/its-time-to-regulate-the-gig-economy/>; acesso em: 25 jun. 2019.

BERGVALL-KÅREBORN, Birgitta; HOWCROFT, Debra. Amazon Mechanical Turk and the Commodification of Labour. *New Technology, Work and Employment*, v. 29, n. 3, 2014.

BERNARDO, João. *Democracia totalitária*: teoria e prática da empresa soberana. São Paulo, Cortez, 2004.

BETTELHEIM, Charles. *A luta de classes na União Soviética*: primeiro período (1917-1923). Trad. Bolívar Costa, Rio de Janeiro, Paz e Terra, 1976.

BIDET, Jacques; TEXIER, Jacques (orgs.). *La crise du travail*. Paris, Presses Universitaries de France, 1995.

BLASCO, Elíes Furió; PÉREZ, Matilde Alonso. Desempleo y reforma laboral en España durante la Gran Recesión. *Cahiers de Civilisation Espagnole Contemporaine*, n. 14, 2015.

BONACICH, Edna; WILSON, Jake B. *Getting the Goods*: Ports, Labour and the Logistics Revolution. Ithaca, Cornell University Press, 2008.

BOTSMAN, Rachel; ROGERS, Roo. *What's Mine Is Yours*: The Rise of Collaborative Consumption. Nova York, Harper Collins, 2010.

BOURDIEU, Pierre. *Contre Feux*. Paris, Raisons d'Agir, 1998.

BOŽOVIČ, Miran. Introduction: An Utterly Dark Spot. In: BENTHAM, Jeremy. *The Panopticon Writings*. Londres/Nova York, Verso, 1995.

BRAGA, José Carlos de Souza. Financeirização global: o novo padrão sistêmico de riqueza do capitalismo contemporâneo. In: TAVARES, Maria da Conceição; FIORI, José Luís (orgs.). *Poder e dinheiro*: economia política da globalização. Petrópolis, Vozes, 1997, coleção Zero à Esquerda.

BRAGA, Ruy. *A rebeldia do precariado*: trabalho e neoliberalismo no Sul global. São Paulo, Boitempo, 2017, coleção Mundo do Trabalho.

BRASCH, Hans. *Winds of Change: The Local 6500 USW Strike of 2009 to 2010*. Sudbury, Hans and Teresa Brasch, 2010.

BRAVERMAN, Harry. *Trabalho e capital monopolista*: a degradação do trabalho no século XX. Trad. Nathanael Caixeiro, Rio de Janeiro, Zahar, 1977.

_____. *Labor and Monopoly Capital*: The Degradation of Work in the Twentieth Century. Nova York, Monthly Review Press, 1999.

BROPHY, Enda. Resisting Call-Centre Work: The Aliant Strike and Convergent Unionism in Canada. *Work Organisation, Labour and Globalisation*, v. 3, n. 1, 2009, p. 80-99.

_____. The Subterranean Stream: Communicative Capitalism and Call Centre Labour. *Ephemera*, v. 10, n. 3-4, 2010, p. 470-83.

_____. *Language Put to Work*: The Making of the Global Call-Centre Workforce. Londres, Palgrave Macmillan, 2017.

_____; WOODCOCK, Jamie. The Call-Centre Seen from Below: Issue 4.3 Editorial. *Notes from Below*, 14 fev. 2019. Disponível em: <https://notesfrombelow.org/article/call-centre-seen-below-issue-43-editorial>; acesso em: 20 set. 2019.

BROUSSARD, Meredith. *Artificial Unintelligence*: How Computers Misunderstand the World. Cambridge, MIT Press, 2018.

BROWN, Wendy. *El pueblo sin atributos*: la secreta revolución del neoliberalismo. Barcelona, Malpaso, 2016.

BUCHER, Taina. The Algorithmic Imaginary: Exploring the Ordinary Affects of Facebook Algorithms. *Information, Communication & Society*, v. 20, n. 1, 2017.

BURAWOY, Michael. *Manufacturing Consent*: Changes in the Labor Process under Monopoly Capitalism. Chicago, University of Chicago Press, 1979.

_____. The Extended Case Method. *Sociological Theory*, v. 16, n. 1, 1998, p. 4-33.

_____. *Marxismo sociológico*: quatro países, quatro décadas, quatro grandes transformações e uma tradição crítica. Trad. Marcelo Cizaurre Guirau e Fernando Rogério Jardim, São Paulo, Alameda, 2014.

BURGESS, John; CONNELL, Julia. *Developments in the Call-Center Industry*: Analysis, Changes and Challenges. Nova York/Londres, Routledge, 2006.

BURNIER, Michel. Naville et l'avenir de la société industrielle. In: BURNIER, Michel; GRAPPE-NAHOUM, Véronique (orgs.). *Pierre Naville*: la passion de l'avenir – Dernier cahier (1988-1993). Paris, M. Nadeau, 2010, p. 191-210.

CAFFENTZIS, George. Why Machines Cannot Create Value: Or Marx's Theory of Machines. In: DAVIS, Jim; HIRSCHL, Thomas; STACK, Michael (orgs.). *Cutting Edge*: Technology, Information, Capitalism and Social Revolution. Londres/Nova York, Verso, 1997.

CAGLIARI, Arthur. Exportação de carros sente crise argentina, mas tem respiro com Colômbia e México. *Folha de S.Paulo*, 6 ago. 2019. Disponível em: <https://www1.folha.uol.com.br/mercado/2019/08/exportacao-de-carros-sente-crise-argentina-mas-tem-respiro-com-colombia-e-mexico.shtml>; acesso em: 31 jan. 2020.

CALLAGHAN, George; THOMPSON, Paul. The Selection and Shaping of Call-Centre Labour. *Open Discussion Papers in Economics*, Open University, n. 15, 2000.

_____; _____. Edwards Revisited: Technical Control and Call-Centres. *Economic and Industrial Democracy*, v. 22, n. 1, 2001, p. 13-37.

CALLE, Angel. *Nuevos movimientos globales:* hacia la radicalidad democrática. Madri, Popular, 2005.

CÁMARA DE DIPUTADAS Y DIPUTADOS DE CHILE. Proyecto de ley sobre los derechos de las trabajadoras y trabajadores de plataformas digitales de servicios. *Portal da Câmara dos Deputados do Chile*, Disponível em: <https://www.camara.cl/verDoc.aspx?prmTipo=SIAL&prmID=46614&formato=pdf />; acesso em: 5 jun. 2020.

CANT, Callum. *Riding for Deliveroo*: Resistance in the New Economy. Cambridge/Malden, Polity, 2019.

CAPPELLI, Peter; TAMBE, Prasanna; YAKUBOVICH, Valery. Artificial Intelligence in Human Resources Management: Challenges and a Path Forward. *SSRN*, 8 abr. 2019. Disponível em: <https://papers.ssrn.com/sol3/papers.cfm?abstract_id=3263878>; acesso em: 4 dez. 2019.

CARCHEDI, Guglielmo. High-Tech Hype: Promises and Realities of Technology in the Twenty--First Century. In: DAVIS, Jim; HIRSCHL, Thomas; STACK, Michael (orgs.). *Cutting Edge*: Technology, Information, Capitalism and Social Revolution. Londres/Nova York, Verso, 1997.

CARRÉ, Françoise; TILLY, Chris. The Surprisingly Changeable Wal-Mart around the World. In: *Where Bad Jobs are Better*: Retail Jobs across Countries and Companies. Nova York, Russell Sage Foundation, 2017, p. 172-93.

CARUSO, Loris. Digital Innovation and the Fourth Industrial Revolution: Epochal Social Changes? *AI & Society*, v. 33, 2018, p. 379-92. Disponível em: <https://doi.org/10.1007/s00146-017-0736-1>; acesso em: 15 maio 2019.

CARVALHO, Maria Teresa Geraldo. *A Nova Gestão Pública, as reformas no sector da saúde e os profissionais de enfermagem com funções de gestão em Portugal*. Tese de doutorado em ciências sociais, Aveiro, Secção Autónoma de Ciências Sociais Jurídicas e Políticas da Universidade de Aveiro, 2006.

CASACA, Sara Falcão. La segregación sexual en el sector de las tecnologías de información y comunicación (TIC): observando el caso de Portugal. *Sociología del Trabajo*, v. 57, 2006, p. 95-130.

CASILLI, Antonio. *En Attendant les robots*: enquête sur le travail du clic. Paris, Seuil, 2019.

_____. POSADA, Daniel. The Platformization of Labor and Society. In: GRAHAM, Mark; DUTTON, William (orgs.). *Society and the Internet*: How Networks of Information and Communication Are Changing our Lives. Oxford, Oxford University Press, 2019, p. 293-306.

CASTELLS, Manuel. *The Information Age*: Economy, Society and Culture. Oxford, Blackwell, 1996.

_____. *Networks of Outrage and Hope*: Social Movements in the Internet Age. Cambridge/Malden, Polity, 2012. [Ed. bras.: *Redes de indignação e esperança: movimentos sociais na era da internet*. Trad. Carlos Alberto Medeiros, Rio de Janeiro, Zahar, 2013.]

CATANI, Afrânio Mendes. Alguns apontamentos sobre a universidade em tempos de crise: o que fazer? In: PREVITALI, Fabiane Santana et al. (orgs). *Desafios do trabalho e educação no século XXI*: 100 anos da Revolução Russa, v. 2. Uberlândia, Navegando, 2019, p. 147-64.

CAVALCANTE, Sávio. Classe média e modo de produção capitalista: um estudo a partir do debate marxista. Tese de doutorado em sociologia, Campinas, Universidade Estadual de Campinas, 2012.

CECÍLIO, Camila. Licenciatura a distância cresce 1.500% em dez anos em particulares. *Folha de S.Paulo*, 13. maio 2019. Disponível em: <https://www1.folha.uol.com.br/educacao/2019/05/licenciatura-a-distancia-cresce-1500-em-dez-anos-em-particulares.shtml>; acesso em: 14 maio 2019.

CEDERSTRÖM, Carl; FLEMING, Peter. *Dead Man Working*. Winchester/Washington, Zero Books, 2012.

CHAUVEL, Louis. L'Horizon obscurci des jeunes générations. In: BEAUD, Stéphane; CONFAVREUX, Joseph; LINDGAARD, Jade (orgs.). *La France invisible*. Paris, La Découverte, 2008.

CHENEY-LIPPOLD, John. *We Are Data*: Algorithms and the Making of our Digital Selves. Nova York, NYU Press, 2017.

CHESALINA, Olga. Access to Social Security for Digital Platform Workers in Germany and in Russia: A Comparative Study. *Spanish Labour Law and Employment Relations Journal*, v. 7, n. 1-2, 2018, p. 17-28. Disponível em: <https://e-revistas.uc3m.es/index.php/SLLERJ/article/view/4433>; acesso em: 20 ago. 2019.

CHESNAIS, François. *A mundialização do capital*. Trad. Silvana Finzi Foá, São Paulo, Xamã, 1996.

CHOUDRY, Azis; HLATSHWAYO, Mondli. Just work? Migrant, Capitalist Globalisation and Resistance. In: CHOUDRY, Azis; HLATSHWAYO, Mondli (orgs.). *Just Work?* Migrant Workers' Struggles Today. Londres, Pluto, 2015, p 1 -17.

CLASH CITY WORKERS. *Dove sono i nostri*: lavoro, classe e movimenti nell'Italia della crisi. Lucca, La Casa Usher, 2014.

_____. Chi siamo. *Portal do Clash City Workers*, s.d. Disponível em: <http://clashcityworkers.org/chi-siamo.html>; acesso em: 11 jun. 2018.

CLIFF, Tony. *The Employers' Offensive*: Productivity Deals and how to Fight Them. Londres, Pluto, 1970.

CODAGNONE, Cristiano; BIAGI, Federico; ABADIE, Fabienne. The Passions and the Interests: Unpacking the "Sharing Economy". *JRC Science for Policy Report*, Institute for Prospective Technological Studies, 2016

_____; KARATZOGIANNI, Athina; MATTHEWS, Jacob. *Platform Economics*: Rhetoric and Reality in the "Sharing Economy". Bingley, Emerald, 2019.

CÓDIGO PENAL. In: *Vade Mecum Saraiva OAB*. Obra coletiva, com a colaboração de Lívia Céspedes e Fabiana Dias da Rocha. 14. ed. atual. e ampl., São Paulo, Saraiva, 2018.

COELHO, Tádzio Peters. *Projeto Grande Carajás*: trinta anos de desenvolvimento frustrado. Rio de Janeiro, Ibase, 2014.

_____. *Noventa por cento de ferro nas calçadas*: mineração e (sub)desenvolvimentos em municípios minerados pela Vale S.A. Tese de doutorado em ciências sociais, Rio de Janeiro, Universidade do Estado do Rio de Janeiro, 2016.

COHEN, Nicole; DE PEUTER, Greig. "I Work at Vice Canada and I Need a Union": Organizing Digital Media. In: ROSS, Stephanie; SAVAGE, Larry. *Labour Under Attack*: Anti-Unionism in Canada. Winnipeg, Fernwood, 2018, p. 114-28.

COLEMAN, Clive. Bike Couriers Launch Legal Fight Over Workers' Rights. *BBC News*, 22 abr. 2016. Disponível em: <http://www.bbc.com/news/uk-36103978>; acesso em: 1º abr. 2017.

COLLIER, Ruth Berins; DUBAL, V. B.; CARTER, Christopher. Labor Platforms and Gig Work: The Failure to Regulate. *Irle Working Paper*, n. 106-17, set. 2017. Disponível em: <http://irle.berkeley.edu/files/2017/Labor-Platforms-and-Gig-Work.pdf>; acesso em: 23 abr. 2018.

COLLINS, Catherine. Bill Would Require Notices when Bosses Snoop on Employees. *Los Angeles Times*, 3 nov. 1991. Disponível em: <https://articles.latimes.com/1991-11-03/business/fi-1400_1_employee-performance>; acesso em: 10 nov. 2018.

COMISSÃO DA REFORMA TRABALHISTA DA CÂMARA DOS DEPUTADOS. *Parecer do Relator Deputado Rogério Marinho (PSDB-RN)*, abr. 2017. Disponível em: <https://www.camara.leg.br/proposicoesWeb/prop_mostrarintegra?codteor=1544961>; acesso em: 30 maio 2019.

COMPANHIA DE ENGENHARIA DE TRÁFEGO. *Acidentes de trânsito*: relatório anual – 2018. Município de São Paulo, abr. 2019.

CONFEDERAÇÃO NACIONAL DA INDÚSTRIA. *A indústria e o Brasil*: uma agenda para crescer mais e melhor. Brasília, Confederação Nacional da Indústria, 2010.

CONSOLIDAÇÃO DAS LEIS DO TRABALHO. In: *Vade Mecum Saraiva OAB*. Obra coletiva, com a colaboração de Lívia Céspedes e Fabiana Dias da Rocha. 14. ed. atual. e ampl., São Paulo, Saraiva, 2018.

CORIAT, Benjamin. *La Robotique*. Paris, La Découverte/Maspero, 1983. [Ed. bras.: *A revolução dos robôs*: o impacto socioeconômico da automação. Trad. José Corrêa Leite, São Paulo, Busca Vida, 1989.]

_____. *L'Atelier et le robot*: essai sur le fordisme et la production de masse à l'âge de l'électronique. Paris, Christian Bourgois, 1990. [Ed. mex.: *El taller y el robot*: ensayos sobre el fordismo y la producción en masa en la era de la electrónica. Trad. Rosa Ana Domínguez Cruz, 3. ed., Cidade do México, Siglo XXI, 1996.]

COULDRY, Nick; HEPP, Andreas. *The Mediated Construction of Reality*. Cambridge/Malden, Polity, 2017.

_____; MEJIAS, Ulises. *The Costs of Connection*: How Data is Colonizing Human Life and Appropriating it for Capitalism. Stanford, Stanford University Press, 2019.

CRONE, Gary; CAREY, Lorraine; DOWLING, Peter. Compensation Strategies in Telephone Call-Centres: An Australian Perspective. *The Human Resource Management Journal*, Special Edition, 6 nov. 2001, p. 1-39.

CRUZ, Elaine Patrícia. Mercedes oferece R$ 100 mil a quem aderir a PDV na fábrica de São Bernardo. *Agência Brasil*, 24 ago. 2016. Disponível em: <http://agenciabrasil.ebc.com.br/economia/noticia/2016-08/mercedes-oferece-r-100-mil-quem-aderir-pdv-na-fabrica-de-sao-bernardo>; acesso em: 31 jan. 2020.

CURCIO, Márcio. Mercedes ganha 15% de eficiência em nova linha de cabines: investimento de R$ 100 milhões colocou o setor dentro da indústria 4.0. *Automotive Business*, 1º mar. 2019. Disponível em: <http://www.automotivebusiness.com.br/noticia/28820/mercedes-ganha-15-de-eficiencia-em-nova-linha-de-cabines>; acesso em: 31 jan. 2020.

DAL ROSSO, Sadi. *Mais trabalho!* A intensificação do labor na sociedade contemporânea. São Paulo, Boitempo, 2008, coleção Mundo do Trabalho.

_____. *O ardil da flexibilidade*: os trabalhadores e a teoria do valor. São Paulo, Boitempo, 2017, coleção Mundo do Trabalho.

DANTAS, Marcos. As rendas informacionais e a apropriação capitalista do trabalho científico e artístico. In: MARQUES, Rodrigo; RASLAN, Filipe; MELO, Flávia; PINHEIRO, Marta (orgs.). *A informação e o conhecimento sob as lentes do marxismo*. Rio de Janeiro, Garamond, 2014, p. 35-60.

DARDOT, Pierre; LAVAL, Christian. *A nova razão do mundo*: ensaio sobre a sociedade neoliberal. Trad. Mariana Echalar, São Paulo, Boitempo, 2016, coleção Estado de Sítio.

DAVIS, Jim; HIRSCHL, Thomas; STACK, Michael (orgs.). *Cutting Edge*: Technology, Information, Capitalism and Social Revolution. Londres/Nova York, Verso, 1997.

DE MARCHI, Leonardo. Como os algoritmos do YouTube calculam valor? Uma análise da produção de valor para vídeos digitais de música através da lógica social de derivativo. *MATRIZes*, v. 12, n. 2, 2018.

DE STEFANO, Valerio. The Rise of the "Just-in-Time Workforce": On-Demand Work, Crowdwork and Labour Protection in the "Gig-Economy". *Comparative Labor Law & Policy Journal*, v. 37, n. 3, 2016.

_____. Labour Is Not a Technology – Reasserting the Declaration of Philadelphia in Times of Platform-Work and Gig-Economy. *IUSLabor*, n. 2, 2017. Disponível em: <https://core.ac.uk/download/pdf/155003521.pdf>; acesso em: 10 nov. 2019.

DEERY, Stephen; WALSH, Janet. Contracting Out and Market-Mediated Employment Arrangements: Outsourcing Call-Centre Work. In: *Conference Proceedings Call-Centres and Beyond: the HRM Implications*. Londres, King's College/University of London, 2001.

DELGADO, Mauricio Godinho; DELGADO, Gabriela Neves. *A Reforma Trabalhista no Brasil*: com os comentários à Lei n. 13.467-2017. São Paulo, LTr, 2017.

DELIVEROO. Frequently Asked Questions. Disponível em: <https://deliveroo.co.uk/faq#how doesitwork>; acesso em: 10 dez. 2018.

DELOITTE. Pesquisa Febraban de tecnologia bancária 2019. *Portal da Febraban*, 2019. Disponível em: <https://www2.deloitte.com/content/dam/Deloitte/br/Documents/financial-services/Pesquisa-FEBRABAN-Tecnologia-Bancaria-2019.pdf>; acesso em: 17 ago. 2020.

DENIS, Jérôme. *Le Travail invisible des données*: éléments pour une sociologie des infrastructures scripturales. Paris, Presses des Mines, 2018.

DEPARTAMENTO INTERSINDICAL DE ESTATÍSTICA E ESTUDOS SOCIOECONÔMICOS. *Rotatividade e flexibilidade no mercado de trabalho*. São Paulo, Dieese, 2011.

_____. A reforma trabalhista e os impactos para as relações de trabalho no Brasil. *Nota técnica*, n. 178, maio 2017. Disponível em: <https://www.dieese.org.br/notatecnica/2017/notaTec178reformaTrabalhista.pdf>; acesso em: 10 maio 2019.

_____. PEC 06/2019: a desconstrução da seguridade social. *Nota técnica*, n. 203, mar. 2019. Disponível em: <https://www.dieese.org.br/notatecnica/2019/notaTec203Previdencia.pdf>; acesso em: 10 maio 2019.

DIAMOND, Wayne J.; FREEMAN, Richard B. Will Unionism Prosper in Cyberspace? The Promise of the Internet for Employee Organization. *British Journal of Industrial Relations*, v. 40, n. 3, fev. 2002, p. 569-96.

DIAS, Ana Valéria Carneiro. *Consórcio modular e condomínio industrial:* elementos para análise de novas configurações produtivas na indústria automobilística. Dissertação de mestrado em engenharia de produção, Escola Politécnica da Universidade de São Paulo, 1998. Disponível em: <http://www.teses.usp.br/teses/disponiveis/3/3136/tde-26082008-152248/pt-br.php>; acesso em: 31 jan. 2020.

DRUCK, Graça; FRANCO, Tânia. Terceirização e precarização: o binômio antissocial em indústrias. In: DRUCK, Graça; FRANCO, Tânia (orgs.). *A perda da razão social do trabalho*: terceirização e precarização. São Paulo, Boitempo, 2007, coleção Mundo do Trabalho.

DRUCKER, Peter. *Landmarks of Tomorrow.* Nova York, Harper, 1959.

DUGGAN, James et al. Algorithmic Management and App-Work in the Gig Economy: A Research Agenda for Employment Relations and HRM. *Human Resource Management Journal*, 12 set. 2019.

DUJARIER, Marie-Anne. *Le Travail du consommateur*. Paris, La Découverte, 2009.

DYER-WITHEFORD, Nick. *Cyber-Proletariat*: Global Labour in the Digital Vortex. Londres, Pluto, 2015.

_____; KJØSEN, Atle; STEINHOFF, James. *Inhuman Power*: Artificial Intelligence and the Future of Capitalism. Londres, Pluto Press, 2019.

EDWARDS, Richard. *Contested Terrain*: The Transformation of the Workplace in the Twentieth Century. Nova York, Basic Books, 1979.

ENGLERT, Sai; WOODCOCK, Jamie; CANT, Callum. Digital Workerism: Technology, Platforms, and the Circulation of Workers' Struggles. *TripleC*, v. 18, n. 1, 2020, p. 132-45.

ESPING-ANDERSEN, Gøsta. *Changing Classes*: Stratification and Mobility in Post-Industrial Societies. Londres, Sage, 1993.

ESTANQUE, Elísio. Rebeliões de classe média? Precariedade e movimentos sociais em Portugal e no Brasil (2011-2013). *Revista Crítica de Ciências Sociais*, n. 103, 2014, p. 53-80.

EUBANKS, Virginia. *Automating Inequality*: How High-Tech Tools Profile, Police and Punish the Poor. Nova York, Picador, 2018.

EUROFOUND. *Automation, Digitalisation and Platforms*: Implications for Work and Employment. Luxemburgo, Publications Office of the European Union, 2018.

EVANGELISTA, Rafael. Mais-valia 2.0. *A Rede*, n. 28, ago. 2007.

EXAME. Uber paga até US$100 mi para encerrar processo de motoristas. *Exame*, 22 abr. 2016. Disponível em: <http://exame.abril.com.br/negocios/uber-paga-ate-us-100-mi-para-encerrar-processo-de-motoristas/>; acesso em: 10 out. 2019.

_____. MEC contraria discurso e tira verba da educação básica, além de faculdades. *Exame*, 6 maio 2019. Disponível em: <https://exame.abril.com.br/brasil/mec-contraria-discurso-e-tira-verba-da-educacao-basica-alem-de-faculdades/>; acesso em: 13 set. 2019.

FAGIANI, Cílson César. *Brasil e Portugal*: qual a formação do jovem trabalhador no século XXI? Uberlândia, Navegando, 2018.

_____; PREVITALI, Fabiane Santana. A nova configuração da classe trabalhadora no século XXI: qualificação e precarização. *Revista Ciências do Trabalho*, n. 3, 2014, p. 53-67. Disponível em: <https://rct.dieese.org.br/index.php/rct/article/view/47>; acesso em: 10 mar. 2019.

FARRELL, Diana; GREIG, Fiona. Paychecks, Paydays, and the Online Platform Economy: Big Data on Income Volatility. *JPMorgan Chase & Co. Institute*, fev. 2016. Disponível em: <https://papers.ssrn.com/sol3/papers.cfm?abstract_id=2911293>; acesso em: 26 maio 2020.

FEDERAÇÃO BRASILEIRA DE BANCOS. Pesquisa Febraban de tecnologia bancária 2014. *Portal da Febraban*, 2014. Disponível em: <https://cmsportal.febraban.org.br/Arquivos/documentos/PDF/Pesquisa%20FEBRABAN%20de%20Tecnologia%20Bancaria%202014.pdf>; acesso em: 13 out. 2019.

FEDERAÇÃO DAS INDÚSTRIAS DO ESTADO DE SÃO PAULO. A quarta revolução industrial já chegou! *Cadernos Fiesp sobre Manufatura Avançada e Indústria 4.0*, ago. 2017. Disponível em: <http://hotsite.fiesp.com.br/industria40/cadernos/Caderno1_A_quarta_revolucao_industrial_ja_chegou.pdf>; acesso em: 30 mar. 2018.

FELSTINER, Alek. Working the Crowd: Employment and Labor Law in the Crowdsourcing Industry. *Berkeley Journal of Employment and Labor Law*, v. 32, n. 1, 2011, p. 143-204. Disponível em: <https://wtf.tw/ref/felstiner.pdf>; acesso em: 5 jun. 2020.

FENTON, Natalie. *Digital, Political, Radical*. Cambridge/Malden, Polity, 2016.

FERNIE, Sue; METCALF, David. *(Not) Hanging on the Telephone*: Payment Systems in the New Sweatshops. Londres, London School of Economics and Political Science, Centre for Economic Performance, 1997.

FIGUEIRA, Ricardo Rezende; PRADO, Adonia Antunes; GALVÃO, Edna Maria. *Escravidão*: moinho de gentes no século XXI. Rio de Janeiro, Mauad, 2019.

FIGUEIREDO, Guilherme José Purvin de. *Direito ambiental*. São Paulo, LTr, 2000.

FILGUEIRAS, Vitor. *Estado e direito do trabalho no Brasil*: regulação do emprego entre 1988 e 2008. Tese de doutorado em ciências sociais, Salvador, Faculdade de Filosofia e Ciências Humanas da Universidade Federal da Bahia, 2012.

_____. Novas/velhas formas de organização e exploração do trabalho: a produção "integrada" na agroindústria. *Mediações*, v. 18, n. 2, 2013, p. 230-45.

_____. Regulação da terceirização e estratégias empresariais: o aprofundamento da lógica desse instrumento de gestão da força de trabalho. *Cadernos do Ceas*, v. 239, 2016, p. 742-70.

_____; ANTUNES, Ricardo. Plataformas digitais, uberização do trabalho e regulação no capitalismo contemporâneo. Revista *Contracampo*, v. 39, 2020.

_____; CAVALCANTE, Sávio. What Has Changed: A New Farewell to the Working Class? *Revista Brasileira de Ciências Sociais*, v. 35, n. 102, 2020, p. 1-22.

_____; PEREIRA, Sara. Trabalho descartável: as mudanças nas formas de contratação introduzidas pelas reformas trabalhistas no mundo. *Cadernos do Ceas*, n. 248, set.-dez., 2019, p. 578-607.

FISHER, Mark. *Capitalist Realism*: Is There no Alternative? Winchester, Zero Books, 2011.

FOCUS ON LABOUR EXPLOITATION. *Shaky Foundations:* Labour Exploitation in London's Construction Sector. Londres, Focus on Labour Exploitation, 2018.

FONTES, Virginia. Capitalismo em tempos de uberização: do emprego ao trabalho. *Marx e o Marxismo*, v. 5, n. 8, 2017.

FOUCAULT, Michel. *Discipline and Punish*: The Birth of the Prison. Londres, Penguin, 1991. [Ed. bras.: *Vigiar e punir:* nascimento da prisão. Trad. Raquel Ramalhete, São Paulo, Vozes, 2014.]

_____. The Mesh of Power. *Viewpoint Magazine*, 12 set. 2012. Disponível em: <https://viewpointmag.com/2012/09/12/the-mesh-of-power/>; acesso em: 10 nov. 2018.

FRENKEL, Stephen et al. Beyond Bureaucracy? Work Organisation in Call-Centres. *The International Journal of Human Resource Management*, v. 9, n. 6, 1998, p. 957-79.

FRIEDMAN, Gerald Carl. Workers without Employers: Shadow Corporations and the Rise of the Gig Economy. *Review of Keynesian Economics*, v. 2, n. 2, 2014, p. 171-88.

FRIEDMANN, Georges. *Problèmes humains du machinisme industriel*. Paris, Gallimard, 1946.

_____. Les Technocrates et la civilisation technicienne. In: GURVITCH, Georges (org.). *Industrialisation et technocratie*: Première Semaine Sociologique organisé par le Centre d'Etudes Sociologiques – CNRS. Paris, A. Colin, 1949.

_____. *Le Travail en miettes*: spécialisation et loisirs. Bruxelas, Éditions de l'Université de Bruxelles, 2012.

FRIGOTTO, Gaudêncio. *A produtividade da escola improdutiva*: um (re)exame das relações, entre educação e estrutura econômico-social capitalista. 7. ed., São Paulo, Cortez, 2006.

_____. Educação, crise do trabalho assalariado e do desenvolvimento: teorias em conflito. In: FRIGOTTO, Gaudêncio (org.). *Educação e crise do trabalho*: perspectivas de final de século. Petrópolis, Vozes, 2012, p. 25-53.

FUCHS, Christian. Theorising and Analysing Digital Labour: From Global Value Chains to Modes of Production. *The Political Economy of Communication*, v. 1, n. 2, 2013.

_____. *Digital Labour and Karl Marx*. Nova York, Routledge, 2014.

_____. Digital Prosumption Labour on Social Media in the Context of the Capitalist Regime of Time. *Time and Society*, v. 23, n. 1, 2014, p. 97-123.

_____. *Social Media*: A Critical Introduction. 2. ed., Thousand Oaks, Sage, 2017.

_____; SANDOVAL, Marisol. Digital Workers of the World Unite! A Framework for Critically Theorising and Analysing Digital Labour. *TripleC*, v. 12, n. 2, 2014.

FULLER, Linda; SMITH, Vicki. Consumers' Reports: Management by Customers in a Changing Economy. *Work, Employment and Society*, v. 5, n. 1, 1991.

FUNDAÇÃO INSTITUTO DE ADMINISTRAÇÃO. Indústria 4.0: o que é, consequências, impactos positivos e negativos. *Portal da Fundação Instituto de Administração*, 6 jul. 2018. Disponível em: <https://fia.com.br/blog/industria-4-0/>; acesso em: 20 dez. 2019.

G1. Motorista de aplicativo é espancado no ABC; Grande SP registra 5 mortes em setembro. *G1*, 30 set. 2019. Disponível em: <https://g1.globo.com/sp/sao-paulo/noticia/2019/09/30/motorista-de-aplicativo-e-espancado-no-abc-setembro-registra-5-mortes-na-grande-sp.ghtml>; acesso em: 10 nov. 2019.

GAMBIER, André (org.). *Terceirização do trabalho no Brasil*: novas e distintas perspectivas para o debate. Brasília, Ipea, 2018. Disponível em: <http://www.ipea.gov.br/portal/index.php?option=com_content&view=article&id=32326&Itemid=433>; acesso em: 30 mar. 2018.

GANDINI, Alessandro. Labour Process Theory and the Gig Economy. *Human Relations*, v. 72, 18 set. 2018.

GANGMASTERS AND LABOUR ABUSE AUTHORITY. *The Nature and Scale of Labor Exploitation across all Sectors within the United Kingdom*. Nottingham, Gangmasters and Labour Abuse Authority, 2018.

GARCIA, Maria Manuela Alves; ANADON, Simone Barreto. Reforma educacional, intensificação e autointensificação do trabalho docente. *Educação & Sociedade*, Campinas, v. 30, n. 106, jan.- -abr. 2009, p. 63-85.

GARCIA, Sandro Ruduit. Os novos polos automobilísticos e suas implicações sociais: considerações sobre o caso da General Motors em Gravataí (RS). *Sociedade em Debate*, Pelotas, v. 9, n. 3, dez. 2003, p. 187-224. Disponível em: <http://revistas.ucpel.tche.br/index.php/rsd/article/downlo ad/548/488>; acesso em: 31 jan. 2020.

GATTI, Bernardete. Educação, escola e formação de professores: políticas e impasses. *Educar em Revista*, Curitiba, v. 29, n. 50, out./dez. 2013, p. 51-67. Disponível em: <http://www.scielo.br/ pdf/er/n50/n50a05.pdf>; acesso em: 15 fev. de 2017.

_____. Formação de professores: condições e problemas atuais. *Revista Internacional de Formação de Professores (RIFP)*, Itapetininga, v. 1, n. 2, abr.-jun. 2016, p. 161-71. Disponível em: <https:// periodicos.itp.ifsp.edu.br/index.php/RIFP/article/view/347>; acesso em: 28 maio 2020.

_____; BARRETO, Elba Siqueira de. *Professores do Brasil*: impasses e desafios. Brasília, Unesco, 2009. Disponível em: <https://unesdoc.unesco.org/ark:/48223/pf0000184682>; acesso em: 10 jun. 2017.

GENERATION ONLINE. Interview with Vittorio Rieser, 3 out. 2001. *Generation Online*, out. 2006. Disponível em: <http://www.generation-online.org/t/vittorio.htm>; acesso em: 18 mar. 2017.

GERAGHTY, Ben. Deliveroo and Victimisation in the Gig Economy (updated). *Financial Times Alphaville*, 13 dez. 2016.

GEREFFI, Gary. The Organization of Buyer-Driven Global Commodity Chains: How U.S. Retailers Shape Overseas Production Networks. In: GEREFFI, Gary; KORZENIEWICZ, Miguel (orgs.). *Commodity chains and global capitalism*. Westport, Praeger, 1994, p. 95-122.

_____; CHRISTIAN, Michelle. The Impacts of Wal-Mart: The Rise and Consequences of the World's Dominant Retailer. *Annual Review of Sociology*, v. 35, n. 1, 2009, p. 573-91.

GILLESPIE, Tarleton. The Politics of "Platforms". *New Media & Society*, v. 12, n. 3, 2010, p. 347-64.

_____. A relevância dos algoritmos. *Parágrafo*, v. 6, n. 1, jan.-abr. 2018, p. 95-121.

_____. *Custodians of the Internet*: Platforms, Content Moderation and the Hidden Decisions that Shape Social Media. New Haven, Yale University Press, 2018.

GLUCKSMANN, Miriam. Why "Work"? Gender and the "Total Social Organisation of Labour. *Gender Work and Organisation*, v. 2, n. 2, 1995, p. 63-75.

_____. Call Configurations: Varieties of Call Centre and Divisions of Labour. *Work, Employment & Society*, v. 18, n. 4, 2004, p. 795-811.

GODEIRO, Nazareno (org.). *Vale do Rio Doce*: nem tudo que reluz é ouro – da privatização à luta pela reestatização. São Paulo, Sundermann, 2007.

GOFFMAN, Erving. *Asylums*: Essays on the Social Situation of Mental Patients and Inmates. Harmondsworth, Penguin, 1968. [Ed. bras.: *Manicômios, prisões e conventos*. Trad. Dante Moreira Leite, São Paulo, Perspectiva, 2019.]

GORZ, André. *Farewell to the Working Class*: An Essay on Post-Industrial Socialism. Londres, Pluto, 1982. [Ed. bras.: *Adeus ao proletariado*: para além do socialismo. Trad. Ângela Ramalho Vianna e Sérgio Góes de Paula, Rio de Janeiro, Forense. 1982.]

GRAEBER, David. *Bullshit Jobs*. Nova York, Simon & Schuster, 2018.

GRAHAM, Mark. Contradictory Connectivity: Spatial Imaginaries and Technomediated Positionalities in Kenya's Outsourcing Sector. *Environment and Planning A*: Economy and Space, v. 47, n. 4, 2015, p. 867-83.

_____. The Knowledge Based Economy and Digital Divisions of Labour. In: DESAI, Vandana; POTTER, Robert B. (orgs.). *The Companion to Development Studies*, 3. ed., Nova York, Routledge, 2015, p. 189-95.

_____ et al. *The Risks and Rewards of Online Gig Work at the Global Margins*. Oxford, Oxford Internet Institute, 2017.

_____; ANWAR, Mohammad. The Global Gig Economy: Towards a Planetary Labour Market? *First Monday*, v. 24, n. 4, 2019.

_____; HJORTH, Isis; LEHDONVIRTA, Vili. Digital Labour and Development: Impacts of Global Digital Labour Platforms and the Gig Economy on Worker Livelihoods. *Transfer*: European Review of Labour and Research, v. 23, n. 2, 2017, p. 135-62.

_____; WOODCOCK, Jamie. Towards a Fairer Platform Economy: Introducing the Fairwork Foundation. *Alternate Routes*, v. 29, 2018, p. 242-53.

_____; ZOOK, Matthew, BOULTON, Andrew. Augmented Reality in Urban Places: Contested Content and the Duplicity of Code. *Transactions of the Institute of British Geographers*, v. 38, n. 3, 2014, p. 464-79.

GRAY, Mary; SURI, Siddharth. *Ghost Work*: How to Stop Silicon Valley from Building a New Global Underclass. Boston, Houghton Mifflin Harcourt, 2019.

GREENE, Daniel Marcus; JOSEPH, Daniel. The Digital Spatial Fix. *TripleC*, v. 13, n. 2, 2015, p. 223-47.

GROHMANN, Rafael. Cooperativismo de plataforma e suas contradições: análise de iniciativas da área de comunicação no Platform.Coop. *Liinc em Revista*, v. 14, n. 1, 2018.

_____. Plataformização do trabalho: entre a dataficação, a financeirização e a racionalidade neoliberal. *Revista Eptic*, v. 22, n. 1, jan.-abr. 2020.

GROZELIER, Anne-Marie. *Pour en finir avec la fin du travail*. Paris, Editions de l'Atelier, 1998.

GT REFORMA TRABALHISTA. *Contribuição crítica à reforma trabalhista*. Campinas, Centro de Estudos Sindicais e de Economia do Trabalho/Instituto de Economia/Universidade Estadual de Campinas, 2017. Disponível em: <http://www.cesit.net.br/wp-content/uploads/2017/06/Dossie-14set2017.pdf>; acesso em: 30 mar.2018.

GURLEY, Lauren Kaori. Gig Workers Are Forming the World's First Food Delivery App Unions. *Vice*, 9 out. 2019.

GURNANI, Shaan. The Financial Crisis in Portugal: Austerity in Perspective. *The Libraries Student Research Prize*, n. 9, 2016. Disponível em: <https://preserve.lehigh.edu/library-research-prize/9>; acesso em: 10 nov. 2018.

HAGAN, Jacqueline; LOWE, Nichola; QUINGLA, Christian. Skills on the Move: Re-Thinking the Relationship between Human Capital and Immigrant Economic Mobility. *Work and Occupations*, v. 38, n. 2, 2011, p. 149-78.

HAGGERTY, Kevin D.; ERICSON, Richard V. The Surveillance Assemblage. *British Journal of Sociology*, v. 51, n. 4, 2000, p. 605-22.

HALL, David; GUNTER, Helen M. A nova gestão pública na Inglaterra: a permanente instabilidade da reforma neoliberal. *Educação & Sociedade*, Campinas, v. 36, n. 132, jul.-set. 2015, p. 743-58. Disponível em: <https://docplayer.com.br/17120091-A-nova-gestao-publica-na-inglaterra-a-permanente-instabilidade-da-reforma-neoliberal.html>; acesso em: 12 jun. 2018.

HAMELINK, Cees. *The Ethics of Cyberspace*. Londres, Sage Publications, 2000.

HARVEY, David. The Urban Process Under Capitalism: A Framework for Analysis. *International Journal of Urban and Regional Research*, v. 2, n. 1-3, 1978, p. 101-31.

_____. *The Condition of Postmodernity*: An Enquiry into the Origins of Cultural Change. Oxford, Blackwell, 1991. [Ed. bras.: *Condição pós-moderna*: uma pesquisa sobre as origens da mudança cultural. Trad. Adail Ubirajara Sobral e Maria Stela Gonçalves, São Paulo, Loyola, 1992.]

_____. Globalization and the Spatial Fix. *Geographische Revue*, v. 2, 2001, p. 23-30.

_____. *The New Imperialism*. Oxford, Oxford University Press, 2003.

_____. *Seventeen Contradictions and the End of Capitalism*. Londres, Profile, 2014. [Ed. bras.: *17 contradições e o fim do capitalismo*. Trad. Rogério Bettoni, São Paulo, Boitempo, 2016.]

_____. *A loucura da razão econômica*: Marx e o capital no século XXI. Trad. Artur Renzo, São Paulo, Boitempo, 2018.

HEAD, Simon. *The New Ruthless Economy*: Work & Power in the Digital Age. Oxford, Oxford University Press, 2003.

_____. *Mindless*: Why Smarter Machines are Making Dumber Humans. Nova York, Basic Books, 2013.

HEEKS, Richard. Decent Work and the Digital Gig Economy: A Developing Country Perspective on Employment Impacts and Standards in Online Outsourcing, Crowdwork, etc. *Development Informatics Working Paper Series*, n. 71, 2017.

_____. How Many Platform Workers Are There in the Global South? *ICT4DBlog*, 29 jan. 2019. Disponível em: <https://ict4dblog.wordpress.com/2019/01/29/how-many-platform-workers--are-there-in-the-global-south/>; acesso em: 4 dez. 2019.

HEGEWISCH, Ariane; CHILDERS, Chandra; HARTMANN, Heidi. *Women, Automation and the Future of Work*. Washington, Institute for Women's Policy Research, 2019.

HELMOND, Anne. The Platformization of the Web: Making Web Data Platform Ready. *Social Media + Society*, v. 1, n. 2, 2015.

HENDERSON, Jeffrey et al. Redes de produção globais e a análise do desenvolvimento econômico. *Revista Pós Ciências Sociais*, v. 8, n. 15, 2011.

HEROD, Andrew. *Labor Geographies*: Workers and the Landscapes of Capitalism. Nova York, Guilford, 2001.

HILL, Dave. O neoliberalismo global, a resistência e a deformação da educação. *Currículo sem Fronteiras*, v. 3, n. 2, jul.-dez. 2003, p. 24-59. Disponível em: <http://www.curriculosemfronteiras.org/vol3iss2articles/hill.pdf>; acesso em: 12 jun. 2014.

HILL, Symon. *Digital Revolutions*: Activism in the Internet Age. Oxford, New Internationalist Publications, 2013.

HOCHSCHILD, Arlie Russell. *The Managed Heart*: Commercialization of Human Feeling. Berkeley, University of California Press, 2012.

HOOD, Christopher. The "New Public Management" in the 1980s: Variations on a Theme. *Accounting, Organizations and Society*, v. 20, n. 2-3, fev.-abr. 1995, p. 93-109. Disponível em: <https://www.sciencedirect.com/science/article/pii/0361368293E0001W>; acesso em: 14 mar. 2000.

HOULIHAN, Maeve. Managing to Manage? Stories from the Call-Centre Floor. *Journal of European Industrial Training*, v. 25, n. 2-3-4, 2001, p. 208-20.

_____. Tensions and Varieties in Call Centre Management Strategies. *Human Resource Management Journal*, v. 12, n. 4, 2002, p. 67-85.

HOWE, Jeff. *Crowdsourcing*: Why the Power of the Crowd is Driving the Future of Business. Nova York, Random House, 2008.

HURLEY, James. Boss Determined to Deliver the Right Ingredients for Success. *The Times*, 26 fev. 2018. Disponível em: <https://www.thetimes.co.uk/article/boss-determined-to-deliver-the-right-ingredients-for-success-6gtczs8xq>; acesso em: 5 dez. 2019.

HUWS, Ursula. *The Making of a Cybertariat*: Virtual Work in a Real World. Nova York/Londres, Monthly Review Press/Merlin, 2003. [Ed. bras.: *A formação do cibertariado*: trabalho virtual em um mundo real. Trad. Murillo van der Laan, Campinas, Editora da Unicamp, 2017.]

_____. *Labor in the Global Digital Economy*: The Cybertariat Comes of Age. Nova York, Monthly Review Press, 2014.

_____. Tenho a sensação de que essa nova classe operária está começando a se mover. *Ideias de Esquerda*, n. 2, ago.-set. 2017, p. 28-32.

_____ et al. *The Platformisation of Work in Europe*. Bruxelas, Foundation for European Progressive Studies, 2019.

HYPOLITO, Álvaro Moreira; VIEIRA, Jarbas Santos; PIZZI, Laura Cristina Vieira. Reestruturação curricular e autointensificação do trabalho docente. *Currículo sem Fronteiras*, v. 9, n. 2, jul.-dez. 2009, p. 100-112. Disponível em: <http://www.curriculosemfronteiras.org/vol9iss2articles/hypolito-vieira-pizzi.pdf>; acesso em: 10 mar. 2010.

IANNI, Octávio. *Sociologia da sociologia:* o pensamento sociológico brasileiro. São Paulo, Ática, 1989.

INBOUND CALL-CENTER OPERATOR. Comunicação pessoal. Trad. Isabel Roque, jun. 2013.

INFOPROLETÁRIOS. Somos os Infoproletários. *Portal dos Infoproletários*, s.d. Disponível em: <https://infoproletarios. org/>; acesso em: 25 jul. 2018.

INSTITUTO BRASILEIRO DE GEOGRAFIA E ESTATÍSTICA. Uberlândia. *Portal do IBGE*, s.d. Disponível em: <https://cidades.ibge.gov.br/brasil/mg/uberlandia/panorama>; acesso em: 10 set. 2019.

_____. *Pesquisa Nacional por Amostra de Domicílios:* síntese de indicadores 2015. Rio de Janeiro, IBGE, 2016. Disponível em: <https://biblioteca.ibge.gov.br/visualizacao/livros/liv98887.pdf>; acesso em: 30 mar. 2018.

_____. *Pesquisa Nacional por Amostra de Domicílios Contínua – Pnad Contínua:* indicadores mensais produzidos com informações do trimestre móvel terminado em janeiro de 2018. Rio de Janeiro, IBGE, 2018. Disponível em: <https://agenciadenoticias.ibge.gov.br/media/com_mediaibge/arquivos/4581438d7e04a73aede241d3327e4187.pdf>; acesso em: 14 jul. 2020.

_____. *Pesquisa Nacional por Amostra de Domicílios Contínua*: trimestre móvel – dezembro de 2017 a fevereiro de 2018. Rio de Janeiro, IBGE, 2018. Disponível em: <ftp://ftp.ibge.gov.br/Trabalho_e_Rendimento/Pesquisa_Nacional_por_Amostra_de_Domicilios_continua/Mensal/Comentarios/pnadc_201802_comentarios.pdf>; acesso em: 30 mar. 2018.

_____. Pnad Contínua: taxa de desocupação é de 12,7% e taxa de subutilização é de 25,0% no trimestre encerrado em março de 2019. *Agência IBGE Notícias*, 30 abr. 2019. Disponível em: <https://agenciadenoticias.ibge.gov.br/agencia-sala-de-imprensa/2013-agencia-de-noticias/releases/24284-pnad-continua-taxa-de-desocupacao-e-de-12-7-e-taxa-de-subutilizacao-e-de-25-0-no-trimestre-encerrado-em-marco-de-2019>; acesso em: 20 maio 2019.

_____. *Pesquisa Nacional por Amostra de Domicílios Contínua – Pnad Contínua*: mercado de trabalho brasileiro – 1º trimestre de 2019. Brasília, 16 maio 2019. Disponível em: <https://static.poder360.com.br/2019/05/Pnad-continua-ibge-desemprego.pdf>; acesso em: 4 nov. 2019.

_____. Pnad Contínua trimestral: desocupação cresce em 14 das 27 UFs no 1º trimestre de 2019. *Agência IBGE Notícias*, 16 maio 2019. Disponível em: <https://agenciadenoticias.ibge.gov.br/agencia-sala-de-imprensa/2013-agencia-de-noticias/releases/24486-pnad-continua-trimestral-desocupacao-cresce-em-14-das-27-ufs-no-1-trimestre-de-2019>; acesso em: 20 maio 2019.

_____. *Pesquisa Nacional por Amostra de Domicílios Contínua*: notas técnicas, v. 1.5. 4. ed., Rio de Janeiro, IBGE, 2019. Disponível em: <https://biblioteca.ibge.gov.br/visualizacao/livros/liv101651_notas_tecnicas.pdf>; acesso em: 20 maio 2019.

_____. Desemprego cai em 16 estados em 2019, mas 20 têm informalidade recorde. *Agência IBGE Notícias*, 14 fev. 2020. Disponível em: <https://agenciadenoticias.ibge.gov.br/agencia-noticias/2012-agencia-de-noticias/noticias/26913-desemprego-cai-em-16-estados-em-2019-mas-20-tem-informalidade-recorde>; acesso em: 15 jan. 2020.

INSTITUTO NACIONAL DE ESTATÍSTICA/STATISTICS PORTUGAL. Estatísticas do emprego – 1º trimestre de 2013. *Portal do INE*, 2013. Disponível em: <https://www.ine.pt/xportal/xmain?xpid=INE&xpgid=ine_publicacoes&PUBLICACOEStipo=ea&PUBLICACOEScoleccao=5685773&selTab=tab0&xlang=pt>; acesso em: 10 ago. 2019.

INSTITUTO NACIONAL DE ESTUDOS E PESQUISAS EDUCACIONAIS ANÍSIO TEIXEIRA. InepData. *Portal do Inep*, s.d. Disponível em: <http://portal.inep.gov.br/inep-data>; acesso em: 10 fev. 2019.

INTERNATIONAL LABOUR ORGANIZATION. Decent Work. *Portal da Organização Internacional do Trabalho*, s.d. Disponível em: <https://www.ilo.org/global/topics/decent-work/lang--en/index.htm>; acesso em: 19 set. 2019.

_____. *Global Employment Trends for Youth*: 2011 Update. Genebra, International Labour Office, 2011. Disponível em: <https://www.ilo.org/empelm/pubs/WCMS_165455/lang--en/index.htm>; acesso em: 10 jul. 2019.

_____. *World Employment and Social Outlook 2015*: The Changing Nature of Jobs. Genebra, International Labour Office, 2015.

_____. *Las plataformas digitales y el futuro del trabajo: Cómo fomentar el trabajo decente en el mundo digital*. Genebra, Oficina Internacional del Trabajo, 2019. Disponível em: <https://www.ilo.org/global/publications/books/WCMS_684183/lang--es/index.htm>; acesso em 5 jun. 2020.

ISAAC, Mike. How Uber Got Lost. *The New York Times*, 23 ago. 2019. Disponível em: <https://www.nytimes.com/2019/08/23/business/how-uber-got-lost.html>; acesso em: 10 nov. 2019.

IWGB COURIERS & LOGISTICS BRANCH. Written Evidence from IWGB Couriers & Logistics Branch (WOW 99). *The Future World of Work*, fev. 2017. Disponível em: <http://data.parliament.uk/writtenevidence/committeeevidence.svc/evidencedocument/business-energy-and-industrial-strategy-committee/future-world-of-work/written/47112.pdf>; acesso em: 11 dez. 2017.

JACOMINI, Márcia Aparecida; PENNA, Marieta Gouvêa de Oliveira. Carreira docente e valorização do magistério: condições de trabalho e desenvolvimento profissional. *Pro-Posições*, v. 27, n. 2, maio-ago. 2016, p. 177-202. Disponível em: <https://periodicos.sbu.unicamp.br/ojs/index.php/proposic/article/view/8647238>; acesso em: 12 jun. 2017.

JONES, Rupert. Uber Driver Earned Less Than Minimum Wage, Tribunal Told. *The Guardian*, 20 jul. 2016. Disponível em: <https://www.theguardian.com/business/2016/jul/20/uber-driver-employment-tribunal-minimum-wage>; acesso em: 10 jun. 2020.

KALIL, Renan Bernardo. *Capitalismo de plataforma e direito do trabalho: crowdwork e trabalho sob demanda por meio de aplicativos*. Tese de doutorado em direito, São Paulo, Faculdade de Direito da Universidade de São Paulo, 2019.

KARYOTIS, Georgios; RÜDIG, Wolfgang. The Three Waves of Anti-Austerity Protest in Greece, 2010-2015. *Political Studies Review*, 15 fev. 2017.

KENNEY, Martin, ZYSMAN, John. The Rise of the Platform Economy. *Issues in Science and Technology*, v. 32, n. 3, p. 61-9, 2016.

KITCHIN, Rob. Thinking Critically about and Researching Algorithms. *Information, Communication & Society*, v. 20, n. 1, 2017, p. 14-29.

KITTUR, Aniket et al. The Future of Crowd Work. *CSCW '13*: Proceedings of the 2013 Conference on Computer Supported Cooperative Work, fev. 2013. Disponível em: <https://hci.stanford.edu/publications/2013/CrowdWork/futureofcrowdwork-cscw2013.pdf>; acesso em: 25 mar. 2018.

KLEIN, Naomi. *Sem logo*: a tirania das marcas em um planeta vendido. Trad. Ryta Vinagre, São Paulo, Record, 2002.

KOLINKO. Proposal for an Inquiry in Call-Centers. *Libcom*, nov. 1999. Disponível em: <https://libcom.org/library/proposal-inquiry-call-centers-kolinko>; acesso em: 10 ago. 2019.

_____. *Hotlines*: Call-Centre, Inquiry, Communism. Oberhausen, s.n., 2002. Disponível em: <https://www.nadir.org/nadir/initiativ/kolinko/lebuk/e_lebuk.htm>; acesso em: 10 ago. 2019.

KOVÁCS, Ilona. *As metamorfoses do emprego*: ilusões e problemas da sociedade da informação. Oeiras, Celta, 2002.

_____. *Flexibilidade de emprego*: riscos e oportunidades. Oeiras, Celta, 2005.

_____. Novas formas de organização do trabalho e autonomia no trabalho. *Sociologia, Problemas e Práticas*, v. 52, 2006, p. 41-65.

KREIN, José Dari; DE OLIVEIRA, Roberto Véras; FILGUEIRAS, Vitor Araújo (orgs.). *Reforma trabalhista no Brasil:* promessas e realidade. Campinas, Curt Nimuendajú, 2019.

KUEK, Siou Chew et al. *The Global Opportunity in Online Outsourcing*. Washington, The World Bank, 2015.

LAPAVITSAS, Costas. *Profiting without Producing*: How Finance Exploits Us All. Londres/Nova York, Verso, 2013.

LE GUILLANT, Louis. A neurose das telefonistas. *Revista Brasileira de Saúde Ocupacional*, v. 47, 1984; p. 7-11.

LEE, Min Kyung et al. Working with Machines: The Impact of Algorithmic and Data-Driven Management on Human Workers. In: BEGOLE, Bo et al. (orgs.) *CHI '15*: Proceedings of the 33rd Annual ACM SIGCHI Conference. Nova York, Association for Computing Machinery Press, 2015.

LEFEBVRE, Henri. *The Production of Space*. Oxford, Blackwell, 1991.

LEMOS, Vinícius. Educação vai terceirizar escolas do Pequis e Hebron. *Diário de Uberlândia*, 11 jan. 2018. Disponível em: <https://diariodeuberlandia.com.br/noticia/15146/educacao-vai-terceirizar-escolas-do-pequis-e-hebron>; acesso em: 13 jan. 2018.

LÉVY, Pierre. *Cyberculture*. Minneapolis, University of Minnesota Press, 2001, coleção Electronic Mediations, v. 4.

LICHTENSTEIN, Nelson (org.). *Wal-Mart*: el rostro del capitalismo del siglo XXI. Trad. Néstor Cabrera, Madri, Popular, 2006.

_____. *The Retail Revolution*: How Wal-Mart Created a Brave New World of Business. Nova York, Metropolitan, 2009.

LIMA, Raphael Jonathas da Costa. CSN e Volta Redonda: uma relação histórica de dependência e controle. *Política & Sociedade*, v. 12, n. 25, 2013, p. 41-64.

LINHART, Danièle. *A desmedida do capital*. Trad. Wanda Nogueira Caldeira Brant, São Paulo, Boitempo, 2007, coleção Mundo do Trabalho.

LOBEL, Fabrício. Número de motoristas do Uber cresce dez vezes em um ano no Brasil. *Folha de S.Paulo*, 30 out. 2017. Disponível em: <https://www1.folha.uol.com.br/cotidiano/2017/10/1931013-numero-de-motoristas-do-uber-cresce-dez-vezes-em-um-ano-no-brasil.shtml>; acesso: 7 jul. 2020.

LOFLAND, John; LOFLAND, Lyn. *Analyzing Social Settings*: A Guide to Qualitative Observation and Analysis. Belmont, Wadsworth, 1995.

LOJKINE, Jean. *A revolução informacional*. Trad. José Paulo Netto, São Paulo, Cortez, 1995.

LOPES, Eliane Marta Teixeira. A educação da mulher: a feminização do magistério. *Teoria & Educação*, Dossiê Interpretando o Trabalho Docente, n. 4, 1991, p. 22-40.

LOVELOCK, Christopher H. Classifying Services to Gain Strategic Marketing Insights. *Journal of Marketing*, v. 47, n. 3, 1983, p. 9-20.

LOVINK, Geert. *Dark Fiber*. Cambridge, MIT Press, 2002.

LUKÁCS, György. *History and Class Consciousness*: Studies in Marxist Dialectics. Londres, Merlin, 1971. [Ed. bras.: *História e consciência de classe:* estudos sobre a dialética marxista. Trad. Maria Ermantina de Almeida Prado, São Paulo, WMF Martins Fontes, 2019.]

LYND, Staughton. *Solidarity Unionism*: Rebuilding the Labor Movement from Below. 2. ed., Oakland/Dexter, PM Press/Thomson-Shore, 2015.

MACHADO, Leandro. Por corrida cara, motorista do Uber "acampa" por 12h perto de aeroporto. *Folha de S.Paulo*, 9 fev. 2017. Disponível em: <http://www1.folha.uol.com.br/cotidiano/2017/02/1857136-por-corrida-cara-motorista-do-uber-acampa-por-12-h-perto-de-aeroporto.shtml>; acesso em: 15 out. 2019.

_____. Dormir na rua e pedalar 12 horas por dia: a rotina dos entregadores de aplicativo. *BBC News Brasil*, 22 maio 2019. Disponível em: <https://www.bbc.com/portuguese/brasil-48304340>; acesso em: 10 out. 2019.

MACIEL, Rosana Mendes; PREVITALI, Fabiane. Impacto das políticas públicas do trabalhador da educação na rede estadual de ensino de Patos de Minas / MG em 2011. *Revista Labor*, v. 1, n. 6, 2011. Disponível em: <http://www.periodicos.ufc.br/labor/article/view/9305/7490>; acesso em: 28 maio 2012.

MADI, Maria Alejandra C. O banco digital, as *fintechs* e o trabalho bancário. *Portal do Sindicato dos Bancários Campinas e Região*, 2 ago. 2017. Disponível em: <http://www.bancarioscampinas.org.br/index.php?id=53&tx_ttnews[tt_news]=8290&cHash=591c4dcc7dd5ac7f265569449f591ac3>; acesso em: 12 ago. 2019.

MADRIGAL, Alexis. The Uber IPO Is a Landmark. *The Atlantic*, 11 abr. 2019. Disponível em: <https://www.theatlantic.com/technology/archive/2019/04/ubers-ipo-historic-despite-its-10-billion-loss/586999/>; acesso em: 14 dez. 2019.

MAIR, Johanna, REISCHAUER, Georg. Capturing the Dynamics of the Sharing Economy: Institutional Research on the Plural Forms and Practices of Sharing Economy Organizations. *Technological Forecasting and Social Change*, n. 125, 2017, p. 11-20.

MALLET, Serge. *La Nouvelle classe ouvriere*. Paris, Seuil, 1969.

MANYKA, James et al. Independent Work: Choice, Necessity, and the Gig Economy. Mckinsey Global Institute, out. 2016. Disponível em: <https://www.mckinsey.com/featured-insights/employment-and-growth/independent-work-choice-necessity-and-the-gig-economy>; acesso em: 19 mar. 2018.

MARSHALL, Judith. Behind the Image of South-South Solidarity at Brazil's Vale. In: BOND, Patrick; GARCIA, Ana (orgs.). *Brics*: An Anti-Capitalist Critique. Chicago, Haymarket, 2015, p. 162-85.

MARTINEAU, Jonathan. Making Sense of the History of Clock-Time, Reflections on Glennie and Thrift's Shaping the Day. *Time & Society*, v. 26, n. 3, 2017, p. 305-20.

MARX, Karl. A Workers' Inquiry. *New International*, v. 4, n. 12, 1938 [1880], p. 379-81.

_____. Manuscritos econômicos e filosóficos. In: FROMM, Erich. *Conceito marxista de homem*. Trad. Octavio Alves Velho, Rio de Janeiro, Zahar, 1970, Biblioteca de Ciências Sociais.

_____. *Capital*: A Critique of Political Economy, v. 1. Londres, Penguin/New Left Review, 1976.

_____. *O capital*: crítica da economia política, Livro I: *O processo de produção do capital*. Trad. Regis Barbosa e Flávio R. Kothe, São Paulo, Nova Cultural, 1982, coleção Os Economistas.

_____. *Grundrisse*. Manuscritos econômicos de 1857-1858: esboços da crítica da economia política. Trad. Nélio Schneider e Mario Duayer. São Paulo, Boitempo, 2011, coleção Marx-Engels.

_____. *O capital*: crítica da economia política, Livro I: O processo de produção do capital. Trad. Rubens Enderle, São Paulo, Boitempo, 2013, coleção Marx-Engels.

_____. *O capital*: crítica da economia política, Livro II: *O processo de circulação do capital*. Trad. Rubens Enderle, São Paulo, Boitempo, 2014, coleção Marx-Engels.

_____. *O capital*: crítica da economia política, Livro III: *O processo global da produção capitalista*. Trad. Rubens Enderle, São Paulo, Boitempo, 2017, coleção Marx-Engels.

_____; ENGELS, Friedrich. *Manifesto Comunista*. São Paulo, Instituto José Luís e Rosa Sundermann, 2003.

_____; _____. *Manifesto Comunista*. Trad. Álvaro Pina e Ivana Jinkings, São Paulo, Boitempo, 2010, coleção Marx-Engels.

MASSEY, Doreen B. *Spatial Divisions of Labor*: Social Structures and the Geography of Production. 2. ed., Nova York, Routledge, 1995.

MATZAT, Lorenz (org.). *Atlas of Automation*: Automated Decision-Making and Participation in Germany. Berlim, AlgorithmWatch, 2019.

MCKINLAY, Alan; TAYLOR, Phil. Through the Looking Glass: Foucault and the Politics of Production. In: MCKINLAY, Alan; STARKEY, Ken (orgs.). *Foucault, Management and Organization Theory*: From Panoptic on to Technologies of Self. Londres, Sage, 1998.

MCKINSEY GLOBAL INSTITUTE. *Jobs Lost, Jobs Gained*: Workforce Transitions in a Time of Automation. Saint Louis, McKinsey & Company, 2017.

MCLEAN, Robert. Uber will pay up to $100 million to settle labor suits. *CNN Business*, 22 abr. 2016. Disponível em: <http://money.cnn.com/2016/04/22/technology/uber-drivers-labor-settlement/>; acesso em: 10 out. 2019;

MCNEILL, Jon. Introducing Lyft Driver Services. *Medium*, 26 mar. 2019. Disponível em: <https://medium.com/@jmaclyft/introducing-lyft-driver-services-ac1ab9488ac6>; acesso em: 1º dez. 2019.

MELO, Alexandre. Robôs ganham voz e espaço no call-center. *Valor Econômico*, 30 abr. 2018. Disponível em: <https://www.valor.com.br/empresas/5491579/robos-ganham-voz-e-espaco-no-call-center>; acesso em: 20 maio 2019.

MELO, Geraldo Magela. O teletrabalho na nova CLT. *Associação dos Magistrados da Justiça do Trabalho*, 28 jul. 2017. Disponível em: <https://www.anamatra.org.br/artigos/25552-o-teletrabalho-na-nova-clt>; acesso em: 20 maio 2019.

MELO, João Ozorio de. Nova lei da Califórnia cria vínculo empregatício para motoristas de aplicativos. *Consultor Jurídico*, 13 set. 2019. Disponível em: <https://www.conjur.com.br/2019-set-13/california-cria-vinculo-empregaticio-motoristas-aplicativos>; acesso em: 10 out. 2019.

MENDONÇA, Heloísa. Exportações à Argentina já caíram 40% e empresas brasileiras temem atraso nos pagamentos. *El País*, 3 set. 2019. Disponível em: <https://brasil.elpais.com/brasil/2019/09/02/economia/1567453864_099749.html>; acesso em: 31 jan. 2020.

MENEZES, João Vitor Possamai de; PINTO, Geraldo Augusto. A terceirização no polo automotivo do aglomerado metropolitano de Curitiba. *Revista da Abet*, v. 15, n. 2, jul.-dez. 2016, p. 145-64. Disponível em: <https://periodicos.ufpb.br/index.php/abet/article/view/32912/17129>; acesso em: 31 jan. 2020.

MERCEDES-BENZ. Juiz de Fora. *Portal da Mercedes-Benz*, s.d. Disponível em: <https://www.mercedes-benz.com.br/institucional/empresa/juiz-de-fora>; acesso em: 31 jan. 2020.

_____. Nova linha de cabinas 4.0. *Portal da Mercedes-Benz*, s.d. Disponível em: <http://www.m3midia.com/emk/mbb/linha-cabinas/pt/>. Acesso em 31 jan. 2020.

_____. São Bernardo do Campo. *Portal da Mercedes-Benz*, s.d. Disponível em: <https://www.mercedes-benz.com.br/institucional/empresa/sao-bernardo-do-campo>; acesso em: 31 jan. 2020.

_____. Mercedes-Benz inicia uma nova era rumo à Indústria 4.0 no Brasil. *Portal da Mercedes-Benz*, 28 mar. 2018. Disponível em: <https://www.mercedes-benz.com.br/institucional/imprensa/releases/corporativo/2018/3/20760-mercedes-benz-inicia-uma-nova-era-rumo-a-industria-4-0-no-brasil>; acesso em: 31 jan. 2020.

MÉSZÁROS, István. *Para além do capital*: rumo a uma teoria da transição. Trad. Paulo Cezar Castanheira e Sérgio Lessa, São Paulo, Boitempo, 2002, coleção Mundo do Trabalho.

MILANEZ, Bruno et al. A estratégia corporativa da Vale S.A.: um modelo analítico para redes globais extrativas. *PoEMAS*: Versos, Textos para Discussão, v. 2, n. 2, 2018, p. 1-43.

MILKMAN, Ruth; OTT, Ed. *New Labor in New York*: Precarious Workers and the Future of the Labor Movement. Ithaca, ILR, 2014.

MILLER, Carl. Uber's Paradox: Gig work App Traps and Frees Its Drivers. *BBC*, 16 nov. 2019. Disponível em: <https://www.bbc.com/news/technology-50418357>; acesso em: 16 nov. 2019.

MINAYO, Maria Cecília de Souza. *De ferro e flexíveis*: marcas do Estado empresário e da privatização na subjetividade operária. Rio de Janeiro, Garamond, 2004.

MINISTÉRIO DA ECONOMIA DO BRASIL. Setor automotivo. *Portal do Ministério da Indústria, Comércio Exterior e Serviços*, s.d. Disponível em: <http://www.mdic.gov.br/index.php/competitividade-industrial/setor-automotivo>; acesso em: 31 jan. 2020.

_____. Greves (Relatório Único – Anexo E). *Portal do Gabinete de Estratégia e Estudos – Estatísticas em Síntese*, 2012. Disponível em: <http://www.gep.mtsss.gov.pt/documents/10182/25254/grv2012sint.pdf/a7507508-0ab2-4e9f-8409-b4f49cd0ae12>; acesso em: 28 maio 2020.

_____. Programa de Proteção do Emprego (PPE). *Portal do Fundo de Amparo ao Trabalhador*, 7 jul. 2016. Disponível em: <http://portalfat.mte.gov.br/programas-e-acoes-2/programa-de-protecao-do-emprego-ppe/>; acesso em: 31 jan. 2020.

MINISTÉRIO PÚBLICO DO TRABALHO. Ação civil pública, 2007. Disponível em: <actbr.org.br/uploads/.../188_MPTPRxsouzacruz_fumicultores.pdf>; acesso em: 1º maio 2011.

MIRAGAYA, Fernando. Mercedes reduz tempo de produção em 15%. *Folha de S.Paulo*, 28 mar. 2018. Disponível em: <https://www1.folha.uol.com.br/mercado/2018/03/mercedes-reduz-tempo-de-producao-em-15.shtml>; acesso em: 28 mar. 2018.

MITROPOULOS, Angela. Precari-Us? *Mute: Precarious Reader*, v. 2, 2005, p. 12-9.

MÖHLMANN, Mareike; ZALMANSON, Lior. Hands on the Wheel: Navigating Algorithmic Management and Uber Drivers' Autonomy. *International Conference on Information Systems (ICIS)*, Seul, 2017.

MOORE, Phoebe; ROBINSON, Andrew. The Quantified Self: What Counts in the Neoliberal Workplace. *New Media and Society*, v. 18, n. 11, 2016, p. 2774-92.

_____; UPCHURCH, Martin; WHITTAKER, Xanthe (orgs.). *Humans and Machines at Work*: Monitoring, Surveillance and Automation in Contemporary Capitalism. Londres, Palgrave Macmillan, 2017, coleção Dynamics of Virtual Work.

MORAES, Rodrigo Bombanati de Souza; OLIVEIRA, Marco Antonio Gonsales de; ACCORSI, André. Uberização do trabalho: a percepção dos motoristas de transporte particular por aplicativo. *Revista Brasileira de Estudos Organizacionais*, v. 6, n. 3, 2019, p. 647-81.

MOREIRA, Marli. Metalúrgicos da Mercedes-Benz encerram greve após montadora suspender demissões. *EBC*, 31 ago. 2015. Disponível em: <http://www.ebc.com.br/2015/08/metalurgicos-da-mercedes-benz-encerram-greve-apos-montadora-suspender-demissoes>; acesso em: 31 jan. 2020.

MOREIRA, Teresa Alexandra Coelho. O controlo dos trabalhadores através de sistemas de geolocalização. In: LEME, Ana Carolina Paes; RODRIGUES, Bruno Alves; CHAVES JÚNIOR, José Eduardo de Resende (orgs.). *Tecnologias disruptivas e a exploração do trabalho humano*: a intermediação de mão de obra a partir das plataformas eletrônicas e seus efeitos jurídicos e sociais. São Paulo, LTr, 2017, p. 56-69.

_____. A privacidade do trabalhador e as novas tecnologias de informação e comunicação. *Revista Arquivos do Instituto Brasileiro de Direito Social*, n. 43, 2019, p. 63-76.

MORETON, Bethany. *To Serve God and Wal-Mart*: The Making of Christian Free Enterprise. Cambridge, Harvard University Press, 2010.

MOROZOV, Evgeny. *Big tech*: a ascensão dos dados e a morte da política. Trad. Claudio Marcondes, São Paulo, Ubu, 2018.

MOTTA, Cláudia. #Mobilização em defesa do emprego bancário. *Portal do Sindicato dos Bancários e Financiários de São Paulo, Osasco e Região*, 29 jul. 2017. Disponível em: <https://spbancarios.com.br/07/2017/mobilizacao-em-defesa-do-emprego-bancario>; acesso em: 14 ago. 2019.

MOTTA, Fernando Cláudio Prestes. Organização, automação e alienação. *Revista de Administração de Empresas*, v. 24, n. 3, jul.-set. 1984, p 67-9.

MULHOLLAND, Kate. Gender, Emotional Labour and Team Working in a Call-Centre. *Personnel Review*, v. 31, n. 3, 2002, p. 283-303.

MURDOCK, Graham. Media Materialities: For a Moral Economy of Machines. *Journal of Communication*, v. 68, n. 2, abr. 2018.

MURGIA, Annalisa; MAESTRIPIERI, Lara; ARMANO, Emiliana. The Precariousness of Knowledge Workers: Hybridisation, Self-Employment and Subjectification. *Work, Organisation, Labour & Globalisation*, v. 10, n. 2, 2016, p. 1-8.

NASCIMENTO, Douglas. Fábrica da Ford – Bom Retiro. *São Paulo Antiga*, 28 ago. 2013. Disponível em: <http://www.saopauloantiga.com.br/ford/>; acesso em: 31 jan. 2020.

NAVILLE, Pierre. *Vers l'Automatisme social?* Machines, informatique, autonomie et liberté. Paris, Syllepse, 2016.

NEWMAN, Janet; CLARKE, John. Gerencialismo. *Educação & Realidade*, v. 37, n. 2, maio-ago. 2012, p. 353-81. Disponível em: <http://dx.doi.org/10.1590/S2175-62362012000200003>; acesso em: 14 jun. 2014.

NIEBORG, David; POELL, Thomas. The Platformization of Cultural Production: Theorizing the Contingent Cultural Commodity. *New Media & Society*, v. 20, n. 11, 2018.

NOBLE, Safiya Umoja. *Algorithms of Oppression*: How Search Engines Reinforce Racism. Nova York, New York University Press, 2018.

NOGUEIRA, Arnaldo José França Mazzei. *Transformações e sentidos do trabalho no sistema financeiro*: uma contribuição aos estudos organizacionais críticos. Tese de livre-docência em ciências sociais aplicadas, São Paulo, Universidade de São Paulo, 2015.

_____. Transformações organizacionais e trabalho no sistema financeiro. *Cadernos 28 de Agosto*, São Paulo, Faculdade 28 de Agosto de Ensino e Pesquisa, v. 2, n. 2, 2016.

NOGUEIRA, Claudia Mazzei. *O trabalho duplicado*: a divisão sexual no trabalho e na reprodução – um estudo das trabalhadoras do telemarketing. São Paulo, Expressão Popular, 2006.

NOTES FROM BELOW. The Workers' Inquiry and Social Composition. *Notes from Below*, 29 jan. 2018. Disponível em: <https://notesfrombelow.org/article/workers-inquiry-and-social-composition>; acesso em: 10 ago. 2019.

NUZZI, Vitor. Ford, São Bernardo: na produção do último carro, trabalhadores se despedem da linha de montagem. *Rede Brasil Atual (RBA)*, 14 jun. 2019. Disponível em: <https://www.redebrasilatual.com.br/trabalho/2019/06/ford-de-sao-bernardo-na-producao-do-ultimo-carro-trabalhadores-se-despedem-da-linha-de-montagem/>; acesso em: 31 jan. 2020.

O'CONNOR, Sarah. "Bogus" Self-Employment Deprives Workers of their Rights. *Financial Times*, 18 ago. 2017. Disponível em: <https://www.ft.com/content/e6231ad6-45a6-11e5-af2f-4d6e0e5eda22>; acesso em: 10 set. 2017.

O'NEIL, Cathy. *Weapons of Math Destruction*: How Big Data Increases Inequality and Threatens Democracy. Londres, Penguin, 2017.

OFFE, Claus. *Trabalho & sociedade*: problemas estruturais e perspectivas para o futuro da "sociedade do trabalho". Trad. Gustavo Bayer e Margrit Martincic, Rio de Janeiro, Tempo Brasileiro, 1989, Biblioteca Tempo Universitário, v. 89.

OFFICE OF TAX SIMPLIFICATION. *Employment Status Report*. Londres, Office of Tax Simplification, 2015.

OITAVEN, Juliana Carreiro Corbal; CARELLI, Rodrigo de Lacerda; CASAGRANDE, Cássio Luís. *Empresas de transporte, plataformas digitais e a relação de emprego*: um estudo do trabalho subordinado sob aplicativos. Brasília, Ministério Público do Trabalho, 2018.

OLIVEIRA, Dalila Andrade. Nova gestão pública e governos democráticos-populares: contradições entre a busca da eficiência e a ampliação do direito à educação. *Educação & Sociedade*, Campinas, v. 36, n. 132, jul.-set. 2015, p. 625-46. Disponível: em: <http://www.scielo.br/pdf/es/v36n132/1678-4626-es-36-132-00625.pdf>; acesso em: 10 nov. 2015.

OLIVEIRA, Déborah. Inteligência artificial da Vivo retém 70% dos clientes no call-center. *ComputerWorld*, 13 fev. 2019. Disponível em: <https://computerworld.com.br/2019/02/13/inteligencia-artificial-da-vivo-retem-70-dos-clientes-no-call-center/>; acesso em: 14 ago. 2020.

OLIVEIRA, Francisco de. Passagem na neblina. In: STÉDILE, João Pedro; GENOÍNO, José. (orgs.). *Classes sociais em mudança e luta pelo socialismo*. São Paulo, Perseu Abramo, 2000, coleção Socialismo em Discussão.

OLIVEIRA, Marco Antonio Gonsales de. *Resistência e consentimento na empresa pós-fordista: uma etnografia com trabalhadores da Embraer*. Tese de doutorado em administração de empresas, São Paulo, Faculdade de Economia, Administração, Contábeis e Atuariais da Pontifícia Universidade Católica de São Paulo, 2017.

_____; Rodrigo Bombonati de Souza; SOUZA, Rogério de. Luta de classes na era do Uber. *Instituto Humanitas Unisinos*, 15 dez. 2017. Disponível em <http://www.ihu.unisinos.br/78-noticias/574649-luta-de-classes-na-era-do-uber>; acesso em: 4 dez. 2019.

ORGANISATION FOR ECONOMIC CO-OPERATION AND DEVELOPMENT. *Education at a Glance 2019*: OECD Indicators. Paris, OECD, 2019. Disponível em: <https://doi.org/10.1787/f8d7880d-en>; acesso em: 10 jun. 2019.

PADILLA, Margarita. *El kit de la lucha en internet*. Madri, Traficantes de Sueños, 2012.

PANJA, Soheb. Deliveroo Plans to Make its Own Food and Replace Chefs and Riders with Robots. *Eater*, 29 mar. 2018. Disponível em: <https://london.eater.com/2018/3/29/17175482/deliveroo-future-plans-robots-profits-investors>; acesso em: 1º abr. 2018.

PARDI, Tommaso; KRZYWDZINSKI, Martin; LUETHJE, Boy. Digital Manufacturing Revolutions as Political Projects and Hypes: Evidences from the Auto Sector. In: PARDI, Tommaso et al. (orgs.). *The Future of Work in the Automotive Industry II*: Strategies, Technologies and Institutions. International Labour Organization Research Department, dez. 2018. p. 75-106. Disponível em: <http://gerpisa.org/en/node/5258>; acesso em: 31 jan. 2020.

PARROT, James A.; REICH, Michael. *Report for the New York City Taxi and Limousine Commission*. Nova York, Center for New York City Affairs, 2018. Disponível em: <https://static1.squarespace.com/static/53ee4f0be4b015b9c3690d84/t/5b3a3aaa0e2e72ca74079142/1530542764109/Parrott-Reich+NYC+App+Drivers+TLC+Jul+2018jul1.pdf>; acesso em: 15 nov. 2019.

PASQUALE, Frank. *The Black Box Society*: The Secret Algorithms that Control Money and Information. Cambridge, Harvard University Press, 2015.

PASQUINELLI, Matteo. Anomaly Detection: The Mathematization of the Abnormal in the Metadata Society. *Transmediale*, Berlim, fev.-abr. 2015.

PAUGAM, Serge. *Le Salarié de la précarité*: les nouvelles formes de l'intégration professionnelle. Paris, PUF, 2000.

PAUL, Jane; HUWS, Ursula. How Can We Help? Good Practice in Call-Centre Employment. *Second draft report for the Tosca Project*, Analytica Social and Economic Research Ltda., 2002.

PEDUZZI, Pedro. Temer sanciona nova lei do Supersimples e Lei do Salão Parceiro. *Agência Brasil*, 27 out. 2016. Disponível em: <http://agenciabrasil.ebc.com.br/politica/noticia/2016-10/temer-sanciona-nova-lei-do-supersimples-e-lei-do-salao-parceiro>; acesso em: 10 out. 2019.

PEREIRA, Leoclécio Dobrovoski Silva. *Crise nas licenciaturas*: o novo perfil do professor da educação básica no Brasil sob a égide do neoliberalismo. Dissertação de mestrado em educação, Uberlândia, Faculdade de Educação da Universidade Federal de Uberlândia, 2018. Disponível em: <https://repositorio.ufu.br/handle/123456789/21098>; acesso em: 14 out. 2019.

PETERS, John. Down in the Vale: Corporate Globalization, Unions on the Defensive, and the USW Local 6500 Strike in Sudbury, 2009-2010. *Labour*, v. 66, 2010, p. 73-105.

PINTO, Geraldo Augusto. Uma introdução à indústria automotiva no Brasil. In: ANTUNES, Ricardo (org.). *Riqueza e miséria do trabalho no Brasil*. São Paulo, Boitempo, 2006, coleção Mundo do Trabalho.

_____. O regime automotivo brasileiro de 1995 e a descentralização industrial: o caso da região metropolitana de Curitiba. *[Anais do] IV Simpósio Nacional de Tecnologia e Sociedade*: Ciência e Tecnologia Construindo a Igualdade na Diversidade. Universidade Tecnológica Federal do Paraná (UTFPR), 9-11 nov. 2011. Disponível em: <http://www.esocite.org.br/eventos/tecsoc2011/cd-anais/arquivos/pdfs/artigos/gt015-oregime.pdf>; acesso em: 31 jan. 2020.

_____. *A máquina automotiva em suas partes*: um estudo das estratégias do capital na indústria de autopeças. São Paulo, Boitempo, 2011, coleção Mundo do Trabalho.

PIRES, Rui Pena. Tendência na emigração é de descida desde 2013. *Observatório da Emigração*, 2017. Disponível em: <http://observatorioemigracao.pt/np4/5940.html>; acesso em: 10 ago. 2019.

POELL, Thomas; NIEBORG, David; VAN DIJCK, José. Plataformização. Trad. Rafael Grohmann. *Fronteiras – Estudos Midiáticos*, v. 22, n. 1, jan.-abr. 2020, p. 2-10.

POIER, Salvatore. My Boss is an App: An Auto-Ethnography on App-Based Gig Economy. *Émulations*, n. 28, 2018.

POLANYI, Karl. *A grande transformação*: as origens de nossa época. Trad. Fanny Wrobel, Rio de Janeiro, Campus, 2000.

PORDATA. População empregada por sector de actividade económica (Nace Rev. 2). *Pordata*, Lisboa, 2019. Disponível em: <https://www.pordata.pt/Europa/Popula%c3%a7%c3%a3o+empregada+por+sector+de+actividade+econ%c3%b3mica+(NACE+Rev.2)+(percentagem)-1774-215165>; acesso em: 14 nov. 2019.

POSTIGO, Hector. *The Digital Rights Movement*: The Role of Technology in Subverting Digital Copyright. Cambridge, MIT Press, 2012.

POULANTZAS, Nicos. *Poder político e classes sociais*. Trad. Francisco Silva, São Paulo, Martins Fontes, 1977.

PRAUN, Luci. A solidão dos trabalhadores: sociabilidade contemporânea e degradação do trabalho. *Cadernos de Psicologia Social do Trabalho*, São Paulo, v. 19, n. 2, dez. 2016, p. 147-60. Disponível em: <https://www.revistas.usp.br/cpst/article/view/140593>; acesso em: 15 maio 2018.

_____. *Reestruturação produtiva, saúde e degradação do trabalho*. Campinas, Papel Social, 2016.

_____. Entre especificidades e desafios. *Intervozes*: Trabalho, Saúde, Cultura, Petrópolis, v. 3, n. 1, maio 2018, p 115-21.

PRECÁRIOS INFLEXÍVEIS. Manifesto Precário. *Associação de Combate à Precariedade*, 18 jul. 2007. Disponível em: <http://www.precarios.net/manifesto-precario/>; acesso em: 16 ago. 2020.

PRESIDÊNCIA DA REPÚBLICA DO BRASIL. Lei de Diretrizes e Bases da Educação Nacional, Lei n. 9.394, de 20 de dezembro de 1996. *Portal da Casa Civil*, Subchefia para Assuntos Jurídicos. Disponível em: <http://www.planalto.gov.br/ccivil_03/LEIS/L9394.htm>; acesso em: 10 jun. 2018.

_____. Lei n. 9.601, de 21 de janeiro de 1998. *Portal da Casa Civil*, Subchefia para Assuntos Jurídicos. Disponível em: <http://www.planalto.gov.br/ccivil_03/leis/l9601.htm>; acesso em: 10 jun. 2018.

_____. Lei n. 11.598, de 3 de dezembro de 2007. *Portal da Casa Civil*, Subchefia para Assuntos Jurídicos. Disponível em: <http://www.planalto.gov.br/ccivil_03/_Ato2007-2010/2007/Lei/L11598.htm>; acesso em: 10 jun. 2018.

_____. Lei Complementar n. 128, de 19 de dezembro de 2008. *Portal da Casa Civil*, Subchefia para Assuntos Jurídicos. Disponível em: <http://www.planalto.gov.br/ccivil_03/leis/lcp/lcp128.htm>; acesso em: 10 jun. 2018.

_____. Lei n. 13.429, de 31 de março de 2017. *Portal da Secretaria-Geral*, Subchefia para Assuntos Jurídicos. Disponível em: <http://www.planalto.gov.br/ccivil_03/_ato2015-2018/2017/lei/l13429.htm>; acesso em: 10 jun. 2010.

_____. Lei n. 13.467, de 13 de julho de 2017. *Portal da Secretaria-Geral*, Subchefia para Assuntos Jurídicos. Disponível em: <http://www.planalto.gov.br/ccivil_03/_Ato2015-2018/2017/Lei/L13467.htm>; acesso em: 10 jun. 2018.

_____. Medida Provisória n. 808, de 14 de novembro de 2017. *Portal da Secretaria-Geral*, Subchefia para Assuntos Jurídicos. Disponível em: <http://www.planalto.gov.br/ccivil_03/_Ato2015-2018/2017/Mpv/mpv808.htm>; acesso em: 10 jun. 2018.

_____. Medida Provisória n. 905, de 11 de novembro de 2019. *Portal da Secretaria-Geral*, Subchefia para Assuntos Jurídicos. Disponível em: <http://www.planalto.gov.br/ccivil_03/_ato2019-2022/2019/Mpv/mpv905.htm>; acesso em: 10 jun. 2018.

PREVITALI, Fabiane Santana, FAGIANI, Cílson César. Organização e controle do trabalho no capitalismo contemporâneo: a relevância de Braveman. *Cadernos Ebape.BR*, v. 12, n. 4, 2014, p. 759-69. Disponível em: <http://bibliotecadigital.fgv.br/ojs/index.php/cadernosebape/issue/view/2119>; acesso em: 18 jun. 2019.

_____; _____. Inovação tecnológica e trabalho terceirizado: as bases do controle do capital no século XXI. *Direitos, Trabalho e Política Social*, v. 1, n. 1, 2015. Disponível em: <http://revista91.hospedagemdesites.ws/index.php/rdtps/issue/view/1>; acesso em: 10 out. 2019.

_____; _____. Estado de bem-estar social, neoliberalismo e Estado gestor: aproximações globais. In: LUCENA, Carlos Alberto; PREVITALI, Fabiane Santana; LUCENA, Lurdes (orgs.). *A crise da democracia brasileira*. Uberlândia, Navegando, 2017, p. 79-96.

_____; _____; LUCENA, Carlos. Trabalho e precarização docente sob o Estado gestor no Brasil. In: PREVITALI, Fabiane Santana et al. (orgs.). *Desafios do trabalho e educação no século XXI*: 100 anos da Revolução Russa, v. 2. Uberlândia, Navegando, 2019, p. 189-214.

QIU, Jack. *Goodbye iSlave*: A Manifesto for Digital Abolition. Urbana, University of Illinois Press, 2016.

RACHID, Alessandra et al. Organização do trabalho na cadeia de suprimentos: os casos de uma planta modular e de uma tradicional na indústria automobilística. *Produção*, v. 16, n. 2, maio/ago. 2006, p. 189-202. Disponível em: <http://www.scielo.br/pdf/prod/v16n2/01.pdf>; acesso em: 31 jan. 2020.

RAMALHO, José Ricardo. Indústria e desenvolvimento: efeitos da reinvenção de um território produtivo no Rio de Janeiro. *Revista Pós Ciências Sociais*, v. 12, n. 24, jul./dez. 2015, p. 117-42. Disponível em: <http://www.periodicoseletronicos.ufma.br/index.php/rpcsoc/article/view/3643>; acesso em: 31 jan. 2020.

RAMALHO, Maria do Rosário Palma. *Direito do trabalho*, parte I: *Dogmática geral*. Coimbra, Almedina, 2005.

RAVENELLE, Alexandrea. *Hustle and Gig*: Struggling and Surviving in the Sharing Economy. Oakland, University of California Press, 2019.

RAYMOND, Eric. *The Cathedral and the Bazaar*: Musings on Linux and Open Source by an Accidental Revolutionary. Cambridge, O'Reilly Media, 1999.

REASON, Peter; BRADBURY, Hillary, Introduction. In: REASON, Peter; BRADBURY, Hillary (orgs.). *Sage Handbook of Action Research*: Participative Inquiry and Practice. Londres, Sage, 2008.

REVISTA CAMINHONEIRO. Mercedes-Benz revoluciona a produção de caminhões no país com tecnologias da Indústria 4.0. *Revista Caminhoneiro*, 28 mar. 2018. Disponível em: <https://www.revistacaminhoneiro.com.br/mercedes-benz-revoluciona-com-tecnologias-da-industria-4-0/>; acesso em: 28 maio 2020.

RIZEK, Cibele. Viração e trabalho: algumas reflexões sobre dados de pesquisa. *Estudos de Sociologia*, v. 11, n. 21, 2006.

ROBERTS, Sarah. *Behind the Screen*: Content Moderation in the Shadows of Social Media. New Haven, Yale University Press, 2019.

ROBINSON, William I. *Una teoría sobre el capitalismo global*: producción, clase y Estado en un mundo transnacional. Trad. Víctor Acuña Soto e Myrna Alonzo Calles, Cidade do México, Siglo XXI, 2013.

RODRIGUES, Iram Jácome; SANCHES, Ana Tercia. Condições de trabalho no setor bancário. *Cadernos 28 de Agosto*, São Paulo, Faculdade 28 de Agosto de Ensino e Pesquisa, v. 2, n. 2, 2016.

RODRIGUES, Marcelo. Motoristas do Uber entram em greve nos EUA em luta por remuneração melhor. *TecMundo*, 29 nov. 2016. Disponível em: https://www.tecmundo.com.br/uber/112162-motoristas-uber-entram-greve-eua-em-luta-remuneracao-melhor.htm; acesso em: 10 out. 2019.

ROGERS, Brishen. Employment Rights in the Platform Economy: Getting Back to Basics. *Harvard Law and Policy Review*, v. 10, n. 2, 2016, p. 479-520.

ROLLE, Pierre. L'Automatisme ou les spontanéités construites. In: BURNIER, Michel; CÉLÉRIER, Sylvie; SPURK, Jan (orgs.). *Des Sociologues face à Pierre Naville ou L'archipel des savoirs*. Paris/Montreal, L'Harmattan, 1997.

ROQUE, Isabel. *As linhas de montagem teleoperacionais no mundo dos call-centres*: um retrato local numa moldura transnacional. Dissertação de mestrado em economia, Coimbra, Universidade de Coimbra, 2010.

_____. As linhas de montagem teleoperacionais no mundo dos call-centres. *Atas do VI Congresso da Associação Portuguesa de Sociologia* – Sociedade, Crises e Reconfigurações. Lisboa, Associação Portuguesa de Sociologia, 2012.

_____. Psychosocial Risks at the Portuguese Contact Centres. In: AREZES, Pedro et al. (orgs.). *Occupational Safety and Hygiene IV.* Londres, CRC Press, 2016.

_____. Fragmented Occupational Identities: A Study on Portuguese and British Contact Centre Workers. In: AREZES, Pedro et al. (orgs.). *Occupational Safety and Hygiene V.* Londres, CRC Press, 2017, p. 579-83.

_____. Trade Unionism and Social Protest Movements in Portuguese Call-Centres. *Journal of Labor and Society*, v. 21, n. 1, 2017, p. 55-75.

ROSEN, Ellen Israel. The Wal-Mart Effect: The World Trade Organization and the Race to the Bottom. *Chapman Law Review*, v. 8, n. 1, 2005, p. 252-74.

_____.Wal-Mart: The New Retail Colossus. In: BRUNN, Stanley D. (org.). *Wal-Mart World*: The World's Biggest Corporation in the Global Economy. Nova York, Routledge, 2006, p. 91-7.

ROSENBLAT, Alex. *Uberland*: How Algorithms are Rewriting the Rules of Work. Oakland, University of California Press, 2018.

_____; STARK, Luke. Algorithmic Labor and Information Asymmetries: A Case Study of Uber's Drivers. *International Journal of Communication*, v. 10, 2016, p. 3.758-84.

ROSENFIELD, Cinara. Autoempreendedorismo: forma emergente de inserção social pelo trabalho. *Revista Brasileira de Ciências Sociais*, v. 30, n. 89, 2015, p. 115-28.

RUEDA, Andrés. Transformação digital no setor de call-center: o início de uma nova era. *E-Commerce Brasil*, 20 out. 2017. Disponível em: <https://www.ecommercebrasil.com.br/artigos/transformacao-digital-no-call-center/>; acesso em: 1º out. 2019.

SADOWSKI, Jathan. When Data is Capital: Datafication, Accumulation and Extraction. *Big Data & Society*, v. 6, n. 1, 2019.

SANCHES, Ana Tercia. *Trabalho bancário*: inovações tecnológicas, intensificação de controle e gestão por resultados. São Paulo, Annablume, 2017.

SANDOVAL, Marisol. Enfrentando a precariedade com cooperação: cooperativas de trabalhadores no setor cultural. *Parágrafo*, v. 5, n. 1, 2017.

_____. Entrepreneurial Activism? Platform Cooperativism between Subversion and Co-Optation. *Critical Sociology*, nov. 2019.

SANTOS, Rodrigo Salles Pereira dos; RAMALHO, José Ricardo. Estratégias Corporativas e de Relações de Trabalho no Brasil: uma análise preliminar de 4 grupos multinacionais. *Anais do XIV Encontro Nacional da Associação Brasileira de Estudos do Trabalho (ABET)*, Campinas, set. 2015.

SAVIANI, Dermeval. Trabalho e educação: fundamentos ontológicos e históricos. *Revista Brasileira de Educação*, v. 12, n. 34, jan.-abr. 2007, p. 152-80. Disponível em: <www.scielo.br/scielo.php?script=sci_arttext&pid=S1413-24782007000100012>; acesso em: 15 jun. 2017.

_____. *Pedagogia histórico-crítica, quadragésimo ano*: novas aproximações. Campinas, Autores Associados, 2019, coleção Educação Contemporânea.

SCHAFF, Adam. A sociedade informática: as consequências sociais da Segunda Revolução Industrial. Trad. Carlos Eduardo Jordão Machado e Luiz Arturo Obojes, Rio de Janeiro/São Paulo, Brasiliense/Editora Unesp, 1991.

SCHINESTSCK, Clarissa. *A importância da visão integrativa e humanista de meio ambiente do trabalho para a proteção da saúde dos trabalhadores*. Dissertação de mestrado em direito das relações sociais, São Paulo, Faculdade de Direito da Pontifícia Universidade Católica de São Paulo, 2009.

_____. A tutela da saúde do trabalhador e os novos rumos traçados pelo direito ambiental do trabalho. In: THOME, Candy Florêncio; SCHWARZ, Rodrigo Garcia (orgs.). *Direito individual do trabalho*. Rio de Janeiro, Elsevier, 2011, p. 307-20.

_____. Aspectos jurídicos do meio ambiente do trabalho e a Revolução Industrial 4.0. *Revista Arquivos do Instituto Brasileiro de Direito Social*, n. 43, 2019, p. 63-76.

SCHMIDT, Florian. *Digital Labour Markets in the Platform Economy*: Mapping the Political Changes of Crowd Work and Gig Work. Bonn, Friedrich-Ebert-Stiftung, 2017.

_____. Crowdsourced Production of AI Training Data: How Human Workers Teach Self-Driving Cars How to See. *Working Paper n. 155*. Düsseldorf, Hans-Böckler-Stiftung, 2019.

SCHNEIER, Bruce. *Data and Goliath*: The Hidden Battles to Collect your Data and Control your World. Nova York, W. W. Norton & Company, 2015.

SCHOLZ, Trebor. (org.). *Digital Labor*: The Internet as Playground and Factory. Nova York, Routledge, 2012.

_____. Digital Black Box Labor. *P2P Foundation*, 25 jul. 2015. Disponível em: <http://wiki.p2pfoundation.net/Digital_Black_Box_Labor>; acesso em: 15 set. 2016.

_____. *Uberworked and Underpaid*: How Workers Are Disrupting the Digital Economy. Cambridge/Malden, Polity, 2016.

_____. *Cooperativismo de plataforma*. Trad. Rafael A. F. Zanatta, São Paulo, Elefante/Autonomia Literária/Fundação Rosa Luxemburgo, 2017.

SCHRADIE, Jen. Ideologia do Vale do Silício e desigualdades de classe: um imposto virtual em relação à política digital. *Parágrafo*, v. 5, 2017.

SCHUMACHER, Susan. What Employees Should Know about Electronic Performance Monitoring. *Essai*, v. 8, n. 38, 2011, p. 138-44. Disponível em: <https://dc.cod.edu/cgi/viewcontent.cgi?article=1332&context=essai>; acesso em: 10 nov. 2018.

SCHWAB, Klaus. *La Quatrième Révolution industrielle*. Malakoff, Dunod, 2017.

SCOTT, Alison. Gender Segregation in the Retail Industry. In: SCOTT, Alison (org.). *Gender Segregation and Social Change*: Men and Women in Changing Labour Markets. Oxford, Oxford University Press, 1994, p. 235-70.

SCOTT, Allen J. Capitalism, Cities, and the Production of Symbolic Forms. *Transactions of the Institute of British Geographers*, v. 26, n. 1, 2001, p. 11-23.

SHIROMA, Eneida Oto; EVANGELISTA, Olinda. Avaliação e responsabilização pelos resultados: atualizações nas formas de gestão de professores. *Perspectiva*, v. 29, n. 1, 2011, p. 127-60. Disponível em: <https://periodicos.ufsc.br/index.php/perspectiva/issue/view/1713>; acesso em: 28 maio 2020.

SIGNES, Adrián Todolí. O mercado de trabalho no século XXI: *on-demand economy, crowdsourcing* e outras formas de descentralização produtiva que atomizam o mercado de trabalho. Trad. Ana Carolina Reis Paes Leme e Carolina Rodrigues Carsalade. In: LEME, Ana Carolina Paes; RODRIGUES, Bruno Alves; CHAVES JÚNIOR, José Eduardo de Resende (orgs.). *Tecnologias disruptivas e a exploração do trabalho humano*: a intermediação de mão de obra a partir das plataformas eletrônicas e seus efeitos jurídicos e sociais. São Paulo, LTr, 2017, p. 28-43.

SILVA JR., João dos Reis. *Reforma do Estado e da educação no Brasil de FHC*. São Paulo, Xamã, 2002.

_____ et al. Americanismo, o novo marco da ciência, tecnologia e inovação: sequestro do fundo público pelo capital financeiro. In: PREVITALI, Fabiane Santana et al. (orgs.). *Desafios do trabalho e educação no século XXI*: 100 anos da Revolução Russa, v. 2. Uberlândia, Navegando, 2019, p. 165-88.

SILVA, Cleide. Montadoras investem em robotização, mesmo com crise e fábricas ociosas. *O Estado de S. Paulo*, 14 ago. 2017. Disponível em: <https://economia.estadao.com.br/noticias/geral,montadoras-investem-em-robotizacao-mesmo-com-crise-e-fabricas-ociosas,70001935089>; acesso em 31 jan. 2020.

SILVA, Josué Pereira da; RODRIGUES, Iram Jácome (orgs.). *André Gorz e seus críticos*. São Paulo, Annablume, 2006, coleção Crítica Contemporânea.

SILVEIRA, Elizeth Rezende Martins da; PREVITALI, Fabiane Santana. Trabalho docente e políticas educacionais: um estudo sobre o controle do trabalho docente na rede estadual de ensino de Minas Gerais em Uberlândia – a partir de 2003. *Revista Inova Ciência & Tecnologia*, v. 3, n. 2, jul.-dez. 2017. Disponível em: <editora.iftm.edu.br/index.php/inova/article/view/244>; acesso em: 12 fev. 2018.

SILVER, Beverly J. *Forces of Labor*: Workers' Movements and Globalization since 1870. Cambridge, Cambridge University Press, 2003.

SIMON, Bernard; WHEATLEY, Jonathan. Heading in opposite directions. *Financial Times*, Londres, 11 mar. 2010.

SIMPLY BLOG. Banco digital: o desafio para o setor financeiro. *Simply Blog*, 18 out. 2019. Disponível em: <https://blog.simply.com.br/banco-digital-desafio-setor-financeiro/>; acesso em: 18 out. 2019.

SINDICATO DOS BANCÁRIOS E FINANCIÁRIOS DE SÃO PAULO. Bancos fecharam 1,6 mil postos de trabalho no 1º trimestre de 2019. *Portal do Sindicato dos Bancários e Financiários de São Paulo, Osasco e Região*, 25 abr. 2019. Disponível em: <https://spbancarios.com.br/04/2019/bancos-fecharam-16-mil-postos-de-trabalho-no-1o-trimestre-de-2019>; acesso em: 25 abr. 2019.

SINOVA. Projeto Mercedes de São Bernardo do Campo e Juiz de Fora. *Portal da Sinova*, s.d. Disponível em: <https://www.sinova.com.br/2018/06/27/projeto-mercedes-de-sao-bernardo-do-campo-e-juiz-de-fora/>; acesso em: 31 jan. 2020.

SMITH, Neil. *Uneven Development*: Nature, Capital and the Production of Space. Oxford, Blackwell, 1984.

SODRÉ, Muniz. *A ciência do comum*: notas para o método comunicacional. Petrópolis, Vozes, 2014.

SOUTO MAIOR, Jorge Luiz ; SEVERO, Valdete Souto. O acesso à justiça sob a mira da Reforma Trabalhista. *Associação dos Magistrados da Justiça do Trabalho*, 27 jul. 2017. Disponível em: <https://www.anamatra.org.br/artigos/25549-o-acesso-a-justica-sob-a-mira-da-reforma-trabalhista>; acesso em: 28 maio 2020.

SRNICEK, Nick. *Platform Capitalism*. Cambridge/Malden, Polity, 2016.

STANDING, Guy. *The Precariat*: The New Dangerous Class. Londres, Bloomsbury Academic, 2011. [Ed. bras.: *O precariado*: a nova classe perigosa. Trad. Cristina Antunes, São Paulo, Autêntica, 2013.]

_____. Understanding the Precariat through Labor and Work. *Development and Change*, Haia, International Institute of Social Studies, v. 45, n. 5, 2014, p. 963-98.

_____. A Revolt Is Coming for Cloud Labor. *Huffpost*, 27 out. 2016. Disponível em: <http://www.huffingtonpost.com/guy-standing/cloud-labor-revolt_b_8392452.html>; acesso em: 5 maio 2017.

_____. Meet the Precariat, the New Global Class Fuelling the Rise of Populism. *World Economic Forum*, 9 nov. 2016.

_____. *The Corruption of Capitalism*: Why Rentiers Thrive and Work Does Not Pay. Londres, Biteback, 2016.

STANWORTH, Celia. Women and Work in the Information Age. *Gender, Work and Organization*, v. 7, n. 1, 2000, p. 20-32.

STEWART, Andrew; STANFORD, Jim. Regulating Work in the Gig Economy: What are the Options? *The Economic and Labour Relations Review*, v. 28, n. 3, 2017, p. 1-18.

SUNDARARAJAN, Arun. *The Sharing Economy:* The End of Employment and the Rise of Crowd-Based. Cambridge, MIT Press, 2016. [Ed. bras.: *Economia compartilhada*: o fim do emprego e a ascensão do capitalismo de multidão. Trad. Andre Botelho, São Paulo, Editora Senac, 2018.]

SUPIOT, Alain. E se refundarmos a legislação trabalhista? *Le Monde Diplomatique*, 4 out. 2017. Disponível em <https://diplomatique.org.br/reforma-trabalhista-na-franca-e-se-refundarmos-a-legislacao/>; acesso em 3 jul. 2020.

SWIFT, Jamie. *The Big Nickel:* Inco at home and abroad. Kitchener, Between the Lines, 1977.

TARROW, Sidney. *Power in Movement*: Social Movements and Contentious Politics. Nova York, Cambridge University Press, 2011.

TAYLOR, Frederick Winslow. *The Principles of Scientific Management*. Nova York, Norton, 1967.

TAYLOR, Phil et al. Work Organisation, Control and the Experience of Work in Call-Centres. *Work, Employment & Society*, v. 16, n. 1, 2002, p. 133-50.

_____; BAIN, Peter. "An Assembly Line in the Head": Work and Employee Relations in the Call Centre. *Industrial Relations Journal*, v. 30, n. 2, 1999, p. 101-17.

_____; _____. Trade Unions, Workers' Rights and the Frontier of Control in UK Call-Centres. *Economic and Industrial Democracy*, v. 22, n. 1, 2001, p. 39-66.

_____; _____. Peter Reflections on the Call-Centre: A Reply to Glucksman. *Work, Employment & Society*, v. 21, n. 2, 2007, p. 349-62.

_____; _____. United by a Common Language? Trade Union Responses in the UK and India to Call Centre Offshoring. *Antipode*, v. 40, n. 1, 2008, p. 131-54.

TAYLOR, Steve; TYLER, Melissa. Emotional Labour and Sexual Difference in the Airline Industry. *Work, Employment & Society*, v. 14, n. 1, 2000, p. 77-95.

TEIXEIRA, José Rubens Monteiro. *Novos arranjos institucionais e desenvolvimento*: a Bahia e a expansão automotiva mundial. Jundiaí, Paco, 2016.

THE HAMILTON PROJECT. A Proposal for Modernizing Labor Laws for Twenty-First-Century Work: The "Independent Worker". *Discussion Paper 2015-10*, dez. 2015. Disponível em: <https://www.hamiltonproject.org/assets/files/modernizing_labor_laws_for_twenty_first_century_work_krueger_harris.pdf>; acesso em: 20 nov. 2018.

THOMPSON, E. P. Time, Work-Discipline and Industrial Capitalism. In: THOMPSON, E. P. (org.). *Customs in Common*. Nova York, New Press, 1993.

TOURAINE, Alain. *L'Evolution du travail ouvrier aux usines Renault*. Paris, Centre National de la Recherche Scientifique, 1955.

TRIBUNAL REGIONAL DO TRABALHO DA 3ª REGIÃO. Ricardo Antunes: Indústrias 4.0 levarão à escravidão digital. *Portal do Tribunal Regional do Trabalho da 3ª Região (MG)*, 11 set. 2018. Disponível em: <https://portal.trt3.jus.br/internet/conheca-o-trt/comunicacao/noticias-juridicas/ricardo-antunes-industrias-4-0-levarao-a-escravidao-digital>; acesso em: 5 dez. 2019.

TUROW, Joseph. *The Aisles Have Eyes*: How Retailers Track your Shopping, Strip your Privacy, and Define your Power. New Haven, Yale University Press, 2017.

UMNEY, Charles. *Class Matters Inequality and Exploitation in the 21st Century Britain*. Londres, Pluto, 2018.

UNITED NATIONS. *Digital Economy Report 2019* – Value Creation and Capture: Implications for Developing Countries. Genebra, United Nations Conference on Trade and Development (Unctad), 2019.

VALENDUC, Gérard. New Forms of Work and Employment in the Digital Economy. In: SERRANO-PASCUAL, Amparo; JEPSEN, Maria (orgs.). *The Deconstruction of Employment as a Political Question*. Cham, Palgrave Macmillan, 2019, p. 63-80.

VALOR. Trabalhadores da Mercedes-Benz encerram greve após acordo. *Valor*, 24 maio 2018. Disponível em: <https://valor.globo.com/empresas/noticia/2018/05/24/trabalhadores-da-mercedes-benz-encerram-greve-apos-acordo.ghtml>; acesso em: 31 jan. 2020.

VAN DIJCK, José. Datafication, Dataism and Dataveillance: Big Data between Scientific Paradigm and Ideology. *Surveillance & Society*, v. 12, n. 2, 2014.

_____; POELL, Thomas; DE WAAL, Martijn. *The Platform Society*. Nova York, Oxford University Press, 2018.

VAN DOORN, Niels. Platform Labor: On the Gendered and Racialized Exploitation of Low-Income Service Work in the "On-Demand" Economy. *Information, Communication & Society*, v. 20, n. 6, 2017.

VAN JAARSVELD, Danielle; POSTER, Winifred. Call-Centers: Emotional Labor Over the Phone. In: GRANDEY, Alicia; DIEFFENDORFF, James; RUPP, Deborah (orgs.). *Emotional Labor in the 21st Century*: Diverse Perspectives on the Psychology of Emotion Regulation at Work. Nova York, Routledge, 2013, p. 153-74.

VENCO, Selma. Uberização do trabalho: um fenômeno de tipo novo entre os docentes de São Paulo, Brasil? *Cadernos de Saúde Pública*, n. 35, 2019, p. 1-17. Disponível em: <http://www.scielo.br/pdf/csp/v35s1/1678-4464-csp-35-s1-e00207317.pdf>; acesso em: 13 out. 2019.

VENTURA, Ivan. A transformação digital no setor de cobrança. *Consumidor Moderno*, 20 ago. 2019. Disponível em: <https://www.consumidormoderno.com.br/2019/08/20/transformacao-digital-cobranca/>; acesso em: 14 ago. 2020.

VIEIRA PINTO, Álvaro. *O conceito de tecnologia*. Rio de Janeiro, Contraponto, 2005.

VILELA, Lailah Vasconcelos de Oliveira; ASSUNÇÃO, Ada Ávila. Os mecanismos de controle da atividade no setor de teleatendimento e as queixas de cansaço e esgotamento dos trabalhadores. *Cadernos de Saúde Pública*, v. 20, n. 4, 2004, p. 1069-1078. Disponível em: <http://www.scielo.br/scielo.php?pid=S0102-311X2004000400022&script=sci_abstract&tlng=pt>; acesso em: 15 nov. 2019.

WAJCMAN, Judy. *Esclavos del tiempo*: vidas aceleradas en la era del capitalismo digital. Barcelona, Paidós, 2017.

_____. How Silicon Valley Sets Time. *New Media & Society*, v. 21, n. 6, 2019.

WANDERLEY, Luiz Jardim. Do *boom* ao pós-*boom* das *commodities*: o comportamento do setor mineral no Brasil. *PoEMAS*: Versos, Textos para Discussão, v. 1, n. 1, 2017, p. 1-7.

WATERS, Facility; WOODCOCK, Jamie. Far from Seamless: A Workers' Inquiry at Deliveroo. *Viewpoint Magazine*, 20 set. 2017. Disponível em: <https://www.viewpointmag.com/2017/09/20/far-seamless-workers-inquiry-deliveroo/>; acesso em: 21 nov. 2017.

WILLIAMS, Raymond. *Cultura e materialismo*. Trad. André Glaser, São Paulo, Editora da Unesp, 2011.

WOODCOCK, Jamie. Smile Down the Phone: An Attempt at a Workers' Inquiry in a Call-Center. *Viewpoint Magazine*, v. 3, 25 set. 2013.

_____. The Workers' Inquiry from Trotskyism to Operaismo: A Political Methodology for Investigating the Workplace. *Ephemera*, v. 14, n. 3, 2014, p. 493-513.

_____. Slaveroo: Deliveroo Drivers Organising in the "Gig Economy". *Novara Media*, 12 ago. 2016. Disponível em: <https://novaramedia.com/2016/08/12/slaveroo-deliveroo-drivers-organising-in-the-gig-economy/>; acesso em: 12. ago. 2016.

_____. *Working the Phones*: Control and Resistance in Call Centres. Londres, Pluto Press, 2017.

_____. Digital Labour in the University: Understanding the Transformations of Academic Work in the UK. *TripleC*, v. 16, n. 1, 2018.

_____. *Marx at the Arcade*: Consoles, Controllers and Class Struggle. Chicago, Haymarket, 2019.

WORCESTER, Kent. *C.L.R. James*: A Political Biography. Albany, State University of New York Press, 1995.

WORLD BANK GROUP. *The Changing Nature of Work*. Washington, International Bank for Reconstruction and Development/The World Bank, 2019. Disponível em: <http://pubdocs.worldbank.org/en/816281518818814423/2019-WDR-Draft-Report.pdf>; acesso em: 15 nov. 2019.

WRIGHT, Erik Olin. *Class Counts*. Cambridge, Cambridge University Press, 1997.

YOSHIDA, Consuelo. *Tutela dos interesses coletivos e difusos*. São Paulo, Juarez de Oliveira, 2006.

ZAPF, Dieter et al. What is Typical for Call-Centre Jobs? Job Characteristics and Service Interactions in Different Call-Centres. *European Journal of Work and Organizational Psychology*, v. 12, n. 4, 2003, p. 311-40.

ZARIFIAN, Philippe. *Le Travail et la compétence*: entre puissance et contrôle. Paris, PUF, 2009.

ZERVAS, Georgios; PROSERPIO, Davide; BYERS, John W. The Rise of the Sharing Economy: Estimating the Impact of Airbnb on the Hotel Industry. *Journal of Marketing Research*, v. 54, n. 5, out. 2017.

ZUBOFF, Shoshana. *Big Other*: capitalismo de vigilância e perspectivas para uma civilização de informação. In: BRUNO, Fernanda et al. (orgs.). *Tecnopolíticas da vigilância*: perspectivas da margem. São Paulo, Boitempo, 2018, coleção Estado de Sítio.

_____. *The Age of Surveillance Capitalism*: The Fight for the Future at the New Frontier of Power. Londres, Profile, 2019.

Sobre os autores

RICARDO ANTUNES é professor titular de sociologia do trabalho no Instituto de Filosofia e Ciências Humanas da Universidade Estadual de Campinas (IFCH/Unicamp). É autor, entre outros livros, de *Coronavírus: o trabalho sob fogo cruzado* (Boitempo, 2020), *O privilégio da servidão* (Boitempo, 2018), *Os sentidos do trabalho* (Boitempo, 1999) e *Adeus ao trabalho?* (Cortez, 1995) e organizador de *Riqueza e miséria do trabalho no Brasil*, volumes I, II, III e IV (Boitempo). Foi Visiting Professor na Universidade Ca'Foscari (Veneza/Itália), Visiting Research Fellow na Universidade de Sussex (Inglaterra) e Visiting Scholar na Universidade de Coimbra (Portugal). Coordena as coleções Mundo do Trabalho (Boitempo) e Trabalho e Emancipação (Expressão Popular).

ARNALDO MAZZEI NOGUEIRA é professor da Universidade de São Paulo (USP) e da Pontifícia Universidade Católica de São Paulo (PUC-SP). Pesquisador das áreas de transformações do trabalho e relações de trabalho em processos de globalização e orientador da pós-graduação da USP e da PUC-SP.

CÍLSON CÉSAR FAGIANI é doutor em educação pelo programa de pós-graduação em educação da Universidade Federal de Uberlândia (UFU). Pesquisador associado no Instituto de História Contemporânea da Universidade Nova de Lisboa, Portugal (IHC/UNL), é também pesquisador do Grupo de Pesquisa Trabalho, Educação e Sociedade (GPTES/UFU), pesquisador Fapemig e CNPq, e professor na Universidade de Uberaba (Uniube), em Minas Gerais.

CLARISSA RIBEIRO SCHINESTSCK é procuradora do trabalho na 15ª Região. Doutora em direito do trabalho pela USP e mestre em direitos difusos e coletivos pela PUC-SP. Especialista em direito processual em civil pela Unisinos. Ex-juíza do trabalho do Tribunal Regional do Trabalho da 2ª Região.

CLAUDIA MAZZEI NOGUEIRA é professora-doutora do curso de serviço social e do Programa de Pós-Graduação em Serviço Social e Políticas Sociais da Universidade

Federal de São Paulo (Unifesp-BS). É pesquisadora Bolsa Produtividade CNPq, com ênfase em gênero, relações e processo de trabalho. Coordena o Núcleo de Estudos do Trabalho e Gênero (NETeG/Unifesp) e é autora dos livros *A feminização no mundo do trabalho* (Autores Associados, 2004) e *O trabalho duplicado* (Expressão Popular, 2006).

FABIANE SANTANA PREVITALI é professora na Universidade Federal de Uberlândia (UFU), em Minas Gerais. É mestre e doutora em sociologia pela Universidade Estadual de Campinas (Unicamp), e pesquisadora Fapemig-PPM e CNPq-PQ.

GERALDO AUGUSTO PINTO é professor do Departamento Acadêmico de Estudos Sociais (Daeso) e do Programa de Pós-Graduação em Tecnologia e Sociedade (PPGTE) da Universidade Tecnológica Federal do Paraná (UTFPR). É bacharel, mestre e doutor em sociologia.

ISABEL ROQUE é ativista social e investigadora do Centro de Estudos Sociais da Faculdade de Economia da Universidade de Coimbra. Seus interesses de investigação compreendem as seguintes áreas: call e contact centres; trabalho digital; precariedade; movimentos de protesto social; sindicalismo; desigualdades sociais; segurança e higiene no trabalho; pobreza; e vulnerabilidades sociais.

IURI TONELO é sociólogo e pesquisador. Doutor em sociologia pela Universidade Estadual de Campinas (Unicamp).

JAMIE WOODCOCK é professor sênior e pesquisador da Open University. Doutor em sociologia pela Goldsmiths, Universidade de Londres, autor das obras *The Gig Economy* (Polity, 2020 – com Mark Graham), *Marx at the Arcade* (Haymarket, 2019) e *Working The Phones* (Pluto, 2017) e faz parte do conselho editorial das revistas *Notes from Below* e *Historical Materialism*.

LUCI PRAUN é professora da Universidade Federal do Acre (Ufac). Doutora em sociologia, pesquisadora do grupo de pesquisa "As metamorfoses no mundo do trabalho", do IFCH/Unicamp/CNPq, e autora do livro *Reestruturação produtiva, saúde e degradação do trabalho* (Papel Social, 2016).

LUDMILA COSTHEK ABÍLIO é socióloga pela USP, doutora em ciências sociais pela Unicamp e pesquisadora do Centro de Estudos Sindicais e de Economia do Trabalho (CESIT/Instituto de Economia/Unicamp), onde realiza seu segundo pós-doutorado em economia, na área de desenvolvimento econômico, com fonte de financiamento Capes/PNPD. É autora de *Sem maquiagem* (Boitempo, 2014).

MARCO GONSALES é mestre e doutor em administração de empresas pela PUC-SP, e atua como pesquisador pós-doc pelo Instituto de Filosofia e Ciências Humanas da Universidade Estadual de Campinas (IFCH/Unicamp).

MARK GRAHAM é professor na área de geografia da internet na Oxford Internet Institute, membro do Alan Turing Institute, pesquisador afiliado da University of Oxford's School of Geography and the Environment e autor, com Jamie Woodcock, do recente livro *The Gig Economy* (Polity, 2020).

Mohammad Amir Anwar é doutor em geografia pelo Trinity College, Dublin e realizou pós-doutorado pela Oxford Internet Institute. É membro do World Economic Forum's Global Future Council on Digital Economy and Society e pesquisador pela School of Tourism and Hospitality da Universidade de Joanesburgo.

Patrícia Rocha Lemos é mestre em ciência política pelo IFCH/Unicamp e doutora em ciências sociais pela Unicamp.

Rafael Grohmann é doutor em ciências da comunicação pela USP e professor do Programa de Pós-Graduação em Ciências da Comunicação da Universidade do Vale do Rio dos Sinos (Unisinos).

Ricardo Festi é doutor em sociologia pelo IFCH/Unicamp, com estágio de pesquisa na École des Hautes Études en Sciences Sociales (EHESS), em Paris. Professor adjunto do departamento de sociologia da Universidade de Brasília (UnB).

Sávio Cavalcante é professor do departamento de sociologia do IFCH da Unicamp. Doutor em Sociologia pela Unicamp, pesquisador do Centro de Estudos Marxistas (Cemarx/IFCH) e do Centro de Sociologia Contemporânea (CSC/IFCH) e membro da diretoria (conselho fiscal) da Associação Brasileira de Estudos do Trabalho (Abet).

Thiago Trindade de Aguiar é doutor em sociologia pela Universidade de São Paulo, e autor de *Maquiando o trabalho* (Annablume, 2017).

Vitor Filgueiras é doutor em ciências sociais pela Universidade Federal da Bahia (UFBA) e pós-doutor pela Escola de Estudos Orientais e Africanos (Soas) da Universidade de Londres. É professor de economia da UFBA e professor visitante da Facultad de Ciencias Económicas y Empresariales da Universidade Complutense de Madri no período 2019-2020. Foi auditor fiscal do Ministério do Trabalho entre 2007 e 2017.

OUTROS LANÇAMENTOS DA BOITEMPO

Democracia para quem?
ANGELA DAVIS, PATRICIA HILL COLLINS E
SILVIA FEDERICI
Tradução de VComunicações
Prefácio de Marcela Soares
Orelha de Juliana Borges

Destinos do feminismo
NANCY FRASER
Tradução de Diogo Fagundes
Orelha de Bruna Della Torre

Pessoas decentes
LEONARDO PADURA
Tradução de Monica Stahel
Orelha de Xico Sá
Apoio de Ministerio de Cultura y Deporte da Espanha

Quem tem medo do gênero?
JUDITH BUTLER
Tradução de Heci Regina Candiani
Orelha de Amanda Palha
Quarta de Naomi Klein e Erika Hilton

Terra viva
VANDANA SHIVA
Tradução de Marina Kater
Orelha de Geni Nuñez e João Pedro Stedile
Quarta capa de Marina Silva

ARSENAL LÊNIN
Conselho editorial Antonio Carlos Mazzeo, Antonio Rago, Fábio Palácio, Ivana Jinkings, Marcos Del Roio, Marly Vianna, Milton Pinheiro e Slavoj Žižek

O desenvolvimento do capitalismo na Rússia
VLADÍMIR ILITCH LÊNIN
Tradução de Paula Vaz de Almeida
Apresentação de José Paulo Netto
Orelha de Anderson Deo
Apoio de Fundação Maurício Grabois

BIBLIOTECA LUKÁCS
Coordenação: José Paulo Netto e Ronaldo Vielmi Fortes

Estética: a peculiaridade do estético – volume 1
GYÖRGY LUKÁCS
tradução de Nélio Schneider
revisão técnica de Ronaldo Vielmi Fortes
apresentação de José Paulo Netto
orelha de Ester Vaisman

ESCRITOS GRAMSCIANOS
Conselho editorial: Alvaro Bianchi, Daniela Mussi, Gianni Fresu, Guido Liguori, Marcos del Roio e Virgínia Fontes

Vozes da terra
ANTONIO GRAMSCI
Organização e apresentação de Marcos Del Roio
Tradução de Carlos Nelson Coutinho e Rita Coitinho
Notas da edição de Rita Coitinho e Marília Gabriella Borges Machado
Orelha de Giovanni Semeraro

MARX-ENGELS

Ludwig Feuerbach e o fim da filosofia clássica alemã
FRIEDRICH ENGELS
Tradução de Nélio Schneider
Apresentação de Eduardo Chagas
Orelha de Arlene Clemesha

MUNDO DO TRABALHO
Coordenação: Ricardo Antunes
Conselho editorial: Graça Druck, Luci Praun, Marco Aurélio Santana, Murillo van der Laan, Ricardo Festi, Ruy Braga

A angústia do precariado
RUY BRAGA
Prefácio de Sean Purdy
Orelha de Silvio Almeida

Ilustração de Laerte em apoio ao primeiro "Breque dos Apps", paralisação nacional dos entregadores de aplicativos ocorrida no dia 1º de julho de 2020.

Este livro foi publicado em setembro de 2020, dois meses após as duas primeiras greves nacionais dos entregadores de aplicativos, conhecidas como "Breques dos Apps", que mobilizaram milhares de trabalhadores em todo o país e contaram com apoio de parte expressiva dos usuários das plataformas e da classe trabalhadora. Os manifestantes reivindicaram, entre outras pautas, reajustes nas taxas de entrega, fim dos bloqueios indevidos, seguros para roubos e acidentes e distribuição de equipamentos de proteção individual (EPIs) durante a pandemia de covid-19 que assola o país – e que intensificou a precarização do trabalho dos entregadores. Composto em Adobe Garamond Pro, corpo 11/14,3, e reimpresso em papel Pólen Natural 80 g/m² pela gráfica Lis para a Boitempo, em abril de 2024, com tiragem de 1.000 exemplares.